| 불교명저 | 9 | 부처는 어디에 있는가 |

서음미디어

부처는 어디에 있는가

일붕 서경보 저

서음미디어

머 리 말

'일체의 세간에 태어난 자는 모두 죽음으로 돌아간다. 수명이 무량(無量)하다고 할지라도 끝나는 일이 있고, 성하는 것, 반드시 쇠하는 일이 있으며, 또한 모이는 것은 반드시 갈리어 떨어지고, 장년도 오래도록 머물 수 없고, 아무리 건강하여도 질병에 침범 당하여 목숨은 죽음때문에 다한다. 법(法)으로서 무상(無常)하지 않는 자 없다.'

그렇다면 우리는 어떻게 살아야 할 것인가. 사형언도를 받고 몇 년밖에 형기(刑期)가 남지 않았는데 마시고 먹고 놀고 마음껏 꿈속의 열락(悅樂)에 빠져야 할 것인가, 아니면 우리가 갖는 집착을 버리고 인간·인생·우주의 원리를 찾고 스스로 영원히 살길을 열어나가야 할 것인가.

해답은 너무나 뚜렷하리라고 본다. 그러나 우리는 깨침을 피하려 하며, 그 시간을 유예하여 뒤로 미루고자 한다. 오늘 이 순간, 이 찰나가 자기에게 얼마나 소중한 의미를 가지고 있는 것인가를 생각해 본다면 참으로 한 순간이라도 헛되게 보낼 수는 없는 일이다.

이 기본적인 인생문제를 해결하기 위하여 많은 철학(哲學)과 종교(宗敎)들이 존재해 왔다. 불교는 생사의 문제를 비롯한 기본적인 회의에 구체적인 해답을 주고 있다.

  이 책에서는 인생의 기본문제를 제기하였고, 불교에 귀의하는 사람들의 공덕(功德)을 구체적으로 제시하고자 했으며, 불교의 사상(思想)을 집약적으로 풀이하여 보았다.

  마음의 문을 열고, 자기의 선입견을 버리고 접근하고자 한다면 올바른 방향으로 스스로 찾을 수 있으리라고 믿는다.

일붕 서경보 식

차 례

제1부 부처는 어디에 있는가?

제1장 기본적인 의문

부처는 어디에 있는가? / 11
생사관(生死觀)의 확립 / 16
인간은 무엇을 해야 하는가? / 21
선지식은 찾아야 하는가? / 26
십선(十善)의 수행 / 31
안심입명(安心立命)의 길 / 37
삼보(三寶)란 무엇인가? / 50

제2장 공덕(功德)의 길

삼보(三寶)의 공덕 / 59
선(禪)의 공덕 / 66
반야경(般若經)의 공덕 / 74

제3장 인생의 지혜

영혼(靈魂)은 불멸하는가? / 84
영혼불멸과 전생(轉生)의 이유 / 88
생불불이(生佛不二)의 뜻 / 93

차 례

극락(極樂)은 어떤 곳인가? / 94
지옥(地獄)에 대한 의문 / 117
불교에서 본 인류의 기원 / 122
불교의 경위(經緯) / 131
중도일실의 묘리(妙理) / 142
단상(斷常)의 이견(二見) / 144
선악응보(善惡應報)와 습관 / 149
3가지의 무상(無常) / 161
유식(唯識)의 삼성(三性) / 164
불교와 유교 / 170

제2부 보리(菩提)의 길

제1장 보리(菩提)의 길

연화녀의 출가(出家) / 181
죽음을 피하려고 / 183
마음이야말로 근원(根源)이 된다 / 186
형상(形象)이 있는 부처와 없는 부처 / 187
치병(治病)의 법 / 190
탐욕(貪慾)의 흔적 / 194
생로병사(生老病死) / 197

차 례

아사세왕의 갱생(更生) / 205
선성(善星) 비구 / 252
보은(報恩)의 길 / 260
우바굴다존자(優波崛多尊者) / 264
원숭이의 결가부좌(結跏趺坐) / 275
설산동자(雪山童子) / 278
왕도(王道) / 285
육방예배(六方禮拜) / 294
범천(梵天)에의 길 / 307

제3부 불멸의 진리

도(道)라는 것은 무엇인가? / 319
서양의 도(道)와 동양의 도(道) / 321
직지인심(直指人心)의 도리 / 329
탈(脫)의 도(道) / 336
광선(光線)을 막지 마시오 / 339
살신성인(殺身成仁)의 가르침 / 341
쇄탈(灑脫)의 도(道) / 343
과욕의 도(道) / 348
애욕은 악도(惡道)의 근본 / 349
일체유심조(一切唯心造)의 가르침 / 354

차 례

선(禪)과 교(敎)의 두 길 / 359
희랍의 철학자 소크라테스 / 368
혁명(革命)의 소용돌이 쇼펜하우어 / 382
물아상호(物我相互)의 관계 / 389
종교와 과학은 어떤 관계인가? / 397
오뇌(懊惱)와 종교(宗敎) / 401
열반(涅槃)의 길 / 407
성자(聖者)의 면목 / 411
철학의 음미(吟味) / 419
성탄절과 관등 / 423
인생의 의의(意義) / 427
종교(宗敎)와 인생(人生) / 433
사유(思惟)와 정려(靜慮) / 443

제1부
부처는 어디에 있는가?

제1장 기본적인 의문

□ 부처는 어디에 있는가?

 우리는 불교를 믿으면서도 어디에 부처가 계시는가를 모르는 사람이 많다. 대부분의 신자들은 산으로 사찰로 찾아다니면서 부처가 나타나서 은혜를 내려주시기를 기도한다. 그런데 부처는 멀리 있는 것이 아니라 가장 가까운 데 있다.
 불교의 경마다 '중생과 제불이 일리 제평하다' '일체중생(一切衆生)이 모두 불성(佛性)이 있다' '부처님 몸이 법계에 충만하다' 하는 말씀이 많이 있다. 그렇다면 일체중생이 모두 부처요, 부처가 모두 중생일 터인데, 그렇다면 나도 부처가 되는 것이다.
 그런데 어찌된 일인가? 내가 나를 살펴볼 때 절대로 부처는 아니다. 또한 일체중생을 보아도 부처가 아닐 뿐 아니라 부처를 닮지도 않았으니 말이다. 무엇이 판단되었기에 이런 엉터리 말이 나왔단 말인가? 그렇다고 부처님 말씀을 엉터리라고 단정지울 수는 없는 일이며, 내가 나를 잘못 보았다고 할 수도 없는 일이다. 내가 나를 잘못 보지 않은 이상 부처님 말씀도 잘못되었다고 말할 수는 없는 것이다.

그러면 어디서부터 이런 차이가 생기게 된 것일까? 이 말은 이렇다. 나는 나의 입장에서 나를 본 것에 불과하고 부처님은 부처님의 입장에서 말씀을 하신 것이다. 그러므로 내가 보는 것도 잘못된 바가 없고, 부처님이 하신 말씀도 거짓이 없는 것이다.

어느 청명한 가을날, 고산지대에 있는 절에 있을 때다. 하늘은 티 한 점 없이 맑고 태양은 눈부시게 비추어 만 리 시야가 하나도 가리어진 것이 없이 드러난 듯한 정상들이 아름다웠다. 그리고 골짜기를 굽어보면 안개가 자욱하니 끼어서 전 세계가 온천지에 파묻혀 있는 듯한 감을 주었다. 그런데 이때 산 아래에서 올라온 사람이 있어 그자의 말을 들어보니 지금 하계(下界)는 굉장히 큰 비가 쏟아지고 있어 강물이 넘쳐흐르고 돌담이 무너지는 등 수해가 많다는 것이다.

이 말에 나는 놀라지 않을 수가 없었다. 여전히 태양은 눈부시게 빛나고 있는데, 발아래 세계에는 천둥에 비가 내리다니 이게 무슨 조화란 말인가?

이곳 산상(山上)이 청명하다는 것도 사실이고 하계에 비가 온다는 것도 사실이라면 같은 하늘아래 태양은 사사(私私)없이 평등하게 비추었건만, 다만 구름의 농간으로 상계하계(上界下界)가 서로 달라지고 있는 것이니, 이곳에 앉아서 세계가 청명하다고 말하는 것도 잘못이 없고, 하계에 비가 내리고 있다고 하는 것도 잘못이 없는 것이다. 그러나 구름이 걷히고 비가 개이면 위나 아래 세계가 똑같이 될 터인데 이 경계를 가르는 것이 오직 비일 뿐이다.

인간에게도 태양과 같은 고귀한 불성(佛性)이 있으나, 구름과 같은 번뇌 망상이 끼어서 불성은 가리므로 아무리 보아도 불성은 보이지 않고 번뇌 망상만 보이나니 진정 불성을 찾아보려거든 먼저 애써 마음에 있는 번뇌 망상을 벗겨 버리도록 노력을 해야 할 것이다.

 이 일은 우리가 하려고만 마음먹으면 노력으로써 이룰 수 있는 것이다. 불성을 얻는 일이 '나로서는 도저히 할 수 없는 일'이라고 하는 사람은 하기도 전에 '안되는 일' 하고, 규정지어 버리는 자기 고정관념 때문일 뿐이다.

 어떤 사람은 결단을 내려서 자기가 건너야 할 바다를 건느기 위해 항해를 단행하여 목적을 달성하는데, 어떤 사람은 막연히 자기로서는 도저히 할 수 없는 일로 단정하여 버린다면 이 사람은 자신의 육체 의지를 겨루어 보기도 전에 정신적으로 패배하여 버린 패배자로 전략되고 마는 것이다.

 이런 사람들을 대할 때 우리는 연민을 느끼지 않을 수가 없다. 하면 되고 그것을 달성하면 비교도 할 수 없는 광명과 행복이 보장되건만 왜 이를 거절한단 말인가? 이는 정신분석적인 면에서 볼 때 자기 번뇌, 자기 망상에서 헤어나지 못하고 폭로가 된 사람이라고 아니할 수 없다.

 우리는 보다 향상되고 이상적인 차원을 추구할 필요가 있고, 그것은 필수적인 것이다. 하물며 부처는 먼데 있지 않고 나에게 있다고 하는 데야 어찌 작은 노력으로 큰마음의 광명을 쫓아 추구하지 않을 수 있겠는가.

 내가 만일 부처라면 미(迷)한 때가 언제일까? 금(金)이 다시 광석(鑛石)으로 돌아가지 않는 것처럼 부처는 다시 미하는 법이 없으니 나는 다만 깨닫지 못한 부처일 뿐이요, 모든 모래들은 이미 깨달은 중생(衆生)이니 그 점이 나와 부처가 구별되는 점일 뿐이요, 벽만 헐어버린다면 나와 부처가 평등하다고 하기보다 나도 없고 부처도 없게 되는 것이다.

태양(太陽)은 동에서 떠서 서쪽으로 진다. 박연암(朴燕巖)이 요동을 지날 때 하루가 걸렸다고 한다. 연암은 말하기를 '태양이 밭에서 떠서 밭으로 진다'고 했다.

산에 사는 사람은 해가 산에서 떠서 산으로 진다고 말하며, 바다에 사는 사람은 해가 바다에서 떠서 바다로 빠진다고 한다. 그러나 태양은 언제나 가만히 있는 것, 태양 자체는 뜨는 일도 지는 일도 없다. 다만 지구가 자전함에 따라서 사람들은 뜨고 진다고 말할 뿐이다. 그뿐 아니라 구름이 끼거나 폭풍우가 오거나 밤이 되어도 항상 태양광선은 그대로 있을 뿐이다.

이 이치를 파악만 한다면 부처님과 나와의 사이에 미묘한 이치가 짐작이 되리라 생각한다. 부처님은 항상 불성으로써 집안에 묻혀 있는 보장(寶藏)과 옷 속에 달려진 명구(明球)에 비유했다. 더구나 그것이 있는 것을 간간히 말하였지만 심지어는 내게 불성이 있던가를 모를 뿐 아니라 나아가서 불성이 무엇인가를 알지 못하는 현상으로 전락되고 말았으니, 내가 서 있는 입장에서 부처님의 금강좌를 바라볼 때에는 이수(里數)나 일정으로 따질 수 없어서 아주 절망한 상태에 들어간 것이다. 스스로 생각할 때 부끄럽고 애닯기 그지없는 일이다. 이런 경우란 우리들 태반이 겪는 일이다.

그래서 남을 깨우치기 위해서는 자기가 깨우치지 않으면 안 된다는 의미에서 〈자경(自警)〉이란 책을 쓴 야운(野雲)조사는 그 책 속에서 이런 말을 하셨다.

'모든 부처님도 옛적에는 모두들 나와 같은 범부(凡夫)였다. 저들이 대장부일진대 너 역시 대장부이니 다만 하지 않을 따름이요, 할 수 없는 것은 아니니라' 했다. 좋은 말씀이다.

인간의 욕망이란 그 끝이 없어 타인이 가진 재질이나 재물의 모든 것을 자기 것으로 하고 싶어 한다. 사실 그것은 달성되고 마는 경우가 많다. 노력을 쌓으면 되는 것이다. 남이 가진 깊은 학문적 경지나 예술적 신비경의 비밀, 비장의 기술 등을 배워내기도 하고 심지어는 남이 향유하는 지위나 영화를 쟁취하려고 일생을 통하여 심력(心力)을 기울이며 시간을 허비하기도 한다. 그러나 사람이 불성(佛性)을 찾는 데는 신심만 있으면 된다. 이는 맨손으로서 하겠다는 마음가짐만 있으면 능히 되는 것이다.

사람이 남의 일을 위해서 신심을 내라고 하면 모르되, 자기의 일을 위하여 신심을 내라 하는 데야 주저할 것이 무엇이겠는가? 세상 사람들이 제딴엔 자기 일들을 하기 위하여 분망하게 움직이지마는 참다운 자기 일에는 손도 대지 못하고 매양 헛일만 일삼고 있으니 답답한 일이 아닐 수 없다.

사람이 살아가는데, 특히 오늘날과 같은 혼탁한 사회 환경 속에서는 먼저 자기를 발견하는, 그리고 자기 속에서 불성을 찾는 성의가 무엇보다도 중대사임을 강조하는 바이다. 그럼 이제부터 우리 모두는 내안에 있는 나의 부처를 내 손으로 찾는 일에 정진하도록 할 것이다.

□ 생사관(生死觀)의 확립

 우리는 죽음을 싫어한다. 죽음은 외롭고 적막하다. 모든 사람들로부터 떠나서 혼자서 가야 하기 때문에 그런지 모르겠다. 그러나 자고로 충신·의사·열녀는 죽음을 겁내지 않았다.
 그들에게는 이미 몸을 바쳐 뜻을 세워야 할 각오나 결심이 되어 있었던 까닭이다. 그래서 평소의 다져진 생각이 유사시에 그대로 실행에 옮길 수 있는 사람이야말로 죽음을 초월할 수 있는 사람이고 진정 죽음의 가치를 인식한 사람이다. 이와 같은 자세는 그 사람의 인격을 형성한다.
 세간에 충신·의사·열녀가 그리 많은 것은 아니다. 사람마다 누구에게나 충의의 마음이 없는 것은 아니나 누구나 그 일을 하지 못하는 것은 평소 그만한 지조심이 약함으로 해서 때를 당하면 그만 그 생각이 사라지고 말기 때문이다.
 하찮은 것 같으나 결심과 의지의 차이는 행동적으로 이렇듯 결정된다. 더 깊이 언급을 하면 개인적인 영(榮)·욕(辱)·재(財)·이(利)의 관계에 결부가 되어 자기를 지나치게 의식하고 있기 때문에 해탈을 하겠다는 중생의 마음이 세간의 집착으로부터 용이하게 결심을 내리지 못하게 한다. 그러나 명절이니, 학문이니, 도덕이니 하는 것은 세속의 범주를 초월하는 데서 그 가치가 나타난다. 더욱이 불교란 그 자체가 벌써 초세간적

(超世間的)이다.

　우리 불교의 대표적인 예로는 이차돈(異次頓)의 죽음을 높이 평가할 수 있다. 이차돈은 신라에 불교를 펴기 위하여 자진하여 자기의 목숨을 버렸다. 이 얼마나 거룩한 순교의 정신인가. 또한 자장율사(慈藏律師)는 '내가 차라리 부처님의 계행(戒行)을 지키다가 하루아침에 몰할지언정 부처님 계행을 깨뜨리고 백년을 원치 않노라' 하고 목숨을 초개와 같이 여겼던 그 정신이야말로 거룩하고 영원한 것이 아닐 수 없었다.

　이와 같은 면에서 고찰할 때, 죽음이란 자기의 목적에 적절한 무기로 행사할 수가 있는 것이고, 그것이 공익(公益)을 낳을 때는 세상에 가장 숭고한 업적을 남길 수 있는 것이다.

　인도 말에 '전다라'는 우리 말에 회자수(劊子手 : 軍門에 사형집행인)이니, 나라에 대역(大逆)한 자가 있으면 회자수의 손에 의해 베게 했다. 그런데 한 전다라의 집에 일곱 형제가 있었다. 형제중 위로 여섯 형제는 불교를 닦아서 수다원과(須陀洹果)를 얻어 나한(羅漢)이 되었으나 아래로 한 아들이 아직 범부로 있었다. 때마침 국가에 대역한 자가 있어 국왕이 전다라를 시켜 목을 벨 것을 명령했다.

"이 죄인은 마땅히 죽어야 함으로 너는 속히 목을 베도록 하여라."

하고 말하니 전다라가 고개를 숙이고 국왕에게 사정했다.

"원하옵니다. 저를 용서하십시오. 소인은 5계(五戒)를 받은 몸인바 각별히 삼아 개미 한 마리도 짐짓 죽일 수 없아오니 이것은 능히 그른 것을 할 수 없기 때문입니다. 차라리 이 몸이 스스로 목숨을 버릴 수 있을지라도 감히 계행을 버릴 수 없나이다."
하고 말했다. 이에 국왕은 대노하여,
"이놈! 전다라를 끌어내어 목을 베라."
하고 엄명을 내려 죽게 하고는 그의 아우를 불렀다.
"그럼 네 형이 못한 일을 아우는 할 수 있겠지?"
하고 말하자 그 아우 역시 머리를 조아려 말하기를,
"몸은 대왕의 뜻을 따를지언정 마음은 그럴 수 없아온 즉 살피시옵소서."
라고 하자 국왕은 다시 대노하여, 이 자 역시 끌어내어 효수하게 했다. 그런 다음 차례 차례 그 다음 형제들을 불러내어 명령을 수행할 것을 명하였으나 그 형제들의 대답은 한결같이 '5계를 받았아온즉 죽일 수 없나이다' 했다.

이래서 국왕은 위로 여섯 형제를 참수하고 마지막 남은 일곱째를 부르니 그의 곁에는 그의 어미가 따라 나와서 모자가 함께 왕을 배알했다. 왕은 그 어미를 향하여,
"위로 여섯 형제를 죽일 때까지 얼굴도 보이지 않더니 막내아들을 부르는 데는 어이 같이 나왔는고?"
이 말에 어미가 대답하기를,
"네 말씀 올리겠습니다. 거기에는 그럴만한 사유가 있아옵니다. 전에 죽인 여섯 아들은 모두 수라원과를 얻었으니 설사 대왕께서 그들의 몸을 한낱 먼지처럼 다루시었어도 추호도 악한 마음을 품지 않겠지마는 지금의 이 자식은 아직 범부로 있아옵니다. 몸으로는 비록 도를 닦았아오나 아직 도법(道法)은 입지

못하였으므로 혹시나 바른 뜻을 잃어버리고 대왕의 명령에 두려움을 느껴 스스로의 목숨을 아끼겠다는 소견으로써 계행을 파하고 살생을 해서 죽은 후에 지옥에 떨어질까봐 염려가 되었기 때문에 자식을 불쌍히 여기는 마음에서 따라 왔습니다."
 이 말을 듣고 대왕은 다시 그 어미에게 물었다.
"정말로 여섯 아들은 수다원도를 얻었는가?"
"네, 다 얻었사옵니다."
"그럼 어미는 무슨 도를 얻었는고?"
"아라함도(阿羅含道)를 얻었나이다."
 이 말을 들은 국왕은 스스로 땅에 몸을 던져 자책했다. '내가 큰 죄를 지었도다' 하며 당황하다가 곧 향과 나무와 기름을 준비하여 여섯 사람의 시체를 모아서 화장을 하고, 6개의 탑을 쌓아 공양을 하며, 삼시로 참회하며 죄가 멸하고 지옥에 떨어지지 않기를 기도하는 한편, 그 늙은 어미에게는 풍부한 재물을 내려서 넉넉히 살아가도록 돌보며, 제일마다 자주 찾아가 죄를 빌었다 하는 〈대장엄론(大莊嚴論)〉에 있는 말이다.
 타인이 행한 희소한 얘기를 들으면 감동할 줄 아는 것이 우리 인간이다. 위에 말한 전다라의 얘기를 듣고 우리는 생각하기를 사람이 신앙이 깊으면 그럴 수도 있거니 무엇이 그리 대수로울까 하고 생각할지 모르겠으나 진정 열녀·열사·충신은 자기 몸을 가볍게 취급하는 자가 아니라 가장 무게 있고 신중하게 생각하는 사람들임을 알아야 한다.
 전다라나 그의 어미나 기타 열사(烈士)들은 평소에 자기의 인생의 좌표가 확고하게 세워져 있으므로 해서 분명히 자기가 행동할 때와 말을 할 경우를 알고 있는 사람들임을 명심해야 하겠다.

　신라때 박제상(朴堤上)은 지조를 꺾어 줄 것을 권고하는 왜인을 향하여 '차라리 계림(鷄林)의 돈견(豚犬)이 될지언정 일본의 신하는 되지 않는다' 하며 결심을 보여 죽음을 당했고, 이준 열사는 헤이그에서 나라 잃은 한을 호소하기 위해 배를 갈라 자결함으로써 세계만방에 그의 충절을 보였던 것이다.

　죽을 때 죽을 줄 아는 자는 영원히 사는 자요, 삶만을 알고 외로운 죽음을 외면하는 자는 치욕의 삶이 되는 것이다.

　생사(生死)는 사람의 일생을 통하여 반드시 한번 있는 것이다. 우리의 생사도 이번이 처음도 아니요, 마지막도 아니다. 사람은 인과(因果)에 따라서 낳고 업력(業力)에 따라서 죽는다. 이 세상에 있을 때 우리는 한번 거룩하게 살 필요가 있다. 사람이 생사만 초월한다면 안될 일이 없다. 보다 큰일을 하고 위대한 업적을 남기는 사람치고 그 공통성을 찾아보면 생사를 초월한 관념에서 오직 되어야만 할 방향으로 전진한 자들이다.

　자기의 일신상의 안일이나 자기의 영욕만을 돌보는 이기주의자 치고 충열이나 위업을 남기는 자가 없는 것은 조금도 이상한 일이 아니다.

　사람은 멀고 긴 안목으로 세상을 내다볼 때 비로소 세계관이 확립되고, 자기는 보다 의로운 삶과 슬기로운 일을 해야겠다는 소신이 서는 것이다.

　불교에서 신심・발원・수련・지계를 설명하여 권하는 것은 그 뜻이 어디에 있느냐 하면 평소에 지조의 항심을 가지고 있다가 유사시에 잘 쓰라는 데 있다. 사람이 항심이 없으면 의도 못되고 무당도 못된다고 했다. 아무쪼록 생사 관념으로부터 해탈하여 편안한 자세로 세상을 멀리 내다보며 살도록 하라고 권하는 것이다.

□ 인간은 무엇을 해야 하는가?

인생의 의의가 무엇이고, 사람이 이 세상에서 할 일이 무엇이란 말인가? 우리는 객관적으로 인생을 한번 관찰하여 보도록 하자.

이 근본적인 인생 문제를 해결할 수 있는 길이 무엇이 있는가? 오직 불법(佛法)이라야 능히 해답을 할 수 있다고 생각한다.

사람이 세상에 탄생할 때 고고성을 지르며 땅에 떨어진다. 이 출생의 시점부터 죽는 시간까지를 살아가는 과정을 일러 인생이라고 한다.

그러면 '인생은 어디로부터 왔다가 어디로 향하는가?' 하고 묻는다면 과연 선뜻 대답할 사람이 누구겠는가? 다만 까닭도 없이 왔다가 까닭도 없이 간다든지 저절로 왔다가 저절로 간다고 말할 수밖에 없으니, 이 와중에서 인생은 저절로 결성해지고 당초 어떤 계획에서 연유되는지도 모르고 부부가 맺어지고 함께 흘러가게 되며, 인생 사업을 모두 어름어름해 가고 있을 뿐 적어도 자기의 주의대로 성취되는 것이 없다고 하여도 과언이 아닐 것이다.

어느 서양 철학자가 망망한 인생에 비유해서 한 얘기를 들어보자.

어느 곳에 산 둘이 서로 마주보고 있다. 산은 몹시 험준할 뿐 아니라 산과 산 사이에는 까마득한 벼랑과 벼랑 밑을 흐르는 깊은 강물이 흐르고 있어 경계를 이루고 있다. 그런데 이 강을 건너는 길이라고는 두 산을 연결한 길고 가는 외나무다리가 하나 걸려 있을 뿐이다.

이 다리를 밟지 않고서는 사람들은 저쪽 산을 밟을 수 없게 되므로 할 수 없이 이 길을 택한다. 그런데 다리에 걸음을 옮겨 딛고서 앞을 보면 안개가 가득 끼어 지척을 분간할 수가 없고 뒤를 돌아다보면 뒷산은 구름에 가리어 아무것도 보이지 않는다.

다시 아래를 굽어보면 발아래는 천야만야 벼랑이요, 벼랑 밑에는 시퍼런 냇물이 낼름낼름 굽이쳐 흐른다. 그래도 사람들은 다리를 이용하지 않으면 안된다. 그런데 서너 걸음이나 걷다가 절벽 아래로 떨어지는 사람, 한 반이나 나가다가 떨어지는 사람, 심지어는 거의 저쪽 편에 이를 즈음해서 떨어지는 사람, 그리고 떨어지기만 하면 행적이 묘연하게 된다. 이것이야말로 우리 인생에 비유한 가장 적절한 표현이라고 할 수 있겠다.

불교에서는 인생에 대해서 어디로부터 오고, 어디로 가며, 현재는 어떻게 지내고 있는가를 분명히 설명하고 있으니, 마치 한 조각 작은 배를 타고 망망대해를 방향도 없이 항해하는 사람들로 하여금 항로를 잘 찾아서 멀고 험한 바다를 무사히 항해하여 목적하는바 저쪽 언덕에 이르게 하는 방법으로 안내하는 것이 불교인 것이다.

인생은 바쁘다. 젊어서부터 늙어 죽는 날까지 무언지 모르게 항상 바쁘기만 하다. 바쁘지 않으면 안된다. 그래서 항상 바쁘기만 하다. 그러나 무엇때문에 바빠야 하느냐 하면 아무도 대답할 말이 없다. 다만 '바쁘지 않을 수가 없다'라고 말할 뿐이다.

청년들은 인생을 깊이 생각하지 못한다. 그들에게는 인생은 무한하고 만리 창공에 그들의 전도를 환영하는 광명한 웃음의 여신이 항상 있다고 생각한다. 그러나 중년이 넘어지면 녹녹한 인생에 대하여 초조감을 느끼게 될 것이다. 인생은 결코 만만한 것이 아니다 하고 긴장을 갖기도 한다.

백낙천(白樂天)의 시에 이런 것이 있다.

사람들이란 흡사 꽃을 찾아다니는 벌과 같아서
아침저녁 동서로 날아다니며 바쁘다마는
백 가지 꽃을 따다가 꿀을 만들어 놓았댔자
결국은 신고한 것이 한마당 허사로다.

하고 읊었다. 사람들이 불철주야 바쁜 결과 어느 시점에서 자기가 얻고자 한 자유나 권력이나 재산을 얻었다고 하자. 그러나 얼마간 지나는 동안 그것은 다시 잃어버리게 된다.

모두가 헛 좋아한 것이다. 결국 아무것도 성취한 것이 없는 것이다. 나이가 많은 사람들은 이 점에 대해서 이런 저런 체험과 심각한 경험을 통한 논리가 있다.

그들은 바쁜 결과 얻어지는 것과 또 얻어진 것의 잃어지는 것에 대한 실망・허무・비관을 통하여 소극적인 관념을 자아내게 된다. 그러나 불법을 배우는 일만은 모든 것이 헛된 일이 되지 않게 된다. 우리는 하루바삐 불교를 배우는 일에 힘을 기울임을 게을리 해서는 안될 것이다.

 사람들에게 악행을 버리고 선한 일을 하라고 권하는 것은 불교뿐 아니고 그리스도교·유교·마호멧교 등 어디서나 주장하는 일이다. 그러나 선행을 하면 무엇이 이롭다는 것인가? 인과율에서는 사람이 선을 행하면 선의 결과가 오고, 악을 행하면 악한 댓가를 받는다고 말하고 있다.

 유교에서는 선을 행하는 목적이 대개 가정적인 데 있다. 적선을 하면 남은 경사가 있고, 적악하면 남은 재앙이 있다고 하여 부모가 선(善)을 많이 적(積)함으로써 그 후손에게 복이 되어 자손이 번영한다는 것이다. 그러나 꼭 이렇게만 되는 것은 아니다. 부모는 한량없이 선량한데 자손은 돌연히 악한 사람이 되기도 하고 악한 부모에 선한 자손이 나오기도 하는 등 정확한 공식이 없다.

 제요(帝堯)는 착하였지마는 그의 아들인 단주(丹朱)는 폭인이었고, 고수는 행실이 간악하였으나 그 아들 순(舜)은 대효(大孝)하여 그의 어버이나 형제들의 시중을 잘 들어 주었다.

 요즘 흔히들 말하고 있는, '좋지 못한 일만을 일삼고 있는 사람들이 재산과 권력을 얻어 잘 살아가고 있고, 착한 사람은 오히려 못사는 사회이다'라는 말이 이런 류이다. 그러면 선악·화복에 무슨 규율이 있어 반드시 사람으로 하여금 선하라고만 하는 것일까?

 이 문제는 필히 불교에서 말한 삼세인과(三世因果)라야 해결이 된다.

 일체 종교가 선을 권하는 그 출발점은 같지만 그 결론에 있어서는 불교를 따라 올 수가 없다. 불교를 배우고 착한 일만을 부지런히 하면 현실적으로 당하는 여러 가지 불만과 불행, 재앙이 모두 소멸되고 선과가 성취되는 때에는 자연히 행복이 되는 것이다.

 다음으로 축축하는 마음에 대하여 언급코자 한다. 이것이야 말로 정말 괴로운 일이다. 우리들의 마음은 모두 밖으로 달아나서 헤매고 있다. 색에, 재물에, 명리에, 소리에 헤매고 있다. 왜 이러느냐 하면 마음에 만족을 구하기 위해서이다. 사람의 마음이란 부단히 낮은 데서 높은 데로 향하여 움직인다.

 우선 의식에 곤란을 느끼는 사람은 의식문제 해결에 집요한다. 그러나 의식 문제가 해결된 다음에는 그것으로 만족하지 않고 한 걸음 나아가서 거처를 잘 꾸미고 싶어 한다. 거처 문제가 마음먹은 대로 해결이 되면 풍족한 생활과 안락한 가정, 그리고 좋은 아내와 훌륭한 자식을 낳아 기르고 싶어 한다. 이런 것까지가 모두 충족이 이루어졌을 때에는 지위가 높아지고 싶어 한다. 지위가 높아지면 더 높은 차원으로 권력을 누리고 싶어 한다.

 사람이 욕망을 쫓는 현상이란 말이 질주하는 것과 같다. 뒷 말굽이 앞 말굽을 쫓아 잡으려고 하면 벌써 앞 말굽은 땅을 차고 공중을 난다. 그러므로 달리는 말의 네 발굽은 땅에 있을 시간이 없다.

 '안락하면 족하다'고 하였건만 사람의 마음은 족할 경우가 없으니 무엇으로 이 마음을 채워줄 수 있을까? 이 경우에 불교만 이 이를 해결하고 채워줄 수가 있게 된다. 불교는 먼저 사람으로 하여금 생사의 문제가 무엇인가를 풀게 하여 준다. 그것만 해결되면 일생을 녹녹하여 그 소득이 무엇인가, 선을 행하면 그 이득이 무엇이고, 어떻게 하면 안락과 만족을 얻을 수 있는가 하는 문제에 해답을 구하게 된다.

불교의 핵심이란 이런 문제를 파악하게 하는 것이다. 이런 문제를 해결할 때 비로소 참다운 만족과 안락을 얻을 수 있으니 불교가 아니고서는 이런 문제 해결에 접근할 수가 없는 것이다.

□ 선지식은 찾아야 하는가?

어느 날 문수보살이 부처님을 향해 물었다.

"일체중생이 무시겁(無始劫)으로부터 오늘에 이르기까지 육도(六道)에 윤회하면서 생사해(生死海)에 떠돌아다니며 쉴새없이 고뇌를 받고 있습니다. 세존께서는 대자대비로 일체중생을 불쌍히 여기시고 구호하시는 터이니 대중을 위하여 법요를 말씀하여 주시옵소서."

했다. 세존이 대답하되,

"그렇다. 일체중생이 육도에 윤회하며 쉴새없이 고뇌를 받는 것을 모두 마음에 인한 것이다. 왜냐하면 마음이란 것을 해마다, 달마다, 날마다, 시간마다 모든 경계를 반연하고 세상 티끌에 물들어서 마음이 항상 어지럽고 안정하지 못하므로, 몸도 따라서 그렇게 되느니라. 너는 지금 어떤 뜻에서 이걸 묻고 있느냐?"

문수보살이 대답하되,

"알지 못하는 사람은 알고, 깨닫지 못하는 사람은 깨닫고, 통하지 못하는 사람은 통하고, 증(證)하지 못한 사람은 증하고, 안심할 줄 모르는 사람은 안심하도록 하기 위해 청하나이다."

다시 세존이 말씀하시되,

"그러냐! 네가 만일 안심하는 법을 배우려거든 먼저 선지식(善知識)에서부터 귀의하여라. 왜냐하면 알지 못한 이가 알려 하거든 선지식에 귀의하고, 깨닫지 못한 이가 알려 하거든 선지식에 귀의하고, 통하지 못한 이가 통하려거든 선지식에 귀의하고, 증하지 못한 이가 증할려거든 선지식에 귀의하고, 안심하지 못한 이가 안심하려거든 선지식에 귀의하라. 그러나 선지식에 귀의하려면 모두 여섯 가지를 끊어야 한다. 무엇이냐 하면 첫째 선지식에 대하여 망령된 분별을 내지 말 것, 둘째 잘잘못을 헤아리지 말 것, 셋째 의심을 내지 말 것, 넷째 의심을 품지 말 것, 다섯째 아만을 내지 말 것, 여섯째 가르침을 어기지 말 것이니, 이 여섯 가지가 없어야 비로소 선지식에 귀의할 수 있나니라. 내가 인행 때에 하던 이야기를 할 것이니 들어 보아라.

내가 예전에 대겁(大劫)이니 유위공덕(有爲德)을 닦았으나 모든 허물만 생길 뿐이요, 무위공덕(無爲功德)을 이루지 못하였더니 그 후에 대각세존을 만나 뵈오니 나를 위해서 법요(法要)를 말씀하여 주시므로 내가 능히 말씀대로 수행하였으며, 또는 대도량에 들어가게 하셔서 일만에 무생인(無生忍)을 얻고 여러 가지 선행이 구족하여지며 백 가지 복덕이 장엄되어서 드디어 성불하게 되었으니 그때에 대각세존이 나의 이마를 만지며 네가 이 다음에 성불(成佛)하게 되면 이름을 석가모니라고 하여라. 항상 일체중생을 위하여 사생(四生)의 자부가 되며, 육도(六道)의 도사가 되어서 항상 삼계(三界)에 있으며 미(迷)한 중생들을 인도하리니 이 법을 유전하여 서로서로 전하고 끊어지지 않게 해서 허공과 같이 다함이 없게 하라 하셨으므로 내가 서원코 대각세존의 교명을 받들어서 이 법을 전하는 것이다. 그러므로 오늘도 대중에게 선지식을 친견하면 반드시 큰 이익을 얻으리라고 권하는 바이니, 다만 선지식의 말씀대로 수행하면 장래에 무상과를 얻어서 나와 조금도 다르지 않으리라. 큰 이익이라는 것이 무엇인고 하면 일체 악법을 뒤집어서 일체 선법을 만드는 것보다 더 큰 이익은 없나니라."

　문수보살은 다시,

　"어떤 사람이 능히 일체 악법을 뒤집어서 일체 선법을 만들겠습니까?"

　"일체 악법을 뒤집어서 일체 선법을 만들려면 선지식을 친근하는 것보다 더 나은 것이 없나니라. 왜냐하면 선지식은 한 가지 일에도 능히 백 천 가지 방편과 비유를 일으키며 능히 두 가지 견해를 파악하고 일체로 돌아가게 하며, 능히 3독(三毒)을 돌려 일체삼보(一體三寶)를 만들며, 능히 4대독사(四大毒蛇)를 제어하여 4종위의(四種爲儀)를 만들며, 능히 5독(五毒)을 돌이켜 5계(五戒)를 만들며, 능히 6식(六識)을 제어하여 6제

(六齊)를 다스리며, 능히 7식(七識) 속에서 7불(七佛)을 찾으며, 능히 8고(八苦)를 뒤집어서 8해탈(八解脫)을 만들며, 능히 전도한 망상을 돌이켜서 항하사공덕(恒河沙功德)을 만들며, 능히 무명(無明)을 돌이켜 지혜를 만들며, 능히 번뇌를 돌이켜 보리를 만들며, 능히 탐·진·치를 돌이켜 3업(三業)을 청정케 하며, 능히 시기질투를 돌이켜 4무량심(四無量心)을 만들며, 능히 8사를 돌이켜 8정도(八正道)에 들어가게 하나니 선지식은 이와 같은 대공덕이 있어서 불가사의며 불가측량(不可測量)이니라."

그러나 삼세제불(三世諸佛)이 마련하신 삼승묘법(三乘妙法)과 무량 방편으로 일체중생을 교화하여 양심을 보존하고 정도로 향하게 하심에도 불구하고 중생들이 여전히 생사에 유랑하고 있는 것은 나의 사정(邪正)을 가리는 뜻을 알지 못하는 것이다.

어떤 것이 사(邪)이고 어떤 것이 정(正)이냐 하면, 정도에 두 가지가 있고, 사도에도 두 가지가 있으니 사(邪)에 두 가지라 하는 것은 첫째 정체를 떠나서 상(相)을 구하는 것이니 이것은 정중사(正中邪)이고, 둘째 내 몸에 불(佛)이 있으며, 법(法)이 있는 것을 믿지 않고 세상일에만 탐착하여 인연을 따라서 항상 선도만 행하는 것이니 이것은 사중사(邪中邪)이다.

정중에 두 가지란 것은 첫째는 체(體)를 떠나서 상(相)을 구하되 내 몸에 갖추어 있는 일체삼보가 있는 줄 알며, 항사(恒沙) 공덕이 있는 줄 알며, 여래장법신(如來藏法身)이 내 몸속에 있는 줄 아는 것이니, 이것을 이름하여 정중정(正中正)이라 하고,

둘째 외면으로만 짐작하고 내용을 자세히 알지 못하는 것이니 이것은 사중정(邪中正)이다.

　이렇게 네 가지 사중(邪中)을 말하지마는 그 중에는 오직 한 가지 진실한 것이 있으니 무엇인고 하면, 비유하여 말하건대 어떤 사람이 먼 지방으로 여행을 갈 터인데 거리는 백만여 리나 되고, 그 중간에는 8만 4천 갈래의 길이 있다. 그 중에 오직 한 갈래만이 바른 길이고 8만 3천 9백 갈래는 모두 삿된 길이니 중생이 바른 길을 찾아서 목적지에 도달하려면 어떻게 해야 하겠는가? 오직 잘 아는 사람의 잘 표시하는 것이 아니면 불가능한 것이다. 그러므로 도를 구하는 데는 무엇보다도 먼저 하나를 세워서 종(宗)을 삼아야 하는데, 이 하나라는 속에다 부처님이 만천법문을 베풀었으니 그 8만 4천 법문에서 어떤 문에라도 참된 불성만 찾으면 모두 하나로 돌아간다.

　어째서냐 하면 범부와 성인이 하나인데 범부(凡夫)를 떠나서 성인(成人)을 구한다면 마치 물을 떠나서 얼음을 구하는 것이니 얼음이 곧 물이요, 물이 곧 얼음이라, 얼음 밖에 물이 없고, 물 밖에 얼음이 없는 까닭이다.

　번뇌와 보리도 역시 하나인데 번뇌를 등지고 보리를 구하려 한다면 마치 형체를 버리고 그 그림자를 찾는 경우와 같은 것이니 형체가 곧 그림자요, 그림자가 곧 형체라 형체 밖에 그림자가 없고, 그림자 밖에 형체가 없는 까닭이다.

　마음과 부처도 역시 하나인데 마음을 버리고 부처를 구한다는 것은 마치 소리를 떠나서 메아리를 찾는 것과 같으니 메아리가 곧 소리요, 소리가 곧 메아리라 메아리 밖에 소리가 없고 소리 밖에 메아리가 없는 까닭이다.

본래에는 하나인 것을 환화(幻化)의 작용으로 두 가지 이름이 있으니, 어째서 하나이냐 하고 분별해서 말한다면 하나인 자체 밖에서 구하면 모두가 사(邪)가 되고 자체 안에서 구하면 곧 하나가 되는 것이다.

중생이 분별하여 셋이라 하므로 부처님도 삼승을 마련한 것이니, 만일 모든 법을 통달하면 셋도 원래 셋이 아니니 하나라는 것도 역시 헛이름으로 하나라는 것이다.

〈대변사정경(大辯邪正經)〉에서 '홀연히 모든 자성이 돌한 것을 깨달으면 비로소 언설이 없느니라' 말씀하셨으니 우리들은 무엇보다도 먼저 사(邪)와 정(正)을 가려야 하고, 사와 정을 가릴려 한다면 먼저 선지식(善知識)을 찾아야 한다. 선지식이란 잘 안다는 말인즉, 아무리 아는 것이 많아도 사도로 가는 이는 악(惡)지식이고, 정도로 가는 이가 선(善)지식이니 반드시 선지식을 찾아서 묻고 배울 일이니, 법을 아는 것이 우리들의 선결문제인 것이다.

□ **십선(十善)의 수행**

보살(菩薩)이란 무엇이며 보살의 뜻은 무엇인가? 이 말은 늘 입에 담으면서도 그 뜻에 있어서는 막연히 생각하는 경우가 많다. 보살의 보(菩)란 보리(菩提)라는 말, 즉 깨친다는 뜻이고, 살(薩)은 살타(薩埵)라는 말, 즉 중생이라는 뜻이니 곧 대보리를 구하는 중생이라는 말이다.

　보살의 지체는 일률적인 것이 아니다. 사람들은 흔히 같은 명칭으로 사용하지만 그렇지가 않다. 보살의 정도는 여러 층이다. 높은 이는 극히 높고, 낮은 이는 극히 낮다. 관음보살·문수보살·보현보살·지장보살 같은 이는 그 지체가 극히 높고 초발심(初發心) 보살은 아주 낮아 우리들과 같은 범부(凡夫)인 것이다.

　이 비유를 학교 제도에서 찾아본다면 불타는 지고지상구경원만(至高至上究竟圓滿)한 지위를 얻었으니 대학이나 대학원을 마치고 박사가 된 경우와 같지만, 보살은 이제 학교에서 수업을 쌓고 있는 학생과 같은 위치이다. 학생이라는 칭호는 아직 배우는 단계인 만큼 평등한 것처럼 초발심으로부터 10주·10행·10회양·10지 등 각가지가 모두 보살의 자리이다.

　초발심 보살은 우리들 범부와 같은 존재에 불과하나 보리심을 발하여 성불(成佛)하려는 큰 원(願)을 세운 것이니 누구나 발심만 하면 보살인 것이다.

　이 초발심 보살이 공부를 도중에서 포기하지 않고 계속 정진해서 공부를 수행해 나간다면 최고 지위에 이르러 관음·문수·보현·지장보살과 같은 대보살이 되는 것이다. 그러나 그렇게 높은 지위에 있는 보살행은 우리들의 세계와는 너무나 멀고 먼 거리에 계시므로 감히 우리가 따라가기가 어렵지마는 초발심 보살은 멀지 않은 지척지간에 있는 것이므로 우리는 초발심 보살의 학문을 배우면, 필경 대보살의 지위에까지 오를 수가 있으므로 초발심 보살의 십선(十善)부터 차근히 배우라는 것이다. 그러면 초발심 보살의 수행 과정부터 들어 보기로 한다.

첫째, 보살은 대비(大悲)로 마음을 삼는다. 보살의 발심에는 당연히 신(信)·원(願)·지해(知解)가 포함되어 있지만 가장 중요한 것이 대비심이다. 보살은 먼저 마음에 대비심이 있고서 그 연후에 성불도중생(成佛度衆生)하기를 생각하는 것이다. 성불도 대비심이 없으면 이루지 못하고 진리를 연구하는 데도 대비심이 없으면 소승(小乘)으로 타락하게 된다.

중생이 고통을 받는 것을 보면 마치 자기가 받는 것처럼 안타깝게 생각을 하고 어떤 방법으로 해서든지 그 중생의 고통을 건져주어야 한다는 행동이 보살심이요, 불종자(佛種子)다. 발심이 즉 입지(立志)이다. 때때로 대비심을 내어서 대원(大願)을 세우고, 잊지 않고 물러가지 않으면 보살지(地)로 들어간다.

대비심을 발하는 데는 방편이 많지마는 자타상이법(自他相易法)이라 하여 나와 남을 서로 바꾼다는 법칙이니 나의 몸이 남의 몸이 된 것과 같이 생각한다는 것이다. 이렇게만 되면 대비심은 자연히 발생하는 것이다.

만일 다른 사람의 고통을 나의 고통과 같이 생각한다면 남을 나처럼 사랑할 뿐 아니라 자기로써 남을 삼을 수도 있으니 이것이 참 사랑이요, 참 자비인 것이다.

나의 마음에 고통이 생겼을 때 이 고통으로부터 벗어나려고 몸부림치는 것이 인지상정이다. 무릇 고통이란 행복을 회색빛으로 만들어 버린다. 사람이 남의 고통도 자기의 고통으로 생각할 수가 있다면 이해의 싹이 트고, 남의 고통을 덜어주기 위해 행동할 수가 있다면 이것이 자비심이다.

이 자비심을 발휘하여 중생의 고통을 제해 줄 수가 있다면 그 속에서 대비심이 나고 대비심을 발휘하여 성불도중생을 원한다면 그것이 보살이다. 그러므로 초학 보살은 신통이나 상호장엄이 있는 것이 아니라 다만 입지 발원이 있을 뿐이다.

둘째, 보살은 십선(十善)으로 행을 삼는다. 범인(凡人)과 보상이 다른 것은 보살은 보리심을 발하고 보살도를 행하는 것이다. 보리심으로 십선을 향하는 것이 초학 보살이므로 십선보살이라고 부른다.

십선(十善)이라는 것은 십악(十惡)에 대치하는 10가지의 불교인들이 지켜야 할 선행이다.

제 1은 살생(殺生)을 하지 말라.
제 2는 투도(偸盜)를 하지 말라.
제 3은 사음(邪淫)을 하지 말라.
제 4는 망어(妄語)를 하지 말라.
제 5는 양설(兩舌)을 하지 말라.
제 6은 악구(惡口)를 하지 말라.
제 7은 기어(綺語)를 하지 말라.
제 8은 탐심(貪心)을 내지 말라.
제 9는 진심(瞋心)을 내지 말라.
제 10은 사견(邪見)을 내지 말라.

살생을 피하는 것은 중생의 생명을 보호하는 것이요, 투도하지 않는 것은 중생의 재산을 아끼는 것이요, 사음하지 않는 것은 타인의 정조를 존중하는 것이요, 망어하지 않는 것은 신의를 지키는 것이요, 양설하지 않는 것은 화합을 유지하는 것이요, 악구하지 않는 것은 타인의 신분을 존중하는 것이요, 기어를 않는 것은 잡설이나 한담을 금하는 것이요, 탐심을 내지 않는 것은 지족소욕(知足少慾)하는 것이요, 진심을 내지 않는 것은 시비투쟁을 방지하는 것이요, 사견을 내지 않는 것은 정도를 좋아하는 것이니, 이것을 초발심 보살의 대비심으로 주를 삼아서 성불도 중생을 요구하는 행문(行門)이다.

불교에서는 자기라는 존재를 높이 생각한다. 일반 세속에서 생각하는 존중과는 의미가 다르다. 세속에서 말하는 존중은 자기만족·허세·아집 같은 것이 범벅이 된 자기 환상 속에서 자기가 제일 잘났다는 행동이지만 불교에서 말하는 자기 존중은 차원이 다른 데 있다.

첫째, 경행심(慶幸心)을 든다. 나의 몸은 오직 나의 것이고, 세상에 어느 것 보다도 소중하다. 이렇게 소중한 몸을 얻었으니 이보다 더 경사스러운 일이 어디 있겠느냐 하는 마음이요.

둘째, 결정심(決定心)이니 내가 육도 중에 가장 수중한 사람이 되었으니 이 몸을 간수하고 중히 여겨 다시 이 몸을 잃지 않겠다는 것이요.

셋째, 분발심이다. 이는 나에게도 여래(如來)와 같이 불성(佛性)이 있으므로 분발만 하면 여래와 같이 성불할 수 있다는 자신감이다.

이와 같은 의미에서 자기를 존중하므로 한량없는 중생을 내가 제도하겠다. 한량없는 법문도 내가 다 배우겠다. 다함이 없는 번뇌도 내가 끊겠다. 위 없는 불도(佛道)도 내가 기어이 이루겠다는 서원을 가지는 것이다. 그러므로 불교에서는 대자대비(大慈大悲) · 대희대사(大喜大捨) · 대지대원(大智大願) · 대욕맹(大慾孟)이 구비한 대인격자(大人格者)를 요구하며 인격자를 조성하기로 인도한다. 이런 인격자가 아니고는 능히 오계십선(五戒十善)으로부터 육도, 만행을 완전히 닦아서 기약하는 바 성불도중생을 할 수 없는 것이다.

십선(十善)은 인생의 길이다. 삼계대도사(三界大導師) · 사생자부(四生慈父)가 되려는 보살행도 십선에서부터 시작된다. 만일 숭고한 덕이 있고 십선을 닦았다 하더라도 대비심이 결핍하면 다만 인간에 군자가 되든지 성인이 되지만 불교에서는 그와 달라서 대비심을 주로 하고 보리심을 발하는데 있어서 십선법이 인도가 된다. 그러므로 인간의 몸으로부터 불타의 몸을 향해 나아가는 제1보가 되는 것이다.

사람들이 불타를 이상으로 하고 보리심을 발하여 10선행을 닦는 이외에도 참회 · 발원 · 예불 · 송경 · 지주를 하겠지만 더욱이 호법에 주의해서 불법을 자기의 생명으로 알고 불교를 배우는 데만 그쳐서는 아니 된다.

만일 불교가 해를 당하고 좌절을 당하거든 자기의 신앙과 중생의 혜명을 위하여 두호하라. 만일 불교를 유지치 못하면 중생은 건질 수 없는 영원한 암흑의 세계에 빠져 버리고 말아서 나라는 혼란되고 인심은 흉흉해져서 상상할 수도 없는 참담한 겁계(劫界)를 이루는 것이다.

우리는 모두 부지런히 10선을 닦아서 보살도를 행해야 할 것이며, 좋은 사람이 되어서 우리의 사회건설이나 국가적 안정 내지 모든 불교의 공덕이 어느 구석구석까지 미치지 않는 곳이 없게끔 그 혜택에 배려해야 할 것이다.

다시 한번 강조하건대 진정한 자존의 완성과 인간이 되고자 한다면 10선행(十善行)을 다하여 보살도(菩薩道)를 향하게 해야 할 것이다.

□ 안심입명(安心立命)의 길

모든 인간이 저마다 서로 다른 것같이 인간은 저마다 희망을 가지고 있어 그 희망은 천차만별하다고 하지 않을 수 없다. 안심이란 그 희망을 충족시키지 않으면 얻을 수 없는 것이다. 그러나 인간의 마음은 변전무상함으로 예를 들면 한 거지가 찬밥을 얻어도 크게 만족하는 것인데 점점 좋은 음식을 얻어먹게 되면 사치스런 마음이 일어나서 그 찬밥에는 부족한 생각이 나게 되며, 의복에 있어서도 마찬가지다.

가난한 사람이 1년간의 의식을 얻으면 그것으로 족한 것 같지만 점점 형편이 좋아짐에 따라 사치스런 마음이 생겨서 여러 가지의 분에 넘치는 의식(衣食)을 찾게 되고, 완롱물(玩弄物)을 찾게끔 되는 것을 볼 수 있다. 또 미관말직의 사람이 기회를 얻어 상당한 지위를 얻게 되면 점점 야심이 생겨서 분에 넘치는 고관의 지위를 바라지 않음이 없고, 돈을 모으는 사람이 처음에는 의식주에만 지장이 없으면 충분하다고 생각했는데 뜻밖에 이자를 벌게 되면 재미가 들어서 1만원의 소망은 2만원이 되고, 2만원의 소망은 5만원으로 이렇게 점점 1백만원, 1천만, 억으로 그 소망이 높아지는 것이다.

 그러나 인간에게는 반드시 나면서부터 얻은 명분이 있어, 그 복에 있어서나 지(智)에 있어서도 분수가 있는 것이므로 아무리 노동을 해도 가난한 사람은 일평생 가난하고, 또 아무리 배워도 우둔한 사람은 일평생 우둔으로 끝난다. 그래서 사람이란 미리 자신의 분수를 알지 못한다. 이미 그 분수를 알았다면 분에 넘치는 욕망을 갖지 않을 것이다.

 성인현자(聖人賢者)를 흉내내어 심원하고 오묘한 안심오도(安心悟道)의 방법을 말할지라도 몸소 행하지 못한다면, 스스로 자기를 속이고 혹(或)하는 망어(妄語)의 큰 죄인임을 면할 수 없을 것이다.

 석가는 태어나면서부터 천상천하유아독존(天上天下唯我獨尊)이라고 외쳐서 우리들로 하여금 자중존대(自重尊大)한 기상을 기르라고 가르쳤다. 이것은 자기의 분수를 알아야 한다는 뜻이다. 예컨대 관리가 아닌 사람이 관리라 하고, 승려가 아닌 사람이 승려라 하고, 농부가 아닌 사람이 농부라 하고, 강사가 아닌 사람이 강사라 하고, 학자가 아닌 사람이 학자라 하는 것 같다.

 성현군자가 아닌 사람이 그 어구를 외워서 스스로 성현군자라고 해도 아무도 그 말을 믿을 사람이 없을 것이다. 그러므로 나는 스스로 범승(凡僧)이라고 한다. 이것은 겸손이 아니고 사양도 아니며 바로 진면목이다. 범승이므로 3독(三毒)이 있고 5욕이 있음을 자인한다.

모든 인간은 일률적으로 물론 차별이 있지만 범인(凡人)으로 간주한다면 그 범인에 상응한 안심이 있을 것이다. 범인에 상응한 안심이 있는 것이라면 범인에 상응한 기행(起行)이 없을 수 없다. 이것을 안심기행(安心起行)이라 하지 않고 신해행인(信解行人)이라고 한다.

소위 신해(信解)란 생사무상(生死無常)·삼세인과(三世因果)·육도윤회(六道輪廻)의 3조(三條)이고 행인(行人)이란 지심참회(至心懺悔)·귀의삼보(歸依三寶)·수지5계(受持五戒)의 3조(三條)인 것이다.

사람으로서 생사무상(生死無常)의 이치를 신뢰할 수 없는 사람은 상견(常見)에 빠져서 무환공화(無幻空華)의 인생임을 모르며, 또 사람으로서 삼세인과(三世因果)의 이치를 신해(信解)할 수 없으면 단견에 빠져서 과거·미래의 선악응보에 어두운 사람이 됨을 모르고, 또 사람으로서 육도윤회의 이치를 신해하지 못하면 도저히 사람다운 도를 지킬 수 없다.

사람다운 도를 지키려고 하면 무환공화한 인생임을 알고, 3독5욕(三毒五欲)을 분별하여 스스로 몸과 마음을 닦아야 한다. 몸과 마음을 조심하고 닦는다 할지라도 불완전한 범인(凡人)에는 여러 가지의 차별이 있어 착한 사람에게 불행이 겹치는 일이 있고, 나쁜 사람에게 행운이 오는 수가 있어 권선징악의 도를 밝힐 수 없고, 그 불완전한 인생을 분별하여 인류상응(人類相應)한 행위가 있을진대, 4악도(四惡道) 즉 수라축생·아귀·지옥에 빠지지 않고 언제나 고등한 인간으로 태어나서 인연이 두터운 국가를 지키지 않을 수 없을 것이라는 결정적인 믿음을 가지게 될 것이다.

　굳이 극락왕생을 바라지 않고, 사람으로 하여금 하늘이 되기를 바라지 않고, 불보살(佛菩薩)이 되게끔 바라지 않고, 오직 사람으로서 길이 사람이게끔 바라는 것이다. 그렇다고 해서 왕생작불(往生作佛)을 부인하는 것은 아니다. 그런데 8도(八道)를 바르게 걸어간다는 것은 대단히 어려운 일이다. 그러므로 겨우 인간계에 태어나서 잘못하여 인도를 벗어나서 혹은 무간지옥에 빠지는 사람이 있고, 혹은 아귀도나 축생도에 빠지고 혹은 수라(修羅)에 방황하여 인생을 완전하게 살아가는 사람은 극히 드물다.

　어째서 이렇게 되느냐는 것을 알려고 하면, 그것은 원인 결과의 이치를 비추어 보아서 알 수 있는 것이다. 대체로 이학(理學)에서는 원인 결과는 주로 외계(外界)의 사물에 속하지만, 불학(佛學)에서는 전적으로 인류의 행위에 관해서 이 이치를 설명한다. 그 행위란 신(身)·구(口)·의(意)의 3업(三業)이다. 이 3업 가운데 가장 주된 것은 의업(意業)에 선악이 있고, 탐욕(貪欲)·진에(瞋恚)·우치(愚癡)를 3악(三惡) 또는 3독(三毒)이라고도 한다. 이와 반대인 무탐(無貪)·무진(無瞋)·무치(無癡)인 의식의 작용을 3선(三善)이라고 한다. 이 3악이 신체에 발동할 때에는 살생(殺生)·투도(偸盜)·사음(邪淫)이 되고, 언어에 발동할 때에는 망어(妄語)·기어(綺語)·양설(兩舌)·욕설이 된다.

　대체로 악(惡)이라는 악은 3악(三惡)을 근본으로 하지 않음이 없다. 또 일체의 선사도 이 3선을 근본으로 하지 않음이 없다.

이 선악은 바로 일체의 유정(有情)이 6도(六道)에 윤회전생하는 원인이 된다. 그리고 이 6도는 천상인간수라(天上人間修羅), 축생기혼지옥(畜生饑魂地獄)으로서 앞의 셋을 3선도(三善道), 뒤의 셋을 3악도(三惡道)라고 한다.

이 3선3악(三善三惡)은 사물계에 속하며, 이 3악3독(三惡三毒)은 이상계에 속한다. 그렇다면 그 3선근(三善根)이라는 것이 이상 이외에 있는 것이냐 하면 그렇지 않다. 왜냐하면 이 선악이란 것은 표리대대(表裏對待)되므로 선(善)이 반드시 선이 되는 것이 아니고, 악(惡) 또한 반드시 악이 되는 것은 아니다.

오직 3독(三毒)의 후박(厚薄)에 의해서 선이 되고, 악이 될 뿐이다. 그 독이라는 것도 반드시 독이 되는 것이 아니라 오직 분량의 다소에 말미암아 혹은 독이 되고, 악이 될 뿐이다. 후탐(厚貪)·후진(厚瞋)·후치(厚痴)를 3악이라 하고 박탐(薄貪)·박진(薄瞋)·박치(薄痴)를 3선(三善)이라 한다. 이 대대(對待)를 초출할 때에는 이 3독이 변하여 열반의 3덕(三德)이 된다. 그렇지만 이것은 범인(凡人)의 안심이 아니라 성인(聖人)의 안심이기 때문에 지금은 이것을 다루지 않겠다. 석존은 같은 인간이지마는 성인이고, 역대조사(歷代祖師)도 같은 인간이지만 현인(賢人)이다.

이 현인(賢人)이란 3독에 역용되지 않는 지위이고, 성인(聖人)이란 3독을 마음대로 활용하는 지위이다. 그리고 범인(凡人)이란 3독에 사역되어 그 자유를 가질 수 없는 지위이다. 그러므로 이 3계6도는 3독의 후박다소(厚薄多少)가 있으나 어느 것이나 모두 3독 때문에 사역되어서 혹은 올라가고 내려가는 것이다. 그리고 인간은 천상에도 올라가고, 혹은 지옥으로도 내려간다.

이 3계6도를 초탈해서 무위의 대열반에 들어감은 불교 본래의 목적이지만 범인에 있어서는 무시(無始) 이래의 3독이 신(身)·구(口)·의(意)에 훈습하여 쉽게 씻어버릴 수 없다면 인류에 상응 위치에 안주할 수 없을 것이다.

인류에 상응한 위치는 원래 욕(欲)이 없을 수 없으므로 무욕(無欲)이라고 말하지 않고, 과욕 또는 소욕(少欲)이라고 한다. 이 사욕(私欲)이란 다욕(多欲)을 말하며 공욕(公欲)이란 소욕을 가리킨다. 사욕의 염(念)을 버리고 공욕에, 다욕의 망념을 떠나서 소욕 속에 안주함을 인도(人道)라고 한다. 일부일부(一夫一婦)는 소욕이고, 일부다처(一夫多妻)는 탐욕이며, 탐욕이란 분수 밖에 것을 구하는 것을 말하며, 분수 이외에 구하지 않고 그 분수에 맞는 것을 인도(人道)라고 한다.

어느 누가 진에(瞋恚)가 없는 사람일까? 그러나 진에때문에 사역(使役)되지 않고 용맹 정진하는 것이 인도(人道)이고 분발격려함이 인도이며, 견인불발함이 인도이다. 그럼에도 이 진에를 억제하지 못할 때엔 자기 자신을 해치고 타인을 해쳐서 그 해로움을 모르고 사람이 아닌 행위가 되는 것이다.

어느 누가 우치(愚痴)가 없을 수 있을까? 이 우치를 타파해서 지식을 발달시키는 것은 사람의 사람다운 길이다. 그러므로 사람다운 사람은 언제나 학문을 배우는 뜻이 없어서는 아니 될 것이다. 이 뜻이 없이 게으르고 방일에 빠져서는 결코 인간의 도가 아닌 것이다. 그러므로 우치는 축생의 인(因)이 되고, 진에는 수라의 인이 되고, 탐욕은 아귀의 인이다. 3독(三毒)이 일어나면 지옥의 인이 된다.

〈열반경〉에 가로되, '소죄(小罪)를 가볍게 여기지 말아야 한다. 물방물이 적지마는 점점 큰 그릇을 채운다. 찰나에 지은 죄는 무간(無間)에 떨어지고 한번 인신(人身)을 잃게 되면 만겁에도 다시 돌아갈 수 없다. 소위 조죄(造罪)란 3독을 제멋대로 하는 것이 된다. 그러나 많은 사람들이 이 3독의 두려움을 모르고 함부로 탐욕하여 아귀도의 인을 만들고, 진에를 자행하여 수라도의 인을 만들며, 우치를 자행하여 축생도의 인을 만들며, 3독을 자행하여 지옥도의 인을 만든다.

한번 인신(人身)을 잃어 사악취(四惡趣)에 빠져버리면 고(苦)에서 고(苦)로 들어가서 천생만겁에도 인도로 되돌아가기 어렵다. 이 인(因)이 있으면 이 과(果)가 있는 것이다.

〈대보적경(大寶積經)〉에 가로되, '가령 백겁을 지날지라도 지은 업은 없어지지 않는다'고 되어 있다. 인연이 서로 만날 때 과보(果報)를 도리어 스스로 받으면 이 이치를 믿고 이 불설을 해득했을 때에는 죄업이 점점 두려움을 알게 될 것이다.

조용히 신·구·의·업(身口意業)이 어떤 것인가를 관찰해 보면 선업(善業)은 만들기 어렵고 그 악업(惡業)은 만들기 쉽다. 그러므로 밤낮으로 짓고 있는 것 거의 모두가 악업이고, 선업은 아주 드문 것임을 알 수 있다. 이 얼마나 두려운 일인가?

〈범강계경(梵綱戒經)〉에 '스스로 죄가 있음을 알면 마땅히 참회해야 할 것이다. 참회하면 곧 안락해지며, 참회하지 않으면 그 죄가 더욱 깊어진다'라고 하였는데, 그런데 중생들은 아만의 마음이 강하고 간탐의 염이 깊어서 쉽게 참회의 마음이 일어나지 않는데 죄가 깊은 몸과 마음으로써 고등(高等)한 인간이라고 자부한다. 그러므로 중생을 교화하기 어렵다.

일찍이 범인임을 알고 마음에 깊이 참회할 때에는 청결한 본신이 나타나는 것이다. 이것을 〈대승본생심지관경(大乘本生心地觀經)〉에 가로되, '만약 능히 법처럼 참회하는 사람은 가진바 번뇌를 모두 제거할 수 있다. 마치 겁화(劫火)의 세간을 파괴하는 수미(須彌)와 거해(巨海)를 태워버리는 것과 같다. 참회는 능히 번뇌를 불태우고, 참회는 능히 하늘을 왕생하는 길이며, 참회는 능히 금강(金剛)의 수(壽)를 늘리고 참회는 능히 상락(常樂)의 궁전에 들어가며, 참회는 능히 3계(三界)의 옥(獄)을 나오며, 참회는 능히 보리의 꽃을 피우고, 참회는 능히 부처님의 대원경(大圓鏡)을 보며, 참회는 능히 보배로운 곳에 이른다'라고 했다.

우리들 범인(凡人)은 원래부터 3독번뇌를 불태우고 있을지라도 일념(一念)의 참회에 의해서 번뇌의 불은 다하여 5욕의 여염(餘焰)은 마침내 그 세력을 잃는다. 우리들 범인은 안락하지 못하다고 할지라고 한번 참회하여 멸죄할 때에는 3계(界)의 감옥을 나와서 무위안락의 경계에 살며 무상보리의 꽃을 피워서 부처님의 대원경을 본다. 보배로운 곳에 이르게 된다는 것은 무엇인가 하면, 다만 언제나 삼보(三寶)에 귀의하는 것이다.

이 삼보에는 세 가지가 있는데 동체(同體)와 현전(現前)과 주지(住持)이다. 이 세 가지도 교상(敎相)에 따라 해석하면 약간 번잡해지므로 여기서는 간단히 풀이하겠다.

우리들의 일신(一身)에 구유(具有)하는 것으로서 이 마음에 각지(覺知)가 있음은 불보(佛寶)이다. 이 마음에 분별식량(分別識量)이 있음은 법보이고, 화합화목이 있음은 승보(僧寶)이다. 그러므로 미처 참회하지 못할 때에는 각지가 없는 것이 아니라 할지라도 참다운 각지가 아니라 망각이며, 혹은 이를 무명불각(無明不覺)이라고도 말한다. 미처 참회하지 못할 때에는 별분양식(別分量識)이 없지 않더라도 그것은 망상분별이고, 미처 참회하지 못할 때에는 아침부터 저녁 때까지 백천만억의 염이 있을지라도 난기난멸(亂起亂滅)한다. 난기난멸함으로 전념(前念)은 후념(後念)과 다르고, 후념은 전념과 화합하지 못하고, 그 기멸(起滅)은 일일이 3도(三途)의 업(業)이 된다.

그 분별은 망식분별이기 때문에 출식입식(出息入息)과 전념 후념이 모두 3도의 업이 된다. 그 지각은 망각이 되므로 일일이 부정(不淨)해 해지고 부정하므로 보배가 아니며, 망념분별이기 때문에 보배가 아니며, 여념이 죄업이기 때문에 보배가 아니다. 그러므로 무명불각의 염이 일전하여 참회 멸죄할 때에는 청정묘명(淸靜妙明)의 진월(眞月)이 영롱하여 6근6진(六根六塵)을 비추기 때문에 모두가 일일이 진불(眞佛)의 빛이 된다.

비유하면 청정한 큰 둥근 거울에 만물의 아름다움과 추함이 나타나는 것과 같다. 그러므로 참회는 능히 부처님의 대원경을 본다고 할 수 있다. 부처라 하면 여하튼 다른 데에 구하는 습관이겠지만 필경 자기 마음의 이명(異名)임을 알아야 한다.

이전에는 미혹(迷惑)하여 3계의 미암(迷暗) 속에 방황했을지라도 한 마음 돌이켜서 자심자성(自心自性)에 돌아갈 때 즉심

시불(卽心是佛) 즉신정토(卽身淨土)가 되므로 경문에 분명히 자귀의불(自歸依佛)이라 하고 타귀의불(他歸依)佛)이라고는 하지 않았다.

이미 자심자성(自心自性)의 지각이 분명해지면 하나하나의 분별이 모두 진실한 식지(識知)가 된다. 식지의 염이 모두 진실이므로 전념은 후념에 상응하고, 후념은 전념과 화합해지면 묘명(妙明)의 지각, 참된 식지, 수많은 염들이 모두 청정무애함으로 하늘과 땅 사이에 부끄러운 일이 없고, 자신의 광명으로써 만물을 비추게 되니 보배로운 자리가 아닐 수 없다. 그러므로 참회는 능히 보배로운 곳에 이르는 것이라고 말할 수 있다.

이와 같이 동체삼보(同體三寶)는 삼즉일(三卽一)이며 일즉삼(一卽三)이다. 이 삼보(三寶)의 마음속에 있는 것을 동체삼보(同體三寶)라 하고, 마음 밖에 나타나는 것을 현전삼보(現前三寶)라 하며, 염념(念念)이 상속되어 끊임없음을 주대삼보(住待三寶)라 일컫는다.

이 같은 해석은 보통 교상가(敎相家)가 허락하지 않는 것이지만 통속종(通俗宗)에서는 스스로 이를 허락하는 것이다. 불법이 만약 이와 같지 못하다면 인간세계에 아무런 이익이 없을 것이다. 그러나 이같이 해석할 때에는 어떤 파불가(破佛家)라 할지라도 이 뜻을 깰 수는 없을 것이다. 만약 이를 깨는 사람이라면 불법을 깨는 것이 아니라 자기 자신을 깨어버리는 것이다. 뿐만 아니라 만물의 영장인 인류 고유의 원리를 모르는 사람이라 할 것이다. 이런 사람을 가련한 중생이라고 한다.

〈법화경〉속에는 의내(衣內)의 보주로써 비유했는데, 우리의 옷 안에 천만금의 보배를 누벼 놓은 것을 모르고 스스로 비인걸인(非人乞人)이 되어 있음을 지인(智人)이 이를 가르쳐 말하기를 '그대는 어째 그 모양인가? 그대의 옷 안에는 수천 만량의 보배가 있는데 그대는 어찌하여 그것을 사용하지 않느냐?'라고 하였는데, 그 비인걸인이 된 자는 우리들과 같은 범인(凡人)에 비유한 것이고, 옷 안의 보주는 그 고유한 삼보(三寶)에 비유한 것이다.

 대체로 우리들 범인(凡人)은 일단 참회를 했다고 할지라도 무시(無始)의 훈습력에 젖어 자유자재로 이 보장을 운출(運出)할 수 없으므로 그 완비 원만한 다른 삼보에 귀의하지 못한다.

 대성인 석가세존은 고금에 둘이 없는 선각자이므로 우리들은 이를 우러러 귀의하지 않을 수 없다. 그의 삼장(三藏)인〈성경현전(聖經賢傳)〉은 우주의 진리와 원리를 모두 설파한 것이므로 우리는 이를 깊이 찾아 이에 돌아가야 할 것이다.

 보살과 나한들은 깊이 삼장의 정묘(精妙)를 알고 그 설(說)처럼 수행하여 스스로의 삼보를 사용하는 성인이기 때문에 우리들 또한 이들에게 귀의하지 않을 수 없다. 이것은 불제자나 불신도의 본분으로서 다만 자기 스스로만 귀의할 뿐 아니라, 또한 다른 사람으로 하여금 귀의하게끔 하지 않으면 안될 것이다.

 이 귀의삼보는 실로 우리들이 안심입명(安心立命)하는 근본 기초가 되는 것이다. 그래서 금생(今生)은 물론, 미래영겁까지 삼보의 원해(願海)에 영생하게 되는 것이다. 이같이 되면 생을 바꾸고 몸이 바뀌어도 악도(惡道)에 떨어질 위험이 없을 것이다. 그렇지만 이 귀의삼보는 종교로서의 안심입명이라면 전혀 개인적인 쾌락에 지나지 않는다. 그리고 우리들 인류가 일개인으로서 독립해 있을 수 있는 것이라면 모르거니와 자타가 서로 모여 서로 의지하는 사회를 이루는 것일진대 인류 상호간에 있어 그 도의(道義)를 지키지 않을 수 없는 것이다.

유교에서는 5상(五常)이라 하고 불교에서는 이를 5계(五戒)라 한다. 5계란 살생을 하지 말라, 약탈을 하지 말라, 간음을 하지 말라, 망언을 하지 말라, 음주를 하지 말라고 금하는 것이다.

이 5가지는 사람의 도가 아니며, 이 5악(惡)을 금하여 5선(善)을 실행하는 것이 사람의 도이다. 이 5선(善) 5악(惡)에서는 각각 상중하의 3품(三品)이 있으며, 세간의 법률상의 벌도 이 5악에 지나지 않는다. 도덕상으로 어긋나는 것도 이 5악에 속한다. 선인으로서 칭찬을 받는거나 악인으로서 미움을 받는 것도 모두 5선 5악 속에 있다.

부자(父子)의 친(親)을 잊고 군신(君臣)의 의를 게을리 하고 부부의 별(別)을 어지럽히고 장유(長幼)의 차례를 잃고 붕우(朋友)의 신(信)을 깨는 것도 이 5계를 갖지 않음에 의한 것이다. 군부(君父)의 은혜를 잊는 것도 이 5계를 지키지 않음에 있는 것이다. 삼보에 귀의하여 안심입명의 땅을 얻음도 이 5계를 갖는 데서 비롯된다.

5계를 가질 정도의 사람이라면 반드시 삼보에 귀의한다. 삼보에 귀의하는 사람은 반드시 5계를 지키게 된다. 만약 이 5계를 가질 수 없다면, 삼보에 귀의할 수 없으며, 삼보에 귀의한다고 할지라도 만약 5계에 결함이 있으면 이는 참다운 귀의가 아니다. 그러므로 참으로 귀의삼보한 사람은 자비효순(慈悲孝順)한 마음을 갖게 되므로 그 마음은 유화온순하다.

 유화온순하기 때문에 무정하고 잔인한 생각을 일으키지 않으며, 이 마음으로 나라에 대해서는 충이 되고, 어버이에 대해서는 효가 되고, 윗사람에 대해서는 경건이 되고, 비천에 대해서는 인애가 되며, 동료에 대해서는 진실이 되고, 사물에 대해서는 참다운 관찰이 되고, 동물에 대해서는 애련(愛憐)이 된다.

 가령 하나의 미물이라 할지라도 해가 없는 것에는 함부로 해를 가하지 않고, 뿐만 아니라 스스로 살해하지 않고 그로 하여금 괴로워하지 않게 또 무서워하지 않게 할 것인데 비단 무서워하지 않게 할 뿐 아니라 나아가 그로 하여금 즐거움을 갖도록 해야 한다.

 이 유화 온순한 마음을 기르는 까닭에 함부로 유정(有情)한 고기를 먹어서는 아니 될 것이다. 그러므로 유화 온순한 마음을 기름으로써 함부로 남에게 속해 있는 남녀의 정(情)을 빼앗는 짓을 하지 말고, 함부로 내 마음과 반대가 된다고 망어(妄語)를 토하지 말고, 또 함부로 술을 마시고 앞의 4가지 금함을 깨는 짓을 하지 않아야 한다.

 만약 능히 이같이 믿고 이같이 행할 때에는 미처 성역(聖域)에 들어가지 못했다 할지라도 이는 인도(人道)에 어긋남이 없는 것이다.

 인도에 어긋남이 없음은 미래의 세상에서도 역시 인도에 태어나게 되므로 우리들 보통의 범인(凡人)으로서 추호도 유감이 없는 일이다.

 범인(凡人)의 안심은 바로 이와 같은 것이다. 만약 이 구역을 벗어나서 성역에 들어가고자 하는 사람은 다시 고상한 신해(信解)가 있어야 할 것이다.

□ 삼보(三寶)란 무엇인가?

　부처님과 부처님의 말씀인 경전, 법과 부처님의 대중, 즉 부처님을 모시고 부처님 법을 의지하여 도를 닦는 부처님의 제자(僧)들, 이 3가지가 세상에 없는 보배라 하여 삼보(三寶)라 이르니 이 보배란 말에는 6가지의 의미가 있다.
　첫째, 희유(稀有)하여 흔하지 않고, 둘째 때가 없고, 셋째 세력이 있고, 넷째 장엄(莊嚴)이 있고, 다섯째 최승(最勝)하고, 여섯째 변하지 않는 까닭이다. 그렇다면 삼보가 어째서 희유한 것일까?
　세상에 보배가 많지마는 그 중에 7가지를 옛부터 칠보(七寶)라고 일러오고 있으니 곧 금·은·유리(琉璃)·차거·마노·호박·진주이다.
　모래나 돌 따위는 아무 곳에나 흔하게 있으나 보배는 흔하지 않으므로 만나기가 어렵다 해서 보배라 하는 것이다. 그러나 칠보는 오히려 많이 산출되고 있다. 부처님은 참으로 칠보보다 더 희유하니 부처님의 말씀에는 시간적으로 3세(世)와 공간적으로는 시방(十方)에 많은 부처님이 과거에도 계셨고, 현재에도 계시고, 미래에도 또한 계실 것이라고 하셨지만, 우리들 범부의 눈으로 보는 바에는 유사이전 전후(有史以前)를 통하여 오직 석가모니 한 분이 세상에 나오셨으니 참으로 희유하지 않겠는가? 부처님 스스로가 우담발화(優曇鉢華)에 비유하셨다.

우담발화는 귀하다 해도 3천년이면 한 번씩 피지만 부처님은 몇만년으로도 헤아릴 수가 없으니, 예를 든다면 석가모니 후에 미륵불이 나시기까지 56억 7천년이라는 오랜 세월이 있은즉 희유라 하기보다 절무근유(絕無僅有)라거나 유일무이(唯一無二)라고 표현해야 옳을 것이다.

이렇듯 만나기 어려우므로 부처님이 보배이고, 부처님 성도하신 이후에 설교하신 것이 법이므로 법 또한 부처님과 마찬가지로 희유한 까닭에 보배인 것이다.

부처님이 나시고 법을 설하였지만 부처님의 옳은 제자는 극히 적으니 작은 우리나라만 보더라도 5천만의 겨레 속에 중은 1만 명도 되지 못하니 약 5천 명에 한 사람 비례인즉 얼마나 희유한가? 이러한 까닭으로 보배라고 한다.

둘째, 어째서 때가 없다는 것일까? 금과 은에는 조금이라도 잡광석이 섞이지 않고 유리와 호박같은 것에는 조금도 티가 없어 녹이 슬거나 때가 끼지 않는 것처럼 삼보(三寶)고 때가 없다. 부처님은 억겁다생의 번뇌의 때, 혹업의 때, 즉 일체의 진구(塵垢)를 모두 해설하시고, 청정무구한 진성을 깨달으셨고, 법신을 증득하셨으며 설하신 법도 때 없는 말씀을 하시어 일체중생으로 하여금 모든 죄업의 때를 씻어버리고 청정한 본각을 알도록 하신 것이니 법 자체에 때가 있고서야 어찌 중생으로 하여금 때를 여의게 할 수 있겠는가? 그러므로 법을 일러 백법(白法) 또는 백정법(白淨法)이라 하는 것이며, 중(僧) 역시 청정한 법을 닦아서 청정한 법신을 얻으려 함으로 신(身)·구(口)·의(意)의 3업(三業)이 청정하다.

 셋째, 세력이 있다 함은 보배로 말하더라도 옥(玉)돌이 있으면 산도 광채가 나고, 야광주가 있으면 물빛도 곱다 하거니와 일체 사귀(邪鬼)와 독기를 물리치며 가난한 사람을 부자되게 하는 세력이 있는 것처럼 삼보(三寶)도 능히 길 잃은 자에게 바른 길을 인도하고 어두운 마음에 광명이 되게 하며, 병고에 신음하는 자에게 좋은 의사가 되게 하며, 가난한 자에게는 복장(伏藏)을 얻게 할 뿐 아니라 생사고해(生死苦海)에 배가 되어 중생을 실어다가 즐거움만 있는 세계로 보내 주는 힘이 있으니 이것을 세력이라고 한다. 그러므로 불보에 귀의하면 능히 지옥고를 소멸하고, 법보에 귀의하면 능히 아귀고를 소멸하고, 승보에 귀의하면 능히 축생고를 소멸한다는 것이다.

 넷째, 장엄하다는 말은 세상에서 금은 칠보로써 부인들의 패물 내지 기구·가옥에 이르기 까지 치장하듯 법도 이를 수행하는 사람들의 신업·구업·의업을 장엄하여 현세에도 8정도와 10바라밀과 복(福)·혜(慧)로 장엄하고 후세에는 칠보로 장엄한 극락국토에 왕생하든지 적어도 칠보궁전의 천당에 상생하고 다시 빈천고를 받지 않게 된다.

 다섯째, 최승(最勝)하다 함은 무슨 말인가? 보배라는 것은 물질 중에 가장 소중한 것이다. 이처럼 삼보도 일체세계에 가장 소중하다. 그러므로 〈복전경(福田經)〉에 '96종 도중에 불도가 가장 높고 96종 법 중에 불법이 가장 참되고, 96종 승 중에 불승이 가장 바르다(正)'고 하신 것이다.

여섯째, 불변이란 뜻을 들자. 금·은 같은 보배는 아무리 불에 달구어도 녹지 않으며, 천만번 단련해도 중량에서 가감이 없는 것처럼 삼보 역시 이에 비유가 된다.

부처님은 금강불괴신(金剛佛壞身)이라 생·노·병·사 4상(四相)의 천류를 받지 않으며, 유가(儒家) 성현들이 마련한 법이 좋다고 해서 '옥체는 풍악이 다르고 3왕(三王)은 예가 같지 않다'고 했지만, 부처님은 언제라도 변치 않으며, 중 또한 3업(三業)이 청정하여 10악(十惡)을 범하지 않으므로 언제나 청정하여 변개(變改)가 없는 것이다. 그러나 불보·법보에는 의심이 없으나 승보에 대해서는 의심이 있을 듯하다.

바꾸어 말하면 그 많은 사람 중에 보배의 부처님을 모실 부처님의 법을 배우는 사람이 얼마나 되겠는가?

부처님을 보배라 아니하고 부처님 법도 보배가 아니라면 문제는 달라지지만 천리마(千里馬)를 따라 가려는 말은 역시 천리마라는 말과 같이, 불보를 모시고 법보를 배우는 사람이기 때문에 역시 승보가 되는 것이다. 그러므로 중이 부처님을 잘못 모시고 부처님 법을 잘 알지 못하면 그것은 스스로 보배의 가치를 잃은 것이며, 중이 승보의 가치를 잃는다면 불보·법보도 모두 보배의 가치가 소멸된다.

왜냐하면 법은 법보 스스로 유통되지 못하고 반드시 승보의 힘을 빌려서 유통되는 것이며, 부처님은 부처 스스로 높아지는 것이 아니고 법보가 유통되어야 부처님이 높아지는 것이고, 법은 승이 선전하는 것이다. 그러므로 겉만 중이 되어서 법을 알지 못하면 자기 자신만 보배 가치를 모르는 것이 아니라 부처님과 법까지를 보배 가치가 되는데 해가 되는 것인즉, 이는 중이 아니라 불교를 멸망케 하는 악종인 것이다.

그러면 부처님 당시의 승보는 어떤 이들이었던가? 문수보살, 보현보살, 관세음보살, 지장보살 등등 과거 구원겁전에 이미 성불하고도 불법을 유통하여 중생을 교화하기 위해 승가(僧伽)로 있던 이들이다. 또한 가섭, 아란사리불, 목건련 등 10대 제자, 16나한, 5백 나한, 1천 2백 나한들이 모두 중이 아니었던가. 그들은 승보라는 칭호를 듣기에 당연했지만 그들이 모두 세상에 있지 않고 그들의 후계자로 있으면서 실제로는 천양지판으로 성범(聖凡)이 현수(懸殊)하면서 승보라는 이름만 그대로 습용하니 스스로 생각할 때 부끄럽지 않은 일인가.

불보와 법보와 승보가 언제나 삼위일체로 평등해야 한다. 승보가 천해지면 불보·법보도 세상에서 대접을 받지 못하는 것이니 불법이 쇠약해지는 것은 그 죄가 오직 승보에 있는 것임을 알아야 한다.

불·법·승 3가지를 세간의 보배에 비하여 희유·무구·세력·장엄·최승·불변 6가지 상사로 하여 역시 보배라는 의미로 삼보라고 한다 함을 앞서 말했다. 그러나 이 삼보를 자세히 알자면 역시 더 분석해야 하므로, 여기에 보충하여 설명코자 한다. 이 불·법·승을 삼보(三寶)라고 하면 용이하지마는 다시 좀더 구체적으로 말하자면 법신(法身)·보신(報身)·화신(化身)은 불보요, 경장(經藏)·율장(律藏)·논장(論藏)은 법보요, 보살(菩薩)·연각(緣覺)·성문(聲聞)은 승보라 한다. 보다 자세히 말해 보자.

1. 별상삼보(別相三寶) — 본시 석가모니가 불보요, 49년 설하신 것이 법보요, 2천 2백 55인이 승보니 석가모니께서 정반왕궁에서 탄생하시어 19세 출가 전후 6년 합해 12년을 고행 수도하셨고, 30세 되시던 납월 8일 새벽에 샛별이 돋는 것을 보시고 대도(大道)를 깨치셔서 불타가 되므로 비로소 부처라는 칭호가 지어졌다.

부처님이 열반하신 후 다시 부처가 없으니 석가모니를 불보라 하고, 부처님이 성도하신 그 시간으로부터 〈화엄경〉을 설하시고 다시 인천인과교(人天因果敎)로부터 소승교(小乘敎)·대승교(大乘敎)·승교(乘敎)를 49년간 설하신 8만 4천 법장 이외에 더 이상의 법이 없어 이것을 가리켜 법보라 한다.

녹야원에서 교진여 등 다섯 비구를 제도하여 제자를 삼음으로부터 야사장자(耶舍長者)의 도당 50인과 우르빈나가섭의 도당 2백 50인, 즉 가섭 3형제의 도당 1천인과 사리불의 도당 1백인과 목견련의 도당 1백인을 합하여 1천 155인이 부처님을 항상 따라다니는 제자 상수중(常隨衆)이고 그 외는 다시 중이 없으므로 그들을 일러 승보라 하는 것이니, 이는 석가모니의 출세 성불에 의해 세상에 처음으로 나타난 삼보(三寶)의 근본 시초이다. 그러나 같은 금구소설(金口所說)이지마는 청법하는 대중의 근기를 따라서 얕은 법문으로부터 차츰 깊은 법문에까지 이르렀음으로 자연히 소승·대승으로 나누어지게 되었다. 그래서 소승교를 설하실 때의 삼보와 대승교를 설하실 때의 삼보가 자연히 다르게 되었으나 여기 소승과 대승의 차이점을 설명하고자 한다.

소승삼보(小乘三寶) —게이 소승들은 근기가 얕으므로 천장이나 되는 보신(報身) 여사나불(廬舍那佛)은 못보고 다만 장육화신(丈六化身)인 석가모니불만 보았으므로 장육화신을 불보라 하고, 그때에 설하신 법문은 다만 사성제법(四聖諸法), 즉 이 세계의 삼계육취(三界六趣)는 오직 고(苦)뿐이라는 고제(苦諦)와 이러한 삼계육취의 고를 받게 되는 것은 오직 탐・진・치 등 3독의 번뇌와 선악의 모든 업이 모여서 생기는 것이라는 집제(集諦)와 이런 혹업(惑業)을 멸하고 생사의 고를 여의려면 오직 진공멸적이 있다는 멸제(滅諦)와 열반을 얻으려면 반드시 정견・정사유・정어・정업・정념・정정의 8정도를 닦아서 인(因)을 삼아야 한다는 것과 또는 무명・행・식・명색・육입・촉・수・애・취・유・생・노사의 12인연법이 일어날 때에는 무명을 연으로 하여 행이 일어나고, 생을 연으로 하여 노사(老死)가 생기지마는 멸할 때도 역시 그 순서대로 무명이 멸하고 행이 멸하면 노사가 멸한다는 것을 설하였음으로 이 4제(四諦), 12인연 법문을 법보라 하고, 그 법문에 의해서 성취한 과는 수다원(須陀洹)・사다함(斯多含)・아나한(阿那含)・아라한(阿羅漢)의 4과(四果)를 증득하는 성문연각을 승보라 한다.

대승삼보(大僧三寶) — 법신(法神)・보신(寶神)・화신(和神)으로 불보를 삼고, 아공법공(我空法空)한 대교(大敎)로 법보를 삼고, 3현(三賢) 10성(十聖)보살로 승보를 삼는다.

동체삼보(同體三寶) — 불신(佛神)도 교상(敎相)도 교기(敎機)도 가르지 않고 다만 자성진여(自省眞如)의 위에서 삼보를 정하는 것이니 불타는 깨달았다는 뜻이니 그것이 불보요, 달마는 가진다는 뜻인즉 궤지성(軌持性)이 있으니 이것이 법보요, 승가는 화합한다는 뜻인즉 자신에 화합성이 있으니 이것이 승보라 한다.

주지삼보(住持三寶) — 이 삼보는 모든 이론을 떠나서 다만 석가모니의 유법(遺法) 중에서 불교를 유지하고 중생에 보여주는 것으로 삼보를 삼은 것이니 우리가 흔히 보는 철불(鐵佛)·석불(石佛)·목불(木佛)·토불(土佛)·화불(畵佛) 등 모든 불상과 불화를 불보라 하고, 패엽·죽간·목판·종이 비단 등에 쓰거나 즉쇄한 삼장(三藏) 12부의 문자를 법보라 하고 삭발 가사를 입은 사미·사미니·비구·비구니를 승보라 한다.

따라서 삼보의 출처 근본을 말하면 제일 별상삼보가 근본이지만 현대의 중생이 보는 바로는 오직 주지삼보가 설명에 좋고 신앙에 편리하다.

다시 말해 별상삼보는 근본적이고 소승삼보·대승삼보는 이론적이고, 동체삼보는 연구적이고, 주지삼보는 현실적이다.

사실에 있어서야 주지삼보의 불보가 진불(眞佛)이 아니며, 법보 또한 그러하니 보승은 범승(凡僧)이라 가(假) 중(中)에 가이지마는 가를 버리고 진(眞)이 없을 뿐만 아니라 가로 인하여 진을 알 수가 있으니 주지삼보를 모두 진이 아니라 하여 일제히 폐지한다면 진불·진법·진승을 어디 가서 찾을 것인가?

당태종이 현장법사에게 묻되,
"짐이 중들에게 재를 드리고 싶으나 들으니 중들이 많이 무행하다 하니 어찌할까?"

라고 하자, 현장법사가 대답하되,

"곤륜산에 옥(玉)이 있다 하지만 모래와 진흙이 섞여 있고, 여수에 금이 난다 하지만 기와쪽과 자갈이 있습니다. 흙이나 나무로 나한을 조성했지만 공경하면 복이 생기고, 쇠와 구리로 부처님을 부었지만 파괴하면 죄가 됩니다. 진흙으로 만든 용(龍)이 비를 주지는 못하지만 기우제는 반드시 진흙용에게 지내니, 범승(凡僧)이 비록 복은 주지 못하지만 복을 닦는데 반드시 범승을 공경해야 합니다."

하니 태종이 활연 대각(大覺)하고,

"짐이 이후로는 비록 조그마한 사리를 보더라도 부처님 공경하듯 하겠노라."

하였고, 〈십륜경(十輪經)〉에 하신 말씀에 '머리깎고 옷에 물들인 자에게는 계행이 있고 없는 것을 묻지 말고, 아직 계를 받지 못했을지라도 역시 부처님의 제자이니 결코 훼욕할 수는 없느니라' 했다.

 삼보(三寶)가 참이 아니라고 공부가 안되거나 복을 못얻거나 하는 법은 없는 것인바, 삼보의 진가는 묻지를 말고 정성만 바치라. 이 말법 중에 있어서 주지삼보께 공양승사하면서 별상삼보를 연상하며 동체삼보를 관(觀)하여 세 가지 삼보가 셋인 동시에 하나가 되면 우리들의 수행 과정은 가장 완전하다고 하겠다.

제2장 공덕(功德)의 길

□ 삼보(三寶)의 공덕

불교에서 말하는 삼보(三寶)란 불(佛 : 범어로 붓다라 하고 覺者라고 번역한다)과 법(法 : 달마라 하고 眞理라고 번역한다)과 승(僧 : 상가라 하고 和合衆이라고 번역한다)과의 3가지를 말하며, 이것을 불법승(佛法僧)의 삼보라 일컫는다.

여러 종교 가운데 유교나 도교 등에서도 삼보(三寶)라는 말이 쓰이고 있으나 불교에서 말하는 삼보란 그 명칭이나 내용도 전혀 다르다.

불교에서 말하는 삼보는 이 세상의 재보(財寶)가 우리들 인간생활에 필요불가한 것처럼 불법승의 삼보가 인간의 정신생활에 빠질 수 없는 참으로 귀중한 점에서 보배라고 말한 것이다. 즉 불법승의 삼보는 불교에 없어서는 안될 3가지 요소이며, 불교도가 존중해야 할 3가지 보배인 것이다.

이 불법승의 삼보에 귀의하는 것을 삼귀의(三歸依)라고 하고, 두 손의 열 손가락을 합하여 합장하여 머리를 숙이고, 입으로 삼귀의의 글을 외친다. 범어의 삼귀의 문은 붓단·사라난·갓챠미(Buddhām saranām gacchami) — 나는 부처에 귀의하여 받든

다이다(自歸依佛 :歸依佛) 兩足尊.

담담・사라난・갓챠미 ― 나는 법에 귀의하여 받든다(自歸依法 : 歸依法 離欲尊)

상감・사라남・갓챠미・승에 귀의하여 받든다(自歸依僧 : 歸依僧 衆中尊)이라고 3번 되풀이 한다.

이 삼귀의를 외우는 것에 의해서 불교도가 되는 것으로서, 이것은 불교도로서의 근본조건인 것이다. 석존이 녹야원에서 교진여 등 다섯 비구를 교화시킨 후 얼마 되지 않을 무렵 이 삼귀의를 3번 되풀이 하는 것으로써 불교도의 신앙 고백의 작법으로 정했다.

그 이후부터 오늘에 이르기까지 이 삼보귀의의 작법은 시종 변함없이 불교도에 의해서 오래 계속되어 왔다. 위에 든 범어에 의한 삼귀의의 글을 남방불교 제국(미얀마・스리랑카・태국 등)을 비롯해 서양의 불교 신자들도 언제나 외고 있는데, 우리나라에서도 불교적인 여러 의식이나 모임이 있을시 처음 시작할 때에 참석자 모두가 같이 외고 있다. 근래에는 장엄한 음악의 리듬으로 편곡되어 레코드에 취입된 것도 있다. 이 밖에 옛부터 전해져 오는 글이다.

當願衆生 體解大道 發無上心
當願衆生 深入經藏 智慧如海
當願衆生 統理大衆 一切無碍

원컨대 중생과 함께 대도를 체해하여 무상심을 발한다.

원컨대 깊이 경장에 들어가서 지혜의 바다와 같이 되려 한다
원컨대 중생과 함께 대중을 통리하여 일체무애하다.

이것은 삼귀례문(三歸禮文)이라 일컬으며, 〈화엄경〉 속에 나와 있다. 삼귀례문은 일반적으로 화창되어 왔다.
또 계율을 지킬 것을 맹세할 때에는 삼귀계(三歸戒)라고 한다. 삼귀례문과 삼귀계는 불법승의 삼보에 귀의하는 점에서는 같으나 전자는 삼보경계가 주이며, 후자는 번사귀정(飜邪歸正)의 계로서 받는 것이다. 삼귀계라는 것은,

南無歸依佛, 南無歸依法, 南無歸依僧, 歸依佛兩足尊, 歸依法離谷尊, 歸依僧衆中尊, 歸依佛竟, 歸依法竟, 歸依僧竟(南無 : 허리를 굽히고 머리를 숙여 경례하는 것)

부처에 귀의하여 받든다, 법에 귀의하여 받든다, 승에 귀의하여 받든다, 부처의 무상존에 귀의하여 받든다, 법의 이욕존에 귀의하여 받든다, 승의 화합존에 귀의하여 받든다, 부처에 귀의하여 돌아간다, 법에 귀의하여 돌아간다, 승에 귀의하여 돌아간다.

이 삼귀계는 득도식(得度式), 불도 신도들의 결혼식, 장례식 등에서도 3번 외고 있다.
불교에는 많은 계법(戒法)이 있는데 불교로서는 특히 이 삼보 귀의야말로 그 근본 조건으로서 이 삼보만큼 친숙한 것이 없으

며 또 불교도의 신앙의 방법으로서도 이 삼보귀의 만큼 구체적인 것은 없다. 즉 삼보에 귀의하는 것은 실제로는 삼보에 빌고, 삼보의 이름을 외는 것이다. 몸과 마음은 둘이 아니므로 마음에 불법승을 존경하는 생각이 없으면 몸에 삼보를 귀의하는 열매를 나타낼 수가 없다.

또한 몸에 삼보를 귀의하는 행위가 없다면 마음에 불법승을 존경하는 염(念)은 일어나지 않는다. 즉, 몸과 마음이 하나가 되어 받들어 모시지 않으면 안된다. 한 마음으로 삼보를 외고 한 마음으로 예배하는 것이 귀의의 실제인 것이다.

이처럼 삼보에 실제로 귀의하고 이것을 공양, 공경하는 것은 불교 신도로서는 최초에 해야 할 일이며, 최후까지 계속하지 않으면 안될 일이다. 즉 사생(四生)의 마지막 돌아갈 곳은 살고 있는 모든 생물, 태란습화(胎卵化)의 모든 생명이 있는 것 전체의 최종의 귀착점이라는 뜻이다.

한 마음으로 삼보를 외고, 한 마음으로 예배함은 불교의 생명이며, 불교 신앙의 중심이고 불교 생활의 기초인 것이다.

귀의삼보의 공덕에 대해서 아는 것은 아무래도 그 근본이 되는 귀의 작법과 마음가짐을 완전히 체득해 두지 않으면 이것을 충분히 이해할 수가 없으므로 약간 상세히 설명했다.

귀의삼보(歸依三寶)의 공덕

그러면 불교도는 어떻게 이 불법승의 삼보에 귀의하며, 공경하느냐 하면 '부처는 대사(大師)인 까닭에 귀의하고, 법은 양약

(良藥)인 까닭에 귀의하고, 승은 승우(勝友)인 까닭에 귀의한다'라고 뚜렷이 밝힌 조사들의 말씀이 있다.

대사(大師)라는 것은 삼계의 대도사(大導師)를 뜻하며, 모든 사람들의 자부(慈父)인 까닭에 불교도는 모두 이것에 귀의하는 것이다.

또 석존은 스스로 '우리는 양의(良醫)가 병을 알고 약을 설하는 것과 같다'라고 말한 것처럼, 부처의 설법은 사람들의 정신적인 질병인 고뇌를 모두 고치므로 부처가 설한 법은 양약이므로 불교도는 모두 이에 귀의하는 것이다.

다음으로 승(僧)은 부처의 대리로서 사람들의 훌륭한 벗이 되고, 민중을 교화하는 사람들이기 때문에 불교도는 모두 이에 귀의하는 것이다.

이같이 불법승인 삼보에 귀의함에 의해서 어떤 공덕, 즉 효능이 있는 것일까. 이에 대해서는 옛부터 이것을 크게 나누어서 세 종류, 혹은 네 종류 또는 여섯 종류 등으로 분류하여 해설하고 있는데 여기서는 현전삼보(現前三寶)와 주지삼보(住持三寶)와 일체삼보(一切三寶)의 세 종류, 9가지의 공덕으로 나누어서 설명하기로 하자.

그러나 이 3가지 종류와 9가지의 공덕은 각각 다른 것이면서도 실제로는 상호불리의 관계로서 일단 귀의할 때는 이 공덕을 비롯하여 여러 가지 공덕이 원성(圓成)된다고 하므로 결국은 삼보의 10덕(十德)에 대해서 설명하게 되기 때문이다.

제 1의 현전삼보란, 현재세(現在世)에 나타난 역사상의 사실로서의 삼보이다. 현전의 즉, 석존재세시의 삼보를 가리키는 것이다. (1) 불은 부처이며, (2) 법은 그 가르침으로서 즉 석존이 스스로 깨달아서 이것을 일대 45년간, 민중에게 설한 교법이며, (3) 승은 불제자의 단체로서 가섭·아난을 비롯하여 많은 비구·비구니의 제자들을 말한다.

제 2의 주지삼보는, 석존 멸후에 그 불법을 오래도록 후세까지 상전하여 호지(護持)해 나가는 삼보이다. 즉, (1) 불은 나무와 돌에 새기거나, 금동으로 만든 불상이나 그림으로 그린 불상 등 부처를 가리키고, 목불·화상(畵像) 등에 나타낸 모습의 부처를 말한다. (2) 법은 석존의 가르침을 문필로 담은 경문을 가리키며, 모든 장경(藏經)을 말한다. (3) 승은 승려를 말하는 것이다.

제 3의 일체삼보란, 우주간에 가득차 있는 진리의 모습으로서 즉 우리들의 마음 위에 본래 갖추어 있는 삼보이다. 불이나 법이나 승이나 이것을 모두 일체의 것으로서 보는 것이다.

또 (2) 법은 부처에 의해서 발견되고 깨닫게 되어 부처에 의해서 설해짐으로써 비로소 법으로서 세상에 나타난 것이므로 부처를 달리해서는 불법의 존재는 없다.

 (3) 승은 부처의 명령을 받고 법을 체(體)로 하여 스스로 화합해 나가는 민중의 화도(化導)를 하는 것이므로 부처나 법을 떠나서는 승은 존재하지 않는다.

승에 의해서 부처의 위대함이나 법의 진실, 이진(離塵)의 양약인 것이 뚜렷해지는 것이다. 이 점에서 불법승의 삼보는 서로 밀접하여 불가분의 관계에 있으므로 이것을 일체삼보라고 한다. 이것은 삼보를 그 본질적인 면에서 논리적으로 본 것이다.

이상 합하여 3종류 9가지의 삼보에 대해서 말한 것인데 이것을 더욱 간단한 말로 요약해서 말하자면 불은 대사(大師), 법은 양약(良藥), 승은 훌륭한 벗이라는 말에서 본다면 이 불법승은 현전삼보를 표면으로 하여 말한 것인데, 그것은 동시에 주지삼보와 일체삼보에도 통하는 것은 물론이다.

이 3종류 9가지의 공덕은 각각 다른 것이면서도 실제로는 상호불리의 관계에 있다.

최후의 열 번째 공덕은 이상의 결론이라고도 할 수 있는 것으로서 〈증일아함경(增一阿含經)〉·〈법구경(法句經)〉·〈열반경(涅槃經)〉·〈법화경(法華經)〉 등의 경전에 의하면 이 불법승의 삼보는 무량의 공덕이 원성한다고 설해져 있다.

실로 삼보귀의의 공덕은 자타불이(自他不二)·순일무잡(純一無雜)이 되어 서로 감응도교(感應道交)하여 무상의 깨달음을 얻는 것이다.

종교에서 믿음은 만사의 근본이며, 우리들도 또한 삼보귀의의 공덕을 믿어야 할 것이다. 요컨대 삼귀의라는 초입(初入)의 문이 곧 궁극의 불과보리를 확보하는 것으로서 그대로 당장에 최고의 목적을 달성할 수 있는 것이 삼보귀의의 공덕인 것이다. 따라서 삼보의 공덕은 광대무변하기 때문에 10가지로 공덕을 한정하는 것은 적당치 못하다. 그러나 이 십(十)이라는 숫자상의 십(十)이 아니라 무량무변을 뜻하는 것을 나타낸 것이다.

그런데 세상에는 이같이 광대무변한 공덕이 있는 불법승 삼보의 이름조차 모를 뿐만 아니라 귀의하는 것도 모른다. 이런 복덕의 은혜를 받지 못하는 사람들이 많이 있다고 생각한다. 또한 가난이나 병고때문에 여러 가지 사교(邪敎)나 미신에 현혹당하고 있는 사람들도 상당히 많다.

이러한 사람들은 미혹으로부터 깨어나서 일각이라도 빨리 불법승의 삼보에 귀의하여 모든 괴로움으로부터 벗어나서 무량무변한 공덕을 받아 한 사람이라도 많이 바른 길을 당당히 걸어나가야 할 것이다.

□ 선(禪)의 공덕

최근 '선 붐'이라는 말이 자주 들리는데 학교나 민간단체들의 연수회에 좌선을 채택하거나 절에서의 참선회가 상당히 성행하고 있다. 어느 여자 중·고등학교에는 매일 아침 10분간 좌선을 해왔는데 학교를 졸업하고 사회에 나가 취직한 직장이나 시집간 후 시댁에서 대환영을 받고 있다고 한다. 더구나 여학생들의 좌선은 등뼈를 똑바로 하고 눈을 절반쯤 뜨고 행한 것이지만 아침의 수련이 3년, 6년 쌓이고 보니 저절로 품성의 향상이 나타나는 것이어서 다른 학교의 학생들과 비교할 때 무엇인가 품이 있고, 침착하다고 한다.

이제 선(禪)의 공덕에 대해서 열 가지를 논함에 있어 필자의 체험담을 주로 엮고자 한다.

질병이 낫는다

'병은 기(氣)로부터'라는 것처럼 마음가짐에 따라서 질병을 고칠 수 있는 것이다. 이 마음을 조절하는 것은 좌선이 제일이다. 또 질병은 신체의 균형이 잡히지 못할 때에도 일어난다. 이런 의미에서도 좌선은 자세의 균형이 가장 잘 잡히고, 호흡도 조절되어 인간의 신체에 가장 중요한 복심에 기력이 충실해짐으로 신체의 저항력이 증대되어 병원균이 사멸하게 된다.

 최근에도 여러 가지 신경 기능이 혹사당하기 때문에 문명병(文明病)이라고도 불리는 노이로제가 증가하고 있다. 강박관념에 쫓기거나 정신분열증이나 불면증 등에 걸리는 사람이 많다.

 좌선을 실습하면 마음이 침착해지고 밤잠을 잘 잘 수 있고 노이로제나 히스테리증이 자연히 치유된 일이 실증되고 있다.

 병은 자신이 만들어서 괴로워하는 수가 많다. 선에서는 이것을 자승자박(自繩自縛)이라고 자기의 새끼로 자신을 묶는 것에 비유하고 있다. 우리들은 이래서 자기가 만들어 낸 환각(幻覺)에 스스로 겁을 먹고 병이 나는 것이다.

 옛날 인도에 자신의 미모를 자랑하고 있던 여성이 있었다. 매일 아침 자기의 얼굴을 거울에 비추어 보고는 즐거워하고 있었다. 어느 날 아침 전처럼 거울에 자기 얼굴을 비추어 보았더니 어찌된 일인지 뽐내던 자기의 얼굴이 보이지 않는 것이 아닌가? 필경 나의 미모를 질투하는 사람이 어젯밤 나의 목을 잘라 간 것이 틀림없다. 분하다, 라고 화가 치밀어서 거리에 쫓아 나가서 '내 얼굴을 돌려다오'라고 아우성치며 길거리를 돌아 다녔다. 마침내 자기의 목을 찾아서 집에 돌아와 거울을 보니 바로 자기의 얼굴이 비추어 보인다. 얼굴이 없어진 것이 아니라 손거울의 뒤를 보았기 때문이다.

이것은 우화이지만 종종 우리들도 마음의 미혹으로부터 비관하거나 사람이나 사회를 저주하거나 하여 자포자기에 빠지거나 병이나 노이로제에 걸리곤 한다. 이 자승자박에서 벗어나야 하는 것이다.

급한 성미를 고친다

사람의 기질에도 여러 가지가 있어, 느릿한 사람, 간성적인 사람, 침착성이 없어 덜렁대는 사람 등 여러 가지로서 혈액형으로 담즙질, 다혈질, 우울질, 점액질 등이 있다. 동양적으로 말하자면 성미가 급한 사람, 양성이나 음성인 사람, 태평한 사람들이 있다.

그 중에도 성급한 다혈질은 발끈해지면 큰일을 저질러서 그로 말미암아 패가망신하는 수가 많다. 이 치료 방법은 상당히 어려우나 성을 낸다는 것은 소위 피가 거꾸로 올라가는 것이므로 평소에 좌선을 꾸준하게 되면 단전에 피가 모여서 거꾸로 올라 가는 기질을 전환시킨다.

의지가 강해진다

요즈음 흔히 투지를 가지라는 말을 듣는다. 이에리사, 현정화 등 여자 탁구선수들이 세계 최강의 선수가 되게끔 한 것은 그들의 감독이 기술도 기술이지만 무엇보다 강인한 의지력과 투지를 갖게끔 한 데에 있다.

마지막까지 강한 인내로 해내는 자가 승자가 되는 것이다. 승리는 마지막 5분에 달렸다고 한다. 괴로움을 견뎌낸 자가 이기는 것이다.

앉아서 한 시간이나 두 시간, 말없이 좌선하는 것만큼 어떤 의미에서 괴로운 것도 없다. 그러나 이것을 해낸 후의 기분만큼 상쾌한 것도 없다.

어느 선사에게 '더울 때 추울 때에는 어떻게 하면 됩니까?' 하고 물었더니, '더위도 추위도 없는 곳에 가라'고 했다. '추위도 더위도 없는 곳이 어디인가요?'라고 물으니 '더울 때에는 더위에 익숙해지고, 추울 때는 추위에 익숙해지라'고 대답했다.

뜨거운 햇볕아래 잠자리를 쫓아다니는 어린이들이나 극한에 스케이트를 즐기는 사람들에게는 더위도 추위도 없다.

좌선에 익숙해질 때 더위나 추위의 일체의 대립을 잊고 견디어 내는 강한 의지가 아랫배로부터 우러나온다.

머리가 좋아진다

좌선할 때의 뇌파를 실험적으로 기록해 보니 갓난애의 뇌파와 닮은 알파의 파장이 보인다고 한다. 이것은 수면이나 황홀경의 뇌파가 아니라 고도의 활동적인 뇌파라고 한다. 좌선의 수련을 많이 쌓은 사람에게는 보다 많이 이 뇌파가 보이고, 호흡도 길어지고 에너지의 소모가 적어진다고 한다. 초보자라도 좌정에 의해서 공부의 피로가 적어지고, 추리력과 이해력이 증가하고 싫은 과목도 좋아지며, 사소한 점에도 주의하게끔 되고, 공부할 의욕이 높아졌다는 보고도 있다.

옛부터 인도에서는 요가로 실습함으로써 여러 가지 신통력을 얻어 하늘을 날거나, 멀리 있는 것을 보고 듣거나 과거 미래의 인간생활을 이야기하거나, 예언하거나, 다른 사람의 마음을 꿰뚫어 볼 수 있다고 한다.

또 부처에게는 이밖에 십력(十力 : 일체의 迷夢을 끊는 힘)이나 팔불공법(八不共法) 등 슈퍼맨과 같은 힘이 있다고 말하고 있다.

머리가 좋아지고 위대한 일을 하는 데는 역시 음식이 중요하다고 생각한다. 옛날 선승은 정진요리를 먹어 왔는데 영양적으로도 우리들의 식생활을 앞으로 크게 연구하지 않을 수 없을 것이다. 그런데 어느 선승이 말한 '나에게 큰 역량이 있다. 바람이 불면 바로 넘어진다'와 같이 또 '차를 대하여 차를 마시고, 밥을 먹는다'는 평상심이 바로 도임을 잊어서는 안될 것이다.

인격이 갖추어진다

아무리 머리가 좋아도 인격이 훌륭하지 않으면 아무것도 아니다. 인격은 퍼스날리티라고도 하는데 이것은 라틴어 '뻬루조나' 즉 '얼굴'이라는 말에서 나온 것으로서 사람의 얼굴이 각각 다른 것처럼 각 사람마다 갖추어진 인격이라든가 본성이나 품위라는 것이 있어 충분히 발휘하는 것이 중요하다.

각자의 살아가는 방법이 절대적인 가치를 갖는 것으로서, 천상천하유아독존이라든가 독립자존이라 할 수 있는 것으로서 파스칼도 '사람은 약한 갈대와 같다'고 했다. 그러나 가령 우주가 이 사람을 깔아뭉갠다 할지라도 이 약한 인간은 생각하는 갈대이며, 자기를 깔아뭉개는 우주를 알고 있는 점에서 우주 이상의 존재라는 것을 말하고 있다. 우리가 삼매에 단좌할 때 천지우주보다 뛰어난 위대한 인격이 그곳에 현전하는 것이다.

깨달음이 열린다

지혜나 인격이 높을지라도 완성된 인간의 눈이 열리지 않고서는 인간사회에 쓸모가 없다. 깨달음은 이런 지고(至高)한 세계관이나 인생관의 체득도 인간이 인간이 되는 것은 당연한 것 같은데 이것이 상당히 어렵다. 마치 눈이 눈을 보고, 손이 손을 가리키는 것이 어려운 것과 같다.

현대는 너무나 외계에 사로잡히고, 기계에 쫓겨서 자기를 상실하고 있다. 좌선으로서 자기를 재발견하고 자기를 아는 것에 의해서 다른 사람을 잘 알고, 사회를 알고, 만법을 알게 된다.

어느 선사는 다음과 같이 말하고 있다.

'불도를 배우려 하면 자기를 배워야 하며, 자기를 배우려 하면 자기를 잊어야 하며, 자기를 잊는다는 것은 만법(萬法)에 증(證)하는 것이다.'

식물도 뿌리가 있을 때 지엽이 뻗어 나간다. 자기를 깊이 연구하는 것이 사회 전반을 아는 것이 되며, 과거를 아는 것에 의해서 미래를 안다. 원자(原子)를 깊이 연구하는 것이 마침내 우주의 개발에 연결되는 것과 같아서 좌선에 의한 자각에 의해서 참다운 인격이 완성되어 마침내 세계의 평화, 우주의 개발이 장차 오게 되는 것이다.

안심이 얻어진다

깨달음이 열리게 되면 소위 안심입명(安心立命)이 되었다고 한다. 깨달음은 지적 만족인 동시에 감정의 만족이 수반하지 않으면 안된다.

흔히 음주에 관해서 '알고 있지마는 끊을 수 없다'고 한다. 인간의 감정만큼 어려운 것이 없다. 상식으로는 이해할 수 없는 것을 감정이 고조되면 해내는 것이다. 감정의 깊은 밑바닥을 연구하는 심층 심리학이 최근 실행되고 있다.

불교에서는 보통 인간 의식 이외에 마나식(識)이나 아뢰야식 등 보다 높은 근본의식에 대해서 논하고 있다.

슈라이엘 맛헤르는 종교를 정의하며, 종교의 본질은 사유도 아니고 행위도 아니며, 직관이며 감정이다. 그 본질은 절대귀의의 감정에 있다고 말하고 있다.

근대의 심리학자인 프로이드나 융 등 정신분석학을 주장하여 차음 불교의 유식설(唯識說)이나 선(禪)에 가까워져 왔다고 말하고 있다. 좌선에 의해서 지정의(知情意)가 원만하게 된다고 해도 목석처럼 되는 것이 아니라 기쁠 때에는 기뻐하고, 슬플 때는 울기도 하는 것이다. 다만 물에 비친 달이 물을 깰 수 없는 것처럼 기쁨과 슬픔이 그 사람을 상처 입히지 않고 그대로 정화되어 가는 것이다.

바른 사회활동을 할 수 있다

 바른 생활이나 사회활동을 불교에서는 '서원행(誓願行)'이라고 한다. 바른 생활이나 활동이라 하여도 산속에 틀어 박혀서 자기 혼자 깨끗하게 하는 생활을 말하는 것은 아니다.
 불타는 산을 내려와서 45년간이나 그 덥고 전란(戰亂)에 황폐해진 거리를 먼지와 진흙을 뒤집어 쓰고 소위 화광동진(和光同塵)의 원행(願行)에 살았다.
 관세음보살은 33신을 나타내어서 '불심(佛心)이란 대자비심(大慈悲心)이니라'라고도 설했다.
 선의 자각에 의해서 무아의 원행에 살아나갈 때 석존 자세시와 같이 전란의 세상에 화합중단(和合衆團)으로서의 승가가 생겨서 이것이 발전되어 인도·중국·한국 등에 이상적인 사회생활이 실현되었던 것이다.
 서양에 있어서도 기독교 사회가 생겨 근세에 이르러 다시 자유와 평등과 우애를 모토로 하는 민주사회가 발전해 왔으나 우리들은 다시 선의 정신에 의한 무아·무사의 자비에 의한 평화로운 사회생활을 건설하지 않으면 안 될 것이다.

무공덕(無功德)

 지금까지 선의 공덕을 여러 가지 말해 왔으나 선의 공덕의 최후는 무공덕이다. 무공덕이라고 하면 선은 아무 것도 최후에 공덕이 없는 것이 아니냐 하겠지만, '무(無)'라는 것은 '유(有)'

라는 말의 반어로서 대유(大有)라든가 전유(全有), 즉 세간의 통상적인 저울로서는 제어할 수 없을 만큼 있다는 것이다.

 무가(無價)한 보배라면 가치가 없다는 것이 아니라 거룩하여 가치를 붙일 수 없다는 것이다. 선(禪)의 효용은 위대하여 보통 말로서는 표현할 수 없으므로 무공덕이라 하는 것이 정당할 것이다. 천지의 혜택, 어머니의 사랑 등은 혜택 그 자체, 사랑 그 자체로서 선악의 가치판단을 초월한 것이다. 좌선의 공덕도 얼마 되지 않는 이득을 구할 것이 아니라 오로지 정좌하는 것으로서 잠시라도 앉으면 앉은 만큼 부처가 되는 것이다.

 부처가 부처 이상의 것을 구할 수 없으므로 모든 집념을 버리고 단좌할 때 일체의 공덕이 원성하는 것이다.

 이래서 우리들은 좌선에 의해서 헤아릴 수 없는 큰 공덕을 얻어, 완전한 인격을 원성하여 사회국가, 세계 인류를 위대한 작업을 할 수 있을 것이다.

□ 반야경(般若經)의 공덕

 무(無)= 공(空)의 지혜

 한마디로 〈반야경(般若經)〉이라고 하는데, 그 가운데에는 크게는 6백 권에서 작게는 심경과 같은 작은 것까지 수많은 경전이 있다. 따라서 그 내용도 천차만별이다. 그러나 그럼에도 불구하고 일률적으로 〈반야경〉이라고 하는 것은 그 가운데 일관

된 사상의 근저가 있으며 그것에 바탕을 두고 여러 방면으로 사상(思想)이 발전하여 있기 때문이다.

이제 그 공통점, 즉 근저의 사상으로서 무(無 : 空)의 지혜(智慧 : 般若)에 바탕을 두고 여러 가지 〈반야경〉이 전개되었다는 것은 이미 많은 사람들에 의해서 설명되고 있다.

이 무(無 : 空)의 지혜는 〈반야경〉 뿐만 아니라 불교 그 자체의 근본적 성격이라 할 수 있는 것으로서 만약 유럽의 전통적인 사고방식을 '有'의 지혜에 바탕을 두는 것이라고 생각한다면 전혀 반대의 입장에 서는 것이다. 발상과 그것에 바탕을 두는 행동의 패턴으로서는 매우 특이한 것으로서 그것만으로도 우리들로서는 세계 문화 발전에 깊이 생각해 보지 않으면 안 될 사고방식이라고 생각한다.

그리고 이 같은 지혜는 현재 우리들이 생각하고 있는 지식과는 다른 것이라고 하는 것은, 가령 법학·경제학·정치학·물리학·화학이라고 하는 것처럼 인문과학이나 자연과학의 각 체계를 조직적인 지식이라고 한다면 그것들을 우리가 배울 경우에 횡적이나 병렬적으로 고정적인 것으로서 배우는 것이 상례이다. 그리고 가령 우리들이 법학을 배운다고 하자.

그때 정치학이나 경제학은 이웃과 같은 관계에 있다고 생각되지만 물리나 화학은 저 멀리 위치하는 것으로서 무연(無緣)한 존재처럼 생각하기 쉽다. 그러나 이 같은 지식이라는 것은 우리들의 구체적인 생활 속에서 나온 것이며, 그 위에 그 같은 지식이라는 것도 결코 고정적인 것은 아니다.

만약 고정적인 것이라면, 우리들은 다만 그것을 기억해 두기만 하면 족하겠지만, 실제로는 고정적이 아니고 극히 유동적으로 일진월보의 발전을 수행해 나가는 것이다. 그 위에 인문과학, 사회과학, 자연과학으로 각각 나누어져 있으나 유동적으로는 서로 관계가 되어서 각각 학문·지식이라는 것이 우리들의 구체적인 생활 속에 거래해 나가는 것이 상례이다.

지금 여러 가지 지식을 횡으로 병렬적으로 위치하는 것으로 보았으나 그런 경우 고정적이라기 보다 유동적이라고 한 것은 우리들이 학문이나 지식을 배울 경우에 종(從)으로 수직의 방향을 취하는 것과 깊은 관계를 가져 오게 된다.

만약 고정적인 것이라면 다만 기억해 두면 되는 것이지만 유동적으로 발전하는 것인 이상 우리들은 지식의 체계를 횡으로, 병렬적으로 위치하는 것으로서 받아들일 수 없을 것이다. 종으로 수직의 방향을 취하지 않을 수 없다. 예컨대 경제학과 수학은 병설적으로는 먼 거리를 갖는 존재라고 생각할 것이다. 그럼에도 불구하고 그것들이 수직이라 할까, 직각으로 마주치는 곳에 새로운 지식이 발전한다. 이처럼 법학이나 정치학 등에 철학이라든가 윤리학의 정신이 수직으로 마주치는 곳에 우리들의 본연의 자세가 있으므로 지금, 반야 즉 지혜라는 것도 말하자면 수직의 방향을 취하여 지식 즉 형성된 것이라 하기보다는 형성하는 작용, 그 자체를 가리키고 있는 것이다.

무한한 공덕

이와 같이 지혜, 즉 반야를 이해할 때 표제의 방향은 저절로 밝혀진다. 이렇게 말하는 것도 이미 열거한 것처럼 반야는 공(空) 즉 무(無)의 철학을 전개시키고 있으나 다른 말로 하자면 그것은 무아(無我)·무사(無私)·무심(無心)의 실천을 뚜렷이 하고 있는 것이다. 따라서 표제의 '반야의 십덕(十德)'은 반드시 열(十)에 한하지 않고 극단적인 표현을 하자면 수없이 있는 것이라고 말할 수 있을 것이다.

 반야는 우리들의 생활 속에 수직의 자세를 취하여 형성된 것이라고 하기보다 형성하는 작용을 뜻하는 것인 이상 그 덕은 한정되어져야 할 것이 아니다. 따라서 여기서는 수를 제한하여 열거해 보는데 지나지 않는 것이다.

두려워하지 말고 놀라지 말라

 이미 반야는 무아·무심을 뜻했다. 이제 유심(有心)으로 대처하는 것과 무심(無心)으로 대처하는 것과 비교해 보면 뚜렷해질 것이다. 테니스의 공을 받아서 되돌릴 때 어떤 마음가짐이 가장 바람직한 모습일까?

 오른 쪽에 공이 올 것을 예상해서 그것이 맞으면 다행이나 반드시 그렇게 되지는 않는다. 그렇게 보면 어느 쪽에 와도 좋은 마음가짐이 필요하게 된다. 그리고 훌륭히 되돌려 줄 때에는 이미 몸과 마음이 터득하고 있을 것이다.

 만약 시간이라는 것을 과거로부터 무한한 미래로 가는 직선이라고 생각한다면 반야는 그 시간을 현재라는 시점에서 수직으로 자른다고 할까, 혹은 터득하는 것이라고 할까, 그처럼 말할 수 있을 것이다. 그것은 현재에 있어서나 자신이 주체적으로 선다는 것을 뜻한다. 혹은 나 자신이 현재를 파악한다고도 말할 수 있을 것이다.

 테니스의 공에 삼켜버려진 것이 아니고 나의 몸과 마음이 순간적으로 공을 삼켜버린 것이다. 그러므로 〈반야경〉에서는 이 경전을 보고 두려워하지 말고 '놀라지 말라' 하고 있다.

협조의 덕(德)

 무엇에나 두려워하고 놀라지 않는 덕(德)을 얻는다고 하는 이상 쉽게 움직이는 일은 없을 것이다. 이 같은 무아(無我)는 어디서 오는 것일까? 그것은 '연기관(緣起觀)에 의한 것'이라고 생각한다. 연기라는 것은 인연생기(因緣生起)라고도 하며 여러 가지 인연에 의해서 모든 것이 생긴다는 것이다. 따라서 어떤 것이라도 고립고재(孤立孤在)할 수 없다는 것이다.

 우리들은 흔히 '인연이 있어'라든가, '이것도 인연인데 어찌 하겠소'라고 말하고 있는데 본래 무엇이나 그 자신이 되는 것이 아니므로 중연(重緣)에 의해서 생기는 것을 밝혀 나가는 것이 연기관이다. 따라서 모든 존재하는 것은 상호의존이라 할까, 혹은 상의상성(相依相成)의 관계에 있는 것으로서 고립고재를 인정치 않는 입장이다. 만약 인정한다면 상의상성의 관계를 잃어져 버리게 된다. 그러므로 본래는 무아가 아니어서는 안된다. 그럼에도 불구하고 현실 사회는 아집에 가득차 있다는 것이 현상이다.

우리들의 의지라 할까, 힘이라는 것도 노출된 상태로서는 아직 동물의 양상을 벗어나지 못하는 것이 현상이다. 그러나 그것도 차츰 이성에 의해서 여과되고 정화되는 것이라고 생각한다. 반야에 의한 무아의 지(智)는 상의상성인 사회의 건설로 향하는 것이 된다. 따라서 그곳에 관통하는 정신은 협조의 덕인 것이다.

비(悲)의 논리(論理)

더구나 그때에 우리들은 모든 존재하는 것은 연기(緣起), 즉 상의상자(相依相資)의 계기에서는 평등한 가치를 갖는 것으로 인정하는 것이다. 따라서 살려고 하는 것은 모두 산다고 하는 가치로서는 전혀 평등한 것이다. 그것은 나도 포함해서 둘이 있을 수 없는 각각의 생명의 가치를 실현하려고 하는 개성적인 발전을 인정하게 되는 것이다. 그러므로 불교의 입문은 살생하지 않는다는 맹세로부터 시작한다. 살생은 불교에서 보면 최대의 죄악이다. 그래서 반야는 사랑의 정신에 의해서 일관되어 있다.

〈경전〉에서는 비지(悲智)라는 것을 말하고 있다. 비(悲)라는 것은 현대적으로 말하면 사랑과 같은 뜻으로서 지(智)라는 것은 반야(般若)라는 것이다. 비지의 이면(二面)이라고도 하는데 이면이라고 하는 이상, 지(智)를 뒤집어 보면 비(悲) 즉 사랑으로 전환, 아니 표리일체라고 할 것이다.

5가지의 덕목에 의해서

〈반야경〉에서는 보시(布施)・지계(持戒)・인욕(忍辱)・정진(精進)・선정(禪定)・지혜(智慧) 등 6가지를 6도(六度) 또는 6바라밀(六波羅密)이라고 한다. 그 가운데 보시라는 것은 준다는 것이다.

흔히 버스 속에서 노인에게 자리를 양보한 사람과 양보받은 사람 사이에 많은 감사와 애정의 말이 교환되는 장면을 볼 수가 있는데 젊은 사람일수록 아무 말도 없이 자리를 양보하고 감사의 말도 등 뒤로 받고 사라져 가는 경우를 볼 수가 있다. 아마 아무것도 감사도 기대하지 않을 것이다.

보시는 삼륜청정(三輪淸靜)하지 않으면 안된다고 한다. 내가 누구에게, 무엇을 이라는 생각이 있을 경우, 보시는 청정하지 못한 것이다. 이래서 사랑은 아낌없이 빼앗는 것이어서는 안되며, 어디까지나 주는 것이 아니면 안된다.

보시에 이어서 지계(持戒)라는 것은 살생하지 않는 것, 훔쳐서는 안되는 것, 거짓말을 하지 않는 것 등의 계율을 굳게 지키는 것이다. 따라서 이 보시와 지계는 표리일체의 관계에 있다. 내가 아낌없이 빼앗는 자가 아니면 살생도 훔치는 일도 하지 않을 것이다.

인욕(忍辱)과 정진(精進)과 선(禪)의 3가지는 이 보시와 지계의 법도를 자칫하면 어겨서 방황하기 쉬운 나에게 매를 때리는 고삐와 같은 것이다.

반야(般若)는 이상의 5가지 덕목에 의해서 높여지고 깊어져 물들어가는 데 대해서 비(悲)는 아무래도 어두운 장면을 연상하기 쉬우나 현실의 사회고(社會苦)를 가엾게 여겨서 구제한다는 생각 위에 서는 것이다.

　이같이 아낌없이 주는 사랑인 이상 나라고 하는 아집(我執)이 사라져 버리지 않으면 안된다. 자기나 또는 남이나 공분(公分) 위에 서면 전혀 평등하지 않으면 안된다. 따라서 유일무이한 생명을 공정하고 각각 그 가치를 실현해 나간다는 점에서는 전혀 평등한 것이다.

　이런 점에서 불교에서는 숙명론을 부정하고 있다. 그것은 나면서부터 가치가 결정되어 있다는 생각을 부정하는 것이다. 그리고 각각 그 가치를 실현해 나가는, 그 행위에 의해서 비로소 가치가 결정된다고 하는 것이다.

　인도에서는 바라문교에 뒷받침되어 승려・무사・서민・노예의 4가지 계급이 엄연히 존재해 있었으며, 오늘날에도 아직 이 사고방식이 지배적이다. 그러나 이 전형적인 계급 위에 서 있는 인도뿐만 아니라 유럽이나 동양에도 이런 사고방식은 존재했으며 오늘날에도 아직 은근한 힘을 가지고 있는 것처럼 생각된다. 이러한 차별관이 고정되어 있는 사회에서는 제각기 자기 존재의 우월・과시・위엄 혹은 그 반대인 비굴・자조(自嘲) 등 여러 가지 반응을 보이고 있다.

　반야의 지(智)는 그 같은 일체를 부정해 버리는 것이다. 반야를 행하는 자, 즉 보살은 그 같은 서원(誓願)아래 무한한 실천을 계속해 나가는 것이다.

현대문화 속에서

 이같이 보시로부터 시작하여 지계·인욕·정진·선정 등 5가지 덕목에 뒷받침되어 반야인 지혜는 완벽해지는 것이지마는 거꾸로 반야인 지(智)도 이 5가지 덕목의 실천을 통하여 그 구체적인 진실성을 얻게 된다. 더구나 그 내실은 무아(無我)의 실천이었다. 그러나 현실적으로는 나라고 하는 아집의 존재를 인정하지 않을 수는 없는 것이다. 그러므로 이 같은 나의 실천이라면 미래도 그릴 수 있을 것이다. 무아의 경우 과연 이 나는 어디로 가는 것일까.
〈반야경〉에서는 처음에 어디서 와서 어디로 가는가? 자신의 운명을 개척해 나가는 방향을 말하는 것이 이 반야 전권의 목적이라고 한다. 그리고 어디로 가는 것도 아니라 하고 나(我)의 부정(否定),즉 무아관(無我觀)에 의해서 자기가 돌아가야 할 정토의 건설로 향하고 있다.
 그 구체적인 실천은 보살의 서원행에 의해서 뚜렷해져 있기 때문이다. 정토, 그것은 상의상자(相依相資)인 조화의 세계, 즉 법계(法界)인 것이다.
〈반야경〉의 취지가 명리(名利)에 쫓기는 오아(吾我)를 심신탈락(心身脫落)시키는 것에 의해서 발심을 원하는 것이므로 반야, 즉 지(智)의 실천 체득은 선(善)이며, 그 무지는 악이라는 것과 서로 표리 관계에 있음은 말할 나위도 없다.
 도대체 나는 어디서 와서 어디로 가는 것일까, 그 운명과 이상에 대해서 지금부터 말해야 할 것이 아닌가 하는 것이 이 6

백 반야의 출발점이다. 그리고 그곳에 전개된 지혜의 체계는 그 스케일에서 말해도 또, 그 사상의 특이성에서 말하더라도 현대문화 속에서 극히 주목해야 함은 말할 것도 없다.

제3장 인생의 지혜

□ 영혼(靈魂)은 불멸하는가?

혼백(魂魄)이라는 글자는 유교에서 전용하는 것으로서, 불교에서는 그다지 쓰지 않는 글자이다. 유교에서 양(陽)의 신(神)을 혼(魂)이라고 하고, 음(陰)의 신을 백(魄)이라고 하지만, 불교에서는 이런 설은 없다. 유교에서는 혼은 하늘에 돌아가고, 백은 땅에 돌아간다고 한다.

그 혼백은 음양의 이기이므로 이 이기(二氣)가 모여서 인류를 만들기 때문에 죽어서 사라질 때에는 다시 하늘과 땅으로 돌아가서 흔적도 남지 않는다고 한다. 즉 혼백이 사라져 버려서 전신후신(前身後身) 따위의 관계는 티끌만큼도 없다고 하여 불교의 삼세인과(三世因果)·육도윤회(六道輪廻)의 설을 깨려고 한다. 그러면서도 역경 속에는 유혼변(遊魂變)을 하기 때문에 귀신의 정상을 안다고 설하고, 또 적선하는 집에는 경사가 있고, 적불선(積不善)하는 집에는 재앙이 있다고 하는 것은 혼백이 사라진다는 이론과 전혀 반대의 위치에 있음과 같다.

더구나 귀신 영혼의 설은 중국에 가장 성행하기 때문에 도저히 혼백이 사라진다는 이론은 성립될 수 없다. 소위 귀신 영혼이라는 것은 불교에서는 신식(神識) 또는 아뢰야식(阿賴耶識)에 해당된다. 이것은 중유(中有)의 5온(五蘊)이라고 한다.

5온이라는 것은 색(色)·수(受)·상(想)·행(行)·식(識)의 5가지로 온(蘊)이라고 하는 것은 적취(積聚)의 뜻이 된다. 이 5가지가 적취하여 몸과 마음이 됨으로 색(色)은 지수화풍(地水火風), 수상행식(受想行識)은 마음을 분석한 것이다.

이 5온은 과거로부터 금생(今生), 금생으로부터 미래로 끊임없이 상속상생하는 것이라고 하는 것이 불교의 영혼설이라고 할 수 있는 것이다. 그러므로 금생의 연(緣)이 다하여 5온의 실체라고 할 수 있는 아뢰야식이 부모로부터 태어난 육체를 떠나서 중유로 옮길 때 마치 매미의 허물과 같은 것이라면, 이 빈 껍데기인 육체는 태우거나 매장하거나 또 물속에 흘려보내어 고기밥이 되거나 산중에 버려 두어 짐승들의 먹이가 될지라도 결코 다른 재생(再生)에 관계해야 할 이치가 없다.

이렇기 때문에 화장한 사람에는 재생하는 사람이 없다고 말하는 것은 속세의 전설에 지나지 않으며, 교리상 이것을 증명할 이유가 있을 수 없다. 그러므로 그 전설은 추호도 믿을 것이 못되며, 채택할 수 없는 오유의 설일 뿐이다. 이 같은 진설(珍說)은 처음 듣는 것이다. 만약 그것이 재생에 해가 있는 것이라면 세존은 처음부터 화장을 가르치시지는 않았을 것이다. 또 앞에서 중유(中有)라고 한 것은 4유(四有)의 하나이다.

4유(四有)란 첫째 생유(生有)라 하고, 다음을 본유(本有)라 하고, 다음을 사유(死有), 다음을 중유(中有)라고 한다. 즉 4유와 생유와의 중간이기 때문에 중유(中有) 혹은 중음(中陰)이라고

도 일컫는다.

 음(陰)은 앞 의견에 따라 글자를 달리한 것이다. 이 유(有)라는 것은 사람이 죽은 후는 공무(空無)와 같이 생각되지만, 눈으로 볼 수 없는 것이며, 귀로 들을 수 없으며 손발로써 접촉할 수 없는 일종의 미세한 신심오음(身心五陰)이 있어 선악의 과보를 갖기 때문에 중유라 이름지은 것이다. 그 형상을 보살과 한처럼 천안(天眼)을 갖춘 것은 이것을 잘 볼 수 있다고 한다.

 유령과 귀신이 가끔 몸을 나타낸다는 것은 이 중유의 신심이라고 단정할 수 있다. 이런 때에 유령과 귀신이 있다고 한다. 그것은 여우와 같은 괴물이라고 하지만 불리(佛理)에 의해서 이것을 규명하면 그 유령·귀신이 결코 없다고는 말하기 어렵다. 나는 반드시 유명계(幽冥界)에 그 실물이 있다고 믿는다. 만약 이것이 없다면 중유의 불설은 허설(虛說)이 될 것이다. 만약 이것이 없다면 법사추선(法事追善)도 쓸데없는 일이며, 삼세인과의 이치나 6도윤회설이나 미래후생의 이야기도 모두 허망한 것이 되지 않을 수 없을 것이다.

 영혼의 불멸과 중유의 실재를 확인하기 위해 한마디 더하지 않을 수 없다. 영혼불멸이라는 것은 불교에 없는 것이라고 비난하는 사람도 있을지 모르나 편의상 적용했을 뿐이다. 만약 불교의 원리에 입각하여 본다면 영혼이란 여지렴각(慮知念覺)의 일분연심(一分緣心) 분별의 영상에 지나지 않으므로 이 영향은 멸하지도 않는다. 또한 다시 생기는 것도 아니다.

 오늘날 단견공견(斷見空見)한 무리들은 스스로 육안에 보이는 것이 희소하므로 이런 말을 듣고는 허망하다고 한다. 이것은 남의 일이 아니라 자기 자신의 일로서 각자가 자기 마음에 물어서 뚜렷이 밝혀 두어야 할 문제이다.

기독교에서는 신(神)의 명(命)으로 인류로 태어나고, 또한 지옥과 천당에 가는 것이라고 하지만, 불교에서는 자업자득이라고 가르치고 있으므로 윤회전생은 결코 부처의 명은 아니다. 더구나 제석천 염라대왕이 사람의 선악의 소업(所業)을 취조하여 생처(生處)를 명령한다는 설이 있지마는 부처 스스로 그들 중생의 생처를 명령한다는 말을 아직 들은 바가 없다.

부처는 다만 선인선과 악인악과가 공허하지 않는 천지 고유의 실리를 가리켜서 여러 가지 악을 만들지 말고 중선(衆善)을 봉행하라고 가르쳤을 뿐이다. 이것은 원래 명령적인 것이 아닐진대 이것을 지키지 않음은 내가 관계할 바 아니라고 할 수 있을 것이다.

영혼의 멸불멸(滅不滅)의 문제를 다루었기 때문에 여기에 덧붙여 49제에 관하여 설명해 두고자 한다. 소위 49일간은 망령(亡靈)의 중유(中有)에 방황하고 있다는 설은 보통의 설이다. 반드시 49일에 한하지 않고 17 내지 27로서 재생하는 사람, 37, 57 사이에 재생하는 사람도 있다고 할 수 있다. 그 49일은 가장 늦은 사람이 재생하는 날이라 한다. 그러나 이같이 중유에 있는 사람은 소선소악(小善小惡), 즉 인간으로 태어날 정도의 사람일지라도 극선극악(極善極惡)에는 중유가 없다고 할 수 있다.

목숨이 끊어지자마자 곧 천상(天上)에 오르고, 또 지옥·아귀축생의 삼악도(三惡道)에 태어난다. 그러므로 혼은 살아서 소나 개·뱀이 되는 사람이 없지 않고, 혹은 49일을 지났다 해도 그가 생연(生緣)이 아직 정해지지 못하면 2년, 3년 내지 백 천년간이나 중유에 방황하는 자가 없다고 할 수 없다.

경문 가운데 7세(世)의 부모 내지 무량세(無量世)의 부모와 법계(法界)의 함식(含識)까지도 구제해야 된다고 하였을진대, 추선(追善)은 더욱 오래 해야 할 것이다. 더구나 천상계에 태어난 자는 그에게 좋은 음식이 충만하기 때문에 인간의 먹이는 그가 이것을 받지 못한다고 할지라도 그는 천안(天眼)으로써 친척, 처자의 선사(善事)를 노력함을 알고 기뻐한다고 할 수 있다.

인간도 중유에 있을 때에는 처자, 권속의 추선함을 알고 일단 재생한 후에는 격생즉망(隔生卽忘)을 배워 전생의 일은 알지 못한다. 그런데 3악도의 사람은 이것을 안다고 여러 경론에서 설하는 바이다.

대체로 추선은 악도에 떨어진 자를 위해서는 구제가 되고, 선도에 살아나가는 자를 위해서는 추은(追恩)·추효(追孝)·추모(追慕)·추애(追愛)·추자(追慈)·추도(追悼)가 된다.

추선수복(追善修福)의 공덕에 의한 영험이 있음은 실제로 고금에 많은 일로서 허다하다.

□ 영혼불멸과 전생(轉生)의 이유

불교에는 영혼불멸로서 업인(業因)에 의해 삼계육도에 전생한다는 설이 있는데 과연 영혼이 불멸하고, 전생하는 이유는 무엇일까?

불교에서는 이것을 단상(斷常)의 이견(二見)이라고 한다. 소위 단견(斷見)이란 신체가 멸할 때 영혼도 따라서 멸하는 것이라고 고집하는 것이고, 상견(常見)이란 신체가 멸하여도 영혼만은 멸하지 않고 영혼은 상주불변하여 인간의 영혼은 언제나 인간, 축생의 영혼은 언제나 축생으로 태어난다고 한다.

인간의 영혼이란 신체의 세력이라고 하지만 세력이라는 것은 감각과 사상을 가지고 있는 것이 아니다. 더구나 힘에는 물력(物力)과 심력(心力)의 두 가지가 있어 그 감각사상을 갖는 것은 심력에 속하는 것이지만, 물질론자(物質論者)는 물력만을 알고, 물력 이외에 심력이 있음을 모르기 때문에 신체가 멸하면 그 심력도 멸한다는 것이다.

그 신체는 지수화풍과 같은 4원소가 집합한 것으로서 그 물체가 이산함과 동시에 그 세력이 이산함은 당연한 이치라고 하지 않을 수 없다. 또한 물질론자는 물질의 집합이산을 논하지마는 그 집합은 어떤 원인에 의해 이산은 어떤 결과에 의함을 알지 못한다. 모르는 까닭에 자연히 우연이라고 한다면 원인 결과를 논하지 않는 것이 아니지만 원인의 원인 결과의 결과는 어떤 것이냐고 따질 때에는 자연히 우연이라고 피할 뿐이다. 이것은 본래부터 과거·미래를 설하지 않는 까닭에 대답이 궁하게 되는 것이다.

인과의 원칙이 그렇다면, 즉 신체의 세력으로써 영혼이라고 하는 설은 형이하(形而下)의 이론으로서, 형이상(形而上)의 영혼의 문제를 해석할 수 없는 것을 알지 않으면 안된다.

또 형태는 혼(魂)의 질로서, 혼은 형태의 용(用)이다. 형태가 멸하여 혼이 남을 이치가 없다고 운운하는 설도 역시 물질론으로서 도저히 영혼의 문제를 해석할 수가 없는 것이다. 영혼 윤회의 설을 깨는 비유로서 오곡초목(五穀草木)의 씨앗이 변하지 않는 이치로써 영혼의 상주불변을 예증한다고 할지라도 이것은 매우 어리석은 논리인 것이다.

그 오곡초목같은 것은 무정(無情)으로서 인류조수(人類鳥獸) 같은 것은 유정(有情)한 것이다. 무정은 무지무지하기 때문에 그 씨앗은 변할 수 없으나 유정은 결코 그런 것이 아니다.

유정인 영혼이 윤회해서 천태만상의 형태를 갖게 되는 것은 그 정(情)에 선악업(善惡業) 등이 있기 때문이다. 선악업의 차별에 의해서 윤회전생하는 것은 유정에만 한한 것으로서 비정인 초목에는 이것이 없는 것이다. 그런 것을 동일물로 보는 것은 부당하다.

유정계 중에는 상선벌악(賞善罰惡)의 규칙이 있지만, 비정계 중에는 그런 일이 없다. 이 상선벌악의 권병을 잡고 있는 것은 신이 아니며, 부처가 아니고, 자업자득의 인과에 있다.

사람은 언제나 사람이 되고, 오직 인간이 짓는 업에 우열이 있으므로 빈부귀천지우불초(貧富貴賤智愚不肖)의 차별이 있다고 하는 사람도 있으나 사람이 죽어서 짐승으로 태어나서 혹은 살생의 업에 따라서 반인반축(半人半畜)으로 태어나고, 또한 이 세상에 살고 있으면서 짐승이 되는 일이 흔히 있음은 무슨 까닭일까?

이것은 이론보다 증거로서 다룰 것이 못된다. 또 혹은 인면수심(人面獸心)·인면아심(人面餓心)·인면지옥심(人面地獄

心)・인면수라심(人面修羅心)・인면천상심(人面天上心)・인면보살심(人面菩薩心)・인면불심(人面佛心)인 것이다.

마음이 가는 데에 따라 형태를 변함은, 먼 미래를 기다릴 것이 아니라 우리들 인간사회에서 실제로 그 현상을 볼 수 있는 것이다.

불교에서는 '영혼불멸한 것으로서' 등을 운운하는 것 같은데 그것은 불교 본래의 정사량(正思量)이 아니다. 참다운 불자는 능히 이 이론이 맞지 않음을 알지마는 과문소견(寡聞少見)의 무리는 모두 단상의 이견에 떨어져서 오래 불조(佛祖)의 혜명(慧命)을 잃었다.

단상의 이견은 의도의 소집(所執)으로서 불도가 취할 수 없는 곳이다. 과연 세간의 불자들은 대부분 모두 외도의 사견(邪見)에 떨어졌다고 하지 않을 수 없다.

이것은 참으로 큰 일이 아닐 수 없다. 그렇다면 불조의 정사(正邪)는 무엇인가?

불조의 정견은 단상유무(斷常有無)의 이견에 빠지지 않는 데에 있다. 영혼과 육체는 멸하지마는 영혼은 멸하지 않는다고 집착함은 몸에 단견을 일으켜서 마음에 상견(常見)을 일으키므로 단상의 이견이라고 한다.

영혼이라는 단어는 불교에서 쓰지 않는다. 만약 불교에서 적당한 단어를 말하라면 심식(心識) 또는 신식(神識), 혹은 영식(靈識)이라고 할 수 있다. 즉 감각 사상을 갖는 심상이지만 지금은 편의상 역시 영혼이라는 단어를 빌어서 논하고자 한다.

여기서 불조(佛祖)의 정견에 대해서 말하건데, 불조는 언제나 말하기를 신심일여(身心一如)·성상불이(性相不二)라 함으로 몸은 멸해도 마음은 멸하지 않고, 마음은 불멸해도 몸은 멸한다고 한다. 멸할 때는 몸과 마음이 함께 멸한다고 하며, 불멸할 때는 몸과 마음이 함께 불멸한다고 한다.

불생(不生)에 생(生)을 나타내고 불멸에 멸(滅)을 나타내기 때문에 상주(常住)를 논할 때에는 만법이 모두 상주하며, 무상(無常)을 논할 때에는 만법이 모두 무상한 것이다.

생(生)이 일시적인 자리라면 멸(滅)도 또한 일시적인 자리이다. 그러므로 멸도 필경생이 아니며, 생에서 멸로 변하고 멸에서 생으로 변하며, 생멸이 끊임없이 상속함으로써 몸과 마음에 단견을 일으켜서는 안된다.

또 업인에 의해서 삼계육도에 전생함은 바로 불조의 설이다. 그 업인(業因)은 신구의(身口意) 3자에 의해서 만들어진 것이므로 받을 때에도 역시 신구의를 받는 것이다. 이것을 일컬어 자업자득이라고 한다.

그런데 혹은 몸과 마음은 함께 멸하지만 업력은 멸하지 않고 제2의 몸과 마음을 받는다는 사람도 있으나 업력은 몸과 마음을 떠나서 독립하는 것이 아니다.

업력(業力)은 반드시 몸과 마음에 부대하는 것이다. 그래서 업력은 능의(能依)이고 몸과 마음은 소의(所依)이다.

능소일체불리(能所一切不離)하기 때문에 삼세의 인과선악의 업보가 있음을 증명하는 것이다.

□ 생불불이(生佛不二)의 뜻

 평등의 이치에서 볼 때에는 중생과 부처가 다르지 않으나 차별의 사상에서 볼 때에는 중생과 부처는 한 가지라고는 할 수 없다. 만약 여일(如一)하다면 삼세(三世)의 제불(諸佛)이나 역대의 조사(祖師)도 발심수행하지 않을 것이다. 중생의 마음속에 부처의 이성을 구비함은 불안(佛眼)이 증명하는 것이지만 수치(修治)의 공(功)을 빌리지 않고 그대로 부처라 할 수는 없다.
 예를 들면, 광물을 가리켜서 바로 황금이라고 할 수 없고, 콩을 가리켜 그대로 두부라고 할 수 없는 것과 같다. 범부(凡夫)가 부처가 되고 번뇌가 보리(菩提)가 됨은 틀림없으나 그것이 바로 그대로 같다는 것은 물을 가리켜 얼음이라고 하며 쌀을 가리켜 술이라는 것과 같다. 그러므로 차별상으로 볼 때에는 어디까지나 차별 아닌 것이 없다.
 그 차별을 통해서 무차별의 평등문(平等門)에 들어가는 것이 불학상(佛學上)의 최초의 한 관문인 것이다. 이상의 이치로서 생불(生佛)의 동이(同異)를 알지 않으면 안될 것이다.
 보살의 대비를 일으켜서 중생을 이익케 하여 그것으로 하여금 성불시킨다고 하는 것은 차별문중(差別門中)의 생불이 다르기 때문이라고 할지라도 보살 최초의 대원(大願)은 중생무변서원도(衆生無邊誓願度)라고 하는 데에 있다.
 석가(釋迦)나 대사(大師)들도 전생에 반드시 이 서원을 발했음이 틀림없다. 또한 이렇게 되지 않을 수 없었을 것이다. 그런데 중생은 미처 부처가 되지 못하였는데 석가와 대사들은 이미 정각(正覺)의 자리에 올랐음은 어떤 까닭일까?

 이것은 이상한 일이 아니다. 석가에게는 5백의 대원(大願)이 있고, 미타(彌陀)에게는 48원(願)이 있어 각각 그 원을 섭취하여 성불하였으나 시방(十方)의 중생은 아직 성불하지 못했다. 아니 아직 결연(結緣)도 하지 못한 이가 태반이다.

□ 극락(極樂)은 어떤 곳인가?

 1) 정토(淨土)라고 일컫는 한 사회를 구성하는 분자는 어떤 것인가? 바꾸어 말하면 정토라는 국토는 어떻게 성립되었는가?
 2) 불교의 문외한은 어떻게 하여 서방의 정토와 미타를 인식할 수 있는가?
 3) 차별과 무차별의 양계(兩界)로부터 정토에 대한 견해는 어떤 것인가?
 4) 서방(西方)에 정토가 있다는 원인은 무엇인가?
 가령 무차별계로부터 이해하려고 하면, 그 서방정토(西方淨土) 운운하는 것은 원래부터 성립될 까닭이 없다. 왜냐하면 이미 무차별이라고 말한다면 동서의 차별이 있을 수 없다. 차별이 없다면 서방정토의 존재를 인정할 수 없을 것이다. 만약 이것이 있다고 하면, 진여(眞如) 그 자체의 실체상으로는 이를 인식할 수 없을 것이다.
 만약 인식할 수 없는 것이라면 소위 중생을 제도할 방편이 가

설에 지나지 않는 것이다. 만약 이를 진여(眞如) 그 자체의 고유한 것이라 한다면 진여의 묘체(妙體)를 더럽힐 우려가 있으므로 진여의 묘리묘체(妙理妙體) 중에는 서방정토를 인식할 이유가 없을 것이다. 한걸음 물러서서 다만 심계(心界)에 인식하는 것이라면 서방을 지정하고 미타를 모실 가치가 없다.

만법유심(萬法唯心)이라 하고 혹은 심즉불(心卽佛)이라는 현리(玄理)에 반하는 것이 아닌가. 이 같은 이유로 의문을 제기하는 것이다.

이상의 의문에 대해서 조목에 따라 해답하기에 앞서서 생각건대, 인류의 최대의 목적하는 바는 진정한 행복을 얻는 데 있을 것이다. 불교가 목적하는 바는 전미개오(轉迷開悟)·이고득락(離苦得樂)에 있으며 인류의 목적을 달성하는 데에 있다.

인류의 목적이 괴로움을 떠나 낙을 얻음에 있다면 고락의 유무는 논할 여지도 없는 것이다. 그리고 그 고락이 천만차별일지라도 지옥과 극락이라는 것은 고락의 극점임을 말하는 것이다. 불교에서는 범성미오(凡聖迷悟)라고 논한다.

범(凡)에는 6범(六凡)이 있으며, 성(聖)에는 4성(四聖)이 있다. 소위 6범이란 가장 낮은 곳을 지옥이라 하고, 그 다음을 아귀(餓鬼)라 하고, 그 다음을 수라(修羅)라 하고, 그 다음을 인간(人間)이라 하고, 그 다음을 천상(天上)이라고 한다. 천상이 범의 가장 윗자리에 있는 것이다. 그리고 사성이란 가장 낮은 곳을 성문(聲聞)이라 하고, 그 다음을 연각(緣覺)이라 하고, 그 다음을 보살(菩薩)이라 하고, 그 다음을 불타(佛陀)라고 한다.

불타는 성의 가장 윗자리에 있는 것이다. 그러므로 불계를 일컬어 극락이라고 한다. 만약 지옥·극락의 유무를 논하려고 하지 않는다면 눈 앞에 있는 인축(人畜)의 이계(二界)에 관해서 그 유무를 논하지 않을 수 없을 것이다. 보살·성문·수라·천상 등의 유무도 역시 논하지 않을 수 없게 된다.

 그런데 세인은 단지 지옥·극락의 유무만을 의아해 하고 다른 것은 의심하지 않는 것은 어째서일까? 이 육범사성(六凡四聖)의 10계는 현유이과(顯幽二果)로 나누어져서 우주간에 존재하는 것이다.

 이 우주간은 실로 십계유정(十界有情)의 의보정보(依報正報)이다. 의보란 그 유정이 의지하는 세계이며, 정보란 의지되어지는 바의 중생이다. 그러면 이 우주는 어떤 것인가? 종적으로는 무한한 3세(三世)에 걸쳐 있고, 횡적으로는 무량(無量)한 시방에 걸쳐 있다.

 바꾸어 말하면 무한한 시간을 관통하고, 무진한 공간에 편재한다. 그렇다면 진시방 진삼세(盡十方盡三世)에 통하는 무량무변의 국토산천, 무한무수인 우주만상이 있는 한, 반드시 이 10계의정(十界依正)이 단진(斷盡)하는 일은 없다. 그래서 과보에 따라 혹은 낙계(樂界)에 사는 자 있으며, 혹은 고계(苦界)에 사는 자도 있는 것이다.

 북주(北洲)와 같은 천상계는 거의 고(苦)를 볼 수 없지만 남염부제(南閻浮提), 즉 5대주와 같은 곳에는 고락이 혼잡하는 세계라 할 것이다. 그 중에서도 고(苦)는 많으며 낙(樂)은 적다. 이것은 요컨대 이 세계는 고 중에 낙이 있고, 낙 중에 고가 있어 고락이 혼잡해서 범성(凡聖)이 동거한다. 그렇지만 고 중에 있으면서 낙을 알지 못하는 자가 있고, 낙 중에 있으면서 고를 모르는 자가 있고, 또한 고 중에 있으면서 낙을 아는 자도 있고, 낙 중에 있으면서 고를 느끼는 자도 있다.

고(苦) 중에 있으면서 낙(樂)을 아는 자는 인류이고, 낙 중에 있으면서 고를 느끼는 자는 천계(天界)의 중생이다. 이 유형한 세계는 모두 일체유정업력(一切有情業力)의 소감이라고 함으로 우리들 인류의 이목에 느끼지 못한다 할지라도 사물세계에서 지옥천당과 같은 것이 없다고는 할 수 없을 것이다. 그럴진대 시방국토 속에서 제불의 정토가 없다고는 할 수 없다. 그렇지만 부정의 눈으로써 볼 때에는 진시방계(盡十方界)가 모두 악이 가득찬 세계가 되지 않을 수 없고, 청정한 눈으로써 볼 때에는 진시방계가 모두 칠보장엄한 세계가 아닐 수 없다. 그렇게 되면 십계의 유정(有情)이 모두 이 과보에 각각 상응세계를 감득하며, 그 청탁과 고하를 볼 수가 있는 것이다.

이렇기 때문에 3계(三界)는 유심(唯心)의 소조(所造)로서 만법은 유식의 소변(所變)임을 알 수 있을 것이다. 그러므로 지옥도 유심이고, 극락도 유심이다. 아귀나 축생이나 인간이나 천상이나 보살이나 성문도 십계가 모두 유심에 좇아서 나타나는 현상이다. 그런데 사람들은 대체로 서방극락미타불의 정토만을 의심하여 이 사바세계에 팔상성도(八相成道)하는 석가여래의 정토를 의심함은 무슨 까닭일까? 의심할 것은 먼저 석가의 정토로부터 의문을 일으켜야 함이 순서일 것이다.

그러므로 어떻게 되느냐 하면 서방극락세계라는 것은 십만억토 밖에 있다지만 이것은 실현실험이 미치지 못하는 것이므로 과연 있는 것일까? 또는 없는 것을 방편을 위해서 있는 것처럼 가르친 것이라는 데에 있다.

그 유무를 바로 답변하기에 앞서 서술할 계제로서 먼저 석가모니불의 정토(淨土)가 있음을 밝히지 않을 수 없다. 그것은 〈법화경〉에 이르기를 '아승기겁에 있거나 영추산 및 나머지 여러 곳에 있어, 중생은 겁진(劫盡)하여 대화(大火)에 불태워진다고 할 때에도 우리의 이 땅은 안은(安隱)하여 천인(天人)이 언제나 충만하다. 원림(園林)의 여러 당각(堂閣)이 여러 가지 보물로써 장엄하고 보수(寶樹)에는 화과(花果)가 많아서 중생이 즐기고 노는 곳이다. 제천(諸天)의 천고(天鼓)를 두드려서 언제나 무리들의 기락(技樂)을 만들고, 만타나화(曼陀羅華)를 부처님과 대중에게 뿌린다. 우리의 정토가 훼손될 때 무리들이 타버려서 우고(憂苦), 여러 가지의 고뇌가 이같이 일일이 충만하다고 본다'라 했다.

이것은 바로 수량품(壽量品)의 명문(明文)으로서 이 사바세계는 실로 석가의 정토임을 분명하게 표현했다. 그리고 또 분별공덕품(分別功德品) 속에 다음과 같은 글귀가 있다.

'이 사바세계는 그 땅이 유리로서 평탄하여 염부단금(閻浮檀金)으로써 8도를 경계하여 보수가 늘어서서 제대누관(諸臺樓觀), 모두 보물로서 이루어졌고 보살들이 그 가운데 있음을 본다.'

이것은 미륵보살의 선언이다. 그리고 또 법화신력품(法華神力品)에 석가여래 신력(神力)을 나타내어서 그 정토를 보게끔 한 글에 이르기를,

'부처님이 신력(神力)을 가지고 있으므로 모두 이 사바세계가

무량무변 백천만억의 중보수하(衆寶樹下)의 사자좌 위에 제불 (諸佛)을 우러러 보고 석가모니불, 다보여래와 함께 보탑 속에 있으며, 사자의 자리에 앉아 있음을 볼 수 있다. 또 무량무변 백천만억의 보살마하살 및 여러 사중(四衆)이 석가모니불을 공경해 받드는 것을 본다. 이것을 보고 모두 미증유의 큰 환희를 얻었다.

 그때 제천허공(諸天虛空) 속에서 높은 소리로 외쳤다. 이 무량무변 백천만억 아승지의 세계를 지나서 나라가 있으니 사바라 일컫는다. 이 가운데 부처님이 있어 석가모니라고 일컬었다. 이제 여러 보살마하살을 위해서 〈대승경〉을 설했다. 묘법연화경보살법을 불소호념(佛所護念)이라 일컫는다. 그대들 마땅히 마음 깊이 기뻐해야 한다. 또 마땅히 석가모니불을 예배 공양 해야 한다. 그 여러 중생들이 허공 속의 소리를 듣고서 합장하여 사바세계에 향하여 다음과 같은 말을 한다.

 '나무석가모니불 나무석가모니불이라고…' 했다.

 이 같은 글귀를 읽고 어떤 생각을 할까. 만약 문자 그대로 이것을 풀이한다면 실로 유명무실하고 기괴한 것이라고 할 것이다. 어느 곳이 평탄한 유리의 땅인가? 어느 곳이 염부단금(閻浮檀金)으로써 경계를 이루어져 있는가? 보통 눈으로써 이를 평할 때는 황당무계한 망설이라 아니할 수 없을 것이다. 그리고 수량품(壽量品)에 이르기를, '중생을 제도하기 위한 방편으로 열반을 나타냈고…… 이것도 실은 멸도(滅道)한다. 언제나 이곳에 있으면서 설법한다. 우리는 언제나 이곳에 살고 있지마는 여러 가지 신통력으로써 전도한 중생으로 하여금 보게끔 한다..... 일심으로 부처님을 보려고 해서 스스로 신명을 아끼지 않는다면 때로는 나와 중생과 승려가 함께 영추산에 나아간다' 했다. 그래서 석가여래는 언제나 인도의 영추산에서 설법을 했다. 그런데 아무도 이를 듣는 사람이 없음은 어째서인가? 한마음으로 견불(見佛)하려는 사람이 없어서인가? 만약 보통의 도리로써 이것이 어렵다면 지금과 같이 불법이 쇠퇴하여 세상인심이 온전하지 못할 때에는 세상에 나와 땅에 떨어진 불법을 만회해야 할진대 그렇지 못하다면 얼마나 불친절한 것일까? 그러나 언제나 영추산에서 중생을 교화하기 위해 이 염부제(閻浮提) 속에 나타나서 법륜을 전한다고 했다.

 만약 극락의 유무를 의심하는 것도 일일이 모두 의심해서는 안될 것이다. 앞에서 말한 바와 같이 허공무변(虛空無邊)하여 세계도 무변하기 때문에 반드시 그 속에 무수 억만항하(億萬恒河)의 유정이 있다. 유정이 있으면 반드시 제불여래(諸佛如來)의 출세도생(出世度生)이 있을 것이다. 출세도생이 있는 데에는 반드시 극락정토를 건립해서 이것을 인도하는 것이 있다는 것은 그런 뜻이 아니다. 불법은 결코 그러한 이유로써 논해야 할 것이 아니다. 그리고 또 〈열반경(涅槃經)〉 중에는 다음과 같이 석가모니의 정토를 밝혔다.

 '이 사바세계를 떠나면 서방 42항하사(恒河沙)의 불토를 지나서 세계가 있으니 이를 이름지어 무승장엄국(無勝莊嚴國)이라고 한다. 그 불토의 소유가 장엄한 것은 모두 평등하여 차별이 없고, 서방의 안락세계와 같으며, 석가가 그 국토에 나타나는 것이 필연적이다. 그러므로 시방정토의 불설에 있어서도 이 물질세계는 석가여래의 정토는 아니다. 사바세계란 종으로 헤아릴 때에는 삼천대천세계, 횡으로 헤아릴 때에는 천백억(千百億)이다. 이 천백억의 세계는 석가일불(釋迦一佛)의 소령(所領)이라고 할 것이다. 그러므로 천백억화신 석가모니불이라고 칭한다. 그렇다면 이 남염부제의 가비라위국에 태어난 싯다르타 태자는 분신백억(分身百億)의 하나라고 할 것이다. 그러면 우리 인류는 석가모니불이 삼기백대겁(三祇百大劫)의 수행에서 건립하는 적광정토(寂光淨土)의 한가운데 행주좌와(行住座臥)할지라도 모르는 자는 모른다. 그러므로 수량품의 정토를 밝힌 글에 다음과 같이 석가여래는 선언했다.

여러 가지 죄를 진 중생들은 악업의 인연으로써 아승기겁을 지나면서 삼보(三寶)의 이름을 듣는다. 여러 가지 공덕을 닦아 유화질직(柔和質直)한 자 있다. 즉 내 몸이 이곳에 있어 설법함을 본다.'

육취윤회(六趣輪廻) 속에서 삼보의 이름이라도 듣는 자는 인간 천상(人間天上)의 이계(二界) 뿐이다. 육지장(六地藏)·육관음(六觀音)과 같은 명칭이 있고, 지옥 등의 삼악취에 도생(度生)의 법이 없지 않으나 법을 신수(信受)할 수 있는 것은 인간계 이외는 없다. 그런데 이 인간계에서 조차 삼보의 이름을 들을 수 없는 자가 얼마나 많은가. 그리고 해득하여 행하고 행하여 증(證)하는 자, 과연 얼마나 되겠는가?

악업의 인연을 갖기 때문에 그 정토를 감득할 수 없는 것이다. 설령 법을 받을 수 있는 인간일지라도 공덕을 닦아 유화질직하지 못한다면 정토나 불신을 볼 수가 없는 것이다. 수행하지 않고 정토불신(淨土佛身)을 감득하고는 볼 수 없다. 그러나 불교 신자는 육안으로써 그 정토불신을 볼 수 없을지라도 그 정토와 근신이 있다는 것은 마음속에 믿지 않아서는 안된다.

물론 그 정토불신은 육안으로 볼 수 없다는 것은 말할 것도 없다. 그러므로 서방 극락세계의 체상(體相)이 삼부(三部)의 묘전(妙典)에는 있지마는 원래부터 육안으로 볼 수 있는 것임을 알아야 한다. 그러므로 미륵보살이 이 사바세계를 보고 유리장엄 염부단금(琉璃莊嚴閻浮壇金)이라고 하는 것이나, 사리불존자가 석가여래의 정토를 보고 미증유하다고 함도 모두 육안으로 볼 수 없다는 것을 말하는 것이다.

만약 인간의 눈으로 볼 때 가령 서방의 미타극락에 이르는 것이나, 동방약사(東方藥師)의 정토에 이르는 것이나 북방의 환희세계에 이르는 것이나 남방의 무구세계(無垢世界)에 이르는 것도 모두 사바국토(裟婆國土)의 산천초목을 보는 것과 다르지 않음을 알아야 할 것이다.

만약 이것을 지옥계의 중생으로서 볼 때에는 우주법계가 모두 지옥 아닌 곳이 없을 것이다. 아귀계에서나 축생계에서나 아수라계・천상계・보살성문연각불계에서도 모두 이와 같음을 알아야 한다. 그러므로 서방정토는 정업전수(淨業專修)한 사람이 아니면 이르지 못하는 것이다. 그리고 또 지옥계나, 아귀계나, 축생계나, 어느 것이든지 모두 원인에 의해서 결과를 초래하는 것이라면 원인이 없는 것이 어찌 그 과보를 느낄 수 있을까? 요컨대 우주간에 존재하는 현유이계(顯幽二界)의 고락승침(苦樂昇沈)은 모두 선악인과(善惡因果)의 원리에 의해서 천태만상인 차별을 나타내는 것이다.

이 의문은 추리판단의 좋은 재료일진대, 필자 역시 추리판단으로써 그 유무를 논증하지 않을 수 없다. 그러므로 선악인과의 이법(理法)에 바탕을 두고 추리판단의 방침에 의해서 유형무형으로 지옥 극락이 존재한다는 것은 대소승의 경론에 비추어 볼때 분명한 것을 믿을 수 있다.

여기서 부언할 것은 지옥극락설이 만약 방편이고 가설이라면 삼세인과십계의 의정(依正)·전미개오(轉迷開悟)·이고득락(離苦得樂)의 원리도 모두 방편과 가설로서 하나도 진실한 설로서 믿을 수 없게 된다. 지옥 극락설은 만법유심심즉불(萬法有心心卽佛)의 원리에 관계가 없다는 사람도 있는데 이것은 불교를 바로 보지 못한 것이다. 이는 일승(一乘)의 묘법, 대승(大乘)의 묘리를 보는 눈이 어둡기 때문이다.

유심철학(唯心哲學) 중에는 3계(三界)도 없으며, 10계(十界)도 없다. 그러나 불교의 유심(唯心), 불교의 만법(萬法)에는 3계도 있고, 10계·백계·천계도 있고, 사법(事法)이나 이법(理法)이나 무형무유(無形無有)나 도깨비나 부처나 3세(三世)나 시방(十方)도 모두 그 속에 있는 것이다. 어느 유심, 어느 만법이 지옥 극락과 관계가 없을 수 있겠는가. 그러므로 서방정토와 지옥 극락의 존재를 부정할 수는 없을 것이다.

서방정토(西方淨土)란 무엇인가?

불신(佛身)은 3가지가 있어 첫째는 법신(法身), 둘째는 보신

(報身), 셋째는 응신(應身)이라고 한다. 이 법신은 이불(理佛), 보신은 지불(智佛), 응신은 사불(事佛)이다. 이불(理佛)은 범어로 비로자나(毘盧遮那)라고 하고 역하여 이것을 편일체처(遍一切處)라고 한다. 혹은 무처부재(無處不在)라고 해도 무방하다. 이것은 진여평등(眞如平等)의 이체(理體)이므로 일체중생도 모두 구유하는 본각(本覺)이다.

 보신(報身)은 범어로 노사나(盧舍那)라고 하며, 역하여 정만(淨滿)이라고 한다. 이것은 제선만행(諸善萬行)의 수행에 보하여 제혹정진(諸惑淨盡)하여 중덕(衆德)이 원만하여 본각현조(本覺顯照)의 지혜를 나타내는 인원과만(因圓果滿)한 불신(佛身)이다. 이를 자수용신(自受用身)이라고도 한다.

 이 보신불(報身佛)에 대해서 타수용신(他受用身)이라는 것이 있다. 그것은 8만 4천의 상호(相好)를 갖추어 일화백억(一華百億)의 화대(華臺)에 있다.

 〈범강계경(梵綱戒經)〉 속에, '이제 노사나(盧舍那)는 연화대에 앉아 천화(千華) 위에 또 천의 석가를 나타내고, 일화(一華)에 백억의 나라 있어 한 나라에 한 석가가 있고, 각각 보리수 밑에 앉아서 일시에 불도를 이룬다. 이같은 천백억은 노사나의 본신(本身)이다'라고 하였고, 〈법화수량품〉에는 '심대구원무량(甚大久遠壽命無量)'이라 하였으며, 〈광무량수경〉에는 '광명편조 십방세계 염불중생 섭취불사(光明遍照 十方世界 念佛重生 攝取不捨)'라고 한 것도 모두 같은 뜻이다.

 응신(應身)이란, 중생의 기취(機趣)에 응동(應同)하여 형상을 나타내어 설법도생(說法度生)하는 육신의 부처로서 석가여래와 같은 것이다. 그러나 이와 같이 세 가지로 나눌지라도 삼체별신(三體別身)은 아니다. 응신인 석가여래는 이 3신(三身)을 함께 갖추어 있다. 그러므로 삼즉일체(三卽一切), 일체삼즉(一切三卽)이라 할 수 있다. 그러면 이 같은 삼신구족(三身具足)인 제불여래는 시방세계에 있지 않다고 말할 수 없다.

이 사바세계는 석가모니불의 정토로서 우리들은 석가모니불 소화(所化)인 중생이므로 석존의 본양(本壤)하는 곳에서 안심결정(安心決定)의 믿음이 생기지 않을 수 없다. 더구나 심불중생(心佛衆生), 이것이 3무차별(三無差別)의 근본적 교리에 바탕을 둘 때에는 굳이 심외(心外)에서 부처를 구할 필요가 없다. 그러므로 석가여래의 교법을 연구하는 자는 모두 이것을 심내(心內)에서 구하지 않으면 안된다. 그러면 동서남북의 차별로써 불신불상(佛身佛上)의 설이 있음도 이 유심상(唯心上)의 설임을 잊어서는 안된다.

석가여래는 우리들 중생으로 하여금 유심상의 3신(三身)을 발득(發得)시키기 위해 여러 가지 방법으로써 설법했다. 때문에 문자에 구애받지 않고 그 뜻을 잘 음미할 때에는 저절로 마음이 밝아진다.

3신(三身)이란 무엇인가? 별체(別體)와 같지만 그 신(身)이란 육신이 아니라 적취(積聚)의 뜻이다. 그래서 일체이법(一切理法)이 적취하는 일체중생의 본성·본체를 일컬어 법신이라고 하고 제선만행의 공훈력에 의해서 우리들도 모두 구족하는 바이지만 수행이 모자라기 때문에 석가여래나 역대 조사(祖師)와 같이 나타나지 않을 뿐이다. 그 자비로 하여금 원만케 하고,

지혜로 하여금 광대하게끔 하는 것은 우리들이 불교를 믿는 목적이다.

이 지혜 혹은 지식이라고도 하며, 자비를 혹은 도덕이라고 할 수 있다. 그 지식을 발달시키고, 도덕을 양성해야 함은 인류 최대의 용무일 것이다. 불교의 뜻하는 바가 역시 이 용무를 권도(勸導)하는 이외에는 없다. 요컨대 오직 이 지덕(智德) 증진법에 지나지 않는 것이다.

석가여래가 교묘한 방편으로써 얼마나 광대무변하게 설파하였기에 여러 가지 무량한 명상언구(名相言句)가 되었을까? 그러므로 불교의 착안이 없는 이는 일일이 그 명상언구의 지엽(枝葉)에 이끌려서 근본적 교의에 귀착하지 못한다. 그래서 법신을 본각(本覺)이라 하고 보신을 시각(始覺)이라고 한다.

그것은 무시(無始)이래 무명한 번뇌때문에 본각의 일심을 흐리게 하는 것이 수행의 힘에 의해서 비로소 그 본각법신(本覺法身)의 근본지가 나타나기 때문이다. 이에 의해서 석가여래가 본각묘명(本覺妙明)의 심지(心地)를 밝히려고 할 때에는 동방(東方)이라고 설하고, 시각의 지혜를 나타내려고 할 때에는 서방(西方)이라고 설한 것을 볼 수 있다. 그러므로 〈법화경〉에 있어서 미간(眉間)의 백호광(白毫光)이 동방팔천토(東方八千土)를 비춘다고 함은 본각법신의 적광정토(寂光淨土)를 알리기 위한 것이다.

〈아미타경(阿彌陀經)〉에서 이로부터 서방십만억의 불토를 지나서 세계가 있다고 함은 보신시각(報身始覺)의 극락정토를 알리기 위함이다. 하나는 일심의 이체(理體)를 알리기 위함이고, 또 하나는 일심의 지상(智相)을 얻게 하기 위함이다. 동서의 방각(方角)을 말함은 현상의 것으로써 비유함에 지나지 않는 것이다. 그것을 일리평등(一理平等)에서 말할 때에는 본래 동서(東西)가 없으나 제도중생은 차별문중의 일이므로 비유도 역시 차별에서 취하지 않을 수 없는 것이다. 해가 돋는 쪽을 동(東)으로 정하고, 해가 지는 쪽을 서(西)로 정했다.

 이제 일출일몰의 비유를 하건대, 해가 동방에서 나와 만물을 비춤에 있어 추호도 편당증애(偏黨憎愛)의 염(念)이 없고, 높고 낮고, 깨끗하고 더러움을 가리지 않고, 무위무심(無爲無心)하여 비추지 않는 곳이 없다. 본각법신의 광륜(光輪)도 역시 이와 같다. 일체의 만법을 관조해서 조금도 편당증애의 염정예존비(念淨穢尊卑)의 뜻이 없다. 그러므로 〈반야무지론〉에 이르기를, '성지무지(聖智無智)해서 아는 곳이 없다'라고 했는데 이 뜻은 그 성지무지함은 실상반야(實相般若)의 묘체이다.

 유지(有知)함은 실상(實相)의 지(智)이다. 이것을 요약컨대 동방일출(東方日出)의 광선은 진여실상(眞如實相)의 묘심(妙心), 무명장야(無明長夜)의 어두움을 비춤에 비유한 것이다. 그리고 또 다른 한편에서 이것을 볼 때, 일륜(日輪)의 빛이 있는 동안에는 세상이 북적거리며, 혹은 귀천존비의 차별이 있고, 남녀의 미추(美醜)의 분별도 보이고, 증애편당의 정(情)과 상하 빈부, 일에 부딪쳐서는 일어나고 연(緣)에 대해서 생긴다. 그러나 일단 잠이 들게 될 때에는 증애편당, 상하 빈부의 정상 및 지우(智愚)·장단(長短)·방원(方圓)의 차별에 이르기까지 하나도 보이지 않는 무심무념의 경역(境域)에 이르게 된다. 일체의 제법은 오직 망념에 의해서 차별이 있다.

만약 심념(心念)의 떠남은 일체 경계의 상(相)이 없다고 기신론에 있는 것과 같다. 미혹한 중생은 전도망상의 마음이 깊어서 삼독오욕진칠정(三毒五慾塵七情)에 아침부터 밤까지, 생(生)에서 사(死)에 이르기까지 부침하여 고(苦)에 고를 더하여 명(冥)에 들어감을 생사윤회라 하고 삼계유전(三界流轉)이라고도 한다. 그러나 한번 생사유전의 미혹 속에서 일념발기하며 보리심으로써 가벼운 미정(迷情)을 돌이켜서 잘못했노라고 자기의 본심으로 돌아가서 무념적정불생불멸(無念寂靜不生不滅)의 심지에 이르게 되면 일륜(日輪)의 사방에 갈아 앉아 사람이 잠든 때와 같이 될 것이다.

낮에는 노동을 해서 괴로움을 느끼지만 밤에는 몸과 마음을 쉬어서 안락한 것처럼 전도망상의 고해에 부침 출몰하는 동안에는 지극히 고통을 느끼지마는 그 고해(苦海)를 떠나서 저쪽 기슭에 도착했을 때에는 안락해지기 때문에 이것을 극락(極樂)이라고도 하고 안양(安養)이라고도 한다.

또 이것을 열반적정의 경계, 안락정토라고도 일컫는다. 그렇다면 일심(一心)의 안락(安樂), 일심의 적정(寂靜), 일심의 피안(彼岸), 일심의 안양(安養), 일심의 극락(極樂), 일심의 정토(淨土), 일심의 보리(菩提), 일심의 미타(彌陀), 일심의 서방(西方)이라고 알지 않을 수 없다.

그 아미타(阿彌陀)는 무량수(無量壽)라는 뜻이다. 마음의 선악(善惡)·사정(邪正)·시비(是非)·득실·증애(憎愛)·취사(取捨)가 있음은 생멸이다. 그 생멸멸진해서 열반에 이를 때 이것은 무량수인 것이다.

본래 공(空)이란 번뇌무명의 유위 조작이 없는 청정 결백한 본심본성의 모양을 말하는 것이다. 무명번뇌의 목숨을 다하여 진여본각인 지혜신(智慧身 : 無形한 것)으로 태어나게 된다면 번뇌의 구심(垢心)에서 보리의 지심(智心)에 왕생하며, 번뇌의 더러운 땅에서 보리의 정토에 전생하는 것이다 라고 할 것이다.

토(土)라고 함은 비유로써 산천국토의 유형(有形)한 것을 말함이 아니라 심토(心土)이며 혹은 심지(心地)라는 것이다. 흙 또한 이와 같다. 일심(一心)도 본래 경고하여 불량한 것이다. 그러므로 중생의 본심을 일컬어 금강(金剛)이라고도 한다. 지(地)는 능생(能生)의 뜻이 있어 여러 가지 물체를 낳게 한다. 흙도 역시 이와 같다.

일심(一心)은 능히 십계삼천종(十界三千種)의 무량(無量)한 만법(萬法)을 낳는다. 그러므로 일심에 번뇌가 있는 것을 예토(穢土)하고 일심에 번뇌가 없는 것을 정토라 일컫는다.

'거침없이 본래의 공(空)에 돌아가는 것이야말로 바로 서방왕생(西方往生)임을 알라'는 어느 선사의 말처럼 공이라는 것은 아무것도 없다는 뜻이 아니라 공(空)을 청정(淸淨)의 뜻, 평등의 광대(廣大)의 뜻이 있으며, 마음에 번뇌가 없음은 청정의 뜻이다.

번뇌가 없으므로 사물때문에 걸리는 것이 없다. 번뇌가 없는 까닭에 원친평등(怨親平等)하며, 번뇌가 없는 까닭에 마음이 넓고 커서 그 심성(心性)은 허공처럼 모든 것을 포용하여 빠짐도 없고 남음도 없는 것이다.

사람들이 구족(具足)하는 본각무구(本覺無垢)인 활불활여래(活佛活如來)는 원래 광대(廣大)·평등(平等)·혼정(混淨)·무애(無碍)하여 불생불멸(不生不滅)·부증불멸(不增不滅)·불변불이(不變不易)하기 때문에 본래 공(空)이라 한다. 본래 공이기 때문에 무량수불(無量壽佛)이라고도 일컫는다. 불(佛)이란 각(覺)이라고 택한다. 각은 본각(本覺)으로서 중생고유의 불성(佛性)이며, 불성은 지혜이다. 이 지혜를 나타내는 것은 오직 선정의 힘에 말미암는다.

이것을 요약해서 말하면 일심불란 정념상속(一心不亂正念相續)의 뜻이다. 그러므로 염불이란 본심각성(本心覺性)의 활불을 염해서 망상전도인 불각(不覺)에 마음이 움직이지 않음을 말한다. 불각은 무명이고, 무명이란 각지각찰(覺知覺察)의 명지(明智)가 없음을 말한다. 모든 경은 모두 선정을 밝힌 것이다. 〈아미타경〉에 '사리불 선남·선여자 있어 아미타불을 설하는 것을 듣고 명호를 집지(執持)하고 만약 1일 내지 7일 일심불란하게 되면 그 사람 목숨이 끝날 때 임하여 아미타불 여러 성중(聖衆)과 같이 그 앞에 현재하고 그 사람 목숨이 끝날 때 마음이 전도하지 않는다. 즉 아미타불의 극락국토에 왕생함을 얻을 수 있다'라는 것은 염불삼매(念佛三昧)를 가리킨 것이다.

이것은 결코 먼 곳에 있는 미타(彌陀)에 있는 것이 아니라 즉 일심(一心)의 서방세계에 있는 본성의 무량수불인 것이다. 그 사람 목숨이 끝날 때 이것은 일기의 육체의 목숨이 아니다. 본성인 미타를 염하여 1일 내지 7일 동안 일심불란하므로 번뇌무명의 세력이 강하더라도 정념상속의 염력이 강하므로 원품

무명(元品無明)의 명근(命根)도 마침내 단절해서 구원실성 불생불멸의 무량수불이 되는 것이다. 마음이 조금도 전도되지 않고 본래 공인 극안락세계인 불생불멸의 아미타불국에 왕생하는 것이다.

귀명(歸命)이란 무명의 명근이 단절되어 원명무근(圓明無根)의 심지(心地)에 귀착한다는 뜻이다. 그러므로 나무(南無)라는 곳에 왕생하는 것은 당연한 이치이다. 후생(後生)이란 결코 육체사후의 일은 아니다. 후생이란 곧 왕생극락으로서 일념발심(一念發心)의 당처에 있음을 알아야 할 것이다.

이상으로서 서방이라는 것, 정토라는 것, 아미타라는 것, 극락왕생이라는 것과 법응보(法應報)의 삼신(三身)이라는 것에 대해서는 대강 알 수 있으리라 믿는다. 그렇다면 아미타라는 것은 본각현조(本覺顯照)의 보신불(報身佛)임은 분명하다. 보신의 정토에 화생해야 하므로 보토왕생(報土往生)이라고 한다.

보신보토(報身報土)는 앞에서 말한 것처럼 무형의 심지(心地)를 장엄하게 하는 대명사임을 잊어서는 안된다. 그 심지의 장엄함을 〈아미타경(阿彌陀經)〉에서 보면 세존이 사리불에게 말씀하시기를, '서방십만억의 불토를 지나서 세계가 있으니 일컬어 극락이라고 한다. 그곳의 부처를 아미타라 한다'라고 했다. 이것은 어떤 뜻의 설법인가 하면 심중(心中)의 십악(十惡)을 퇴치해 버리면 십만억(十萬億)을 초과하는 것이다.

일체의 악은 10악을 낳고, 10악이 있기 때문에 몸과 마음에 고초를 받는 것이다. 만약 10악이 없다면 고통이 있을 수 없다. 그 고통은 모두 마음으로부터 생긴다. 마음에 고통이 없으면 극락이다. 그 고통이 없는 극락세계의 주인을 무량수(無量壽)라고 일컫는다.

그 무량수는 10겁(十劫) 이전에 정각을 성취한 것을 말한다. 그 10겁이란 바로 10악이다. 10악이 아직 일어나기 이전의 본심은 반드시 정각(正覺) 성취한 것이다. 경청해야 할 설법은 응신불(應身佛)이지만 아미타는 보신불(報身佛)이므로 경청할 수 없는 이유이다.

〈관무량수경〉에 '제불여래는 법계신(法界身)이며, 일체중생의 심상(心想) 속에 들어가면 염념(念念)이 청정해지는 것이 바로 제불여래(諸佛如來)이다.'

법계(法界)란 중생의 일심(一心)이기 때문에 중생의 마음에 부처를 상념하면 그 상념이 바로 부처가 되기 때문이다. 다음 글에 시심작불 시심시불(是心作佛 是心是佛)이라고 한 것을 보아도 경문이 분명히 심지상(心地上)의 이론임을 나타낸다. 어찌 불설을 오해하여 서방의 정토를 의심할 수 있을까?

활안(活眼)을 열어서 일심의 서방과 일심의 정토와 일심의 광명과 일심의 장엄을 관견(觀見)해야 할 것이다. 불설(佛說)의 서방정토는 분명하여 손바닥의 물건을 보는 것과 같다. 조용히 심외무별법(心外無別法)・심불급중생(心佛及衆生)・시삼무차별(是三無差別)의 도리를 관찰해 보면 서방정토를 이해하는 것이 어렵지 않음을 알 수 있을 것이다.

정토(淨土)라는 한 사회를 구성하고 있는 분자는 무엇이냐는 의론에 대해서 말하자면, 분자란 정토의 원인이다. 그 원인은 〈무량수경〉에서 밝힌 바에 의하면 법장보살이 세자재왕불(世

自在王佛)인 곳에서 성취되는 48원(願)이다. 이 48은 법장보살이 세자재왕불에 귀의한 후 오랜 수행이 성숙된 일이라고 할 수 있다. 세자재왕불이란 무엇이며, 법장보살이란 무엇인가 하면, 그 법장은 불전(佛前)에서 스스로 바라는 바를 말한다. 중생심지(衆生心地)의 법장이 심상의 세자재왕불 앞에 대원을 발하는 것이다. 이 발원의 대의는 첫째 최승(最勝)의 불신을 얻고자 함이요, 둘째 최승의 정토를 얻고자 함이요, 그리고 최다수의 중생을 섭취하려는 데에 있다.

불신(佛身)이란 즉 원만보신(圓滿報身)의 무량수여래이고, 불토란 자수용보토(自受用報土)이다. 중생이란 즉 8만 4천의 번뇌를 섭취하여 보리의 묘과(妙果)를 얻으려 함에 있다.

이 3원(願)을 성취하기 위해 48원(願)을 발하여 그것을 성취하기 때문에 무량수불이 된다는 것은 아무래도 인성적으로 설명한 것 같지만 그것은 가명인 보살임을 알아야 할 것이다. 그리고 극락에 왕생하는 원인은 〈관무량수경〉에 16관 및 3심(至性心·深心·回向發願心) 9품왕생의 원인이라고 설했다.

〈관무량수경〉엔 제행왕생(諸行往生)의 인(因)을 설했으나 〈아미타경〉에는 명호일심분란(名號一心不亂)을 왕생의 인으로 정했다. 제불의 정토를 이루는 인이 각각 다른 것은 요컨대 석가여래가 시방제불을 줄지어 세워놓고 여러 가지의 정토를 보여준 까닭이다.

이것은 모두 중생제도의 방편이다. 중생이 무변(無邊)하기 때문에 그 분자 즉 인행(因行)도 무량하다.〈유마경〉의 불국품(佛國品)에는 39행으로써 불국의 인으로 했다. 불국은 즉 정국

(淨國)이며, 정국은 곧 정토이다. 그 정토는 39행으로써 구성되었으므로 토석초목수화(土石草木水火)로써 구성된 유형의 한 사회임이 분명하다. 3심이란 첫째 직심(直心), 둘째 심심(深心), 셋째 대승심(大乘心)으로서 정토의 정인(正因)이다.

 9행(行)이란 첫째 6도(六度 : 布施·持戒·忍辱·精進·禪定·智慧), 둘째 4무량심(四無量心 : 慈·悲·喜·捨), 셋째 4섭법(四攝法 : 哺時·愛語·利行·同事), 넷째 방편(方便), 다섯째 37품(四念處·四正勤·四如意·五根五力·七覺·八正) 여섯째 회향(回向), 일곱째 설제팔난(說除八難), 여덟째 자수계행(自守戒行), 아홉째 10선(善 : 不殺生·不倫盜·不邪淫·不妄語·不綺語·不惡口·不兩舌·不貪慾·不瞋恚·不邪見)이다.

 지금 일일이 설명할 수 없으나 이런 분자에 의해서 성립되고 이런 종인(種因)으로 구성된 국토라면 지수화풍(地水火風)으로써 성립된 유형의 국토임은 아무리 천식불학(淺識佛學)인 사람일지라도 쉽게 알 수 있을 것이다.

 서방의 정토와 미타는 어떻게 인식할 수 있느냐는 의문에 대해서는 논하건대 정토에 4종의 부동(不同)이 있어 첫째는 법성토(法性土), 즉 진여(眞如)로써 체(體)를 나타낸다. 둘째는 실보토인법(實報土人法)의 이공(二空)으로써 문(門)이 되고 문사수(聞思修)의 3혜(慧)로써 출입의 길이 되며, 이것은 대승론의 뜻이다. 또한 이것은 3혜의 빛으로써 인법(人法)의 어두움을 비춘다는 것이다(인법이란 妄分別을 가리킨다). 셋째는 사물의 정토, 이것은 인법이공(人法二空)을 마친 사람의 경계에 나타나는 사물세계의 뜻이다. 그러므로 부처가 주편(周遍)한 광명칠보(光明七寶)의 곳이라고 한다. 넷째는 화(火)의 정토인데 이 것은 불력소각(佛力所覺)인 7보5진(七寶五塵)을 화토(化土)의 체(體)임을 말한다. 요컨대 4가지 정토가 있지만 크게 나누면 보토(報土)와 화토(化土)의 2가지이다. 2가지는 이사(理事)에 지나지 않는 것이다.

 소위 리(理)는 정토이고, 사(事)는 예토이다. 이사불이(理事不二)인 까닭에 예토를 떠나서 따로 정토라는 사회가 있지 않고, 예토 또한 정토를 떠나서 존재하는 것이 아니다. 정중(淨中)에 예(穢)를 나타내고 예중에 정을 니타낸다. 말하자면 중생을 떠나서 별도로 부처가 존재하지 않고 번뇌를 떠나 따로 보리가 있을 수 없고, 생사를 떠나서 열반이 있을 수 없고, 범인(凡人)을 떠나서 성인(聖人)이 있을 수 없는 것과 같은 것이다. 그렇다고 중생이 그대로 부처가 될 수는 없고, 번뇌가 그대로 보리가 될 수 없고, 생사가 그대로 열반일 수가 없고, 범인이 그대로 성인일 수는 없는 것이다.

 인(因)중에서 과(果)를 나타내고 과중에 인을 잃지 않음에 있는 것이다. 수인득과(修因得果)의 공덕에 의해서 중생이 그대로 부처가 되고, 번뇌가 그대로 보리가 된다. 그러므로 정토의 인행(因行)을 닦는 자는 반드시 정토의 실보토(實報土)를 증득한다. 이때에 무시겁래(無始劫來)의 예심이 변하여 영겁안락(永劫安樂)의 정심(淨心)으로 화한다.

 불교의 소위 실보변화(實報變化)의 이토(二土)는 대체로 이 이치에 의해서 일컫는 것을 알지 않으면 안된다. 이와 같이 이사(理事)를 원융해서 무애에 이르며 수인득과의 공덕에 의하는 것이다. 이 공덕을 닦아서 증한 사람이 있는 정신세계를 일컬어 실보무장애토(實報無障碍土)라고 한다.

　세번째 질문에 차별 무차별의 양계(兩界)로부터 그 정토에 대한 견해를 자세히 알려 달라고 하였는데 석가여래가 서방정토의 법문(法門)을 건립하는 것은 무차중별(無差中別)에서 차별을 나타낸 것이다. 물론 무차별 평등의 진여 속에는 생불(生佛)의 가명도 없으며 삼계육도도 없고 십계사생도 없고, 미오(迷悟)가 없으며 고락도 없다. 고락이 없으면 선악도 없고, 선악고락(善惡苦樂)이 없으면 3계 6도(三界六道)도 10계 4생(十戒四生)도 없는 것이다.

　일체 모든 것이 없다면 부처님의 출세도, 조사의 출현도 불법이고, 왕법이고, 천지도, 세계도, 나도, 사람도, 이론도 있을 수 없는 것이다. 그러나 평등즉차별이 되는 것은 우주 자연법칙으로써 인위적으로 취사선택할 수 없기 때문에 부처는 사람으로 하여금 이 법칙에 따르도록 하기 위해서 여러 가지 무량한 법문을 건립했던 것이다.

　본래 무동서(無東西)인 무차별계에서 동서의 차별을 세우고 정예이사(淨穢理事)의 법을 설하였음은 만인으로 하여금 경탄하지 않을 수 없다. 그리고 그 설법은 평등에 기울지 않고, 차별에 흐르지 않고, 진속이제(眞俗二諦)의 법문을 열어서 중정불편(中正不偏)한 묘리를 널리 펴신 것이다.

　네번째 의문에 서방(西方)에 정토(淨土)가 있다고 주장하는 원인과 이유는 무엇이냐고 하였는데, 이상의 3가지 의문에 대한 답으로서 충분할 것이다.

□ 지옥(地獄)에 대한 의문

　지옥계(地獄界)는 유심상(唯心上) 무형의 심상(心相)을 논한 것만은 아니다. 어떤 사람은 지옥이라는 사물계(事物界)는 존재하지 않는다. 단지 나쁜 짓을 하는 사람의 마음이 곧 지옥일 따름이라고 말하는데, 이 말이 맞지 않다고는 할 수 없으나 말로써는 모두 표현할 수 없을 뿐이다.

　물론 유심소현(唯心所現)의 지옥이기 때문에 마음 밖에 있을 수는 없겠지만, 원인이 있으면 반드시 결과가 있다는 이치로서 지금 우리가 살고 있는 이 사물세계도 그 원인을 찾아보면 일체유정업력(一切有情業力)이 초래케 하는 것이므로 이 원인은 무형한 것과 같지만, 그 결과에 이르러서는 바로 이 유형세계를 나타냈기 때문에 일체의 유정이 만약 마음속에 지옥의 업인을 만들면 반드시 유형세계인 지옥이라고 말하지 않을 수 없을 것이다.

　그런데 어리석은 사람은 혹은 말하기를 불교에 지옥·극락의 설이 있으나 전신이나 우편도 할 수 없으며, 지옥에서 사자(使者)도 오지 못하고, 또 지옥에 내왕한 사람이 없기 때문에 있다고 하는 것은 단지 상상에 그치는 것으로써 실험이 미치지 못하는 곳일진대 도저히 그 존재를 인정할 수 없다고 한다.

　원래 인지(人智)로써 알 수 없는 것을 있는 것처럼 역설함은 오직 권선징악의 도구로 삼아 어리석은 사람들을 겁주는 것으로서 사실 존재하지 않는다고 한다. 석가나 달마를 능가하는 큰 지혜를 갖추고 있는 것처럼 말하는 이도 있다.

나는 이런 말을 들을 때마다 포복절도하지 않을 수 없을 뿐만 아니라 그런 사람들이 가엽기까지 하다. 마치 우물 안의 개구리가 바다를 의심하고 여름벌레가 빙설(氷雪)을 의심하는 것과 무엇이 다른가?

콜롬부스가 아메리카를 발견하기 전에는 그런 세계가 있는 것을 몰랐다. 그렇다면 5대양 6대주 이외에 다시 다른 세계가 있음을 발견하지 못할 것이라고는 말할 수 없다.

오늘날 불교를 비난하며 일언지하에 지옥의 존재를 부인하는 것은 어떤 부류의 사람들인가 하면, 서양철학의 한 모퉁이를 배운 사람, 혹은 공맹(孔孟)에 학(學)을 배운 사람, 천문지리 등을 배운 사람, 자연과학을 배운 사람, 정치·법률·금석학·동식물학 등 여러 학문을 조금씩 핥은 사람들인데, 그런 사람들이 생각하기에는 유형무형의 우주의 진상을 무엇이나 탐구한 것처럼 여기고 있으나 지옥이나 극락이나 아귀나 수라를 눈으로 볼 수 없는 것이라 하여 부인한다는 것은 언어도단이라 아니할 수 없다.

옛날 중국 사람들이 자기네 나라를 중화(中華)라고 칭하고 다른 나라는 모두 야만세계라고 한 것도 지금에 와서 생각하면 초등학생일지라도 일소에 붙일 어리석은 말이라고 하지 않을 수 없다. 그리고 불교를 제대로 알아보지도 않고 불교를 비방함도 가소로운 일이다. 그리고 불법을 다소 배운 사람이 금전이나 인정때문에 다른 교 등에 들어가서 불교를 전부 이해한 것처럼 지껄이며 제멋대로 평론하는 사람이 있는데, 아무것도 모르는 사람들은 그 망언을 듣고 그럴싸하게 생각하고서 불법은 전혀 야만 미개한 어리석은 사람들이 믿는 교로서 개명(改名)한 사람들이 믿을 종교가 아니라고 생각한다. 그렇지만 금전이나 인정때문에 당장에 다른 교에 빠져버리는 정도의 사람은 대체로 가치를 알만한 족속으로서, 불교의 귀착도 모르고 신앙도 없는 문외한일 때에는 도저히 먹히지 않는 일이다.

그런데 불교는 깊고 깊어서 지옥의 일계(一界)에 관해서도 그것을 설명하기가 심히 곤란하기 때문에 종래의 불자들이 뚜렷이 세상 사람들에게 설파하지 못했다.

세상 사람들도 역시 불전을 뒤져서 불리(佛理)를 탐구할 정도의 지식을 가지고 있지 않기 때문에 마침내 삼세인과(三世因果)의 이치나 6도윤회설(六道輪回說)도 모두 감추어져서 세인의 귀에 들어가지 않아서 점점 의심이 더욱 믿어지지 않는 결과를 낳게 되는 것은 사람들을 위한 법을 위해서는 슬퍼하지 않을 수 없다.

지옥계(地獄界)는 아직 교재도 열리지 않았고, 수약(修約)도 맺지 않았고, 전신도 통하지 않고 우편물도 가고 오지 못하고 언어도 통하지 못함은 물론이다. 같은 인간세계에 있어서도 아직 글이나 달력도 없는 미개한 세계가 있는데 하물며 이 세계와 과보를 달리하는 지옥계에 인계(人界)의 전신 우편이 통할 리가 없다. 만약 불설의 지옥아귀 내지 수라천상계 등을 의심하여 이것을 부정하려고 한다면 먼저 석가여래 정도의 지식을 갖추고 도덕을 닦은 후에 해야 할 것이다.

불교라는 불(佛)자도 제대로 모르고, 교(敎)의 순서도 모르는 이가 건방지게도 석가 따위라고 운운하며 비방하는 건방진 학자나, 돼먹지 않은 자들이 있음은 어찌된 일과일까. 이것은 분명히 불자의 포교전도가 모자라기 때문일 것이다.

　인간은 원래 악하지 않다, 잘 가르치면 선해진다. 비록 오늘날 불교에 적을 둔 사람일지라도 나면서부터 그런 것은 아니다. 그 사람도 역시 눈도 있고, 귀도 있고, 코도 있고, 입도 있는 6근구족(六根具足)한 인간일진대 불교가 아무리 고상하고, 문구가 아무리 어렵다고 해도 잘 가르치고 잘 인도하면 어떤 사람일지라도 불법에 들어가지 않을 수 없고, 믿지 않을 수 없을 것이다. 지옥아귀·축생 등 삼계육도가 모두 불설(佛說)이다.

　소승(小乘)에만 이렇게 말하고 있는 것이 아니라 〈대승경〉 중에도 역시 같이 말했다. 화엄·반야·법화·열반은 모두 대승의 교전(敎典)이지만 하나같이 지옥 등의 일을 설하지 않음이 없다. 그런데 세인들은 걸핏하면 말하기를, 지옥극락은 통속적인 소승의 방편인 가설이라고 하는데 이 얼마나 큰 오류를 범하는 일인가? 만약 불교에서 이런 설들을 뽑아버린다면 불교는 거의 빛을 잃게 되는 것이다.

　삼세(三世)의 인과십계(因果十界)의 의정(依正)은 불교속제(佛敎俗諦)의 법문으로서 전미개오(轉迷開悟)·이고득락(離苦得樂)의 근본적인 기초가 되는 것이다. 그러므로 인축(人畜)을 설하려면 반드시 그 같은 취지를 설하지 않을 수 없다. 인류의 보통지식이라는 것은 겨우 인축(人畜)의 이취(二趣) 이외는 알 수 없는 것일지라도 석존같은 분은 삼명육통(三明六通)이라고 할 대지혜를 얻은 사람이므로 오직 현계(顯界)만이 아니라 유계(幽界)까지도 뚜렷이 구명(究明)했다. 그러므로 우리들은 석존과 같이 아직 그 지혜를 연마하지 못했지만 믿고 이것을 연구할 때에는 육안으로는 이것을 볼 수 없으나 심안으로는 그것이 망설(妄說)이 아님을 믿을 수 있는 것이다.

만약 인간은 만겁천생인간으로서 타계(他界)에 전생하지 않는 것이라면 번거롭게 유현(幽玄)하여 볼 수 없는 지옥계의 일이나 천상계의 일까지 찾을 필요가 없겠지만 윤회(輪回)·승강(昇降)·부침(浮沈)·출몰(出沒)의 이치가 있음을 믿기 때문에 이것을 찾을 필요가 있음을 안다.

그렇지만 우리들은 인간계에 태어나길 바라고 또한 업인(業因)을 닦는 사람일진대 굳이 타계(他界)를 들여다 볼 필요가 없는 것인데, 세상 사람들은 대부분 삼악도(三惡道)의 업인을 만드는 사람이 있기 때문에 그것을 만들지 않도록 하기 위해 이것의 유무를 찾아보지 않을 수 없으리라고 생각할 뿐이다.

석존이 자주 이 일을 설하셨고, 조사(祖師)들도 절절이 이 일을 논했는데 이것은 모두 인간을 위하여 설한 것이다. 그 까닭은 10계(十界)는 일심으로써 만법은 유심의 소현(所現)이라는 가르침의 원리를 널리 펴기 위함이다. 불조(佛祖)가 무엇이 한가하여 사람이 믿기 어려운 유명계(幽明界)의 일을 일일이 설명했겠는가?

공자나 예수처럼 그 유계가 있음을 모르는 사람이라면 별문제이지만 알고서 이것을 사람들에게 가르치지 않음은 대비(大悲)에 배반됨으로 어쩔 수 없이 이것을 언어문자로 나타내어 가르친 것이다.

이것을 모르고 어리석은 백성을 농락하는 방편이라든가 필부를 기만하는 도구라든가 하고 비방함은 참으로 황송한 일이다.

□ **불교에서 본 인류의 기원**

불교에서는 의보(依報)의 세계나 정보(正報)의 유정(有情)도 함께 무시무종(無始無終)이라고 논하지만, 이것은 세계유정의 전체적 면에서 관찰하는 것으로써 부분에서 관찰할 때에는 반드시 유시유종(有始有終)이라고 논하지 않으면 안된다. 그러나 일반적인 학설이나 종교에서 논하는 직선적인 유시유종이 아니라 환선적(環線的)인 유시유종이므로 유시유종 그대로가 곧 무시무종이고 무시무종 그대로가 곧 유시유종인 것이다. 무시무종은 평등론이고, 유시유종은 차별론이다.

〈원인론〉에 '몸은 생노병사, 죽어서 다시 태어나고, 계(界)는 성주괴공(成住壞空), 공으로서 다시 이룬다'라는 것은 평등의 관찰이므로 약간 그 처음과 끝을 알 수 없는 것 같으나 보통 인지(人智)라는 것은 대체로 차별적인 것으로써 세계의 원시는 어떤 것이며 유정(有情)의 원시는 어떤 것이냐고 말한다.

이 몸도 반드시 처음이 있고 끝이 있다. 이 몸의 원인은 무엇인가 하면 말할 것도 없이 부모적백(赤白)의 두 방울에 기인한다고 하지 않을 수 없다. 그 부모의 원인이라면, 또 그 부모라 하지 않을 수 없다. 또 그 부모의 원인은 무엇이냐고 거슬러 올라가서 세계의 원시에까지 거슬러 가지 않을 수 없다. 그래서 유교에서는 음양의 이기(二氣)를 근본 원인이라고 하며, 기독교에서는 신이 근본 원인이라고 하고, 96종의 외도(外道)에서도 여러 가지로 이 원인을 탐구하며, 서양철학에서도 전적으로 이것을 규명하는 것이다.

불교에서는 진여연기(眞如緣起)라든가 뇌나연기(賴耶緣起), 업감연기(業感緣起) 등 여러 가지 이론이 있지만 이런 것들로서는 상당히 어려워지므로 여기서는 불교겁론(佛敎劫論)으로 풀이해 보기로 한다.

소위 4겁(四劫)이란 성주괴공으로써 이것은 몸에 생로병사가 있는 것처럼, 세계에도 역시 변천이 있다. 그 변천의 양상은 다음 기회에 미루겠으나 여하튼 세계가 처음 만들어지는 시대를 성겁(成劫)이라 함으로 말을 바꾸어 말하면 천지개벽시대인 것이다. 이 천지개벽의 최초에 인간은 어떻게 만들어졌을까?

진화론자는 원숭이로부터 변화해서 사람이 되었다고 말하지만 그 원숭이는 무엇으로부터 생겼느냐는 것은 아직 듣지 못했다. 그러면 하늘에서 내려왔다는 편이 도리에 가깝다. 그 까닭을 먼저 불교로부터 해석해 보면 다음과 같다.

일체유정(一切有情)이 생사출몰하는 곳을 3계 25유(三界二五有)라고 한다. 3계는 총칭이고 25유는 별칭이다. 소위 욕계란 수미사주(須彌四洲)로서 세계의 중심을 수미산이라고 한다. 그 수미산의 동서남북에 이 5대주의 세계가 있다. 그 가운데 이 5대주는 수미산의 남쪽에 위치하는 남섬부주(南贍部洲)에 해당한다. 동쪽을 승신(勝身)이라 하고, 서쪽을 우화(牛貨)라 하고 북쪽을 구로(俱盧)라고 한다.

이 동서남북의 4대주를 인간세계라고 정하고 있다. 다음에 지옥(地獄)·아귀(餓鬼)·축생(畜生)·수라(修羅)의 4악취가 있다. 4대주와 4대악취란 땅에 속하는 욕계(欲界)이다.

다음에 하늘에 속하는 욕계가 여섯 가지 있다. 즉 사왕천·도리천·야마천·도솔천·화락천·타화자재천, 이것을 6욕천(欲天)이라고 한다. 이상의 14계가 욕계이다.

다음은 색계로서 이 색계(色界)에 1) 천(天)이 있어 즉 초선천(初禪天)에 3천(三天)이 있는데 1을 범상천(梵象天), 2를 범보천(梵輔天), 3을 대범천(大梵天)이라고 한다. 또 이선천(二禪天)에 3천(三天)이 있는데 1을 소광천(小光天), 2를 무량광천(無量光天), 3을 극광정천(極光淨天)이라 하고, 3선천(三禪天)에 3천(三天)이 있어 1을 소정천(少淨天), 2를 무량정천(無量淨天), 3을 편정천(遍淨天)이라 하고, 4선천(四禪天)에 9천(九天)이 있어 1을 복생천(福生天), 2를 복애천(福愛天), 3을 광과천(光果天), 4를 무상천(無想天), 5를 무번천(無煩天), 6을 무자천(無慈天), 7을 선견천(善見天), 8을 선현천(善現天), 9를 색구경천(色究竟天)이라고 한다.

이상의 18천을 색계천(色界天)이라 하며, 다음에 무색계천(無色界天)이란 1을 공무변처(空無邊處), 2를 식무변처(識無邊處), 3을 무처유처(無處有處), 4를 비비상처(非非想處), 이 4천(四天)을 4공처천(四空處天)이라고 한다. 이것을 다시 도식으로 표시하면,

1. 欲界(14界)
(四　洲) 東勝身洲·西牛貨洲·南瞻部洲·北俱盧洲

(四惡趣)　地獄・餓鬼・畜生・修羅
(六欲天)　四天王・忉利天・夜摩天・兜率天・化樂天・他化自在天

　2. 色界(18界)
(初禪天) 梵象天・梵輔天・大梵天
(二禪天) 少光天・無量光天・光音天(極光淨天이라고도 함)
(三禪天) 少淨天・無量淨天・遍淨天
(四禪天)　福生天・福愛天・廣果天・無想天・無煩天・無慈天・善現天・色究竟天

　3. 無色界(4界)
(四空天) 空無邊處天・無處有處天・非非想處天

　이것을 25유(有)라 하는 것은 욕천(欲天)이 4대주와 4악취를 합하면 8이 된다. 거기에 6욕천을 더하면 14가 되고, 색계인 초선・2선・3선・3선에 대범천을 별도로 들고 무상천과 5나함천(那含天)을 합하여 7이 되고, 또 무색계인 4천(天)을 위의 14와 7을 합하면 25가 된다. 이 25는 유위전변(有爲轉變)한 유누계(有漏界)이므로 25유(有)라고 한 것이다.
　그러면 성주괴공이란, 세계의 개창시개(開創)시대를 성겁(成劫)이라 하고, 개창 후의 지주(止住)시대를 주겁(住劫)이라 하며, 지주 후의 파괴시대를 괴겁(壞劫), 파괴 후의 공막(空寞)으로서 아무것도 없는 시대를 공겁(空劫)이라고 한다.

앞의 3겁(劫)에는 각각 20증감(增減)이라는 작은 변화가 있다. 그 시간은 상당히 길지만 그 공막(空寞) 혼돈한 시대도 앞의 3겁에 비해서 20증감 곧, 20중겁(中劫) 후 비로소 후의 새 세계가 개벽되는 것이다. 이것을 성겁(成劫)이라고 함으로 이같이 성주괴공이 앞뒤로 상속되며, 3세(世)에 무궁하다는 것이 불교의 4겁론(劫論)이다.

이 4겁 변천은 3계 25유(有)의 총체에 관통하는 것이냐 하면 그렇지는 않다. 3계 25유가 남지 않고 파괴되어 공중에 아무것도 존재하지 않는 개스시대가 되었을 때에는 일체유정이 붙들 곳이 없다. 가령 외딴 집 한 채가 불이 났다고 하자. 그때 가족이 모두 밖으로 나와서 새집을 지을 때까지 그곳에 가건물을 지어살고, 또는 다른 집에 임시로 같이 살 수도 있다. 이와 같이 이 그릇(器) 세계는 일체유정의 업력에 의해서 만들어진 주택이므로 그것이 바람·불·물의 3재에 파괴되었을 때엔 다른 세계나 또는 3계 중에 가택(假宅)과 같은 곳이 없어서는 안될 것이다.

칩거하는 주택이라고 할 곳은 3재 괴겁(壞劫)이 미치지 않는 세계가 아니면 안된다. 시초에 이 4겁 변천은 앞에 나타나 있는 3계 가운데에는 3선천(禪天) 이하 뿐이고 4선(禪天) 이하에는 이 3재(災)가 미치지 않는 일도 있다. 그러므로 4선천 이상에는 성주괴공의 소식이 없다.

〈법화수량품〉에 '우리의 이 땅은 안온하여 천인(天人)이 언제나 가득하다. 원림(園林)의 여러 당각(堂閣), 여러 가지 보배를 가지고 장엄하노라' 라고 했다.

이 3재는 무엇이 만들어졌느냐 하면, 파괴하는 것이나 성립되는 것도 모두 유정(有情)의 업력으로서, 그 업력이란 유정심내(有情心內)의 3독이다. 탐욕은 물이 되고 진에(瞋恚)는 불이 되고, 우치산란(愚痴散亂)은 바람이 된다.

20증감 중에 도질기(刀疾飢)의 3재(災)가 있다. 이것을 작은 3재(災)라고 한다. 이것도 유정심 내의 3독(毒)이 증상하여 외계(外界)에 이 재해를 초래한다는 것이다.

그것이 다시 증상해서 드디어 큰 3재가 된다. 3독은 이치(理)이고 3재는 일(事)이다. 리(理)는 무형이지만 그것이 발달하면 유형의 일이 된다. 리(理)와 사(事)가 둘이 아니라는 것은 불교 본래의 원칙이기 때문에 사람의 몸도 탐욕은 애수가 되어 사상으로 나타나고, 진에는 분노의 불이 되어 만면에 나타나고, 우치는 병이 되어 온몸에 나타난다. 이것을 발전시켜 말하자면 탐욕은 국가의 기아(飢餓)가 되어 유정을 괴롭히는 것이 작은 3재(災)이다.

다시 한 걸음 나아가 말하면, 이 진에는 대화(大火)가 되어서 천지 세계를 불태워버리며, 탐욕은 대수(大水)가 되어 그 태워버린 물질세계를 흘려버리고 우치는 산란한 대풍(大風)이 되어서 가루나 미진과 같은 물질의 분자를 날려 버려서 드디어 공막(空莫)한 혼돈의 세계가 된다는 것이다.

그런데 그때 불은 초선천(初禪天)에까지 미치고, 물은 2선천(禪天)에 까지, 바람은 3선천(禪天)까지 미친다는 것이다. 3선천으로부터 6욕천(欲天) 이하의 무간지옥까지는 일일이 이 3재괴겁(災壞劫) 때문에 파괴되는 것이므로 다시 성립되는 일도 있다.

 그 파괴된 세계가 다시 개벽되었을 때, 유정(有情)이 처음 출생하는 것은 어떤 상태인가? 그곳이 바로 인류유정의 원시이므로 그곳을 밝힘에 있어 우연히 생겼다고 해서는 3세인과의 이법(理法)이 엉망진창이 되므로 이같이 설명하는 것이다.

 〈관불삼미경(觀佛三昧經)〉에는 '전세계가 파괴되었을 때 일체의 유정이 모두 제15의 천상(天上)에 모여서 재난을 피한다'고 한다. 제15의 천상이란 3선천의 꼭대기인 편정천(遍淨天)이다. 그렇다면 14천(天)인 무량정천(無量淨天) 이하는 모두 겁화(劫火)로 말미암아 잿덩이가 되어버린다는 것이다.

 또 〈기세경(起世經)〉에 의하면 이때에 무량구원(無量久遠)의 경과는 일월(日月)로써 계산할 수 없다는 것이다. 그 무량정천으로부터 하계(下界)는 허공계(虛空界)가 있을 뿐이다. 때가 되면 대풍(大風)이 일어난다. 그 넓이가 무량하여 그 두께가 36억유순(由旬)이나 있다.

 〈구사론(俱舍論)〉에 이 같은 풍륜(風輪)이 견밀(堅密)하며, 이것을 지계풍(持界風)이라 하고, 세계를 유지하는 소의라 했다. 다음에 대중운(大衆雲)이 일어(三千大天世界)에 미치고 큰 비가 내린다.

 그 비가 차축(車軸)처럼 또는 절구처럼 백천만년을 경과하여 일대수륜(一大水輪)이 된다. 이 수륜이 11억 2만 유순(由旬)의 깊이라는 것이다.

 때로는 유정의 업력에 의해서 다른 바람이 일어나서 이 수륜을 때려 부수기 때문에 그것이 점점 응결되어 금륜(金輪)이 된다. 이 금륜이 3억 2만 유순이 된다. 그래서 수륜이 줄어서 8억 유순이 된다. 이 수륜과 금륜의 직경이 12억 3천 4백만 유순이 되고, 둘레가 36억 1만 3백 50유순이 된다는 것이다. 차차로 이 금륜 위에 9산(山)이 생긴다.

 이 가운데 높은 산을 수미산이라 하고 다른 8산은 이 수미산왕을 둘러싸고 있다. 그 주위에 8해(海)가 있다. 8해의 바깥 둘레에 철위산이 있다. 이것이 즉 대지륜(大地輪)으로서 그 두께가 16만 8천 유순이 된다. 그 9산 8해 이외에도 4대주(大洲)와 4악취(惡趣)가 있다.

 〈기세경(起世經)〉 등에 '대지가 처음 이루어질 때 중생이 광음천(光音天)에서 하생하여 서로가 무량세주(無量歲住)한다. 이 시간부터 친소(親疎)가 없고 호추(好醜)가 없고 몸에 광명이 있어 스스로 비치고 대지가 평탄하고 바다와 산의 구별이 없어 그 모양은 잘 익은 꿀과 같다'고 했다.

 이 세계와 중생이 있으면 녹기불가사의(綠起不可思議)하여 서로 만나지 않을 수 없다. 이 가운데 하나의 중생이 있어, 처음으로 지미(地味)를 핥아서 그것을 양식으로 했다고 했으며, 구사론에서도 이렇게 맛을 알게 되어 양식을 찾게 되면서부터 욕심이 생기기 시작하여 서로 다투게 됨으로써 마침내 두 길이 생겨서 남녀가 생기게 되었다.

 이 먹이가 다소 있으므로 말미암아 빛에 은현(隱顯)이 있고, 몸에 차별이 있으므로 여러 중생이 서로 보게 되어 여러 가지의 정이 생겼다 운운 했다.

 욕계천(欲界天) 이하에는 남녀의 구별이 있으나 색계천(色界

天) 이상에는 모두 남녀의 구별이 없다. 그러나 이것은 인류 이외의 이야기로서 거의 쓸데없는 것 같지만 우주법계가 일일이 남녀 음양의 법을 떠날 수 없는 것과 집착하는 사람들을 위해서는 일종의 해독제가 될 것이다.

이와 같이 정(情)의 후박(厚薄)으로 말미암아 남녀의 차별이 생긴 것이므로 변성남자의 설도 그다지 놀라운 일은 아니다. 여담인 것 같으나 불신(佛身)은 남자인가, 여자인가, 만약 남불(男佛)이 있고, 여불(女佛)이 없다고 본다면 여자는 불법에 있어서 심히 권리가 적어진다. 그래서는 남녀 동권의 진리에 위배될 것이다. 석가여래는 남불로서 세상에 여불이 없음은 유감이라는 사람도 있겠지만, 석가여래는 인간응화(人間應化)의 부처로서 진불(眞佛)의 표준은 아닌 것이다.

마음을 적광정토에 안주시키는 것은 이미 남녀 애정의 망념을 떠난 것이므로 전혀 비남비녀(非男非女)이다. 3계 속에 있는 색계(色界)마저 남녀의 상이 없는 것이므로 이 3계를 떠난 안심해탈의 법속에 남녀의 상(相)이 있을 수 없다.

석가여래와 같이 3독을 해탈하여 불법을 닦았을 때에는 이미 부처(夫妻)의 염(念)이 떠나버려 그의 아내인 아소다라도 발심하여 불도(佛道)에 들어가 비구니가 되었을 때엔, 그 모습은 비록 여상이지만 그 마음은 비남비녀인 것이다.

불법(佛法)도 남녀 부부의 도를 가르치지만 출세해탈(出世解脫)의 법 가운데에는 결코 부처의 관계를 가르치고 있지 않다.

□ 불교의 경위(經緯)

 불교의 경위(經緯)를 논함에 있어 경위라는 뜻을 먼저 풀이하건대, 경(經)은 세로는 가로의 실(糸)을 가리키는 것으로써 직물을 만들 때 세로 가로의 실이 갖추어지지 않으면 안되는 것처럼 중생을 교도함에도 반드시 진리의 원칙이 없어서는 안된다.
 불교의 원리를 연구한 사람은 불교의 경위가 어떤 것인가 하는 정도는 알겠지만 초심자로서는 분별하기 어려울 것이므로 초심자를 위주로 불교의 경위를 풀어가고자 한다.
 불법을 무엇때문에 믿느냐 하면, 발심(發心)하여 보리를 구하기 위해서이다. 이 무상보리(無上菩提)를 구하는 것 이외는 아무것도 없다. 이 보리를 성취하는 데는 인과(因果)와 수증(修證)과의 이법(二法)에 의하지 않으면 안된다. 왜냐하면 인과와 수증은 보리심의 경위이기 때문이다. 즉 인과는 보리의 경(經)이고, 수증은 보리심의 위(緯)가 된다. 아무리 인과의 경사(經糸)가 되어 있어도 그것에 수증의 횡사(橫糸)를 짜넣지 않고서는 무상보리을 성취할 수는 없다. 그러나 어느 선배도 '여래도 인과를 밝히는데 지나지 않다'고 했다.
 과연 간단히 요약된 불교의 대의라고 할 것이다. 석가여래 주세(住世) 49년 설법은 횡설종설 8만 무량(無量)의 법문이지만 요컨대 오직 인과의 도리를 설명한데 지나지 않는 것이다. 이 인과에 가로의 인과와 세로의 인과가 있다.
 세로의 인과란 세간(世間)의 인과, 가로의 인과란 출세간의 인과이다. 세간의 인과란 선인선과(善因善果) 악인악과(惡因惡果)의 도리, 출세간의 인과는 전미개오(轉迷開悟)·이고득락(離苦得樂)의 도리인 것이다.

 불교에서 세간이라 할 때엔 대체로 미혹(迷惑)의 세계를 말하는 것이므로 세간의 인과는 미혹의 인과가 되는 것이며, 미혹의 세계를 나간다는 것이므로 이것은 깨달음의 인과라고 할 수 있는 것이다. 그래서 선악인과(善惡因果)라고 할 때에는 미혹의 인과이며, 수인증과(修因證果)라고 할 때에는 깨달음의 인과라는 것이 된다. 미혹하여 육도(六道)에 윤회하는 데에도 그 원인과 결과가 있고 사성해탈(四聖解脫)의 경계에 놓일 때에도 그 원인과 결과가 있는 것이다. 이것을 한 마디로 말하면 미오(迷悟)의 인과(因果)이다.

 불교에서 고집멸도(苦集滅道)라는 것도 미오의 인과이다. 이 고집멸도를 인과에 배당할 때에는 고집멸도라는 것이 된다. 왜냐하면 고집(苦集)이란 세간 미혹의 인과이며, 멸도(滅道)란 출세간 깨달음의 인과가 된다. 고(苦)란 고환(苦患)의 고로서 괴로운 것이요, 집(集)이란 집회라는 집으로서 모은다는 것이다. 미혹한 마음으로써 여러 가지 일에 집착하는 것이 괴로움의 인(因)이 된다.

 이 집착의 마음을 떠나서 괴로움을 멸하는 것이 멸도(滅道)이다. 멸이란 괴로움을 벗어나서 즐거움을 얻는다는 것이며, 도(道)는 수행의 방법이다. 이것을 고집멸도의 사제(諦)라고도 한다. 고집의 이제(諦)는 세간의 인과, 멸도의 인과는 출세간의 인과이다.

이것은 고(苦)를 알고 집(集)을 끊고, 멸(滅)을 알고 도(道)를 닦는 것으로서, 멸이란 열반이고 도란 3학(學)을 말한다. 3학이란 계정혜(戒定慧)로서 이 계정혜는 탐진치의 3독번뇌를 퇴치하는 방법이다. 이 방법을 엮어서 써 모은 것이 경율론(經律論)의 삼장(三藏)이다.

불도(佛道)의 궁극적인 목적은 열반의 안락을 구하기 위함이고, 보리의 명지(明智)를 얻기 위한 것이다. 이것은 요컨대 불교는 세간의 미혹한 인과를 전하면 — 미혹의 인과를 체념하더라도 깨달음의 인과를 체념하지 않아서는 아무런 쓸모도 없다. 즉 세로의 인과를 경으로 하고 가로의 인과를 위(緯)로 하여 나가지 않으면 아무리 하여도 보리심을 윤색할 수는 없다. 그러므로 종적(縱的)인 인과를 밝히는 사람은 많지만 횡적인 인과를 닦지 않으므로 모처럼의 발보리심이 엉망진창의 퇴보리심(退菩提心)이 된다.

이 세출세의 두 가지 인과는 성문사제(聲聞四諦)의 법칙에는 틀림이 없겠지만 사실은 대소승(大小乘)에 통하므로 이 4대 원칙을 단지 소승성문(小乘聲聞)의 법이라고만 보는 것은 심히 소견(少見)이라 할 것이다.

다음의 12인연의 유전환멸(流轉還滅)이라는 것도 역시 경유종횡의 인과를 가리킨 것이다. 곧 근본인 무명으로부터 행으로 흘러 식(識)으로 바뀌어 미혹에 미혹을 겹치는 것이 유전문(流轉門)이다. 이 유전문은 세로의 인과이다. 왜냐하면 무명(無明)과 행(行)은 과거의 2인(因), 식(識)과 명색(名色)과 육입(六入)과 촉(觸)과 수(受)와의 다섯 가지는 현재의 5과(果)가 되며, 애

(愛)와 취(取)·유(有)의 세 가지는 현재의 3인(因)이 되고 생(生)과 노사(老死)의 두 가지는 미래의 2과(果)가 된다.

이와 같이 인과가 차례로 상속되어 끝나서, 다시 시작하는 것은 미혹의 인과이다. 우리들 중생이 무시(無始)로부터 어두움에서 어두움으로 들어가고 고(苦)에서 고(苦)를 겹쳐서 육도(六道)에 유전출몰하고 있음은 없는 일이라고 일념발기(一念發起)의 신심에 원품무명(元品無明)을 끊을 때에는 행(行)인 신구의업(身口意業)이 멸하고 생사노우 비고뇌(生死老憂悲苦惱)가 멸하여 무위숙정의 열반계에 돌아간다.

그곳으로 들어가는 데에는 계정혜의 열반계에 돌아간다. 그곳으로 돌아가는 데에는 계정혜의 3학(學)과 육바라밀의 수행이 따르지 않으면 안된다. 이같이 해서 적정무위의 경계에 안주하는 것이 곧 환멸문(還滅門)이다.

이 환멸문이란 깨달음의 인과인 것이다. 그러므로 이 12인연은 단지 연각승(緣覺乘)의 인과처럼 보이지만 실은 성연보(聲緣菩)의 3승(乘)에 이르는 것이다. 다만 3승(乘)뿐만 아니라 일불승(一佛乘)의 법문에도 통한다.

불교는 삼세시방(三世十方)을 경위일관(經緯一貫)해 있으므로 이것을 늘릴 때엔 육합(六合)에 걸치고, 이것을 줄일 때엔 방촌(方寸)에 이르게 된다. 그렇다면 무엇이 삼세의 인과에 걸려 있고, 무엇이 삼세의 수증에 관계되느냐 하면, 우주 간의 일이 아니라 우리 서로의 인생에 관계되는 인과와 수증이다. 이 인과는 곧 신(信)이고, 수증은 곧 행(行)이다. 삼세인과의 도리를 깊이 믿어서 시방여래 수증을 행하지 않으면 안된다. 왜냐하면, 신은 눈과 같고 행은 발과 같은 것으로서 눈과 발이 갖추어지지 않고서는 목적지에 도착할 수 없는 것이다. 그래서 신해행인의 경위를 일관해야 할 것이다.

〈대승기신론〉에도 신해행론(信解行論)의 경위를 밝혀 있으므로 이 경위를 일관하지 않으면 불구적인 불교, 불구적인 불자(佛者)가 된다.

다시 한 걸음 나아가 불교의 경위를 논하자면, 종적인 인과를 경도라 하며, 횡적인 인과를 위도(緯道)라 할 것이다. 이 경도는 자연적 대도이고, 위도는 인위적 대도라고도 말할 수 있다. 왜냐하면, 삼세인과(三世因果), 육도윤회(六道輪廻)의 법칙은 천연자연한 것으로서 부처님의 출세가 있든 없든 자연의 이치로서 정연하게 우주 간에 존재하는 것이다. 이 같은 것을 불교의 경도(經道)라고 함은 너무나 건방진 것 같지만 이 경도가 있음을 발명한 것은 바로 불타(佛陀)이므로 하는 수 없다.

비유하면 기계의 발명자가 전매특허의 특전을 얻는 것과 같은 것이다. 삼세인과(三世因果) 선악응보의 도리는 부처님 출세 이전부터 엄연히 현존해 있었던 것이지만 이 도리를 찾아낼 수 없었던 것은 이를 찾아낼 만한 대지자(大智者)가 세상에 나타나지 않았기 때문이다.

그 인력이나 전기는 우주간에 현존해 있던 것이지만 뉴턴이나 프랭클린이 이것을 발명하기까지에는 아무도 몰랐던 것처럼, 인과의 원칙은 천지가 미개 이전부터 정연히 이 우주간에 현존해 있었던 것이지만 불타가 이것을 발명하기까지는 아무도 몰랐던 것이다.

그렇다면 삼세인과의 이법(理法)으로써 불교의 경도라 하여도 결코 무리한 말은 아닐 것이다. 그렇다면 이 경도에 의해서 위도를 발견한 것도 역시 불타였다. 소위 위도란 수행증득의 방법인 것이다. 이 방법에 의해서 성불득도(成佛得道)한다. 그 경도는 천연적인 것이므로 버리지 않아도 육도윤회는 쉬지 않지만, 이 위도는 인위적이므로 자연에 맡겨 두어서는 결코 성불득도 할 수는 없는 것이다. 반드시 그 방법에 의해 수행하지 않으면 안된다.

화수(火水)는 우주에 충만해 있어도 사용법을 발명하여 실제로 쓰지 않으면 안식할 수도 없으며, 점등할 수도 없다. 지수(地水)인 오곡(穀)은 천연의 것으로서 인간이 만든 것이 아니지만 사람의 손을 빌려 씨를 뿌리고 가꾸지 않으면 수확을 볼 수 없다.

금은동철(金銀銅鐵)도 자연적인 것이지만 이것을 사용하려면 기계에 넣어 단련하지 않으면 안된다. 이같이 인간의 의식주에 사용하는 모든 것은 원래 자연적인 것이지만 사람에게 사용하게 하려면 사람의 힘을 더하지 않고서는 안되는 것이다.

사죽관현(絲竹管絃)의 음성도 원래 천연의 소리이지만 묘음을 내려면 사람의 힘을 빌리지 않고서는 안된다. 북이나 종이 소리를 내는 것 역시 마찬가지다. 인류가 지혜도덕을 발휘하는 것도 역시 마찬가지며 지혜덕상(智慧德相)은 천연 그대로 정연히 갖추어져 있지만 이것을 방치해 두어서는 결코 저절로 나타나는 것은 아니다. 반드시 학문 수업의 힘을 사용하지 않으면 안된다.

학문을 수행하면 반드시 지자(智者)나 덕자(德者)가 되고, 현자(賢者)나 성자(聖者)도 되는 것이다. 그러므로 옛 사람들도 '이 법은 사람마다 풍부하게 갖추어져 있을지라도 닦지 않으면 나타나지 않고 증득할 수 없다'라고 했듯이 배울 때에는 녹(祿)이 그 가운데 있고, 행할 때에는 증(證)이 그 가운데 있다고 했는데 사실 그런 것이다.

세간에서나 출세간에서나 사물계의 일이나 정신계의 일이나, 자연의 경도와 인위와 양자가 조화되지 않으면 완전한 조직은 되지 않는다.

석가여래는 참으로 공전절후(空前絶後)의 대활안(大活眼)을 열어서 우주자연의 법칙인 경도의 밑바닥을 간파하여 삼세제불의 유유일승(唯有一乘)의 묘법인 발심수행 보리열반의 일대위도를 찾아내었다. 그러므로 경도의 인과가 삼세고금(三世古今)을 일관해 있음과 동시에 위도의 인과도 역시 삼세고금을 일관해 있는 것이다.

공맹노장(孔孟老莊)의 소설(所說)도 참으로 경복(敬服)해야 하겠지만 그분들의 말씀은 인류일세(人類一世)의 경위에 지나지 않으며, 그리스도나 마호멧의 소설도 상당히 귀를 기울일 것도 있으나 이것은 요컨대 인류이세(人類二世)의 인과를 밝힌데 불과하다.

찰나의 시간에도 과현미(過現未)의 3시가 있을진대 이 시간 속에 현존하는 사물에도 역시 시중종(始中終)의 시가 없을 수 없다. 인류도 역시 우주만물의 한 형상일진대 반드시 시중종의 시가 있는 것이다. 처음이 있으면 그 처음의 처음이 있을 것이며, 끝이 있으면 그 끝의 끝이 있다.

그러면 그 끝이 순환되어 와서 처음이 되며, 처음이 순환되어 가서 끝이 되는 것이 우주자연의 원칙, 천지고유의 경도(經道)인 것이다. 이 순환적 경도의 원칙으로부터 추구할 때에는 인류동물도 역시 이 원칙에 지배되지 않아서는 안된다.

이 원칙은 반드시 삼세고금(三世古今)의 인과를 내포하고 있으므로 이 원칙에 지배받는 것은 반드시 삼세고금의 경도를 걷고 있는 것이라고 단정하지 않을 수 없다. 그러므로 우주만물 인류유정의 원리 원칙을 구명하려고 하면 아무래도 경도를 구진(究盡)하는 교의에 의하지 않고서는 이상에 풍부한 인류로 하여금 만족시킬 수는 없다.

이 삼계고금의 경도를 모두 설하여 여온(餘蘊)이 없는 것은 비록 세계가 넓다할지라도 종교와 학설이 많다고 할지라도 오직 석가모니불의 교의(敎義) 이외는 없다.

이렇게 말하면 자만하는 것 같으나 이것만은 조금도 겸손해 할 수는 없다. 만약 겸손하여 이 교의를 없인 여긴다면 마침내 진리의 죄인이 아니 될 수 없다. 그렇다면 이 삼세고금의 경도를 걷고 있는 유정은 어떤 상태인가 하면 무시(無始)로부터 3계6취의 거리에 방황하여 생노병사의 대고뇌를 받고 있는 것이다.

그 3계6취(三界六趣)에 어떻게 윤회출몰하는가 하면 그것은 10선10악 인과응보의 업력에 끌려 다니는 것이다. 이것은 앞에서도 말한 것처럼 12인연의 유전문(流轉門)이다. 이 흐름을 거슬러서 불생불멸(不生不滅)의 대열반계에 들어가는 것이 곧 환멸문이다. 불타는 가로로 이 인과를 설하여 선악고락을 알게 했고, 세로로 수증을 설하여 출리해탈(出離解脫)의 위도를 세웠던 것이다. 그러므로 부처님의 출세는 그 경도를 가르치는 데 있음이 아니라 이 위도를 실천하는 데 있었던 것이다. 왜냐하면 그의 경도는 천성자연의 것이므로 달리 불타의 가르침이 없더라도 걸을 수 있기 때문이다. 그러나 수증(修證)의 위도는 가르침에 의해서 비로소 행함을 아는 것이다.

부처님의 가르침에는 세간교(世間敎)와 출세간교(出世間敎)가 있다. 그 세간교라는 것은 5계 10선을 가르쳐서 경도의 한가운데를 가게끔 하는 것이며, 출세간교라는 것은 이 경도로부터 되돌려서 위도의 성로(聖路)에 가게끔 하는 것이므로 세간교는 출세간교의 위도에 끌어넣는 사다리에 불과하다. 그러므로 부처님의 참뜻은 경도에 있는 것이 아니라 위도에 있는 것이다.

이것은 요컨대 경도에는 3선도(三善道)인 평탄(平坦)과 3악도(三惡道)인 험로(險路)의 두 가지로 나누어져 있지마는 언제나 평탄한 길만을 가는 것은 아니다. 때로는 험한 길을 밟지 않을 수 없는 일도 있다. 위도도 역시 두 갈래로 나누어져서 소승인 소경(小經)과 대승인 대로(大路)가 있어 성문연각(聲聞緣覺)은 소경(小經)으로 가고, 보살불타는 대로(大路)로 가는 것이다. 그래서 4제(諦) 12인연(因緣)은 성문연각의 소경으로 정해져 있고, 사홍육도(四弘六度)는 보살불타의 대로로 정해져 있다. 이 가운데서도 역시 방편과 진실이 있어 이승(二乘)의 소경

(小經)은 부처님의 진실한 가르침이다.

 부처님이 이 소경을 열은 것은 소기(小機)의 중생으로 하여금 열반의 안락을 얻게끔 하기 위해 부처님이 이 대로를 열은 것은 대기(大機)의 중생으로 하여금 대보리의 불광명(佛光明)을 비추기 위한 것이다.

 이 불광명을 비추기까지는 어느 정도의 수행을 쌓지 않아서는 안된다. 범인(凡人)은 촌사람이 금상황제가 있는 진여각황의 궁전에 들어가기에는 여러 방법이 있다. 혹은 육로로 혹은 수로로 가는 사람도 있고, 또한 기차로 가는 사람도 있다.

 이같이 3가지의 중생이 있기 때문에 3단의 수증이 나누어져 오는 것이라고 생각한다. 소위 3종(種)의 중생이란 상중하의 3근(根)이다. 하근(下根)인 중생은 점수점증(漸修漸增), 중근(中根)인 중생은 돈증점수(頓證漸修), 상근(上根)인 중생은 돈증점수라는 것이 된다.

 점수점증(漸修漸證)이란, 점점 수학하여 성불한다는 주의로서 귀로 듣고 마음에 생각하여 몸에 닦으면 조만간에 보리에 들어가는 종(鐘)이라는 것과 같으며, 선근산상(善根山上)에는 일진(一塵)도 쌓이지 않고 소선근(小善根), 소공덕(小功德)도 미래 성불의 정인(正因)이라고 기뻐하며, 날마다 행지보은(行持報恩)을 게을리 해서는 안된다고 근신하여 불도를 수행하는 사람이다.

 또 돈증점수라는 것은 열심히 계정혜의 3학을 수행하는 가운데 숙선(宿善)의 도움과 용맹정진의 수행력에 의해서 대오대철(大悟大徹)하는 사람의 일이다.

다음에 돈증점수(頓證漸修)라 함은 상근상지(上根上智)의 사람으로서〈금강경〉에서 말하는 응무소주이생기심(應無所住而生其心)을 듣고 깨닫는 육조대사와 같이 정인불성(正因佛性)을 견득하고 면밀하게 연구하고 불조(佛祖)의 요기를 발휘하여 널리 유연한 중생을 제도하는 것과 같은 사람을 가리키는 것이다.

그러나 이같이 상중하 삼근(三根)의 수증이 나누어져 있지마는 그 돈증돈오의 사람을 과만원성(滿圓成)의 불타라는 것은 아니다. 단지 범부가 처음으로 진여의 밝은 달을 본 정도에 지나지 않는다.

학교에 비교해 보면 입학시험이 끝난 것과 같은 것이다. 이 신심을 획득하고 입증오도(入證悟道)해서 제대로 수업이 되는 것이다. 한번 대학의 입학시험이 끝나기만 하면 대학생의 자격을 얻은 것이므로 열심히 수업을 한다면 반드시 과정을 마치고 졸업하여 학사나 박사가 되는 것처럼 한번 부처님의 진자(眞子)가 되면 반드시 불과보리(佛果菩提)를 원만하게 하는 시절이 있는 것이다.

활안(活眼)을 열어서 경위이도(經緯二道)의 방면에서 불교를 바라보면 인과수증(因果修證)의 경위를 일관하지 않는 경문(經文)은 없다. 그리고 동서고금의 학설과 종교를 살펴보면 대체로 깊고 얕고, 높고 낮은 것을 알 수 있을 것이다. 이 활안을 갖추지 않고 아무리 많은 경문을 읽고 설법을 듣더라도 쉽게 그 요령을 알 수 있는 것이 아니다.

□ 중도일실의 묘리(妙理)

중도일실(中道一實)의 묘리란, 한마디로 말하면 중생에게 본래 갖추어져 있는 일심(一心)이다. 그러나 본래 갖추어 있기는 있으나 미혹(迷惑)한 자에게 있어서는 중도나 일실(一實)이라 일컫기 어렵다. 오직 깨달은 사람의 일심에 한하여 중도일실이라고 말할 수 있다.

이 중도일실의 묘리를 알기 위해서 지관(止觀)의 법문(法門)을 연다. 그 지관이란 법성(法性)이 적연함을 지(止)라고 일컫고, 고요하게 늘 비치는 것을 관(觀)이라고 일컫는다.

그 법성(法性)이란 진여법성의 묘리, 즉 우리들이 본래 갖추어 있는 묘심(妙心)이 적정하여 여지분별의 풍파가 없는 상태를 말한다. 소위 여지분별이란 범부우인(凡夫愚人)의 전도망상된 소란한 마음이다.

고요하고 늘 비친다는 것은 염상분별(念想分別)의 진구(塵垢) 풍파가 일어나지 않으므로 심광(心光)이 영롱하여 언제나 만법의 진리를 관찰할 때엔 일월(日月)이 만물을 비치는 것과 같이 밝고 밝은 것을 말한다. 그리고 또 지(止)에 대해서나 관(觀)에 대해서도 세 가지의 지(止)하는 것과 세 가지 관하는 것이 있는데 이것을 3지3관(三止三觀)이라고 한다.

그 3지(止)란 견사(見思)·진사(塵沙)·무명(無明)의 3혹(惑)을 그치는 것이고, 3관(觀)이란 공(空)·가(假)·중(中)이고, 3제(諦)의 이(理)를 보는 것이다.

일체중생에는 이 3혹(惑)이 있기 때문에 중도일실(中道一實)

의 묘리가 숨어버리면 이 3혹을 깨여버리므로 이 3제(諦)를 세운 것이다.

혹(惑)이란 마음을 혹란케 하며, 인지(人智)를 흐리게 하는 것이고, 제(諦)란 그 혹란심을 체찰(締察)해서 인지를 밝히는 것이다. 그리고 그 무명이라는 것은 진여법성의 빛을 흐리게 하는 것이며, 진사(塵沙)란 이타화도(利他化導)의 지혜의 장애가 되는 것이고, 견사(見思)라는 것은 공적무상(空寂無想)한 이를 저해하는 것이다. 이 3혹은 거울이나 구슬 위에 붙는 티끌과 같은 것이다. 그러므로 이것은 본래 갖추어 있는 것이 아니다. 이 티끌을 없애는 것은 3제(諦)이다. 3제 중의 공관(空觀)은 견사의 혹을 때기 위한 것이며, 견사란 견혹(見惑)과 사혹(思惑)으로서 견혹에는 88사(使)가 있고, 사혹에도 81품(品)이 있다.

이 견(見)이란 무형한 진리에 미혹한 것, 사(思)란 유형한 사물에 미혹한 것으로서 이것을 3계(界)의 혹(惑)이라고도 한다. 이 이혹(二惑)은 본래 허망불실한 것이라고 관찰하는 것이 곧 공관(空觀)이다. 이 관(觀)을 성취할 때에는 일체지(一切智)를 증득해서 반야의 덕을 성취케 되는 것이다. 일념삼천(一念三千)의 법은 공(空)이고, 무(無)라고 보는 것이지만 또한 돌려서 관찰할 때에는 굳이 공(空)이라고도 할 수 없다.

제법(諸法)은 엄연히 그 상(相)을 나타냄으로 이것을 가유(假有)라고 본다. 그 진사(塵沙)란 견사(見思)가 한층 미세하며 진사와 같이 되기 때문이다. 그렇다면 일체의 제법은 유한 것 같으나 필경 실유(實有)가 아니라 꿈과 같은 환상과 같다고 보기 때문에 일체의 집착심은 여기서 해탈한다.

이 때문에 이 관(觀)을 이룩하는 것은 도종지(道種智)를 증득하여 해탈의 덕을 성취하게 되는 것이다. 일체지(一切智)라는 것은 공지(空智), 도종지라는 것은 실지(實智)이다.

이 이지(二智)를 성취하는 데는 근본적인 무명(無明)을 타파하는 데에 있다. 무명을 타파하기 때문에 일체지나 도종지도 일시에 나타나는 까닭에 이것을 중관(中觀)이라고 한다.

중(中)은 공(空)도 아니고, 유(有)도 아니고 공으로서 유하고, 유하여서 공한 도리를 중도관(中道觀)이라고 한다. 이 중도관을 이루어서 일체종지(一切種智)와 법신의 덕을 성취한다. 그러므로 이 중도를 비유비공(非有非空)이라고 한다.

소위 공제(空諦)는 파정(破情), 가제(假諦)는 입법(立法)이고 중제(中諦)는 절대이다. 제(諦)는 실로 진실불허의 뜻이다. 군생(群生)은 이 3제(諦)에 미혹하기 때문에 삼혹(惑)을 성취한다. 그래서 3관(觀)으로서 3혹(惑)을 타파하고, 3혹을 타파하면 3지(智)가 나타나고, 3지가 나타나는 곳에 덕(德)을 원만케 한다. 3덕(德)을 원만케 하는 것을 불타(佛陀)라 일컫는다.

이 불경계(佛境界)에 의하면 초목국토 실개성불(草木國土悉皆成佛)이라고 하며, 일색일향무비중도(一色一香無非中道)라고도 한다.

□ **단상(斷常)의 이견(二見)**

이것을 교상으로 말하자면 3계견사(三界見思)의 혹(惑)이라고도 말한다. 견혹에 88사(使)가 있는데 그 근본은 10사이다. 사(使)는 사역(使役)의 뜻으로서 역시 혹번뇌(惑煩惱)의 뜻이다. 그 10사를 절반으로 하여 앞의 것을 5리사(利使)라 하고 뒤의 것을 5둔사(鈍使)라고 한다.

먼저 5리사라는 것은 첫째 신견(身見), 둘째 변견(邊見), 셋째 사견(邪見), 넷째 견취견(見取見), 다섯째 계금취견(戒禁趣見)이다.

5둔사란 여섯째 의(疑), 일곱째 탐(貪), 여덟째 진(瞋), 아홉째 의(疑), 열째 만(慢)이다.

앞의 5사(使)는 가장 예리하지만 뒤의 5사는 그 반대이기 때문에 둔(鈍)이라고 일컫는 것이다. 문제의 단상(斷常)이란 5리사의 가운데인 변견(邊見)에 해당한다. 변(邊)은 편(遍)과 같이 그 일변에 집착하기 때문에 변견이라고 한다. 단(斷)이란 공무(空無)의 견(見)이며, 상(常)이란 실유상주(實有常住)의 견이다. 견(見)이란 이를 보는 뜻이므로 눈으로써 사물을 보는 뜻은 아니다.

이(理)는 원래 무형의 것으로서 곧 진리이다. 견(見) 그 자체가 혹(惑)은 아니다. 견은 실로 그 혹을 끊는 것이지만 범부가 환의(患癡)하기 때문에 우주의 진리를 달관하는 지력이 모자라고 일심의 활리(活理)를 간파할 능력이 없기 때문에 그 진리를 보려고 할 때 그 진리를 오해하여 성현이 꿰뚫어 본 정견(正見)을 흐리게 하여 자신의 잘못으로 그 진지를 혹란(惑亂)하므로 견혹(見惑)이라 일컫게 된다.

소위 이(理)란 무엇이냐 하면, 교상(教相)의 입장에서 말하자면 고집멸도의 4성제(四聖諦)의 이치이다. 이것을 한마디로 설파하자면 인과(因果)의 이치이다. 다만 인과라고 할지라도 그 범위는 실로 광대무변하다. 불교는 광막할지라도 오직 이 인과를 밝히는데 지나지 않는다.

 무릇 세상의 모든 학문과 종교는 어느 것이고 이 인과를 논하지 않은 것이 없지만 그 인과는 사인사과(邪因邪果)로서 불교처럼 정인정과(正因正果)의 활리를 논한 것은 없다. 불교가 종교로서 제종교 위에 뛰어난 것도 모두 이 인과를 설명하는 데 뛰어났기 때문이다. 그리고 그 인과에는 세간의 인과도 있으며, 출세간의 인과도 있다. 세간의 인과란 육도(六道)의 인과로서 출세간의 인과란 4성(四聖)의 인과이다

 여기서 말하는 단상(斷常)의 이견이라는 것은 세간의 인과를 흐리게 하여 단상이라고 집착하는 것을 말한다. 그렇지만 인과는 원래 단상이 아닌 것이다. 소위 단견(斷見)이란 만유는 무심한 것이어서 실재하지 않는 것과 같이 사람도 죽으면 몸과 마음이 모두 없어져서 공무(空無)에 돌아간다고 고집하는 그릇된 소견을 말함이요, 상견(常見)이란 자아는 없어지지 않으며, 5온(蘊)은 과거나 미래에 상주불변하여 간단한 일이 없다고 고집하는 그릇된 견해를 말한다. 그런데 인과 이법은 새로이 생하고, 새로이 멸하여 생멸상속(生滅相續)해서 찰나도 단절하지 않는다. 선악의 업에 따라서 육도에 태어나는 것이라면 사람은 반드시 사람으로 태어나는 것은 아니다.

 짐승도 짐승으로 태어나지 않고, 인간이 짐승이 되고, 짐승이 인간이 되는 수가 있어 일정불각(一定不覺)한 것이 아니다. 그

래서 콩을 심으면 콩이 나고, 팥을 심으면 팥이 나는 것처럼 사람은 사람으로 태어나고 짐승은 짐승으로 태어나야 할진대, 선악의 업에 따라 변전할 수 없다고 생각하고 있음은 상견이 약간 뛰어난 것이다.

송유(宋儒)와 같은 것은 단견이고, 예수교와 같은 것은 상견이다. 그리고 물질론자도 단견이며, 배운 자나 배우지 못한 자도 대체로 모두 단견이다.

인간의 영혼은 하느님이 특별히 만든 것이며, 짐승의 영혼도 하느님이 부여한 것이므로 인간의 영혼은 언제까지나 변하지 않고 죽어서 미래에 이르기까지 영원히 하느님을 믿는 자는 영생을 유지하고, 믿지 않는 자는 지옥에 떨어져 버린다고 생각하고 있음은 예수교인 가운데 있기 때문에 이것을 상견(常見)이라고 하지 않을 수 없다.

필자가 시골에 있을 때 초등학교 학생들을 여러 명 모아놓고 시험삼아 사후(死後)에 영혼이 멸하는가, 불멸하는가를 물어본 적이 있다. 그런데 아이들 모두가 이구동성으로 '멸합니다' 하여 어째서 그런가 하고 되물었더니, 그 영혼이나 정신이라는 것은 결국 육체의 작유에 지나지 않기 때문에 몸이 죽으면 함께 죽어서 뒤에 남는 것은 아무것도 없다고 생각하는 것이었다.

얼마 전에 장사를 하고 있다는 약 50세 가량의 사람이 찾아왔는데 이야기를 주고받는 사이에, 그 사람이 말하기를,

"스님 앞에서 송구스런 말인지 모르겠으나 사람은 원래 태워 버리면 재가 되고, 매장하면 흙이 되는 것이며, 그 혼 같은 것

도 불이 꺼지는 것처럼 죽으면 흔적도 없이 되는 것인데 지옥이나 극락이라는 것은 권선징악의 도구에 지나지 않는 것이다. 나는 굳이 선한 일을 한 적도 없으며 그렇다고 악한 일도 저지른 적이 없으므로 항상 자식들에게 말하기를 죽은 뒤에 장례를 거창하게 하거나 제(齊)같은 것을 하지 말라고 합니다. 장례나 제 같은 것은 단지 세상의 습관이라고 생각하고 있습니다."
라고 진지하게 말하기 때문에 나는 그 손님에게 너무나 단순한 생각이기에 어떻게 하든 그에게서 신앙심을 일깨워 주려고 내가 쓴 책을 주려고 했더니 그 손님이 말하기를 '나는 유교를 믿기에 그것은 필요없습니다'고 한사코 거절하는 것이었다. 그래서 나는 틈이 있으면 한번 읽어보라고 책 한권을 주어 보냈는데 그가 과연 읽었는지 모른다.

 나는 생각하기를 참으로 영혼불멸의 문제에 있어서 배운 사람이건 배우지 못한 사람이건 모두 같은 생각을 가지고 있는 것을 알 수 있다. 수많은 인류가 단견(斷見)으로서 인과가 무엇인가를 모르고 있지 않은가.

 예나 지금이나 대악무도(大惡無道)한 자는 대개 단견한 사람이다. 과거의 숙연(宿緣)을 알고 내세의 업보를 두려워하는 사람에게 대악무도한 짓은 결코 할 수 없다. 그렇다면 단상의 이견(二見)에 떨어지는 것은 어느 것이든 모두 인과의 이치를 알지 못하는 것이다. 그리고 또 단상이견은 어느 사람이고 가지고 있지 않는 사람이 없다. 이것은 무신앙자 속에 많지만 불교나 다른 종교를 믿는 사람 중에도 많이 있다.

 그것이 어떠한 상태인가 하면, 이 몸은 태우면 재가 되고 매장하면 흙으로 화하는 것이지만 다만 영혼만은 불멸하여 혹은 6도(六道)를 헤매고 혹은 천당이나 극락정토에 날아가는 사람처럼 생각하고 있는 것이다. 비유컨대 가옥에 불이 났을 때 주인이 뛰어나와서 다른 집으로 피하는 것과 같은 것이다. 이를 신멸심상(身滅心常)이라고도 하며, 심상상멸(心常相滅)이라고도 말한다.

 이것은 몸에 단견을 일으켜서 마음에 상견을 일으키므로 단상이견겸대(斷相二見兼帶)의 외도라고 배척하는 까닭이다.

 이 견해는 앞의 단상일변(斷常一邊)에 떨어지는 자 보다는 조금 하등이지만, 아직 불조(佛祖)의 정견에는 미치지 못한고 멀고 먼 것이다.

 한국의 불교인 및 그 신도 중에도 이같이 생각하고 있는 사람이 대단히 많다. 혹은 또 심신(心身)은 같이 멸하여 업력(業力)만이 남아서 미래의 심신을 낳게 한다고 생각하는 사람도 많다. 열 사람 중에 8, 9명은 모두 이상의 망견에 빠져 있지 않을까 생각된다.

□ 선악응보(善惡應報)와 습관

 빈부귀천과 미추(美醜)같은 신체상에 존재하는 물질적 외계의 인과는 전생의 선악업(善惡業)에 의해서 정해지는 것이며, 현우이둔졸(賢愚利鈍拙) 같은 심성적 내계(內界)의 인과는 전세(前世)의 습관에 의해서 정해진다. 몸에 나타나는 과보는 물론이고, 심성(心性)에 나타나는 과보도 역시 전생의 인습으로부터 오는 것이다.

　인과에 관한 설명은 여러 경전에 밝혀져 있지만 여기서 불의를 쉽게 나타낸 〈선악인과경(善樂因果經)〉의 1절을 들어보면, '이 세상의 같은 종류로 태어나 사람들을 보건대 호(好)와 추(醜)가 있고, 강약(强弱)이 있고, 빈부가 있고, 고락이 있고, 귀천이 있고, 음성이 같지 않고 언어는 곳에 따라 다르고, 백 살에 죽는 사람이 있는가 하면 또 서른도 못되어 요절하는 사람이 있고, 태 안에서 죽는 수도 있고, 단정하면서도 귀천함이 있고, 추하면서도 부귀함이 있고, 크게 강하면서도 비열함이 있고, 연약하면서도 높은 자리에 오름이 있고, 괴로워해도 장수함이 있고, 즐거워도 단명함이 있고, 어릴 때 귀천하다가 늙어서 부귀를 누리는 수가 있고, 남녀에 풍요함이 있는가 하면 고독한 사람이 있고, 제집에 안거하여 풍족한 사람이 있는가 하면, 스스로의 집을 버리고 떠도는 이가 있고, 총명하고 고상한 사람이 있고, 우둔하고 무지한 사람이 있고, 구하지 않는 데도 스스로 얻게 되는 사람이 있고, 아무리 구해도 얻지 못하는 사람이 있다.... 오직 바라건대, 세존이 널리 인과를 설하여 대중이 이를 알고 한마음으로 선을 따를지니라.'

　〈경문(經文)〉의 1절을 인용했는데 이 의문에 대하여 부처님은 삼명육통하여 삼세(三世)를 보기를 마치 손바닥의 과일을 보듯 하였으니 그 해답을 다음과 같이 하셨다.

　'몸이 단정한 자는 인욕 중에서 오며, 사람으로 태어나 추한 자는 진에 중에서 왔고, 사람으로 빈궁한 자는 간탐(慳貪) 중에서 오고 고귀한 자는 예배 가운데서 온다. 귀천한 자는 교만 중에서 왔고,…… 귀머거리는 문법을 기꺼이 여기지 않는 속에서 왔고, …… 마음이 아픈 자는 중생의 몸을 끊고 찌르는 속에서 왔다. 자식이 없는 자는 조류(鳥類)를 죽인 데서 왔고, 자손이 풍족한 자는 기꺼이 생물의 목숨을 기른 속에서 왔고, 목숨이 긴 자는 자심(慈心) 속에서 왔고, 목숨이 짧은 자는 살생 속에서 왔고, 큰 부자가 된 자는 포시(布施) 속에서 왔고, 총명한 사람은 학문송경(誦經) 속에서 왔고, 우둔한 자는 짐승 속에서 왔고, 노비가 된 자는 부채(負債) 속에서 왔고……'

 이와 같이 열거한 것뿐만 아니라 얼마든지 있는데 전생의 습관성과 미래의 과보는 이 같은 것이다. 그렇지만 보통 인간의 생각으로 도저히 믿을 수 없을 정도의 일이지만 우리들은 오직 부처님에 대한 믿음으로써 이 같은 것이라고 생각할 뿐이어야 할 것이다.

 우리들의 특이성, 현우이둔(賢愚利鈍)과 같은 심성적 내계(內界)의 인과가 학술기예를 배운 여부에 의해서 오는 전쟁의 습관에 의한 것이라면 부처님은 왜 학술기예를 권하지 않았는가 하는 의문이 생긴다. 이에 대해서 말하자면, 석가세존이 세상의 학술기예를 권하는 것을 만족했더라면 어찌 출가하여 도를 배울 필요가 있었겠는가?
 부처님이 아직 출가하기 전에 세간의 모든 학술기예에 통달했던 것은 〈불본행경(佛本行經)〉을 보아도 알 수 있다. 부처님은 이 세상에 나타나서 중생만을 교화하고 또한 생업(生業)을 성대하게 하는 데 있지 않고 오직 종교도덕의 관념을 풍부하게 함으로써 안심입명의 땅을 얻는 데 있었다. 그러므로 인도(人道)와 천도(天道)를 실천하기 위해 5계 10선을 가르친 것이다. 더구나 보살소학(菩薩所學)의 법에는 5명(明)이라는 것이 있어 세간학(世間學)을 장려했다. 오직 세법(世法)이 그대로 불법(佛法)이라는 것을 가르친 것이다. 그러므로 〈화엄경〉에서 이르기를, '세간법은 불법과 다른 것이 아니며 불법 세간법이 난잡해 있음이 아니라 또한 차별도 없다'라 했다.

속세에 있는 모든 인간은 3독(毒)이 가득 찬 범부이므로 그 3독이 그대로 불법(佛法)이라고는 할 수 없으며, 그 3독을 전하여 부처님의 3덕(德)으로 했을 때 세간법이 곧 불법이 아니라 할 수 없을 것이다.

〈정명경(淨名經)〉에는 여러 가지 다른 도를 받아들이더라도 바른 믿음을 깨지 않고 세전(世典)에 밝다고 해도 언제나 불법을 즐긴다. 치세(治世)의 법에 들어가서는 일체를 구호한다. 강론에 들어가서는 대승(大乘)으로서 인도하고, 여러 학당에서는 소년들을 깨우치고, 만약 서민 속에 있어서 서민 가운데의 으뜸으로서 복력(福力) 이상의 설명으로서도 알 수 있는 것처럼 속세의 학술기예를 소홀하게 여기는 것이 아니다.

재가(在家)의 속인으로서 불교를 믿는 사람은 속세의 법을 그대로 불법이 되게끔 하는 것은 참으로 불법이 세간법에 필요하게 되는 바이다. 요컨대 5계(戒)10선(善)과 같은 것은 인류도덕의 원소이므로 인도와 천도의 본원을 밝혀서 스스로 지능을 개발하며, 덕기(德器)를 양성하게 되는 것이다.

모든 인류의 행위에 나타나는 것은 전생의 업보에 의하지 않음이 없다. 부처님 재세시에 주리반특(周梨槃特)과 같이 어리석은 분도 있었고, 사리불 목련(木蓮)처럼 현명한 분이 있었는데 이것이 모두 숙업(宿業)에 의해서 되어진 것이다. 손에 나타나서 문자가 되고, 입에 나타나 변설(辯舌)이 되고, 뜻에 나타나서 지능이 되고, 몸에 나타나서 미추(美醜)가 된다.

이 모두가 전생의 숙업으로서 만업(滿業)이라고 한다. 만업이란 이 5근(根)에 나타나는 일체의 선악미추교졸(善惡美醜巧拙)을 말한다. 이 업보를 믿는 사람은 능히 세상의 이법(理法)을 통달함에 이를 것이다.

만약 습관에 인하여 태어났다고 한다면 공자(孔子)나 안연(顔)과 같이 비범한 사람은 현세일대(現世一代)에 학재(學才)와 양성(良性)을 얻은 자라고는 할 수 없고, 반드시 전생에서도 상당할 지덕을 겸비하였으리라 믿는다.

두 사람의 곤궁(困窮)과 천수(天壽)는 부처님이 말하는 순부정업(順不定業)에 의한 것이 아닌가. 공자나 안연은 일세일대(一世一代)의 학재와 양성이 아니고 반드시 전생에 수학한 결과이다. 그리고 공자의 곤궁과 안연의 천수는 결코 순부정업에 의한 것이며 결정업(決定業)이다. 다만 곤궁, 천수뿐만 아니라 그 학과 덕도 결정업이다.

〈경(經)〉에 이르되, '재주가 있어 깊은 법을 통달함은 지혜 속에서 오고, 큰 재물을 가진 부자는 포시 속에서 오고, 장수하여 질병없이 신체가 건강함은 지계(持戒) 속에서 온다'라고 하였고, 〈논(論)〉에 이르되, '살생의 죄는 능히 중생으로 하여금 3

악도에 떨어지게 한다. 이 자가 만약 사람으로 태어나면 두 가지의 과보를 얻는데, 하나는 단명, 또 하나는 다병(多病)이다. 겁도(劫盜)의 죄 역시 중생으로 하여금 3악덕(惡德)에 떨어지게 한다. 이 자가 만약 사람으로 태어나면 두 가지의 과보를 얻는데, 하나는 빈궁, 또 하나는 공재자재(共材自在)를 얻는다.'
이 글의 뜻으로 짐작할 수 있을 것이다.

　사람마다 버릇이 있는데 예를 들자면, 동물을 아주 싫어하는 사람이 있고, 혹은 초목을 지극히 사랑하는 사람이 있다. 또는 수학(數學)·불학(佛學)·공학(工學) 등 여러 가지 차별이 있는 것처럼 불법을 대단히 싫어하는 사람도 있다. 이 같은 것은 모두 습관성에 의한 것이다.
　예를 들면 음식에 있어서도 술을 좋아하는 사람, 담배를 즐기는 사람, 또는 술이라고는 한 방울도 마시지 못하는 사람이 있는가 하면, 고기를 좋아하는 사람과 싫어하는 사람이 있고, 출가하지 않았을 때 물고기를 즐기던 사람이 일단 출가하여 먹을 수 없는 것이라고 생각해 버리면 고기집이나 생선가게를 지나가기만 해도 구역질이 나는 일이 있다. 이것들 모두가 습관에 의한 것임을 알 수 있다.
　술과 담배같은 것은 전생으로부터의 습관이 아닌 것으로 보는 바, 술·담배를 먹기 시작하여 하루라도 중지할 수 없는 정도의 사람은 역시 전생으로부터의 습관에 금세(今世)의 습관을 덧붙인 것이 분명하다. 또한 살생을 즐기고 남의 것을 훔치기를 즐기고, 사음망어(邪淫妄語)를 즐기는 사람이 있는데 이것들이 모두 습관에 의한 것이므로 그 버릇을 고치기는 매우 어렵다. 절도·강도를 일삼는 사람은 몇 번이고 지속적으로 교도소 출입을 하게 되어 일생을 망치는 자가 있다. 이것 또한 버릇이 강하기 때문에 고치지 못하는 것이다.

그러면 매화를 사랑하고 국화를 사랑하고 혹은 동물을 좋아하고, 싫어하는 등, 이것은 모두 습관인 것이다. 같은 사람에게 같은 교육을 해 보아도 진도가 빠르고 더딘 사람이 있다. 이런 것 역시 모두 그 인(因)에 얕고, 깊음이 있으므로 그 연에 두텁고 엷음이 있는 것이다. 요컨대 중생계의 여러 가지 차별은 모두 인과응보의 그림자에 지나지 않는 것이다.

학문·기술·변설과 같은 일체의 지식은 비상하게 뛰어난 사람이 선업을 돌보지 않고 마음대로 악을 능사로 하는 사람이 만약 내세에 사람으로 다시 태어난다고 가정한다면 역시 그 지력이 보통 사람보다 뛰어날 것인가, 아니면 그렇지 않을 것인가 하는 문제를 생각해 보건대, 현재의 상태는 모두가 과거에 업상(業相)의 그림자로서 우연한 것은 하나도 없다.

비유컨대 오곡·초목 등의 씨앗을 섞어서 뿌렸다고 하자. 그 싹이 돋아날 때 여러 가지 종류의 모양으로 돋아날 것은 당연한 이치이다. 그러므로 악을 저지르는 것도 예외일 수는 없다. 인계(人界)에 재생하는 것은 인업력(引業力)이며, 지우(智愚)·이둔(利鈍)·미추(美醜)·호악(好惡)의 차별이 생김은 만업력(滿業力)이라고 한다.

이것은 요컨대 사람이 사람으로 다시 태어나는 것은 인업력(引業力)으로서 사람에 종별이 있음은 만업(滿業)이다. 〈논어〉

중에 '태어나면서 이를 아는 것은 상(上), 배워서 아는 자는 다음, 곤궁하여 배운 자는 그 다음이며, 곤궁하여 배우지 못한 백정을 최하로 여긴다'라고 했다.

만약 이 세상에 생지(生知)가 있다면 그것은 무인(無因)의 과오가 있다고 하지 않을 수 없다. 석가나 공맹(孔孟)과 같은 중인(衆人)보다 뛰어난 위인들은 거의 이 생지인 것 같으나 석가세존같은 분은 이미 행하기 어려운 일을 능히 행하였고, 참기 힘든 일을 잘 참아서 공을 쌓고 덕을 쌓아서 불타의 자리에 오른 것이다.

이와는 반대로 무지하고 재주없는 사람이 10선(善)을 지켜서 인간계에 재생되면 일반적인 지식도 갖출 수 있을까? 그러면 10선이 무엇인가, 우선 알아보기로 하자.

10선에는 지악행선(止惡行善)이라는 것이 있다. 소위 지악(止惡)이란, 불살생(不殺生)·불륜도(不倫盜)·불사음(不邪淫)·불망어(不妄語)·불기어(不綺語)·불악구(不惡口)·불양설(不兩舌)·불탐욕(不貪欲)·불진에(不瞋恚)·불사견(不邪見)이다. 그리고 행선(行善)이란, 방생(放生)·포시(布施)·범행(梵行)·성실어(誠實語)·화쟁어(和諍語)·상연어(常軟語)·질직어(質直語)·불액관(不液觀)·자비관(慈悲觀)·인연관(因緣觀)이다.

이 가운데 성현들의 가르침을 경서(經書)를 통해 연구하여 인연관으로 우치사견(愚痴邪見)을 타파함은 곧 그 지식을 연마하는 것이다. 부처님을 실어자(實語者), 진어자(眞語者)라고 함으로 불안을 빌려서 속세의 일체학설 종교를 관찰함에 있어 결코 인과의 원칙에 배반되는 것은 천지간의 망어(妄語)임을 면할 수 없으며, 우주간의 사견(邪見)임을 면할 수 없다. 그러므로 10선(善)을 온전히 지키는 사람은 세간의 지식도 완비하게 될 수 있다.

 내적으로 고칠 수 없는 것이 성질이라는 격언에 의하면 성질은 쉽게 변경할 수 없는 것으로서 그것은 전생의 습관에 말미암은 것과 같다. 그런데 만약 사람이 악법에 의해서 짐승의 몸으로 태어난 것이라면 짐승 고유의 특성을 갖게 된다는 것인데, 그렇다면 성질은 반드시 습관에 의하는 것일까?
 예컨대 물의 습성, 불의 열성, 흙의 견성, 바람의 동성이 있고, 일체중생에 불성이 있는 것과 같음을 말한다. 경 가운데 성욕이 부동이라는 것은 즉 습관성으로서, 속담에 습관은 제 2의 천성이라는 것은 바로 이 뜻이다.
 대개 제 2의 천성은 변경될 수 없는 것이지만 습관이 가장 견고한 것은 쉽게 고칠 수 없는 것이다. 그러므로 이 세상의 악업력에 의해서 미래에 짐승의 몸으로 태어남은 업의 힘에 의한 것으로써, 마치 고유성(固有性)인 것 같지만 실은 그렇지 않다. 만약 인간이라는 고유성이 있고, 짐승이라는 고유성이 있는 것이라면 사람이 짐승이 되고 짐승이 사람이 될 수가 없다. 그러므로 짐승뿐만 아니라 아귀지옥도 역시 그 고유성은 없는 것이다.

 삼세인과(三世因果)에 의한 살생의 업력으로 병이 많고, 요사(夭死)의 괴로움을 초래하며, 진에(瞋恚)의 업력(業力)으로 추악한 몸이 된다고 하는데, 그렇다고 병이 많은 사람은 반드시 살생을 좋아하고 추악한 사람이 반드시 진에가 강한 것은 아니다. 이와 반대로 인품이 단정하고 미모인 사람으로서 진에가 강한 사람이 있고, 그밖에 부귀한 사람으로서 악성인 사람도 있다.

 학재(學才)가 있는 사람으로서 선심이 결핍된 사람이 있고, 또 불연(佛緣)에 깊은 사람으로서 이 세상에 선(善)을 많이 해야 함에도 불구하고 박명불행한 사람이 있는 것처럼 선악응보와 습관이 같지 않은 점이 있음은 무슨 까닭일까?

 우리 인류는 광겁다생(曠劫多生)의 옛날부터 육도(六道)에 윤회한 것이므로 전생의 전전생으로부터 복잡하게 얽혀 있어 현세의 행위만으로써 의아하게 여길 수는 없는 것이다. 이 복잡한 인과를 설명하는 법을 삼시업(時業)이라고 한다. 소위 현보(現報)와 생보(生報)와 후보(後報)가 되며, 혹은 이것을 순현업(順現業)·순생업(順生業)·순후업(順後業)이라고도 한다.

 업력과 습관력은 원래 둘이 아니지만 굳이 이를 구별하면 업력은 인(因)에 속하고, 습관력은 과(果)에 속한다. 불학(佛學)상으로는 본래 습관력이라는 명칭은 없다. 소위 습관력은 훈습력(薰習力)에 해당한다. 혹은 이를 습기과(習氣果)라고도 말한다. 또한 선악의 여업력(餘業力)이라고도 한다. 즉 선인이 있으면 선과를 맺고 악인이 있으면 악과를 맺는 것으로써 현생(現生)으로부터 후생(後生) 만만생(萬萬生)에 점차적으로 발현되는 것이다.

태교설(胎敎說)에 관하여 보면, 태교란 곧 태내(胎內) 교육이다. 지분변이(支分變異)라는 것은 불구자로 태어나는 것을 말함인데, 이것도 역시 전생의 악업에 의함은 물론이며, 그 중요한 근인은 그 어머니가 임신 후에 무리한 일을 하거나 혹은 지나친 활동을 하거나 뛰어다니거나 또는 높은 곳에서 떨어져서 놀라거나 여러 가지 충격으로 정상을 잃기 때문에 절름발이, 앉은뱅이, 목이 비틀어진 아이, 머리가 비뚤어진 아이 등이 태어난다.

어머니의 신체는 모형과 같아서 조금이라도 무리한 일이 있으면 모두 그 태아에게 영향을 끼친다. 예컨대 자주 화를 내거나 슬퍼하거나 무서워 놀라거나 하는 것은 모두 그 태아에 영향을 주는 것이다.

주물공장에서 주물을 만들고, 도기 만드는 이가 질그릇 만드는 것과 같아서 그 기계가 굽어지거나 비뚤어지거나 했다면 반드시 그 물건이 온전치 못하다. 어머니의 몸은 실로 인간 제조의 오묘한 기계이므로 열 달 동안 회태(懷胎)한 동안에는 오체(五體)의 몸을 제조하는 중이므로 모든 행동에 조심하지 않으면 안된다.

임부는 될 수 있는 대로 마음의 자유를 누려야 하며 지나치게 음란하거나 비열한 영화나 책 등을 보아서는 안될 것이다. 태어날 자식을 군인을 만들고 싶으면 군에 관한 것을 듣고 보며, 예술가를 만들고 싶으면 바라는 바에 따라 견문하는 등 부모가 바라는 바에 따라 듣고 보아야 될 것이다.

학자를 바라면 학문에 관한 것을, 지식이 있어 배운 사람이라면 우미고상한 성인들의 책이나 종교서적 등으로 몸과 마음을 닦는 것을 읽어야 좋을 것이다.

지혜롭고 우둔함은 그 아이의 선업(善業)에 의한 것이라 하지만 역시 태내 교양(胎內敎養) 여하에 달려 있는 것이다. 여하튼 그 아이에게 선업의 힘이 있다고 해도 생후에 그 어버이가 교육시키느냐, 시키지 않느냐에 따라서 그 지식의 발달에 차이가 생긴다. 인간은 배우지 않으면 지식이 없고, 지식이 없으면 어리석은 사람이 된다.

나면서부터 귀한 사람은 없다. 배우고 닦아서 지덕을 갖춘다는 옛말처럼 어버이가 가르치고 본인도 스스로 분발해서 배우면 반드시 지덕을 겸비한 사람이 되는 것과 같이, 어버이의 교육이 가장 중요하므로 그 태내의 교육은 전적으로 어머니의 이목과 사상으로부터 주입되지 않으면 안된다. 그렇게 하면 반드시 그 아이의 정신에 감염되는 것이다.

같은 천연의 분재라도 인위적인 손질에 따라 달라지는 것처럼 그 정신이나 육체도 역시 인위적인 주의와 부주의에 의해서 차별이 생기게 되는 것이다.

사람은 이 천연물을 마음대로 하는 영지(靈智)를 갖추고 있다. 오곡을 비롯하여 모든 식물은 천연의 힘이 아니고서는 자라지 못하지만 사람의 몸은 근본적으로 양친이 마음대로 만드는 것은 아니지만 어버이의 여력에 의하지 않고서는 잘 되어질 수 없다.

모발·피부 및 사지오체에 변이를 초래하는 것이 전혀 현재의 연(緣)에 말미암음이라는 이치는 결코 변하는 것은 아니다.

또, 선업의 인(因)에 말미암는다는 이치도 분명히 불변한 것이다. 그러므로 교육과 보양이 잘되어 만족한 인간으로 태어나는 것이나 잘못되어 불구의 인간으로 태어나는 것도 그 원인을 살펴보면 전생의 선악업(善惡業)에 의한 것이라고 하지 않을 수 없는 것이다.

□ 3가지의 무상(無常)

3가지의 무상(無常)이란 첫째는 염념괴멸(念念壞滅)의 무상, 둘째는 화합이산(和合離散)의 무상, 셋째는 필경여시(畢竟如是)의 무상이다.
염념괴멸의 무상이란 안이비설신(眼耳鼻舌身)의 6근(六根)이 색성향미촉법(色聲香味觸法)의 6진(六塵)에 대해서 일어나는 바의 염려로서, 이 염려는 전념후념(前念後念) 전생후멸(前生後滅) 전멸후생(前滅後生)이 찰나도 멈추지 않으므로 염념괴멸이라고 하며, 이 무상은 전적으로 제 6의식(第六意識)에 관한 것으로서 혹은 선(善) 혹은 악(惡) 혹은 우희고락(憂喜苦樂)의 천태만상인 것으로서 모두 찰나에 생멸하여 머물러 있는 것이 아니다.
화합이산의 무상이란 전적으로 신체에 관한 것이다. 이 몸은 원래 지수화풍(地水火風)의 4대(大)로 말미암아 임시로 화합된 것인데 때가 되면 반드시 별리(別離)하지 않을 수 없다.
옛날 어느 선사(禪師)가 읊었듯이 '끌어모아 엮으니 잔디의 암자련가, 풀어보니 원래의 들판이구나'라 하였는데, 풀어지는 때가 언제인가 이것을 재어 볼 수는 없다.

 모르기 때문에 누구나 장생을 생각하여 제 몸에 집착한다. 이 집착이 심하기에 나날이 다른 무상은 눈앞에 보여도 제 몸의 무상을 보지는 못한다.

 〈대경(大經)〉 속에도, '일체의 세간에 태어나는 자는 모두 죽음으로 돌아간다. 수명이 무량하다고 할지라도 끝나는 일이 있고, 성하는 것 또한 반드시 쇄하는 일이 있으며, 만나서 모이는 것은 갈리어 떨어지고, 장년도 오래도록 머물 수 없고 성색(聖色)함에도 질병에 침범당하여 목숨은 죽음 때문에 먹힌다. 법으로서 무상하지 않은 자 없다'라 하였는데 이것은 이 몸이 무상함으로 집착하지 말하고 가르친 글이다.

 또 〈열반경(涅槃經)〉 중에 다음과 같이 가리키고 있다.

 '사람의 목숨이 머물지 않음은 계곡의 물보다 더하다. 오늘이 존재한다지만 밝을 때까지 유치하기 어렵다. 어찌 마음을 함부로 하여 악법(惡法)에 주(住) 할소냐'라 했다.

 〈출요경(出曜經)〉에 '옛날 범지(梵志) 있어 형제 4인이 모두 5통(通)을 얻었노라'라고 하였는데 5통이란 천이(天耳)·천안(天眼)·숙명(宿命)·타심(他心)·신족통(神足通)이다. 스스로 목숨을 재촉하여 7일째에는 반드시 죽는다는 것을 알고 형제가 상의하여 말하기를, '우리 형제들은 모두 신통자재하다. 신력으로써 천지를 번복할 수 있고, 극히 큰 손으로 일월(日月)도 쥐어 터트릴 수 있고, 산도 옮길 수 있고, 흐르는 물도 멈추게 할 수 있을진대 도리어 이런 난을 당하게 되니 피할 도리가 없겠는가?' 하여 첫째 형이 말하기를, '나는 대해(大海)에 들어가련다. 상하평등해서 한 가운데에 있으면 무상의 살귀(殺鬼)가 내가 있는 곳을 쉽게 모르리라' 하였고, 둘째 동생은 말하기를, '나는 수미산의 뱃속에 들어가련다. 들어가 표면을 합쳐서 재한을 없애버리면 무상의 살귀가 내가 있는 곳을 모르리라'고 말했다.

네 형제가 상의하여 국왕에게 말미를 얻어 떠나려 작정하고서 국왕 앞에 나가 말하기를, '우리들이 헤아리건대 여명일이 다가오므로 각각 도망쳐서 장수를 구하려고 합니다' 하니 국왕은 능히 그 덕을 닦아라 하여 헤어져 각각 가고자 한 곳에 갔으나 7일의 기간이 되자 영락없이 네 형제는 각각 그 곳에서 모두 목숨을 마치게 되었다.

불천안(佛天眼)으로써 4범지(梵志)지 무상을 피하여 오래 살고자 하여도 모두 목숨이 끝나는 것을 보고 말하기를 '공(空)에 있지 않고, 바다 속에 있지 않고, 산석(山石) 사이에 있지 않고 땅속에 있지 않나니 이를 벗어나면 죽지 않는다'라 했다. 설령 이를 벗어났다고 해서 죽지 않는다 하더라도, 죽음은 죽음에 의해서 그 사고(死苦)를 받지 않을 뿐이다.

부처님은 이미 생로병사를 벗어난 사람이지만 79세로서 죽었으니 이 몸의 죽음을 벗어날 수는 없는 것이다.

그 네 사람의 선인들은 5통(通)을 얻었을지라도 누진통(漏盡通)을 얻지 못했기 때문에 마침내 이 사고를 벗어나지 못했다. 진시왕이 불로불사(不老不死)의 단약을 구했지마는 마침내는 장생할 수 없었다. 하물며 평범한 자가 함부로 생(生)을 탐하고 죽음을 싫어함은 이를 데 없는 어리석음이라 할 것이다.
 어느 누가 죽음을 두려워하지 않을까. 이 죽음을 두려워하지 않는 사람, 마땅히 생사를 해탈하는 것을 알아야 할 것이다.
 소위 필경여시(畢竟如是)의 무상이란 다만 몸과 마음의 무상이 아니라 일체의 제법은 모두 이 인연화합에 의해서 임시로 생긴 것일진대 비록 광대한 천지일지라도 마침내 패괴(敗壞)해 버린다. 그러므로〈금강경〉에도 '일체유위(一切有爲)의 법은 몽환포영(夢幻泡影)과 같고, 이슬과 같고, 번개와 같다'라 했는데 이와 같이 일체괴멸에 돌아가서 상황불변인 것은 이것이 아니라고 달관(達觀)한다. 이것을 필경 무상(無常)이라고 한다.

□ 유식(唯識)의 삼성(三性)

 유식삼성(唯識三性)이라는 것은 법상종(法相宗)의 관문으로서 진망(眞妄)의 두 가지 뜻을 밝히기 위한 것이다. 소위 3성(性)이란 첫째 편계소집성(遍計所執性), 둘째 의타기성(依他起性), 셋째 원성실성(圓成實性)이다.
 이 3성은 유식소관(唯識所觀)의 가장 중요한 관문으로서 이것을 전문적으로 해석하려고 하면 그 뜻이 대단히 심원하기 때문에 여기서는 그 개요만을 말하고자 한다.
 불가(佛家)에서의 법상학(法相學)이란 서양의 심리학과 같은 것으로서 심식(心識)의 차별을 밝힌 것이다. 대승기신론(大乘起信論)에 일심(一心)을 이문(二門)으로 나누어 하나를 마음의 진여문(眞如門)이라고 하고 또 하나를 마음의 생멸문(生滅門)이라고 한다.

그 생멸문의 법체를 제8의 아뢰야식(阿賴耶識)이라고 한다. 이 아뢰야식을 근본으로 하여 만법의 차별을 논하는 종지(宗旨)이므로 상종(相宗)의 소립(所立)을 뇌야연기(賴耶緣起)의 법문이라고 하며, 이 뇌야는 진망(眞妄) 화합의 식(識)이므로 연기(緣起)의 제법에 있어서도 또한 스스로 진망의 두 가지 뜻이 있음을 면할 수 없는 것이다.

그 진(眞)이란 진식(眞識)이고, 망(妄)이란 망식(妄識)을 가리키는 것이다. 그런데 이 식을 분별하면 진식과 망식과 화합식(和合識)의 3상(相)이 있고, 이 3식(識)과 연하는 곳의 경지를 3류계(類界)라 한다. 진식이 연하는 경지를 성경(性境)이라 하고 망식이 연하는 경지를 독영경(獨影境)이라고 한다.

그 성경은 진식이 직접 물체에 느끼고 있는 그대로 지각하여 약간의 잘못도 없는 경지이다. 그 사이에는 조금도 분별망상의 방해물도 없이 장단방원 청황적백(長短方圓 靑黃赤白), 그 상(相) 그대로를 직각함으로 심리학상의 각성지각(覺性知覺) 또는 표현력이라는 것과 닮은 것이다.

독영경(獨影經)은 망식분별(妄識分別)의 작용에 의해서 심외(心外)에 따로 있어 실물이 없음에도 마치 실물이 있는 것같이 허영공상을 나타내는 것이다. 꿈속에 천차만별의 망경(妄境)이 나타나는 것은 이 독영경이라는 것에 속한다. 또한 우리들이 아침부터 밤늦게까지 걷잡을 수 없이 많은 망상분별을 의식 속에 그리는 것과 같은 것도 모두 이 망경에 속하는 것이다. 심리학에서 말하는 상상력이라는 것과 비슷하다.

　이 상상력이란 관념의 재현으로서 현실적인 물체의 재현이 아니라 자기의 기호로부터 의상(意像)에 나타나는 환영(幻影)이다. 대질경(帶質境)이란 물체의 본질이 역력하게 현존해 있음에도 그것을 지각할 수 없어 그 본질과는 다른 영상을 마음에 떠올려서 보는 것이다.

　비유컨대 사진을 보고 그 인물을 상상하고, 그 이름을 듣고서 반드시 그 사람이 있음을 상상하는 것일진대, 그것이 있다고 인정하는 것은 가유(假有)로서 실유(實有)가 아니라 할지라도 그 본질 실체가 없는 것이 아니다. 그 가유는 반드시 본질을 내포하고 있는 영상이므로 이것을 대질경이라고 말하는 것이다. 〈원인론(原人論)〉에 '만약 습성불변(濕性不變)의 물이 없다면 어찌 허망가상의 물결이 있겠는가? 만약 정명불변(淨明不變)의 거울이 없다면 어찌 여러 가지 허가(虛假)의 그림자가 있겠는가?'라고 말한 것은 이 대질경인 화합식(和識)의 경계를 말한 것이다.

　이것은 심리학적으로 대조해 볼 때 재현력(再現力)과 비슷하다. 재현력은 물체가 그곳에 현재하지 않아도 먼저 보고 들은 사물이 그대로 다시 마음에 떠오르는 것이다.

　이상의 3류경(類境)으로써 곤명(困明)의 3량(量)에 배당하면 성경(性境)은 현량(現量)에 해당하고, 대질경(帶質境)의 독영경은 비량(非量)에 해당한다. 소위 진상식(眞相識)은 현량, 화합식(和合識)은 비량(比量), 망상식(妄想識)은 비량(非量)이 된다. 이것을 8식(識)에 배당하면, 제 8아뢰야식의 진분(眞分) 및

전5식(前五識)은 현량에 속하며, 제 6의 분별사식(分別事識)은 비량에 속하고, 제 7의 말나식(末邢識)은 소량(所量)에 속한다.
 현량(現量)은 현실적인 것, 비량(比量)은 비교적인 것, 비량(非量)은 유명무실의 것이다. 그렇다면 망상식은 유명무실의 것, 화합식은 비교상 가유(假有)의 것, 진상식은 현재실유(現在實有)의 것이다. 이런 이유로써 진상식은 현재실유의 것이다. 또 이런 이유로써 삼성이 어떤 것인가를 알 수 있을 것이다.
 소위 편계소집성(遍計所執性)이라는 것은 허망무실(虛妄無實)한 것이며, 의타기성(依他起性)이라는 것은 가유화환(假有化幻)의 것이며, 원성실성(圓成實性)인 것은 현재실유의 것이다. 그러면 어떤 것이 원성실성인가 하면 그것은 청정무구식의 소현(所現)인 무누진실(無漏眞實)의 제법이다. 더구나 〈팔종강요(八宗綱要)〉에 말하기를, '제위(諸位)의 수행도 모두 유식관(唯識觀)하고 불과의 소증(所證)도 오직 유식(唯識)을 증(證)한다. 그러므로 만행(萬行)은 유식으로부터 일어나고 만덕도 유식에 의해서 느낀다'라고 이 불과만덕의 소증인 유식의 실성(實性)이므로 원만성취의 실성이라고 일컫는 것이다. 초목국토 실개성불(草木國土 悉皆成佛)이라 설하고 수조수림 염불염(水鳥樹林 念佛念)이라 하는 것도 이 원성실성이다. 이를 가리켜 수연진여(隨緣眞如)의 제법이라고 할 수 있다.
 무엇이 의타기성(依他起性)이냐 하면, 화합식의 소현(所現)인 염정미오무득실(染淨迷悟無得失)의 제법이다. 〈팔종강요〉에 말하기를 '4연소생(四緣所生)의 법은 인연이 화합하여 있으므로'라고 했다. 인연이란 첫째로 인연(因緣 : 이것은 種子識임), 둘째로 무등간연(無等間緣 : 前念後念 상속부단한 流注識임), 셋째로 증상연(增上緣 : 이것은 6根 6識임), 넷째로 소인연(所因緣)이고, 이 4연(緣)은 개유위생멸(皆有爲生滅)의 법으로서 하나도 견실하지 않는 것으로써 이는 가유(假有)가 된다.

천지만물도 역시 가유(假有)이고, 인축조어(人畜鳥魚)도 역시 가유이다. 무릇 유위생멸의 법은 어느 하나 실유(實有)인 것이 없다.

편계소집성(遍計所執性)이 무엇인가 하면 망상식(妄相識)의 소현인 허영분별(虛影分別)의 공상이다. 이것은 〈유식론〉에서도 '정유리무(情有理無)이다'라 하여 그 실체가 없음을 말한다. 〈팔종강요〉에도 '이것은 당정현(當情現)의 상(相), 없으면서 있다고 생각하는 허망집착이다'라 했다. 또 편계(遍計)란 〈유식론〉에 주편(周遍)하여 계도함으로 편계라 일컫는다'라고 하고 있으며, 걷잡을 수 없는 것을 망상억상(妄想億想)하는 것으로서 필경 그 자성(自性)이 없는 것이다.

예를 들면 잔 속의 활 그림자가 움직이는 것을 뱀처럼 착각하여 신경쇠약에 걸리고, 밤중에 가지를 밟고는 개구리를 죽였다고 생각하여 꿈속에 개구리 때문에 가책을 느끼는 것과 같다. 또 달밤에 사람의 그림자를 보고 귀신을 보았다고 생각하고 옷자락이 물건에 걸려 기절하는 것과 같고, 길을 가다가 영구차를 보고는 기분이 상하여 피하고, 상갓집에 다녀와서 소금을 뿌리는 것과 같고, 사자(死字)와 사자(四字)의 음이 같다고 4자(四字)를 싫어하는 것과 같다. 이처럼 만사가 모두 정유리무(情有理無)의 편계소집성이라 할 수 있을 것이다.

불교는 범부(凡夫)의 모든 미망(迷妄)은 이 편계소집의 암흑이라고 한다. 성을 내지 않을 일에 성을 내고 탐하지 않을 물건을 탐하고, 이치에 맞지 않는 일에 억지를 써서 우치(愚痴)를 저지르는 것 등은 모두 편계소집의 망념분별이다.

〈유식론〉에 말하기를, '이와 같이 삼성(三性)은 어떤 지(智)의 소행이냐 하면 편계소집은 지의 소행이 아니며, 자체(自體)가 없음으로써 소연연(所緣緣 : 색성향미촉법 즉 소연의 경계)이 아니므로 이 경계에 의해서 일어나는 것이라면 이것은 앞에서 말한 대질(帶質)의 경연(境緣)이므로 뿌리도 잎도 없는 망경계(妄境界)라 아니할 수 없다. 지금은 이 타기성(他起性)이 아니므로 정유리무하다' 이 아니므로 어리석은 사람은 있다고 집(執)하고 성자는 없다고 통달함으로써 또한 설하여 범성지(凡聖智)의 경계가 될 수 있다.

 의타기성은 이지(二智)의 소행이다. 원성실성은 오직 성지(聖智)의 경계이다. 이 삼성(三性) 속에는 몇 개는 가(假)이고, 몇 개는 실(實)이 된다. 편계소집은 망(妄)이 안립하므로 가(假)가 될 것이며, 체상(體相)이 없으므로 가(假)도 아니고 실(實)도 아니다.

 의타기성(依他起性)에는 실(實)도 있고, 가(假)도 있어 취집(聚集)과 상속과 분위(分位)의 성(性)이므로 설하여 가유(假有)가 된다.

 심(心)과 심소(心所)와 색(色)은 연(緣)으로부터 생기므로 설하여 실유가 된다. 만약 설법이 없다면 가법 또한 없는 것이다. 가는 실의 인(因)에 의하여 시설되기 때문이다. 원성실성은 오직 실유뿐이다. 가는 연에 의해서 시설되지 않기 때문이다.

또 〈팔종강요〉에 말하기를, '이 삼성(三性)의 중성집(中性集)은 망유(妄有), 의타(依他)는 즉 가유, 원성(圓成)은 진유(眞有)이다'라 했다. 이 망유(妄有)와 가유(假有)와 진유를 사승마(蛇繩麻)에 비유한바 있다. 마(麻)는 원성(圓成), 승(繩)은 의타사(依他蛇)는 편계(遍計)이다.

마(麻)의 실질이 인연에 의해서 새끼가 되는 것을 뱀인양 보고 두려워하는 것이라면 이와 같은 연기(緣起)의 제법을 분별해서 진망(眞妄) 화합의 교의를 밝혀서 다시 오중유식(五重唯識)의 이관(理觀)을 열어 전미개오(轉迷開悟)의 순서를 가르쳐 준 것을 유식삼성(唯識三性)의 법문이라고 한다.

이와 같은 삼성(三性)은 유식(唯識)의 소현이므로 필경 무자성(無自性)이라 할 수 있다. 이 삼성을 연혁해서 대승(大乘)의 백법(百法)이라 할지라도 이 백법은 모두 영상과 같으므로 반야진공(般若眞空)의 도리로부터 제법개공은 필경 무자성불가득(無自性不可得)이라 할 것이다. 유식백법(唯識百法) 가운데 99법을 망법(妄法)으로서 남는 일법(一法)을 진여라 할지라도 원래 이것이 망소대(妄所對)의 진여이므로 절대의 진여(眞如)가 아니다. 그렇지만 여기서는 단지 삼성(三性)만을 풀이했다.

□ **불교와 유교**

오늘날 사회는 국내외적으로 매우 복잡한 양상을 띠고 있다.

내일을 모르는 혼란은 인간생활에 불안을 던지고 사람들은 자기 안전지대를 찾기에 전전긍긍한다. 이런 때일수록 불교가 절실히 요구된다.

불교를 배우는 일에 사회적 차별이 있을까마는 대혼란 속에서 불교는 사람의 마음을 안정으로 인도하는데 큰 기여를 한다.

사람은 본능적으로 안락을 희망하며, 국가사회는 평화를 요구하지만 그것은 지극히 가까운 데 있다는 걸 알지 못하고, 먼 데서 구하려 하는 우행을 범하기가 예사이다. 한다 하는 식자나 총명하다는 지도자들도 마찬가지다. 손만 쓰면 곧 구할 수 있는 것을 먼 데서 찾으려 하다가 도리어 자기 혼란과 역효과를 초래하는 웃지 못할 경우가 얼마나 많은가? 참으로 딱한 일이 아닐 수 없다.

옛날 성인들은 하늘의 원리와 인간의 진성(眞性)을 근본적으로 하여 법을 세우고 교를 베풀어 사람으로 하여금 법을 존중케 했고, 효제(孝悌) 지도를 실천케 하여 일사불란한 생활을 규율과 자기 안정을 찾게 했다. 다시 말하여 인간 윤리관이 확고했다는 것이다. 그러므로 해서 '요순(堯舜)의 도(道)는 효제(孝悌)뿐이다'라고까지 했다.

또한 말하기를 '내집 늙은이를 늙은이로 여겨 남의 집 늙은이에 미치게 하고, 내집 어린이를 어린이로 여겨 남의 집 어린이에 미치게 한다면 천하를 다스리는 것도 손바닥 위에서 운전할 수 있다'고 하였으니, 누구나 충서(忠恕)한 마음을 보존하면 도덕을 수행하게 되고, 인심이 선해져서 온 누리는 자연히 태평해진다고 했다.

효(孝)·제(悌) 두 자만으로도 능히 인간을 다스릴 수 있었고, 성인의 치덕을 펼 수 있어 인간을 완성시킬 수 있었으나 범부(凡夫)의 심정은 성인과 같지만 않아 이를 알아듣지 못하고 따르지 못해 다시 인과응보를 말하여 사람의 생각에 자극을 주어 스스로 깨우침을 얻게 했던 것이다.

인과응보(因果應報)라 하면 그것은 비과학적이다. 미신이며 불교에서나 하는 말이다 하고 말하는 자도 있으나 천하에 두 가지 이치가 있을 수 없다. 또 선인의 가르침에 미신적이라거나 비과학적이란 말이 있을 수가 없다.

〈동중서(董仲舒)〉에는 '하늘이 변치 않으면 도(道)도 변하지 않는다'고 했다. 이 말이 틀린 말이 아니라면 성인의 마음이 다르지 않으므로 그렇다면 공자의 교나 석가의 교나 한 가지이다.

인과응보는 유교(儒敎)의 성인들도 많이 말씀하셨다. 선을 지으면 백 가지 상서가 내리고 불선을 지으면 백 가지 앙화가 내린다(作善降之百福 作不善 降之百殃)는 말이 〈서전(書傳)〉에 있다.

또한 공자는 〈주역(周易)〉에 쓰시기를, '적선한 집안에는 반드시 남은 경사가 있고, 적악한 집에는 반드시 남은 앙화가 있다'고 하셨다.

기자(箕子)의 〈기범(箕範)〉에도 오복육극(五福六極) 등 말씀이 있지만 글은 글로써 읽고, 일은 일대로 하여 성인의 말씀이 모두 거짓되게 하며, 혹시 믿는다 하더라도 이것은 왕정(王政)에 대한 말씀이라 하여 한 번이라도 자기의 언행에 비추어 보려 하지 않는다.

여기에 인과응보에 대한 몇 마디 더 응용코저 한다.
 '남을 사랑하는 자는 남도 그를 사랑하고, 남을 공경하는 자는 남도 그를 공경한다(愛人者 人恒愛之 敬人者 人恒敬之)'
 '말이 패려고 나가면 또한 패려고 들어오고, 재물이 패려고 들어오면 또한 패려고 나간다(言悖而出者 亦悖而入 貨悖而人入者 亦悖而出)'
 '남의 아비를 죽인 자는 남 또한 그의 아비를 죽이고, 남의 형을 죽인 자는 남도 그의 형을 죽인다(殺人之父子 人亦殺其父 殺人之兄者 人亦殺其兄)'
 등등의 많은 표현들이 모두 인과응보에 추호도 틀림이 없다.
 다만 수신의 인과를 들자면 '성인이라도 생각이 없으면 미친 사람이 되고, 미친 사람이라도 생각을 이기면 성인이 된다(唯聖罔念作狂 唯狂克念作聖)'고 했다. 이에 비추어 보건대 성인과 미치광이의 차이란 다른 데 있는 게 아니라 오직 생각 하나를 이기고 못이기는 데 달렸다고 할 수 있다. 그렇다면 생각, 즉 망념을 이기는 데는 반드시 마음을 정하는 데가 있어야 하겠다.
 '뜻을 어진 데 두면 악이 없다(笱志於人矣 無惡也)' 또는 '내가 어질고자만 하면 어짐에 이른다(我慾人 斯仁至矣)'라고 했다. 그렇다면 사람이 어질게 되고자 하는 뜻은 어느 방법에 두어야 할까?
 먼저 성인의 말씀이나 그 형상을 항상 생각하고 마음에 새겨두며, 그 도를 배우고 몸소 실천하며, 행동으로써 모범되게 하면 그 길이 어진 사람을 만드는 길인 것이다.

공자께서 말씀하시기를 '요(堯) 임금은 국에서 보고, 순(舜) 임금을 담에서 보고, 주공(周公)을 꿈에서 보았다'하니 이는 요·순·주공을 평소에 철저히 신앙하고 믿은 결과라 하겠다. 공자 같은 성인도 윗 성인을 그토록 신앙하였거늘 하물며 우부(愚夫)인 우리들로서 어찌 부처님을 신앙하지 않을 수 있겠는가. 만일 공자가 그랬듯이 요·순·주공을 신앙하는 자가 있다면 나는 구태어 부처님을 믿으라고까지 권하지는 않겠다. 왜냐하면 각자 설교의 방식이 다름으로 해서 요·순·주공을 믿음으로 인하여 무상보리(無上菩提)는 증득하지 못한다 할지라도 선·악을 구별하여 닦는 과업이 되리란 것은 확실하기 때문이다. 단악수선(斷惡修善)만 철저하다면 혁범성성(革凡成聖)이 가능한 일이다.

양(梁)나라의 황간(皇侃)이는 효자였는데 날마다 〈효경(孝經)〉을 20번씩 읽어 〈관음경〉과 같이 알았다 하고, 원나라의 염포헌(廉布憲)은 원태조에게 불려가 '경도 팔사마(八思馬)에게 가서 계를 받으라' 하니 포헌은 대답하기를 '신은 공자의 계를 받았습니다' 했다. 이에 원태조는 웃으며, '공자도 계가 있는가?'고 물었을 때 '예, 있습니다. 신하가 되어서는 마땅히 충성하고 아들이 되어서는 마땅히 효도하라는 것이 공자의 계(戒)입니다' 했다.
〈효경〉을 읽은 황간이나 공자의 계를 받았노라는 포헌이는 생각에 불교를 배척하고 비방하여 보자는 의도였겠으나 나의 견해로는 이 자들이야말로 불교를 바로 알았다고 본다.

불교의 근본 골자는 불효·불충 등 비인도, 비인간적 악행이나 악심을 버리고 철두철미하게 윤리관을 지켜 여래지(如來地)에 이르는 것이다.

사람이 어찌하여 도를 배운다는 것을 빙자로 비인간적 심장을 가질 수 있으며, 계를 지킨다는 미명하에 비윤리적 행동을 할 수 있을 것인가?

'계(戒)는 이름이 효(孝)'라고 〈범망경〉에서 지적하였으니 이 말을 더 보충하자면 계의 이름은 충(忠)일 것이며, 우애요 정조이며, 신의·염치일 것이며, 윤리도덕일 것이니, 다시 말하여 불효·불충·무신(無信)·불의·파렴치 등의 비행을 제지한 것이 효(孝)·제(悌)·충(忠)·신(信)이니 이를 일러 계(戒)라 한다. 그러므로 부처님과 다른 성인 사이에도 마음은 다름이 없을 것이므로 진제(眞諦)와 속제(俗諦)가 둘이 아니요, 불교와 유교가 둘이 아니라 하나라는 것이다.

인간을 비롯한 모든 생물의 지상적인 희망은 삶인 것이다. 그래서 천지의 큰 은덕을 살피는 것(天地大德曰生)이라 했다. 동시에 자기 희망에 만족한 것을 행복이라 하고, 희망을 충족시켜 주는 것을 은덕이라고 하며, 반면에 희망을 이루지 못하게 되고 얻지 못하는 것이 가장 큰 죄이며 악이 되는 것이다. 공자 말씀에, '효제(孝悌)라는 것은 어진 일을 하는 근본'이라 하셨고, 부처님도 자비 불살생(不殺生)을 5계의 첫머리에 두셨으니 이를 비추어 볼때 두 성인의 마음이 다르지 않고, 교의 이념도 일치되나 다만 의식 방법에 약간 차이가 있을 정도다. 사람 인(人)자는 즉 어질 인(仁)자이다. 단 어질 인(仁)자에는 두

이(二)자가 됐을 따름인데 이는 상대를 의식한다는 의미로 말하고 싶다.

 아버지와 아들이 각각 상대에서 어진 마음만 지킨다면 이것이 곧 사랑이요, 효(孝)이다. 아비의 인(仁)은 사랑이요, 아들의 인은 효도이며, 임금과 신하 사이에 어진 마음은 충(忠)이요, 의(義)다. 임금의 인은 의요, 신하의 인은 곧 충성이다. 인은 또한 형제 부부·친구 등 어떤 관계에나 성립되며 상호간 우애와 화순(和順)이 여기에서 나는 것이다.

 유교의 5상(常)도 인(仁) 하나면 된다. 이는 사람과 사람 사이뿐 아니라 인간과 생물의 관계에도 적응이 되니 '살생하지 말라' '개미집을 돌아서 피하라' 혹은 '생풀도 밟지 말라' '자라는 것은 꺾지를 말라' 등을 들 수 있다.

 유교와 불교는 추호도 틀리지 않음에도 불구하고 어째서 불교를 배척한다는 것인가? 좋지 못한 선입견이나 이해를 의식적으로 거부하는 현상이라고 할 수 있겠다.

 사람이 홀로 길을 갈 때 그림자에 부끄럽지 않고, 혼자서 잘 때에 이불에 부끄럽지 않고, 하늘을 우러러 보니 하늘에 부끄럽지 않고, 땅을 굽어보니 땅에 부끄럽지 않게 되면 곧 사람이 완성됐다고 할 수 있으니, 불교를 믿고 안 믿고를 떠나서 스스로를 반성하고 수양을 쌓던지 아니면 성인의 말씀을 깊이 신앙하라는 것이다.

 사람의 마음속에 물욕(物慾)은 날마다 자라고 천심(天心)은 줄어지고 있으니 행하는 일마다 죄짓는 일뿐이요, 산다는 것이 고통받는 일뿐이다.

부처님의 말씀에 '백겁(百劫)에 새운 죄라도 일념에 모두 씻어 없애는 것이 마치 마른 풀을 불태우는 것 같아 모두 없어져 남은 것이 없도다'고 말씀하셨고, 맹자도, '서시(西施)라도 불결한 것을 무릅쓰면 사람들이 코를 막고 지나간다.....비록 악한 사람이라도 재계 목욕하면 옥황상제도 섬길 수 있느니라' 했으니 사람이 죄를 의식했으면 더 발이 빠지기 전에 속히 고치라는 말이다.

제2부
보리(菩提)의 길

제1장 보리(菩提)의 길

□ 연화녀의 출가(出家)

　부처님이 기사굴산(耆闍崛山 : 중인도 마갈타국 왕사성의 동북쪽에 솟아 있어 석존이 설법하던 곳으로 이름난 산)에 계실 때의 일이다.
　왕사성 안에 연화(蓮花)라고 부르는 한 사람의 창부가 있었다. 얼굴이 너무 아름다워서 나라 백성은 물론 대신의 자제들 사이에서 가장 대표적인 미인으로 알려졌다. 이 여자가 우연한 일로 선심(善心)의 싹이 터서 세속사(世俗事)를 돌보지 않고 비구니가 되어 출세간의 정행(淨行)을 수행하려고 했다.
　어느 날 부처님을 친견하기 위해 기사굴산으로 향했다. 길가에는 맑은 물이 흐르고 있었다. 그 여자는 목이 말라 손으로 물을 떠서 목을 축였다. 물이 맑고 고요하여 물에 비치는 자기 자태의 아름다움은 자기가 홀릴 정도였다.
　맑고 아름다운 눈, 높은 코, 붉은 입술, 비칠 듯한 얼굴색, 검고 긴 머리, 보글보글한 살집, 정돈된 자태, 무엇 하나 마음을 끌지 않는 것이 없었다.
　'나는 이러한 미인이로구나. 이 몸을 버리고 출가를 한다. 어째서 그런 기분이 났던 것일까?' 하고는 생각이 달라졌다. 그 여자는 발길을 돌려 오던 길로 되돌아 갔다.

 이때 부처님은 산중에 계시면서 싹이 튼 그 여자의 선심을 조장시키는 것은 바로 이 때라고 아시고, 신통력으로 그 여자보다 몇 천배나 더 아름다운 절세미인을 만들어 그 여자가 돌아가는 길을 걸어가게 했다.

 연화녀는 속세에서 안일하고 환락하는 모습을 마음에 그려 보면서 산을 내려 갈 즈음에 우연히 알지 못하는 미인과 만났다.
 "실례합니다. 뵈온 적은 없습니다만 혼자서 올라오십니까? 바깥주인과 동반하시는 것은 아니십니까? 어린 아드님과 형제분도 같이 오시지 않고 혼자서....."
라고 하면서 연화녀는 미인의 용자에 홀려 우선 이렇게 말했다.
 "네, 나는 성 안에서 사는 사람인데 집으로 돌아가는 길입니다. 마침 혼자서 적적하던 참이었습니다. 방해가 되지 않는다면 같이 가실까요."

 이리하여 두 사람은 사이좋은 동반자가 되어 산을 내려오고 있었다. 길가의 샘물에서 함께 휴식하면서 무엇인가 이야기하고 있었다. 미인은 슬그머니 연화녀의 무릎을 베고 어느 사이에 잠이 들고 말았다. 그래서 문득 보니 미인의 숨은 그대로 끊어져 있었다. 그리고 그 시체는 점점 썩어 가기 시작해 악취가 코를 찌르고 살가죽은 터져 오장육부가 드러나고 구더기가 꾸물꾸물 기어 나왔다.

 머리칼은 빠지고 치아는 떨어지고 사지는 분산하여 차마 볼 수 없는 모양이 되었다.

연화녀는 이 모양을 보고 놀라움에 사로잡히고 말았다. '그 여자는 이러한 미인도 순식간에 이 모양이 되는데, 나 같은 것이 언제까지나 미인으로 있을 것인가? 그렇다, 역시 부처님께 매달려서 구원을 받는 것만이 제일이다'라고 생각하고 발걸음을 가볍게 다시 산으로 올라가서 부처님 계신 곳에 이르러 5체(體)를 땅에 던져 예불하고 이제까지 본 시종을 말씀드렸다.

부처님은 자비스러운 눈으로 그 여자를 보면서 4사(四事)의 믿기 어려움을 말씀하셨다. 그 4사란,

1. 젊은이도 반드시 노인이 된다는 것.
2. 건강한 사람도 반드시 죽는다는 것.
3. 육친이 서로 모여서 즐거워하다가도 반드시 이별할 때가 온다는 것.
4. 재물은 모여도 반드시 분산됨을 면치 못한다는 것 등이다.

연화는 설법을 듣고 육신은 길지 못하고 단지 도덕과 열반(涅槃)만이 영구한 법이라 깨닫고, 불전에 나아가 출가하고 비구니가 될 것을 원했다.

부처님이 잠자코 허락하시니 그 여자의 머리털은 저절로 떨어져 비구니의 형상이 되었다. 오래지 않아 그 여자는 수행하여 아라한과(阿羅漢果)를 얻을 수가 있었다고 한다.

□ 죽음을 피하려고

부처님께서 왕사성 죽원에서 설법하고 계실 때의 일이다. 네

형제가 있는데, 모두 5신통(神通)에 통달하고 있었지만 네 사람은 다 같이 앞으로 7일만 있으면 목숨이 다할 것을 알고 모여 의논을 했다.
"우리들은 천지를 뒤엎고 해와 달도 주무를 힘을 가지고 있다. 산을 옮기고 바다를 뒤집어 육지를 만드는 것은 참으로 쉬운 일이다. 7일 뒤의 죽음도 피할 수 있을 것이다."
"그렇고 말구. 내가 큰 바다에 들어가서 물 위에 나타나지도 않고 물 속 깊이 빠지지도 않고, 그 중간에 처해 있으면 수명을 빼앗을 무상귀(無常鬼)도 나를 잡을 수 없을 것이다."
"나는 이렇게 생각한다. 수미산 가운데 깊이 들어가서 표면을 닫아 버리면 무상귀도 나를 잡을 수 없을 것이다."
"나는 몸을 가볍게 하여 허공으로 춤추며 올라가서 그 가운데 숨어버리면 아무 문제도 없을 것이라고 생각한다."
"다들 잘 생각했다. 나는 변화한 시중에 숨어 있겠다. 나만을 잡으려고 하지 않을 것이다."
이렇게 결론을 짓고 그들은 임금님을 방문하여 이별의 인사를 했다.
"우리들은 이 세상 수명이 7일이면 다합니다. 저희 네 형제는 무상귀를 피해 지내려고 생각하여 잠시 이별의 말씀을 올립니다. 7일만 지나면 무사히 돌아와 다시 뵈옵겠습니다. 아무쪼록 폐하께서는 무사하시고 나라 일에 분려하시기 바랍니다."
이렇게 고별하고 네 사람은 각각 그 마음먹은 장소로 향해 갔다. 그런데 7일이 경과한 후 시장이 임금님께 아뢰었다.
"범사(梵士) 한 사람이 시중에 쓰러져 있습니다."

임금님이 이 말을 듣고 형제 네 사람이 함께 피하여 갔는데 그 한 사람이 이미 시중에서 죽은 것이다. 다른 세 사람도 무사할 리가 없다고 생각하고 행장을 엄히 하고 부처님께 나아가 예배하고 물러앉아 아뢰었다.

  "세존이시여! 요사이 범사 형제 네 명이 5신통에 통달하여 자기들의 수명이 다한 것을 알고 그것을 피하여 무사할 것을 구하였습니다. 저 사람들이 다 죽음에서 벗어나 무사하겠습니까, 혹은 그렇지 않겠습니까?"

  부처님은 사람들에게는 4사(事)가 있어서 누구든지 죽음을 면할 수가 없다. 그들 네 사람도 수명이 다하여 죽었다고 말씀하시면서, 다음과 같이 설하셨다.

1. 업(業)에 의해 나지 않으면 안된다.
2. 태어난 자는 늙지 않으면 안된다.
3. 늙으면 병을 면할 수 없다.
4. 병들면 죽음을 면할 수 없다.

  왕이 이 말을 듣고 찬탄한 뒤에 다시 아뢰었다.

  "높으신 어른의 가르침이시여, 네 형제는 죽음을 피하려 하였으나 그 중의 한 사람은 이미 죽었습니다. 명(命)에는 한정이 있습니다. 누구도 이 분한(分限)을 넘을 수는 없는 것입니다. 천하를 호령하는 만승의 왕도 모든 제후들과 군신과 종신(從臣)들도 이 죽음을 면할 수는 없는 것입니다."

  이때에 군신들과 종신들은 모두 이 법을 듣고 깊이 믿었다.

□ 마음이야말로 근원(根源)이 된다

 부처님이 사위국 기수급고독원에서 천인사중(天人四衆)에서 설법을 하고 계실 때의 일이다.
 한 비구니가 있었는데 그의 사람됨이 사납고 어리석으며 난폭하기 짝이 없고, 욕정이 성하게 일어나는 것을 누를 수가 없어 그 때문에 대오(大悟)할 수가 없었다. 그 비구는 어느 날 깊은 생각에 잠겼다.
 "양근(陽根)이 있으면 그야말로 색욕도 일어날 것이다. 이것을 끊어버리면 청정한 마음으로 도를 수행할 수 있을 것이다."
 이렇게 생각한 그는 곧장 신도의 집에 가서 도끼를 빌려 왔다. 그런 후 자기 방에 들어가 옷을 벗고 판자 사이에 정좌를 하여 양근을 자르려고 했다.
 "이것이 있으니 나는 괴로운 것이다. 무수겁 사이에 생사해를 윤회하면서 삼악도(三惡道)와 육도(六道)에 나는 것도 다 색욕 때문인 것이다. 이것을 끊어버리지 않으면 도저히 대오(大悟)할 수 없을 것이다."
라고 자기 자신에게 말하는 것이었다. 부처님은 이 비구가 헛되이 욕정의 근원을 끊으려 하는 것을 불쌍히 여기시고 가만히 그 방에 들어가셨다.
 비구는 옷을 입고 도끼를 놓고는 앉은 모습을 고쳤다.
 "비구야, 너는 무엇을 하려고 하느냐?"
 "세존이시여, 나는 도를 배우려고 한 지가 오래 되었습니다만 아직도 법문을 알지 못합니다. 사실은 언제나 선정에 들어 오도(悟道)를 성취하려고 하면 욕정때문에 장애를 받습니다. 그때는 양기가 성해서 마음이 헛갈리고 눈이 어두우며 천지의 진리가 깨달아지지 않았습니다. 이것이 모두 욕정의 소치인바 그 근원을 끊어버리지 않으면 안되겠다고 생각하고 도끼를 빌려 가지고 왔습니다. 지금 바로 양근을 끊어버리려고 하는 중입니다."
"비구야, 너는 정말로 어리석은 자로구나. 도의 이치를 알지 못함이 정말 지나치구나. 도를 구하려면 먼저 우치(愚痴)를 제단하지 아니하면 안된다. 그런 다음에 그 마음을 제도하는 것이 긴요한 일이다. 마음이야말로 진실로 선악의 근원이며 모든 것이 이 마음에서 생긴 것이다. 너는 양근을 끊는 것보다는 먼저 마음을 제도하는 것이 더 좋은 방법임을 왜 알지 못하느냐? 마음을 정하고 뜻을 알면 양근같은 것은 끊지 않아도 득도(得道)는 자연히 이루어질 것이다."
라고 하셨다. 비구는 부처님의 말씀을 듣고 비로소 미망의 꿈에서 깨어나 뜻을 지키고 마음을 눌러 욕정이 없어지게 되어 불전에서 곧바로 아라한이 될 수 있었다.

□ 형상(形象)이 있는 부처와 없는 부처

부처님이 사위국 기원정사에 계실 때의 일이다. 이웃나라 나열기국(羅閱祇國)에 두 사람의 신학비구(新學比丘)가 있었는데, 그들은 친히 부처님께 예배하고자 하여 사위국을 향해 출발했다. 두 나라 사이에는 민가도 없고 광야(廣野)만 계속되어 있었다.

 그 시절에는 한발(旱魃)이 심해서 도처에 샘물이 모두 고갈되어 두 사람은 더위와 목마름을 견디기가 어려웠다. 다행히도 도중에 오래 된 우물에 한 되 가량의 물이 있는 것을 보고 그들은 이것을 마시고자 하였으나 물 가운데에는 장구벌레가 많이 있었다. 불교의 불살생계를 가지고 있는 자로서는 이것을 마실 수가 없었다. 거기서 두 사람은,

 "일부러 멀리서 부처님을 친견하기 위해 신고에 신고를 거듭하여 온 것이다. 지금은 그때엔 생각지도 못했던 광야의 이슬로 사라지지 않으면 안되게 되었구나."

하고 탄식을 했다. 그런데 한 사람이 돌연 마음이 달라졌다.

 "우리들은 이 물을 마시고 명을 유지하여 부처님께 예배하지 않으면 안된다. 그런 것은 지금 생각할 여유가 없다."

 그러나 다른 한 사람은 듣지 않았다.

 "아니, 그것은 잘못된 생각이다. 부처님이 계율을 설하실 때 인자를 제일로 하셨다. 생물을 죽이고 자기가 살아서 부처님을 뵈옵고 예배하여 보았자 그것이 무엇이 되겠는가? 차라리 계율을 지켜 죽더라도 그것을 범하여서까지 살고 싶지 않다."

 이리하여 의견을 달리한 두 사람은 거기서 헤어지게 되었다. 한 사람은 뜻을 결정하여 물을 마시고 사위국을 향하여 용맹을 떨치며 가고, 다른 한 사람은 물을 먹지 않고 거기서 죽어버리고 말았다.

 물을 마시지 않은 한 사람은 계율을 지킨 공덕에 의해 천상에 난 것을 알고 꽃과 향을 가지고 도리천에서 내려와 부처님께

예배하고 공양을 올린 뒤 물러나 정좌했다.
 다른 한 사람은 물을 마시고 일시 용기를 얻은 것 같았으나 조금 있다가 비위가 상하고 피로가 심하여 며칠 후에야 비로소 부처님 계신 곳에 도달할 수가 있었다. 그 사람은 신덕(神德)과 위엄 있는 부처님 존안을 뵈옵고 예배한 뒤에 눈물을 흘리면서 아뢰었다.
 "세존이시여, 저에게 이곳으로 오는 한 친구가 있었습니다. 그는 도중에 피로와 기갈이 심하여 드디어 목숨을 잃었습니다. 아무쪼록 부처님께서 불쌍히 여기시고 제도하여 주십시오."
 부처님은 비구의 말을 듣고,
 "아, 그러하냐. 나는 잘 알고 있다. 여기 있는 천인은 너의 친구이다. 그는 계율을 지켜 천상(天上)에 나서 너보다 먼저 나 있는 곳에 올 수가 있었다."
고 말씀하시고 다시 스스로 가슴을 헤치시고 비구에게 보이면서,
 "비구야, 너는 나의 형상만을 보려 하고 나의 가르침 계율은 받들지 않았다. 그래서 너는 나를 보았다고 생각하여도 나는 너를 보지 않은 것이다. 내가 수만리 밖에 있어도 나의 계율을 잘 지킨 이 천인은 현재 나의 눈앞에 있는 것이 아닌가?"
하고 친절히 가르쳐 주셨다. 부처님은 다시 게송으로 말씀하셨다.

잘 배우고 계(戒)를 가지면
현재도 미래도 소원성취하리라
배우지 않고 계를 지키지 않으면
금생에도 내생에도

본원(本願)을 이루지 못하리

배우고자 하면 다문(多聞)을 즐기라

해의(解義)에 통달하면 잘못된 것은 없어지리라.

□ 치병(治病)의 법

　사위국의 대장자(大長者) 수달(須達)의 친한 벗에 호시장자(好施長者)라고 하는 이가 있었다. 그는 불도(佛道)를 믿지 않고 어떤 의술도 믿지 않았다.

　어느 날 그는 중병에 걸려서 털썩 병상에 쓰러지고 말았다. 그래서 친척이나 아는 사람들은 모두 문병을 왔고, 누구나 치료를 권하였으나 그는 완강히 거절하고 듣지 않았다.

　"나는 일월(日月)을 섬기고 군부에 충효를 다하고 있다. 가령 병이 들었다고 해도 이 이상의 방법은 없을 것이다."

　이것이 그의 신조였다. 그때 친구 수달장자도 그를 문병을 와서 호시장자에게 말했다.

　"군이 말하는 것도 일리가 있는 말이나, 우리 사장(師長)되시는 불타 세존은 신덕(神德)이 광대하여 공양하고 받드는 사람마다 복을 얻지 못한 이가 없다. 시험삼아 초대하여 모셔다가 설교를 들어봄이 어떠한가? 그 말과 행동이 다른 사람들의 미칠 바가 아니다. 진실로 고마운 어른이다. 믿고 믿지 않는 것은 군의 마음이지만 군의 병이 너무도 길게 가니 어쨌든 그분을 청해서 복을 입는 것이 어떠한가?"

그는 수달장자의 호의에 기뻐했다.

"친절한 그 말 참으로 감사하오. 그러면 부처님과 제자님들을 초대해 주시오."

하고 의뢰했다. 그래서 수달장자는 곧 부처님이 계신 곳을 찾아가서,

"저의 벗 호신장자는 긴 병으로 누워서 신음하고 있습니다. 꼭 부처님과 제자님들의 존안을 뵈옵고 싶다고 말하고 있습니다. 아무쪼록 장자의 집까지 가시기를 원합니다."

하고 청원했다. 부처님은 이 청을 허락하시고 제자들을 이끌고 장자의 집으로 가셨다.

부처님은 장자의 집에 도착하시자 그 몸에서 광명을 놓아 내외에 황홀하고 통철케 하셨다. 장자는 그 광명을 보고 마음이 약동함을 느끼고 몸에 경쾌함을 깨달아 불전에 나가 안좌했다. 부처님은 범음(梵音)도 명랑하게 온화한 말로 장자를 위문했다.

"병상이 어떠한가? 지금까지 어떠한 기원을 하였으며 어떠한 치료를 받았는가?"

"부처님께서 문병하여 주시니 진심으로 감사합니다. 나는 오늘까지 일월을 섬기고 선조님들을 공경하여 항상 재계와 기원을 부지런히 하였습니다만 그만 병에 걸리게 되었습니다. 그러나 하등 은혜를 입지 못하였습니다. 의약과 침과 뜸 등은 아주 싫어하고 독경과 복덕도 쌓지 않았습니다. 이것이 우리 선조 이래 전해 내려온 관습입니다."

장자의 말을 듣고 부처님은 그 정도를 얻지 못함을 불쌍히 여

기시어 그를 위해 말씀하셨다.

"인간 세상의 횡사(橫死)에는 세 가지의 경우가 있다. 병이 나서 낫지 못하고 죽는 것이 그 하나요, 병을 치료해도 삼가지 않는 것이 그 둘이요, 자기의 생각대로 일의 옳고 그름을 분별치 못하고 하고 싶은 대로 방자하게 흥청대는 것이 그 셋인 것이다. 이와 같이 병든 사람은 가령 일월이나 친지나 선조와 임금이라도 어떻게 할 수 없는 것이다. 그러니까 병에 걸렸다면 바른 길을 걷고 명랑하게 경우에 잘 순응하여 안심을 얻지 않으면 안된다.

첫째는 신체의 한열(寒熱)은 의약을 써서 치료하고,

둘째는 중사(衆邪) 악귀의 마장(魔障)은 경계(經戒)를 가져서 치료하고,

셋째는 현성(賢聖)을 섬기고 빈궁한 자를 구해 주어 덕을 쌓고 복을 나누어 주지 않으면 안된다. 이렇게 대지혜로써 일체의 장해를 제거해 가면 현세에는 안온하고 후세에는 좋은 곳에 나는 것은 의심할 것이 없는 것이다."

이렇게 말씀하시고 다시 게송으로 가르쳐 주셨다.

   빛을 구하여 태양을 숭배하고
   은혜에 감동하여 부모에게 효도하며
   힘을 원해서 군주에게 벼슬하며
   목숨을 위하여 의사를 맞이하고
   수승(殊勝)을 원해 강호(强豪)에 의한다.
   법은 지혜에서 생기고

복이 행하여져 세상이 편안하며
벗을 얻어서 서로 일을 꾀하는데
벗을 잃으면 위급한 일이 많다.
가정의 낙은 처에 의해 있고
지혜를 얻는 것은 듣는 데 있다.
소승을 좇아서 도를 알고
의심을 풀어서 배움을 밝게 하며
또한 청정함을 얻으면
법보(法寶)를 잘 받들게 된다.
잘 들으면 금세를 이롭게 하고
처자, 형제, 친구를 이롭게 하며
또한 후생을 복되게 한다.
다문을 쌓아서 성지를 이루고
깊은 뜻을 잘 이해하게 되며
이해가 깊으면 계를 파하지 않고
법을 받고 법에 의하는 자는
조속히 안온을 얻어
어리석은 고통과 분노를 없애고
또한 불상과 쇠망을 제할 것이다.
너는 부디 많이 들은 이를 스승으로 섬겨라.

장자는 부처님의 이 간곡한 설법을 듣고 마음이 풀려 암운이 흩어지고 광명한 천지의 명랑한 일광(日光)을 보게 되었다. 그리하여 몸은 양의에게 맡기고 마음은 도덕의 경지에 두어 몸을 안정하게 하니 병은 자연히 사라져 신심이 함께 안정을 얻었다.
 그래서 드디어 수달자와 함께 수다원의 깨침을 열게 되었으므로 세상에서 숭배하지 않는 이가 한 사람도 없었다.

□ 탐욕(貪慾)의 흔적

 나열기국(羅閱祇國) 남방성에서 2백 리 거리에 큰 산이 있었다. 남쪽 나라로 가려면 꼭 이 산을 통과하지 않으면 안되었다. 이 산은 봉우리가 높고 골짜기가 깊고 험준하며, 항상 5백여 명의 도둑떼가 있어 상인들은 큰 피해를 입는 경우가 많았고, 국도는 통행이 막혔으므로 국왕은 포리(捕吏)를 보내어 잡으려고 했으나 지리에 익숙한 도둑의 무리는 출몰자재해서 용이하게 잡을 수가 없었다.
 그때 부처님은 여러 사람이 해를 입은 것을 애석하게 생각하시고 또한 도둑의 무리들이 죄와 복의 인연을 알지 못하여 눈이 있어도 여래(如來)를 보지 못하고, 귀가 있어도 법을 듣지 못하는 것을 불쌍히 생각하셔서, '저들은 깊은 연못에 잠긴 돌과 같이 물에서 떠오르지 못하는 가엾은 자들이다. 내가 가서 교화해 주지 않으면 안되겠다'고 생각하시고 아름다운 의복을 입은 한 남자로 변장해서, 말을 타고 장검을 차고 손에 활을 들고 금은의 안장에 명월주를 드리우고 말을 날쌔게 몰아 활시위를 울리면서 산에 오르고 있었다.
 도둑들은 그것을 보고 크게 기뻐했다. 그들은 서로 '이 장사

를 시작한 지 오래 되었으나 이런 훌륭한 기회는 일찍이 가져
본 일이 없었다. 저런 멋있는 장식을 달고 우리들 있는 데로 오
는 것은 계란에 돌을 던지는 것과 같은 것이 아니겠는가?' 라
고 말하면서 일제히 칼과 활로 포위하여 주옥재보를 빼앗으려
고 했다.

 말 위에 앉은 남자는 도둑들이 서서 소동하는 것을 바라보고
있더니, 조금 있다가 손에 잡고 있던 활에 활시위를 놓았다. 활
에서 떨어진 한 개의 화살은 5백 개의 화살로 변하여 5백 인의
도둑에게 각각 명중했다. 또 칼을 들어 올려 도둑을 향해 휘두
르니 5백 인의 도둑들은 모두 칼에 몸을 상했다. 상처는 중하
고 화살은 깊이 박혔다.

 도둑들은 모두 그 아픔에 견디지 못해 땅에 쓰러져 머리를 부
딪치면서 용서를 빌었다.

 "얼마나 용감한 천신(天神)같은 용기입니까? 용서해 주십시
오. 목숨만 살려 주십시오. 이 화살을 빼 주십시오. 그리고 빨
리 이 고통을 없애 주십시오."

 말 위의 남자는 그들의 호소를 듣고 말했다.

 "그 정도의 상처를 아프다고 하느냐? 그까짓 화살이 무엇이
깊으냐? 세상에서는 무서운 흔적은 근심하는 것이다. 천하에
제일 큰 화살은 어리석은 것이다. 너희들은 탐욕의 어리석음을
마음에 품고 살생의 어리석은 업을 항상 행하고 있었다. 그래
서는 그 칼의 흔적도, 화살의 독도 도저히 치료될 수 없을 것이
다. 탐욕과 살생의 두 사건은 그 근원이 심히 뽑을 수 없는 것
이다. 단지 계율을 가지고 혜해(慧解)를 연마하는 일에 의해서

만이 그 마음의 병을 제거할 수 있을 것이다."
 이렇게 말씀하시고 말 위에 있는 남자는 홀연히 얼굴이 온화해지더니 상호는 금색이 찬란하고 분신을 나타내어 말씀하셨다.

 칼 흔적도 근심에 지나지 못하고
 독한 살도 어리석음에 미치지 못한다.
 근심과 어리석음은 재앙의 근본
 장년의 힘으로도 뽑지 못한다.
 다만 현인을 좇아서 들으면
 눈먼 자는 눈이 뜨이고
 어두운 자에게는 촛불이 주어진다.
 현인이 세간에 나타나는 것은
 눈뜬 사람이 눈먼 사람을 인도하는 것과 같다.
 일찍 어리석음을 깨닫고 자만을 버려
 호걸과 부호의 야망을 버리고
 오로지 배우고 널리 들어라
 이것이 참 진정이고 공덕을 쌓는 길이니라.

 이 게송을 듣고 불타의 광명을 친견한 5백 인의 도둑들은 머리를 땅에 대고 마음으로부터 허물을 뉘우쳤다. 그리고 칼의 상처도 화살의 독도 자연히 나아버리고 심신이 함께 환희와 평안을 얻어 부처님이 주신 계를 수지하니 국가가 평안해졌다고 한다.

□ 생로병사(生老病死)

 어느 날 부처님은 가섭에게 인간으로서 면할 수 없는 생로병사(生老病死)의 4고(苦)에 대하여 설법하셨다.
 난다고 하는 것이 없으면 늙음의 고통도, 병의 고통도, 죽음의 고통도 없는 것이다. 그러므로 태어난다고 하는 것은 고통의 근본이고, 그 제일보인 것이다. 그러므로 태어나는 고통은 네 가지 고통 중에서 제일인 것이다. 단, 네 가지 고통 중에서 생(生)과 사(死)는 인간세계뿐만이 아니라 천상의 세계에도, 부처의 세계에도 공통된 것이다. 불(佛)과 제천(諸天)의 세계에는 이 두 가지 고통은 없는 것이다. 인간세계에는 노쇠가 있지만 그 중에는 전혀 없이 지내는 자도 보인다. 다만 세상 사람들은 뒤바뀐 생각으로 생에 집착하여 노사(老死)를 싫어하는 것이 통폐인 것이다. 그러나 보살이 나타나는 것을 보면 과환(過患)의 필연을 알고 있다. 절세의 미녀가 온갖 보물로 몸을 장식하고 초조한 걸음으로 어느 집에 도착했다. 그 집의 주인은 놀란 눈을 크게 뜨고 천녀의 강림을 기뻐했다.
 "귀인은 어떠한 분입니까? 그리고 어디서 이렇게 오셨습니까?"
 "나는 공덕천녀입니다."
 "천녀가 오시는 곳에는 어떠한 일이 있습니까?"
 "내가 가는 곳은 금은·유리·파리·진주·산호·호박·마도·코끼리·말·차와 비복 등 무엇이든지 자유로 주어지는 것입니다."

이 말은 들은 주인의 마음속은 기뻐서 환희에 빛났다. 그는 복신(福神)이 오셨다고 하여 갖가지 공양물을 올려 공손히 예배했다.
 "나는 항상 복덕을 쌓고 있으므로 오늘 귀인이 오셨다고 생각합니다."
 그러는 중에 또 한 사람의 부인이 들어왔다. 그 여자는 공덕천녀와는 정반대로 눈을 뜨고 볼 수 없을 정도로 추악한 용모로써 의복은 남루하고 먼지와 때가 줄줄 흐르며 얼굴과 손이 터져 그 사이에 뼈가 드러나 보였다.
 주인은 몹시 놀라 말도 제대로 못했다.
 "너는 무엇인가?"
 "흑암(黑闇)이라고 합니다."
 "뭐라고, 흑암이라고? 괴상한 이름이구나."
 "내가 가는 그 집에는 모든 재보가 다 없어집니다."
 이렇게 말하니 주인은 칼을 빼어 들고 나가라고 명했다.
 "빨리 나가거라. 우물쭈물하면 목숨이 없다."
 "이것 참, 또 어리석은 사람도 있구나."
 "내가 어리석다니 무슨 말이냐?"
 "먼저 여기 오신 부인은 나의 언니입니다. 나는 무슨 일이든지 언니와 행동을 같이 하고 있는 것이니까 굳이 나를 쫓아내서는 안됩니다."
 주인은 그만 무엇이 무엇인지 까닭을 몰랐다. 그래서 어쨌든지 공덕천녀의 말을 들어 보기로 했다.
 "지금 어떤 여자가 들어와서 귀인의 동생이라고 자칭하고 있습니다. 그것이 정말입니까?"

"확실히 내 동생입니다. 우리 자매는 무슨 일이든지 같이 하고 있으며, 어떠한 경우라도 서로 떨어지지 않고 있습니다. 언니인 나는 착한 일을 하고 동생은 악한 일을 하기로 정해 있는 것입니다. 만약 나를 사랑하여 주신다면 동생도 사랑해 주십시오."

"언니는 주고 동생은 빼앗는다. 언니는 복신이고 동생은 가난신이다. 그리고 사랑한다면 같이 해 달라니 어쩔 수가 없구나. 내게는 필요없으니 당신네들 자유로이 나가 주시오."

두 자매는 주인의 요구에 의해 서로 이끌고 나갔다. 주인은 악몽에서 깨어난 것 같은 기분으로 시원하다고 하면서 기뻐했다. 두 자매는 이번에는 어느 가난한 집을 방문했다. 그 집 주인은 기뻐하면서 두 사람을 맞아들였다.

"아무쪼록 끝까지 편안하게 쉬어 주기를 원합니다."

언니인 공덕천녀는 대답했다.

"우리들은 이 앞집에서 쫓겨난 사람입니다. 그런데 있어 달라고 하시니 무슨 이유입니까?"

"별로 다른 이유가 있는 것이 아닙니다. 귀인들이 나를 생각하고 오셨으니까 드리는 말씀입니다."

이 공덕천녀는 생(生), 흑암녀는 사(死)에 대한 것이다.

"범부나 어리석은 사람은 생(生)을 기뻐하고 이것에 집착하지만 그 생에서 당연히 일어나는 사(死)에 대해서는 극도로 미워하고 있다. 생을 좋아하고 사를 배척하는 마음이 오래지 않아 생사를 받게 된다. 그렇지만 보살은 생이 있으면 반드시 노병사(老病死)가 같이 있는 줄 아시니까 생사에 대해서는 지극히 무관심하고 담박한 것이다."

생고(生苦)에 대한 설법은 더 계속된다.

바라문의 아들이 기근이 들어서 인분 속에 떨어져 있는 암마라과(菴摩羅果)를 주웠다. 옆에서 보고 있던 사람이 바라문의 아들을 책했다.

"너는 바라문족이 아니냐? 종교를 담당하는 청정한 종족이면서 똥 속에 있는 더러운 과실을 줍는 것은 무슨 일인가?"

바라문의 아들은 얼굴이 빨개지면서 부끄러워 했다.

"나는 먹으려고 생각하고 주운 것은 아닙니다. 부정(不淨)을 씻고 정하게 하여 버리려고 한 것입니다."

"그것 또한 나쁜 일이다. 버릴 정도라면 처음부터 줍지 않는 것이 좋지 않은가? 보살도 역시 그렇다. 생에 대해서는 무관심하여 흡사 어린이를 꾸짖는 지식인과 같으니 범부가 생을 즐기고 사를 미워하는 것은 어린이가 과실을 주웠다가 버렸다가 하는 것과 같은 것이다. 또, 험한 절벽 위에 감로수가 있다고 하자. 그것을 먹으면 모든 병이 다 치료되고 쾌락이 충만하여 천년의 수명을 얻는다고 한다. 범부나 어리석은 사람은 감로수에 눈이 어두워 절벽 아래가 몇 천리 길인지도 모를 낭떠러지인 줄 모르고 감로! 감로! 하고 감로에 정신이 빠져 있는 중에 발을 잘못 디뎌서 떨어져 죽는 것이다.

그러나 지자(智者)는 처음부터 죽음의 구렁을 알고 있으니까 수명 천년의 감로에 눈이 어둡지 않고 멀리하고 있는 것과 같은 것이다. 감로는 천상계에 있는 것이다. 그리고 구렁은 죽음이다. 지자는 보살이다. 범부는 생에 집착하여 지옥에 있는 철환(鐵丸)이라도 삼키려고 한다. 하물며 천상계의 요리라고 듣고서야 더 말해 무엇하랴? 그러나 보살은 천상계의 음식이라고 해도 별로 눈이 어둡지 않다. 인간계의 요리같은 것은 말할 것도 없는 것이다. 난다(生)고 하는 것은 자신에게 큰 고통이 되는 것이다.

 부처님은 더 나아가서 노고(老苦)를 말씀하신다.

 늙음은 용기·기억·장년·쾌락·안온을 없애버리고 나태와 해이한 것을 가져 오는 것이다. 비유하건대, 연못 가운데 막 만발한 연꽃에 하늘에서 우박이 쏟아져서 연꽃은 점점 파괴되고 마는 것과 같다. 늙음도 그와 같이 한 차례 오고 보면 인생의 젊음은 사라지게 되는 것이다. 또한 비유하건데, 어느 국왕에게 한 사람의 지신(智臣)이 있었는데, 그 지신은 특히 병법에 정통하고 있었다. 그러나 적국의 왕이 왕명에 거역하므로 그 지신은 적국을 토벌하고 왕을 포로로 하여 개선했다. 이 비유한 지신은 광(光)인 것이고, 그리고 생사의 명을 받고 일거에 장년을 포로로 하여 사왕 앞에 가져 오는 것이다. 또한 부러진 차바퀴는 두 번 다시 사용할 길이 없는 것과 같이 늙음도 또한 사용할 길이 없는 것이다.

 또한 대부호가 재산과 금·은·유리·산호·호박·자거·마노와 같은 주옥을 감추어 가지고 있어도 도둑에게 습격당하면 청년·장년의 씩씩한 젊음도 뿌리째 빼앗기고 마는 것이다. 땅에 있는 거북은 물! 물! 하고 항상 물을 그리워하고 있는 것이다. 사람도 역시 이런 것이다. 이미 늙음이 찾아오면 마음은 항상 청년, 장년시절의 욕락(慾樂)에 빠지기 쉬운 것이다.

또한 방금 만발한 연꽃은 어느 사람에게도 사랑을 받는 것이지만 그것이 시들어지면 그와 동시에 모두들 싫어하는 것이다. 사람도 또한 청년, 장년 시절에는 사람들에게 동경과 기쁨을 받는 것이나 노쇠하면 싫어함을 받는 것이다. 또 감미를 뺀 감자는 아무 맛도 없는 것처럼 사람도 늙으면 젊음의 기상은 잃어버리고 없어지는 것이다.

또한 보름달은 밝고 맑은 광명을 비치지만 밤이 지나면 자취를 감추는 것이다. 사람도 역시 그렇다. 장년 때의 육체와 정신은 보름달에도 비할만한 것이나 아침이 오면 없어지는 달과 같이 늙고 쇠하면 젊음의 그림자는 없어지는 것이다.

또한 정법(正法)으로써 치국의 요체로 하는 왕이 있다. 그 왕이 적국에 패하여 포로가 되자 다른 나라에 잡혀 온 자세를 보는 사람이, '대왕은 입씨름 정법으로 국정을 잡은 것인데 어쩌다 이렇게 애석한 일이 있는가?'고 지난 날 있었던 모양을 생각하여 눈물을 짓는 것이다.

인생도 또한 그런 것이다. 노쇠국에 패하면 젊었을 때를 회상하여 개탄에 잠기고 만다. 또 등불은 단지 기름에만 의지하고 있는 것이다. 기름이 다 떨어지면 등불은 자연히 꺼질 수밖에 없다. 사람도 역시 그러하다. 장년이라고 하는 기름이 떨어지면 노쇠의 마음만이 왕성할 수밖에 없는 것이다.

또 개울가의 나무는 폭풍을 만나면 넘어진다. 사람도 험한 언덕에 올라서면 죽음의 바람에 기습을 당하나 또한 어떻게 할 수 없는 것이다. 인생에 있어서도 노쇠(老衰)는 실로 큰 고통인 것이다. 보살은 이와 같은 노고(老苦)를 달관하는 것이다.

부처님은 이어서 병고(病苦)를 말씀하신다.
 병은 일체의 안온과 쾌락을 무너뜨리는 것이다. 마치 우박과 비가 사납게 쏟아져 새싹을 상하게 하는 것과 같은 것이다. 또한 원한을 품은 사람은 마음이 항상 근심·걱정에 잠겨 공포에 떨고 있는 것이다. 세상 사람들도 역시 그렇다. 항상 병을 무서워하여 마음에 안락을 갖지 못한다.

 어느 멋진 장부가 왕의 부인에게 사랑을 받아 결국 정도에 넘치는 관계를 갖게 되었다. 왕은 대노하여 그 장부를 잡아 한쪽 눈을 뽑고 귀도 손발도 하나씩 끊어버렸다. 아무리 멋진 장부일지라도 반신을 잘려 볼 폼이 없게 되자 사람들은 그를 싫어하게 되고, 누구 한 사람 정을 주는 사람이 없게 되었다. 병에 대해서도 역시 이와 같다. 아무리 미목이 수려하다 해도 병고에 시달리면 여러 사람들이 싫어하게 되는 것이다.
 병은 사람에게 고뇌와 우수와 비탄과 몸과 마음에 불안을 준다. 그리고 청년·장년의 모든 세력과 쾌락에 힘쓰는 것이다. 인생으로서는 진실로 병 같은 큰 괴로움은 없다고 하겠다. 그렇지만 보살은 이와 같은 병고(病苦)를 달관하는 것이다.
 부처님께선 설법을 계속하신다.
 다음은 보살들의 죽음에 대하여 고찰한다. 화재가 발생하면 일체를 태워 버리는 것과 같이 죽음의 불이 일어나면 일체는 소멸한다. 다만 대열반에 안주한 보살만은 제외되는 것이다. 죽음의 불의 세력 밖이기 때문이다.
 또 수재가 일어나면 모든 물건은 표류되고 침몰하는 것과 같이 죽음의 홍수는 일체의 물건을 떠서 흐르게 하고 가라앉게 하지만 대열반에 안주한 보살만은 제외된다. 또 태풍이 일체의 물건을 날려 버리는 것과 같이, 죽음의 바람도 역시 일체의 물건을 저 세상에 불어서 날려 버리는 것이다. 이것 역시 보살만은 제외가 된다.

금시조(金翅鳥)는 일체의 용과 고기는 물론 금과 은까지도 잘 먹고 잘 소화하지만 단지 금강석만은 소화할 수 없는 것이다.

저 사금시조(死金翅鳥)도 역시 그렇다. 일체 중생은 잘 먹고 소멸시키나 대열반에 안주하는 보살만은 제외되는 것이다. 또 나라연(羅那延)의 힘은 일체의 역사를 굴복시키나 대풍만은 제외되는 것이다. 대풍은 무애자재하니까 나라연이라 해도 어쩔 수 없는 것이다.

일체 중생을 굴복시키지만 대열반 무애의 보살만은 제외가 되는 것이다. 원수를 노리는 사람이 계책을 돌려서 적에 접근하여 그림자가 형상을 따르는 것과 같이 꽉 붙어서 죽일 기회를 엿보고 있어도 상대가 마음을 굳게 가지고 한 치의 틈도 보이지 않으면 죽일 수가 없는 것이다. 죽음의 원수도 역시 항상 죽이려고 하였지만 대열반에 안주하고 방열하지 않는 보살만은 어떻게 해도 죽일 수가 없는 것이다.

또 큰 물이 나면 강 언덕의 초목은 그 물에 떠내려간다. 그러나 버드나무만은 그 성질이 유연하기 때문에 스스로 자신을 지킨다. 일체 중생도 사(死)의 홍수를 만나면 사해에 밀려 떠내려간다. 단지 대열반에 안주하는 보살만은 제외된다.

또 왕의 노여움을 받은 사람은 머리를 굽혀 재보를 현상하면

노(怒)함을 면할 수가 있는 것이다. 그러나 사왕(死王)만은 아무리 애걸복걸해도 재산과 주옥을 헌납해도 용서를 받을 수 없다.
 가섭아, 죽음이라고 하는 것은 마치 위험이 심하지 않은 산 속에서 여행하는 동안에 식량이 떨어지고 인가를 멀리 떠나서, 벗이 없고 주야로 걸어가 봐도 어디가 어딘지 모르고 대낮에도 어두운 밀림 속을 등불도 없이 왔다갔다 하는 것과 같은 것이다.
 그래서 죽음은 아무리 작은 구멍이라도 들어갈 수 있으며, 별다르게 아프지도 않으나 치료도 할 수 없는 병자와 같이 특별히 어떻게 하지도 않는데 사람을 두렵게 하는 것이다. 또 죽음은 항상 중생의 신병에 붙어 도는 것이지만 그렇게 알 수도 없는 것이다.
 상술한 여러 가지 비유를 잘 씹어 소화하면 생사의 큰 고통을 알 수 있으리라고 생각한다. 이것이 대열반에 주하는 보살의 생사관인 것이다.

□ 아사세왕의 갱생(更生)

 왕사대성(王舍大城)의 아사세왕은 천성이 광폭하여 살육을 좋아하고, 마음이 탐욕하고, 진에(瞋恚)와 우치(愚痴)에 불타 있었다. 그리고 현 세상만을 보고 미래에 대해서는 일체 무관심이어서, 단지 현세의 쾌락만을 좇아 주위에 착한 사람은 멀리하고 악인을 가까이 하는 폐단이 있었다.
 현세의 쾌락에만 눈이 어두웠기 때문에 지난날에 아무 죄도 없는 부친 빔비사라왕(頻婆沙羅王)을 죽일 정도였다.
 이 불효한 죄는 창병(瘡病)의 과보를 받아 나쁜 냄새와 더러움 때문에 왕의 근처에는 아무도 접근하지 않았다. 왕은 자기의 악역무도한 죄보로 살아생전에 벌써 고통을 받는 것이다. 그는 오래지 않아 지옥의 과보를 받아 한열지옥의 고통에 시달림을 받을 것이라 생각하고 요사이는 참회의 마음도 일어나서, 미래의 비참한 과보를 받을 생각에 마음이 아픈 일도 가끔 있었다.
 어머니 위제희(韋提希) 부인은 불효의 아들을 미워하면서도 여러 가지 약을 왕의 상처에 발라서 하루라도 빨리 완쾌하기를 기원하는 것이었다. 그러나 약을 바르면 바를수록 증세는 더욱 나빠지는 것이었다.
 어느 날 아사세왕은 어머니를 향하여,
 "나의 창(瘡)은 마음에서 난 것이지 육체에서 난 것이 아닙니다. 만약 치료가 된다고 해도 마음에서 난 부스럼은 나을 리가 없는 것입니다."
 이때 월칭(月稱)이라는 대신 한 사람이 있었다. 이 대신이 왕의 병세를 염려하여 병 위문을 하러 왔다.
 "대왕님, 안색이 좋지 않으신데 병환은 몸의 병입니까, 아니면 마음의 병입니까?"
 "나의 병은 신심 두 가지다. 죄 없는 부친에게 해를 가하고 왕위에 오른 것이니까, 이런 병쯤은 당연한 것인지도 모른다. 요사이 지혜 있는 사람에게 들어본즉, 5역죄를 범한 자는 반드시 지옥에 떨어진다고 한다. 나는 이미 5역죄의 제 1인 부친을 살해했으니 미래에 지옥에 가는 것은 당연하다고 생각하지만 지금 아무리 좋은 의사가 있다 해도 나의 병만은 치료할 수 없을 것이다."

"대왕님, 너무 염려 마십시오. 근심을 번뇌로 괴롭힌다면 근심은 더욱 더한 것이니 사람이 졸음을 좋아한다면 졸음은 더욱 더 많아만 갈지니 탐하는 것, 음란한 것, 즐기는 술 또한 같다고 합니다. 단지 지금 대왕님은 지옥 일을 말씀하셨지만 도대체 누가 지옥이라고 하는 곳에 갔다 온 자가 있습니까? 지옥 같은 것은 세간을 경계하는 허황된 말이겠지요. 또 훌륭한 의사가 있어서 나의 심신의 병만은 고칠 수 없다고 하지만 그것도 어떤가 하고 생각합니다. 지금 이름난 의사 부란나라고 하는 이가 왕사성에 와 있습니다. 그 사람은 청정한 행을 닦고 무수한 중생을 위하여 무상열반의 길을 연설하고 있습니다. 그리고 항상 말하기를, '이 세상에는 악업이 없다. 따라서 악업의 과보도 없다. 동시에 선악이라고 하는 것도 없다. 따라서 선악의 과보도 없는 것이다. 선악의 업이 없고, 또 선악의 과보도 없고, 상업(上業)·하업(下業) 또한 동일하다'고 말하고 있습니다. 조금 전에 말씀한 것과 같이 이 명의는 왕사성에 있으니까 대왕께서 한번 청하여 심신의 병을 치료하면 어떠하올런지요?"

"아, 그런가. 심신의 병이 치료된다면 나는 기쁘게 방문할 것이다."

또 덕장이라는 대신이 있었는데 이 또한 왕의 병문안을 와서 아뢰었다.

"대왕님, 용체가 몹시 안됐습니다. 그리고 음성 또한 작고 얕으며 귀하신 용자 또한 원한 있는 자와 같이 시름시름하시고 침착하지 못하신 것 같습니다. 병은 육체의 병입니까? 그렇지 않으면 정신의 병입니까?"

"나의 병은 심신 두 가지다. 지혜의 눈을 갖지 못하고 어리석어서 나쁜 사람들과 친교를 맺어 왔다. 그 결과로 제바달다 같은 악인의 말을 믿고 옳고 죄 없는 왕에게 해를 입혔다. 나는 일찌기 지인이 말한 게송을 들은 일이 있다.

불사문(佛沙門)과 부모님에게
착하지 못한 마음을 일으키면서
악한 업을 지은 자는
지옥의 과보를 받는 것이다.

이 게송에 의하면 내가 왜 신심의 병에 고통을 받는지를 알 것이다. 어떤 명의도 나의 병만은 손을 댈 수가 없을 것이다.
"대왕님, 염려하실 것 없는가 하옵니다. 원래 법이라는 것에는 두 가지가 있습니다. 출가법과 왕법이 그것입니다. 왕법에 의하면 부친을 죽여도 죄가 되지 않는 것입니다. 흡사 가라라 충이라는 벌레는 어미의 배를 가르고 나오는 것입니다만, 그것이 벌레를 낳는 방식이니까 어미 배를 갈라도 죄가 되지 않는 것과 같은 것입니다. 아버지 왕을 살해하고 태가자 왕위에 오른 것은 죄가 되지 않는 것입니다. 그러나 출가법에 의하면 모기 한 마리를 죽여도 그것은 죄악입니다. 그러나 그것은 출가법에 의한 것이고, 대왕의 경우에는 해당되지 않습니다. 그러니까 대왕께서는 마음을 너그럽게 가지시고 근심하지 마시기를 바랍니다. 그것을 근심하면 근심할수록 고통은 더하고 병세는 악화됩니다. 대왕은 신심의 병을 고칠 의사가 없다고 하지만 그것은 모순된 생각입니다. 현재 말가리구사리자라고 하는 성자가 왕자성에 있습니다. 그 사람은 매우 자비가 깊어 항시 이렇게 말하고 있습니다. 사람의 몸은 지수화풍고락수(地水火風苦樂壽)의 7가지로 되어 있다. 그리고 이 7가지는 무엇에도 해를 받지 않는 것이다. 따라서 세상에는 위해를 가할 자도 없으며, 죽임을 받을 자도 없는 것이라고 말하여 항상 사람의 중죄를 소멸시켜 줍니다. 대왕께서 만약 거기에 가신다면 대왕의 죄도 역시 그 자리에서 소멸될 것은 물론입니다."

"그런가. 신심의 병이 낫는다면 나는 기꺼이 찾아 볼 것이다."

또 실득(實得)이라는 대신이 있었다. 그도 어느 날 왕의 병문안을 왔다. 그는 대왕을 향하여,

"대왕님, 어떻게 지내시옵니까? 몸에는 영락을 벗어버리고 머리털은 쑥대밭이 되었나니 무슨 까닭에 그렇게 불안하십니까? 대왕님은 두려워 전율하시고 몸도 마음도 편안치 못하시니 폭풍에 불어나는 나뭇잎같이, 마음이 전율하고 계심은 어인 까닭입니까? 대왕님, 대왕님의 안색이 파리해진 모습은 농부가 씨를 뿌려 놓고 가뭄을 만난 것과 같으십니다. 대체 그 병환은 마음에서 나셨습니까, 아니면 몸에서 나셨습니까"

하고 물었다. 이에 왕은,

"내 병은 신심 두 가지다. 아버지인 선왕께선 자비의 도리로 나라를 다스리고 아무런 과실도 없었다. 그런데 내가 날 때 관상을 보는 사람이 말하기를, '이 아들이 성장하면 아비를 죽일 것이다'고 말하였음에도 아버지는 깊은 자애로 나를 양육하여 주신 것이다. 나는 일찍이 어떤 지자(智者)에게서 들은 일이 있다. 즉 사람이 어미와 통하고 비구니를 욕보이며, 사찰의 물건을 도둑질하고 보리심을 발한 사람을 해치고, 아비를 죽인 자는 반드시 지옥에 떨어진다고 했다. 내가 신심의 병에 고통을 받는 것도 이런 이치이므로 그런 것이다."

"대왕님, 그것은 실없는 근심입니다. 만약 선왕이 해탈의 법을 수행하고 계셨다고 하면 거기에 위해를 가한 것이 죄가 되겠지만 이것은 치국의 필요로서 죽인 것이니까 죄가 되지 않습니다. 대왕님, 특히 생각하실 것은 일체 중생은 다 죄가 있다고 하는 것입니다. 생사를 받는 것은 실로 죄에 의한 것이기는 합니다만 선왕께선 죄장(罪障)이 있어서 그 때문에 죽임을 받았으니 그렇다면 아무 죄도 안되는 것입니다. 대왕님, 마음을 너그럽게 가지시고 근심하지 않도록 하시기 바랍니다.

또 신심의 병을 고치는 명의는 없다고 하시나 그것도 한번 생각해 볼 문제입니다. 지금 왕사성에 있는 산사야비라저자라고 하는 바라문은 큰 바다와 같이 깊은 지혜와 큰 덕과 신통력을 가지고 있습니다. 그는 제자들에 대하여 항상 이렇게 말하고 있습니다.

"왕이 된 이는 선악의 모든 것을 자유자재로 행하여 거리낌이 없는 것이다. 어떤 죄를 범하여도 그것은 죄가 되지 않는다. 불이 물건을 태워버리면 그곳에 깨끗한 것이나 더러운 것이 전부 없어지는 것과 같이, 왕도 이와 같은 성질을 가진 것이다. 또 대지(大地)는 정한 것이나 더러운 것을 다 같이 포섭하고 있으나 노하지도 않고 기뻐하지도 않는 것과 같이 왕도 또한 대지와 같은 것이다. 또 물은 더러운 것을 씻어서 깨끗하게 하고도 기뻐하지 않고 근심도 하지 않는 것과 같이 왕도 또한 물과 같은 것이다. 또 바람은 깨끗하고 더러운 것을 똑같이 평등하게 불어 날리면서 기뻐하지도 근심하지도 않는 것과 같이 왕도 또한 그런 성질을 갖고 있다.

가을철이 되어 나뭇가지를 베어 버려도 봄철이 되면 또 가지와 잎을 내는 것과 같이, 사람도 또한 죽여도 생겨나는 것이다. 세상 사람의 고락의 과보는 원인이 과거에 있고, 그 과보를 현재에 받고 있는 것이다. 그런 것과 똑같이 현재의 원인이 없으면 미래의 과보는 없는 것이다. 사람이 계(戒)를 가지고 도(道)에 정진하는 것도 요컨대 업을 다하기 위해서이나 업(業)이 없으면 고(苦)도 다한다. 고(苦)가 없으면 해탈(解脫)을 얻을 수가 없다. 대왕님께선 그곳에 가시어 신심의 병을 치료하여 모든 죄장을 소멸시키기 바랍니다."

"그러냐, 신심의 병이 낫는다면 나는 기꺼이 찾아보리라."

또 실지의(悉知義)라는 대신이 있었다. 그도 또한 왕의 문병을 왔다.

"대왕님, 어째 요즈음 안색이 좋지 않은 것 같습니다. 흡사 왕위를 잃으신 것같이, 말라버린 샘물과 같이, 또 연꽃이 없는 연못같이, 가지가 없는 나무와 같이, 파계승이 덕에 결함이 있는 것 같이 보입니다. 대체 대왕님의 병환은 몸의 병입니까, 마음의 병입니까?"

"나의 병은 신심의 두 가지다. 아무 과실이 없는 선왕을 살해한 불효의 죄는 지자(智者)의 말함과 같이 미래에는 지옥에 떨어져 큰 고통을 받을 것이다. 또 누가 무어라고 말해도 이 병을 치료할 의사는 없을 것이다."

"대왕님, 근심하시는 것은 아무 쓸데없는 것입니다. 옛날 라마왕은 부친을 해하고 왕위에 올라 앉았고, 또 그 외에도 발제대왕·비루진왕·나후사왕·가제가왕·나후사왕·비사거왕·월광명영왕·일광명왕·애도지다인왕과 같은 왕들도 모두 부왕을 살해하고 왕위를 계승한 아들들입니다. 그러하오나 그 많은 왕들 중에 누구 한 사람 지옥에 떨어졌다고 하는 말은 들은 일이 없습니다. 현재에도 바유리왕·우다야왕·악성왕·서와·연화왕 같은 이는 다 부왕을 살해한 자들입니다. 누구 한 사람 우수에 잠겨 있는 이는 없습니다.

지옥과 마귀, 또 천상계란 말은 하지만 보았다고 하는 자가 없는 것입니다. 어떤 사람이 무어라고 말해도 근심할 필요는 없다고 생각합니다. 또 어떠한 명의라도 신심의 병을 치료할 수는 없을 것이라고 말씀하시지만, 현재 왕사성에 있는 바라문으로서 아기다사흠바라라고 하는 대사의 말에 의하면 금도 흙도 평등이어서 구별이 없다고 합니다. 그러니까 죄도 복도 똑같다고 합니다. 그러므로 마음의 병도 치유될 것입니다."

"그런가. 신심의 병이 낫는다면 나는 기꺼이 찾아볼 것이다."
또, 길덕(吉德)이라고 하는 대신이 있었다. 그도 대왕을 문병하러 왕궁에 들어왔다.
"대왕님, 용안의 광채가 사라졌습니다. 흡사 대낮의 등불이라고 할 수 있을까요? 혹은 달과 같다고 할까요? 나라를 잃은 임금과 같이 황폐한 땅과 같이 보입니다. 대왕님, 지금이야말로 온 나라가 태평하고 안온하여 대왕에게 적이 될 사람은 하나도 없습니다. 대왕님, 그런데 왜 깊은 근심에 잠겨 계십니까? 대체 대왕님 병환은 몸의 병입니까? 아니면 마음의 병입니까? 대왕님은 다년(多年)의 숙원이 성취되어서 마가타국의 왕위에 오르시어 전왕의 보장을 그대로 다 계승하고 어떠한 즐거움도 마음대로 되십니다. 그런데 어째서 그리 침통하십니까? 거기에는 무언가 내막이라도 있을 것이라 생각합니다."
"내게는 깊이 수심에 잘길 일이 있다. 비유하면 어리석은 사람이 칼 끝에 붙은 맛난 음식에 눈이 어두워서 날카로운 칼날을 생각하지 못한 것과 같다. 또 풀을 탐낸 사슴이 깊은 함정을 보지 못한 것과 같다. 또 쥐가 먹을 것을 탐내서 고양이와 삵괭이에 정신이 가지 않는 것과 같아. 나도 역시 현재의 즐거움에 눈이 어두워서 미래의 괴로운 과보를 잊어버렸다. 일찌기 어떤 지자에게 들은 바에 의하면 부모에게 일념의 악심이라도 일으켜서는 안된다 했다. 그런데 나는 자애 깊은 부왕을 살해하였으니 지옥의 업화는 면치 못할 운명이다. 신심이 수고롭지 않을 수 없지 않느냐?"
"대왕님, 어떤 사람이 대왕을 속여 지옥이 있다고 말한 것입니다. 지옥을 말한 것은 지자(智者)의 머리로써 지은 것이고 사실 그런 곳은 있을 리 없습니다. 지옥이라 하는 것은 파할 수가 있다고 합니다. 자옥을 파한다는 것은 죄지은 것이 없다는 의미로서, 지옥이라는 말만 한 것입니다. 또, 땅은 사람, 지옥은 하늘의 일로서 부친을 해친 사람은 하늘에 이를 수 있다고 합니다. 땅이라고 하는 것은 수명의 일이고, 지옥은 길다고 하는 것을 의미하는 것으로서 살생한 자는 수명이 길다고 하는 것입니다.

 대왕님, 지옥이라고 하는 것은 이와 같은 여러 가지 일을 뜻하는 말로서 사실은 지옥이 있을 리가 없습니다. 대왕님, 보리를 심으면 보리를 거둘 수 있고, 벼를 심으면 벼가 되는 것과 같이 사람을 죽이면 또 사람이 얻어집니다. 대왕님, 불이 나무를 태워도 불에는 죄가 없습니다. 도끼가 나무를 쳐도 도끼에는 죄가 없습니다. 낫이 풀을 베어도 낫에는 죄가 없습니다. 칼이 사람을 죽여도 칼에는 죄가 없습니다. 또 독(毒)이 사람을 죽여도 독에는 죄가 없습니다. 그런데, 사람이 사람을 죽일 때에만 죄가 있다고 하는 것은 있을 수 없는 일입니다. 또 조금 전에 세상에 명의(名醫)가 있어도 나의 악업을 다스릴 수 없다고 말씀하셨지만 그렇게만 말할 수 없습니다. 현재 왕사성에 있는 가라구티가전연이라고 하는 대사는 과거, 미래의 상세를 한 순간에 두루 보고, 또한 순간에 무량무변의 세계를 볼 수도 있다고 합니다. 그는 항하가 모든 부정을 맑게 하는 것과 같이 모든 죄악을 소멸해 줍니다.

 그는 제자들에게 다음과 같이 말하고 있습니다. 즉, '만약 어떤 사람이 있어 일체 중생을 죽여도 참괴(慚愧)하는 마음이 없다면 그는 지옥에 떨어지지 않으리라. 그러나 창피한 마음이 있으면 지옥에 떨어질 것이다. 일체 중생은 자재천(自在天)이 지은 것으로서 자재천이 기뻐하면 중생은 안락하고 자재천이 노하면 중생이 고뇌한다. 일체 중생의 죄와 벌은 다 자재천이 맡은 것으로서 사람의 마음대로 죄와 벌이 있는 것이 아니다. 비유하면 공장이 있어서 행주좌와(行住坐臥), 자재로 이 사람을 만드는 것과 같이 중생은 자재천이 생각하는 것과 같이 만들어지고 있는 것이다. 그래서 사람의 행동에 대하여 그 사람에게 책임이 있을 리 없다'고 말합니다. 대왕께서 그 사람을 만나보시면 죄업은 곧 소멸될 것이라고 생각합니다."

"그러냐, 나의 귀가 소멸된다고 하면 나는 기쁘게 대사에게 귀의할 것이다."

또 무소외(無所畏)라는 대신이 있었다. 그도 병 문안을 하러 입궐했다.

"대왕님, 세상에 어떤 우매한 사람은 하루에 백 번 기뻐하고, 백 번 근심하며, 백 번 졸고, 백 번 자며, 백 번 놀라고, 백 번 변합니다. 그러나 지혜로운 사람은 전혀 그렇지 않습니다. 대왕의 모습을 대하니 깊은 우수에 잠겨 있는 것같이 보입니다. 동행을 잃은 나그네와 같고 진흙 속에 빠진 사람같이 보입니다. 대왕님의 병환은 몸의 병입니까, 그렇지 않으면 마음의 병입니까?"

"나는 신심의 두 가지 병이다. 악한 벗을 가까이 하여 죄 없는 선왕을 살해했으니 오래지 않아 지옥고(地獄苦)를 받을 것이다. 또 어떠한 명의도 내 병을 고칠 수 없을 것이다."

"대왕님, 그 일이라면 근심하실 필요가 없습니다. 왕은 국가를 위해서는 사람을 죽이는 것은 죄가 되지 않습니다. 선왕은 사문에게는 공경을 받았습니다만 바라문에 대하여는 극히 냉담하였습니다. 이 평등이 아닌 마음은 왕이라고 말할 수 없습니다. 대왕께서는 바라문을 공양하기 위하여 선왕을 살해한 것입니다. 그렇다면 그것은 결코 죄가 되지 않는 것입니다. 대왕님, 살해라는 것은 수명을 끊는 것입니다. 병은 바람기운이니 살해하는 일이 되지 않습니다. 그런데 어째서 근심이 됩니까?

또 어떤 명의라도 신심의 병을 고칠 수 없다고 말씀하시지만, 현재 왕사성에 있는 이건약제자라고 하는 대사는 자비와 총명이 있는 선행자로서 항상 청정한 수행에 전심전력하고 있습니다. 그는 제자들에게 다음과 같이 말하고 있습니다.

'보시도 없고 신도 없으며, 아버지도 없고 어머니도 없다. 금세도 없고 후세도 없다. 아라한도 없고 수도도 없다. 일체 중생은 지금부터 8만겁이라는 긴 세월이 지나면 유죄와 무죄의 구별이 없고 다 같이 생사세계에서 벗어나게 된다. 아욕달지에서 흘러나오는 신두·하항·박차·사타의 네 바다는 결국 모두 큰 바다로 들어가 하등의 차별이 없는 것과 같이 일체 중생도 해탈을 얻을 때에는 아무 차별이 없다고 말하고 있습니다. 대왕께서 친히 찾아보시면 신심의 병환은 곧 소멸될 것'이라고 했습니다."

"그런가. 내 병을 다스려 주는 대사가 있다면 나는 기쁘게 찾아보리라."
 그런데 당시 인도에는 기바(耆婆)라는 명의가 있었다. 그는 어느 날 입궐하여 왕을 뵈었다.
 "대왕님, 편안하십니까?"
 아사세왕은 게송으로 대답했다.

사념(思念)의 번뇌를 끊어버리고
마음도 맑고 몸도 맑으며
이 세상의 생을 탐하지도 않나니
그러면 수면은 편안하리라

열반에 이르러 또 다시 새삼
사람을 위하여 깊은 이치를
연설하는 참된 바라문이여
그러면 수면은 편안하리라.

몸에 악업을 끊어 버리고
입에는 재화를 버려 가면서
마음의 의심이 없어질 때는
저절로 깊은 잠 얻어지리라.

심신에 아무 고뇌가 없고
편안한 평상에 고요함이 있어
무상의 즐거움을 얻으면

편안한 수면이 얻어지리라.

마음의 집착을 씻어버리고
원한과 원수를 멀리하며
화합하여 다툼이 없을 때에는
편안한 수면을 얻을 것이다.
악한 업을 짓지 않고
마음으로 부끄러워 할 줄 알며
원인과 결과를 굳게 믿으면
편안한 수면을 얻을 것이다.

부모를 공경하여 봉양하고
해를 가하지 않고 효도를 하여
도둑의 마음이 없는 사람은
편안한 수면을 얻을 것이다.

심신이 다 함께 조화가 되어
착한 벗과 더불어 친하며
네 가지 악을 파한 사람은
편안한 잠이 저절로 얻어지리라.

길함도 불길도 고와 낙도
모두 마음에 머물러 두지 않고
오로지 중생을 구제하기 위하여

생사의 바다를 윤회하면서
가르침을 위하여 힘을 다하면
편안한 잠은 저절로 얻어지리니
편안히 잠자는 그런 사람을
모두 부처라 말할 것이다.
모든 것에 편안히 머물러
몸과 마음이 움직이지 않고
편안히 잠자는 그 사람
그를 자비로운 사람이라 한다.

자비스런 모든 부처님은
법의 도에 바삐 달려가
일체 중생을 간격이 없이
두루 평등하게 보살피신다.

무명의 어둠에 잠겨
번뇌의 과보를 짓고 있는 자
항상 악업을 짓고 있는 자
편안한 잠을 얻지 못한다.

또다시 자기를 위하여
타인의 악업을 조작하면
편안한 잠을 얻지 못한다.

이 세상의 쾌락을 위하여
부친을 해하고 참괴하지 않으면
죄의 눈을 뜨지 못한 그 사람
편안한 잠을 얻지 못한다.

절도가 지나친 폭식과
법도를 잃은 폭음은
오래지 않아 병고를 받아
편안한 잠을 얻지 못한다.

마음에 죄의식을 품어 가면서
남의 부녀에게 사념(邪念)을 가지면
편안한 잠을 얻지 못한다.

지계의 과를 익히지 않고
왕위에 오른 태자도
재물을 도둑한 자도
편안한 잠을 얻지 못한다.

이 게송을 마침과 동시에 왕은 다시 말을 계속했다.
"기바야, 내 병은 대단히 중하다. 어떤 명의도 묘약도 결코 고치지 못할 만큼 중병이다. 이제 새삼스럽게 말할 것도 없는 일이지만, 나의 부왕은 법에 따라 나라를 다스리고 하등의 과실도 결점도 없었는데, 나는 자신의 영달에 눈이 어두워 위해를 가한 것이다. 물고기가 육지를 벗어나서 무슨 즐거움이 있겠는가? 사슴이 그물에 걸려 기뻐할 리는 없다. 내가 일찌기 지자(智者)에게서 심신이 청정하지 못한 자는 반드시 지옥에 떨어진다고 하는 말을 들은 일이 있다. 내가 한 일이 그대로다. 어떻게 안온하게 잠을 잘 수 있겠는가? 아무쪼록 나를 위해 대의(大醫)의 법약(法藥)을 말하여 병고를 제해 줄 수는 없겠는가?
 "대왕님, 대왕님이 지은 죄는 천지도 용납할 수 없는 대죄입니다만 이미 깊이 참회하고 참괴하는 마음을 품고 계십니다. 대왕님, 제불세존은 항상 이렇게 말합니다. 중생을 구제함에는 두 가지 착한 법이 있는데,
 첫째는 참(慚)이고, 둘째는 괴(愧)라고 했습니다. 참은 자기 스스로 죄를 짓지 않는다는 것이고, 괴는 남을 교화하여 죄를 짓지 않게 하는 것입니다. 사람에게 이 참괴의 마음이 없으면 진정한 사람이라고 할 수가 없습니다. 그것은 축생이나 다를 바 없습니다. 참괴가 있음으로써 부모·형제·자매를 사랑하게 되는 것입니다.
 대왕님, 대왕께서는 참괴의 마음이 표면에 나타나 있습니다. 부처님의 말씀에 의하면, 지인에게는 두 가지 종류가 있다고 합니다. 악업을 짓지 않는 이와 악업을 지었어도 참회하는 이가 그것입니다. 죄업을 짓는 이와 악업을 은폐하는 이, 이들은 우자의 부류입니다. 악업을 지었어도 후에 참회하고 참괴하며, 두 번 다시 악업을 거듭하지 아니하는 이는 마치 흐린 물속에 명옥을 넣으면 명옥의 힘으로 물이 맑아지는 것과 같고, 또 구름이 없어지면 명월이 나타나는 것과 같이 악업도 참회하면 죄

업은 소멸하고 근본이 청정으로 돌아가는 것입니다.

대왕님, 부(富)에도 두 가지가 있습니다. 코끼리와 말과 같은 가축과 금은 주옥의 진기한 보배들이 그것입니다. 그러나 코끼리나 말과 같은 것은 아무리 많이 있어도 한 개의 주옥에는 미치지 못합니다. 대왕님, 중생에게 있어서도 또한 이와 같은 것입니다. 악부(惡父)와 선부(善父)가 있는 것입니다. 부처님의 말씀에 의하여 하나의 선심(禪心)은 백 가지 종류의 악을 파한다고 하였습니다.

대왕님, 작은 금강(金剛)의 힘으로써 수미산을 파할 수 있는 것과 같이, 또 적은 독약이 사람을 죽이는 것과 같이, 소선도 대악을 피할 수 있는 것입니다. 또 부처님의 말씀에 의하면 지혜 있는 자는 죄악을 숨기지 않고 참괴하고 참회한다는 것입니다. 대왕은 인과를 믿으셔서 업과 과보에 대해서도 깊은 이해를 가지고 계십니다. 그러고 보면 과거의 악업에 대하여 근심하실 것은 없습니다.

문둥병 환자에 대하여는 훌륭한 의사일지라도 손을 씻는 것과 같이 언제까지나 죄업을 숨기고 참회하지 않는 자는 아무도 어떻게 할 수가 없습니다. 세상에는 일천제(一闡提)라고 하는 무리가 있습니다. 그들은 인과를 믿지 않고 참괴함이 없고, 죄업의 과보를 믿지 않고, 미래 세상에 대한 아무런 생각도 가지지 않고, 착한 사람과 친하지 않고, 부처님의 교리도 배반합니다. 따라서 부처님이라 해도 그들을 구해 줄 수는 없습니다. 한 번 죽은 사람은 어떠한 명의라도 재생시킬 수는 없는 것과 같이, 일천제 역시 부처님일지라도 손댈 수가 없습니다.

대왕님, 대왕님은 일천제는 아닙니다. 따라서 구할 수 있습니다. 아까 나의 병은 다스릴 자가 없다고 말씀하셨습니다마는 나는 이렇게 생각하였습니다. 대왕님, 카필라성의 정반왕에게는 싯다르타 태자가 있는데 그는 스승도 없이 자기 혼자 크게 깨쳐서 일체 중생을 불쌍히 생각하고 때를 따라 법을 설하시되, 때를 얻지 못하면 한 마디 말씀도 하지 않으며 중생을 번뇌에서 벗어나게 하기 위하여 모든 노력을 다하고 있습니다.

지혜의 광대함은 수미산과 같고 심원한 이치는 큰 바다의 양양함에 비할 것입니다. 이 부처님의 금강지(金剛智)는 일체 중생의 죄악을 피할 힘이 있습니다. 지금 구시나성의 사라쌍수 아래 계시면서 무량의 보살 등을 위하여 가지가지 법을 설하고 계십니다. 대왕님께서도 왕가(枉駕)하시면 모든 중죄는 반드시 소멸할 것이라 생각합니다."

기바는 다시 말을 계속했다. 특히 부처님의 자비와 구제의 힘에 대하여 많은 실례를 들었다.

제석천왕이 죽게 되었을 때 다섯 가지 노쇠의 현상을 나타냈다.

1. 옷에 때가 묻고
2. 머리 위의 꽃이 시들며
3. 몸에서 악취가 나고
4. 겨드랑이 아래에서 땀이 흐르며
5. 자리에 안정하지 못했다.

이와 같은 5가지 노쇠한 기운은 부처님 이외에는 다스릴 수 없는 것이라는 것을 제석천왕은 알고 있었다. 이때 신하 중에 반차시(般遮尸)라고 하는 이가 오쇠상에 고생하는 제석에게 헌책했다.

"교시가(僑尸迦 : 제석의 성)님, 악신의 건달바왕에게 수발타라고 하는 딸이 있습니다. 만약 이 미녀를 나에게 내려 주시면 나는 왕님의 오쇠상을 제하는 방법을 가르쳐 드리겠습니다."

제석천왕은 이 말을 듣고 매우 기뻐하면서,

"반차시야, 비마질다 아수라왕에게 사지라는 딸이 있다. 사지는 나에게 있어서 가장 귀중한 여자이다. 그러나 오쇠상을 소멸하는 방법을 가르쳐 주면 너에게 주어도 괴롭지 않다. 그런데 하물며 수발타는 말할 필요도 없다."

라고 말하니 반차시는,

"그러면 말씀 올리겠습니다. 석가모니라는 부처님이 왕사성에 계십니다. 만약 그곳에 가셔서 가르침을 받으시면 반드시 오쇠상은 소멸할 것입니다."

"그러냐, 부처님이 나의 오쇠상을 소멸시켜 주신다면 방문해 보리라."

거기서 대차가 대령되어 제석천왕은 왕사성의 기사굴산으로 향했다. 그래서 부처님을 뵈옵고 여쭈었다.

"세존이시여, 천상인간을 얽매게 하는 것은 무엇입니까?"

"교시가야, 그것은 간탐과 질투이다."

"간탐과 질투는 무엇에서 생기는 것입니까?"

"무명(無明)에서 생기는 것이다."

"무명은 무엇에서 생기는 것입니까?"

"방일(放逸)에서 생긴다."
"방일은 무엇에서 생깁니까?"
"전도(顚倒)에서 생긴다."
"전도는 무엇에서 생깁니까?"
"의심하는 마음에서 생긴다."
"세존이시여, 전도는 의심에서 일어난다고 말씀하신 것은 사실입니다. 내게는 의심이 있습니다. 의심이 있으므로 전도가 일어나 세존 아닌 이를 세존이라고 생각하는 일도 있습니다. 나는 지금 세존을 뵈옵고 비로소 의심을 없앨 수가 있게 되었습니다. 의심이 없으니까 전도가 없고, 전도가 다하기 때문에 간탐도 없어졌습니다."
"제석아, 너는 간탐이 없다고 하나 수명을 다 하고자 하는 모순이 있다. 탐심이 없는 자는 수명에 대한 욕구를 가질 필요가 없고 가질 리가 없다."
"세존이시여, 나는 장수(長壽)를 구하고 있는 것은 아닙니다. 구하고 있는 것은 육체의 명이 아니고 불신(佛身)과 불지(佛智)입니다."
"교시가야, 네가 구하는 불신과 불지는 미래에 얻어지는 것이다."
라고 말씀하셨다. 이 말을 들음과 동시에 제석천왕의 오쇠상은 그 자리에서 소멸되었다. 그래서 제석천왕은 부처님을 세 번 돌고 합장 예배했다.
"세존이시여, 나는 지금 죽었다가 다시 태어나게 되었습니다. 세존님 덕택으로 잃어버린 목숨을 다시 얻었습니다. 이것은 진실로 갱생입니다. 그런데 세상 사람들은 무슨 까닭으로 수명을 감하고 있는 것입니까?"
 "교시가야, 그것은 투쟁하는 까닭이다. 사람들이 서로 화합하고, 서로 존경하면 수명이 길어지는 것은 말할 것도 없는 것이다."
 "세존이시여, 투쟁이라고 말씀하십니까? 아, 나는 오늘에 이르기까지 그것에 대해서는 생각을 하지 않았습니다. 나는 이 순간부터는 연아수라왕과의 싸움을 그치려고 생각합니다."
 "오! 좋은 곳으로 마음을 돌렸구나. 인욕의 법이 보리(菩提)의 인(因)이라고 하는 것은 제불의 가르침이다."
 "대왕님이시여, 부처님은 이와 같은 모든 쇠노(衰老)의 상모(相貌)를 제하시니까 부처님을 불가사의하다고 말씀하는 것입니다."
 기바는 또 다음과 같은 예를 들었다.
 어느 바라문의 아들에 불해라고 하는 자가 있었다. 이 자는 많은 중생을 죽이므로 지만이라고 이름을 불리게 되었다. 이 지만은 어느 때 어머니를 죽이려고 한 일도 있었다. 당연히 지옥에 떨어질 만한 자였으나 그 후에 부처님을 만나서 지옥에 떨어질 인연에서 구함을 받아, 그렇게 악한 사람도 보리심을 일으키게 되었다. 그러므로 부처님을 무상의(無上醫)라고 말하는 것이다. 일찍이 수비라 왕자는 부친의 노여움을 당해 수족을 끊기고 깊은 우물 속에 던져진바 되었다. 그때 왕자님의 어머니는 몰래 사람을 시켜 그 손과 발을 꺼내어 부처님 처소에 이르게 했다. 그랬더니 부처님을 뵈옵고 받드는 과보는 이와 같은 것이다.

 또 항하의 가장자리에 5백의 아귀가 살고 있었다. 오랜 세월 동안 물을 볼 수가 없어 괴로워한 나머지 항하의 흐름을 바라보았을 때, 불은 그렇게 흐르건만 물은 한 방울도 얻을 수 없었다. 그들은 주리고 목이 말라 타기 때문에 소리를 지르며 울고 떠들며 부르짖는 것이었다. 그때 부처님은 하반(河畔)의 나무 아래에 계셨다. 5백 아귀들이 부처님 계신 곳에 이르러 소매에 매달렸다.

 "세존이시여, 우리들은 주리고 목마른 고통때문에 수명이 조석에 박두하였습니다."

 "눈앞에 맑은 물이 있는데 왜 아니 마시느냐?"

 "세존께서는 항하의 물이라고 말씀하셨지만 우리들은 불로밖에는 보이지 않습니다."

 "항아의 맑은 물은 불이 아니다. 불로 보이는 것은 악업때문에 마음이 전도되어 있으므로 그런 것이다. 지금 내가 너희들의 전도를 전해 주어 항하의 맑은 물을 보여 주리라."

 그래서 부처님은 아귀를 위하여 간탐의 허물을 말씀하셨다.

 "세존이시여, 우리들은 너무 지나치게 목이 말라 부처님의 설법이 귀에 들어오지 않습니다."

 "그렇게 목이 마르면 우선 물에 들어가 마음대로 한껏 마시는 것이 좋겠지."

하시면서 부처님의 힘에 의해 아귀는 물을 마시게 되었다. 그리고 가지가지 설법을 들어서 보리심을 내어 아귀의 형상을 벗어버리고 천인(天人)으로 태어났다.

또 어느 때 사위성에 5백 명의 도둑떼가 있었다. 관원에게 잡혀 왕명으로 눈알을 빼이어서 고통을 당하고 있을 때 부처님의 설법으로 눈이 전과 같이 회복되었다.

같은 사위성에 기허(氣噓)라는 악인이 있었다. 그는 무수히 많은 사람을 죽이고도 아무 생각도 없었다. 그러나 부처님 제자이신 대목건련을 만나 지옥에 떨어질 인연을 면하고 천인으로 태어날 수가 있었다.

또 바라나성에 아일다라는 장자의 아들이 있었다. 그는 어머니와 정을 통했기 때문에 아버지를 죽이고 말았다. 그랬더니 어머니에게 다른 남자가 생겼으므로 또 어머니를 죽이고 말았다. 그런데 그의 친구 중에 한 사람의 아라한이 있었는데, 그 친구가 자기의 죄악을 알기 때문에 부끄러워서 또 그 친구를 죽이게 되었다.

그 후 기원정사에 가서 출가하기를 원했으나 어느 제자들도 그의 3역죄가 있음을 알기 때문에 허락하지 않았다. 그래서 그는 더욱 화가 나서 밤중에 승방에 불을 질러 죄도 없는 수많은 사람들을 죽였다. 그리고 왕사성에 가서 부처님을 만나 출가하기를 원했더니 부처님은 즉석에서 들어 주셨다. 그리고 그 사람에게 차츰 형편을 보아서 법을 설해 그렇게 큰 중죄도 드디어 소멸되고 말았다.

또 어느 때 제바달다는 악한 흉계를 꾸며 술에 취한 코끼리떼를 놓아 부처님을 밟아 죽이려고 한 일이 있었다. 그러나 사납게 미쳐 날뛰던 코끼리도 부처님 앞에 나와서는 꿈에서 깬 사람과 같이 보리심을 발했다.

또 부처님이 보살이었을 때, 악마가 많은 권속들을 데리고 와서 수도를 방해했지만 보살의 인욕의 힘은 악마의 안심을 쳐부수고 드디어 악마들에게도 보리심을 내게 했다. 또, 많은 사람을 죽이고 죄를 거듭 지은 광야귀도 부처님의 설법을 듣고 마침내는 보리심을 내었다.

또 바라나국의 광액이라는 염소 백장이 매일 수를 셀 수 없을 만큼 많은 양을 죽였다. 그러나 불과 하룻밤 사이에 사리불을 만나 계를 받았기 때문에 죽어서는 비사문친왕의 아들로 태어났다.

또 북천축의 세석성주 용인왕은 국위를 탐하여 아비를 죽였다. 그 후 매우 후회하며 왕위를 버리고 부처님에게 출가함을 원하여 부처님은 제자의 한 사람으로 기쁘게 받아들였다. 그러므로 그는 천지도 소멸할 수 없는 중죄를 소멸했다.

또 제바달다는 승단의 평화를 교란하여 부처님을 부상하게 하고 연화 비구니를 죽이고 세 가지 역죄를 거듭했다. 그런 중죄도 부처님의 설법에 의해 소멸되었다.

기바는 위와 같은 13가지 예를 들어 불력(佛力)의 광대함을 칭찬하고 부처님이 훌륭한 의사이신 것을 증명했다. 기바의 말은 계속되었다.

"대왕님, 신의 말씀을 믿으신다면 일각이라도 빨리 부처님 처소에 가셔서 청원하여 주십시오. 모든 부처님의 대자대비는 평등이시고 특별한 어느 개인만을 위하지 않습니다. 정법 가운데 있지 않는 것이 없으며, 원수나 친한 사람을 가리지 않고 평등으로 대해 주시고 마음에 미워하고 사랑하는 생각이 없습니다.

어느 특별한 한 사람만 깨치게 하고 다수의 사람들은 돌보지 않는 그런 일은 없습니다. 그러므로 부처님은 일체의 천인·용·귀·지옥·축생·아귀들의 스승이십니다. 부처님은 홀로 호귀한 발재가왕을 위하여 설법할 분이 아닙니다. 동시에 가난한 우리들을 위하여 설법하시는 것입니다. 또 수달다아나빈지와 같은 장자의 공양만을 받는 것이 아닙니다. 동시에 가난한 수달다의 공양도 받으시는 것입니다. 또 단지 사리불과 같은 이근(利根)인 자에게만 설법하시는 것이 아닙니다. 동시에 수리반 특가와 같은 우둔한 자를 위하여서도 설법하여 주시는 것입니다.

또 가섭과 같이 탐욕이 없는 자에게만 출가를 들어 주시는 것이 아닙니다. 동시에 대탐(大貪)의 난타(難陀)의 출가도 들어 주시는 것입니다. 또 번뇌심이 적은 우루빈라가섭의 출가 구도만을 들어 주는 것은 아닙니다. 동시에 번뇌가 두터운 중죄를 범한 바사익왕의 아우 수다야의 출가 구도도 허락한 것입니다. 사초의 진근(瞋根)을 뽑고 지만의 악심을 그치게 하기 위하여 또 그들까지 구하여 주신 것입니다. 동시에 우둔한 여성을 위하여서도 설법하시는 것입니다. 또 단지 출가자에 한하여 수도의 공덕을 얻게 하는 것이 아니고, 속세의 사람을 위해서도 수도의 공덕을 얻게 하는 것입니다.

또한 부다라와 같은 세사인(世捨人)이 되어 한적한 경지에서 정사(靜思)하고 있는 이만을 위하여 설법하시는 것이 아닙니다. 빔비사라왕과 같은 국정을 통치하고 정무를 처리하는 이를 위해서도 설법을 하시는 것입니다. 또 금주하는 사람만이 아니고 술을 즐기는 사위국의 욱가장자를 위해서도 설법하시는 것입니다. 또 단지 선정에 들어 있는 이파다와 같은 이만이 아니고 아들을 잃고 어지러운 마음이 된 바라문의 바사다녀를 위해서도 설법하시는 것입니다. 또한 장년이나 청년뿐만 아니라 80의 노쇠한 이들을 위해서도 설법하시는 것입니다. 또 바시익왕비 말리 부인을 위해서 뿐만 아니라 음녀인 연화녀를 위해서도 설법하시는 것입니다.

 대왕님, 가령 백이 넘치는 황금의 보배를 가득 싣고 와 베풀어 주어도 보리심을 내고 부처님께 향하여 한 걸음 나아간 공덕에는 미치지 못합니다. 이와 같은 일은 예를 들면 한이 없습니다. 만약 대왕님이 항하의 모래와 같이 수많은 중생에게 공양하는 것보다 한번 사라쌍수 아래에 가서 부처님의 설법을 진심으로 들을 것을 청원하는 바입니다."

"기바야, 부처님의 성(性)은 조유(調柔)인 것이다. 그래서 조유의 성인 자만이 권속이 될 수 있는 것이다. 전단의 수풀에는 전단나무만 번성하고 있는 것과 같이 부처님은 청정하니까 그 권속도 역시 청정한 것이다. 대룡(大龍)은 오로지 모든 용을 군속이라고 하는 것과 같이 부처님은 적정하니까 모든 권속도 또한 적정한 것이다. 부처님께서는 탐욕이 없다. 따라서 모든 그 권속도 역시 번뇌가 없는 것이다. 그런데 나는 이미 친지도 용납하지 못할 악업을 짓고 당연히 지옥에 갈 사람이다. 그러므로 부처님께 갈 자격이 없는 것이 아닌가? 만약 갈 수가 있다고 하더라도 부처님은 아무 말씀도 아니하실 것이다. 지성껏 내게 권했지마는 나는 스스로 나를 돌아보아서 나아갈 용기가 나지 아니하는 것이다."
 이때 공중에서 생각지도 아니한 소리가 들려 왔다.
 '무상의 불법은 장차 쇠진하려 한다. 깊고 법하(法河)가 이제부터 마르려 한다. 대법의 등불이 오래지 않아 장차 멸하려 한다. 법산(法山)이 무너지려 하고 큰 두려움이 장차 닥치려 한다. 오래지 않아 법멸(法滅)의 때가 이르려고 한다. 번뇌의 역병이 장차 유행하려고 한다. 크게 어두운 시기가 오고 법의 목마른 시기가 오고, 마왕이 기뻐하여 갑옷을 풀고 불일(佛日)은 장차 대열반의 산으로 넘어가려 하고 있다. 대왕이여, 부처님이 만약 세상을 떠나시면 왕의 중악(重惡)은 또다시 다스릴 이가 없을 것이다. 오직 원하옵나니 대왕님은 빨리 불전에 가도록 하라. 부처님을 제외하고는 달리는 능히 대왕을 구해 줄 이가 없다. 내 지금 그대를 불쌍히 여기고 감히 권장하는 것이다.'
 아사세왕은 이 하늘의 소리를 듣고 두려워하여 전신을 파초나무같이 벌벌 떨며 안색은 갈수록 창백하게 변하면서 겨우 숨이 넘어가는 소리로 반문했다.
 "하늘의 소리는 누구인가? 색상(色像)을 나타내어 주지 않겠는가?"
 "대왕이여, 나는 너의 아비 빈바사리다. 너는 아무것도 주저하지 말고 기바의 말대로 하는 것이 좋다. 사견(邪見)에 빠진 여섯 대신이 한 말에 귀를 기울여서는 안된다."
 아버지의 말에 대왕은 땅에 엎드려 머리를 두들기며 까무라쳤다. 그리고 부스럼병은 한층 더 커지고 악취는 전의 곱절이나 되었다. 빨리 냉약을 발라 치료하였으나 창녹에 열이 올라 아무 효과도 없었다. 이때 부처님은 사라쌍수 아래에 계셨는데 아사세왕이 까무라쳐 땅에 쓰러져 있는 것을 멀리서 보시고 대중을 향하여,

"나는 아사세왕을 위하여 이 세상에 더 있겠다. 그리고 무량겁의 세월을 지낸 뒤에 열반에 들기로 하겠다."

부처님의 말씀에 대하여 가섭보살은 곧 의심을 일으켰다.

"부처님, 부처님은 일체 중생을 위하여 열반에 드시지 않는 것이 아닙니까? 지금 아사세왕 한 사람을 위하여 열반을 연장하신 것은 어떤 이유입니까?"

"의심하는 것은 당연하다. 이 대중 가운데 한 사람도 부처님은 반드시 열반에 든다고 하는 자 없지 않느냐? 그런데 아사세왕은 반드시 부처님은 마침내 영원의 열반에 드실 것이라고 말한 것이다. 그렇게 믿고 있으므로 지금 땅에 쓰러져 기절한 것이다."

이때 대자대비하신 부처님은 아사세왕을 위하여 월애삼매(月愛三昧)에 잠시 기다렸다가 대광명을 놓으셨다. 그 광명은 서늘한 맛이 넘쳐 아사세왕의 신변을 비쳤나 하고 생각할 사이에 대왕의 창병은 나아서 독한 열도 소멸되었다. 아사세왕은 정신을 차렸다. 부스럼은 저절로 나아 전신에 시원함을 느꼈다.

"기바야, 일찍이 어느 사람에게서 들은 일이지마는 이 세상의 종말에는 3개의 달이 동시에 하늘에 나타나 일체 중생의 병고가 다 나을 것이라 했다. 그러나 지금은 세상의 종말도 아닌데 서늘한 광명이 내 몸을 비추어 부스럼의 고뇌를 제거하여 이렇게까지 안락하게 했다. 이 광명은 어느 곳에서 온 것이

냐?"

"대왕님이시여, 이 광명은 3개의 달이 함께 비쳤기 때문도 아닙니다. 또 불이나 태양이나 별의 광명도 아닙니다."

"그런가, 그러면 누가 비친 광명인가?"

"대왕님, 이 광명이야말로 부처님이 놓으신 광명입니다. 이 광명은 근원이 없고 또한 둘레가 없습니다. 그리고 뜨겁지도 않고, 차지도 아니하며 항상 있는 것도 아닙니다. 청(靑)도 아니고 황(黃)도 아니며, 적(赤)도 아니고 백(白)도 아니어서 색이 있을 리가 없으며 또 없을 리도 없습니다. 이와 같은 광명은 중생제도를 위하여 놓으신 것이라 생각합니다."

"기바야, 부처님은 어떤 사람을 구제하기 위해 이 광명을 놓은 것이겠는가?"

"대왕님, 그것은 대왕님을 위하여 놓으신 것입니다. 대왕께서는 먼저 세상에 내 심신의 병을 고칠 수 있는 명의는 없다고 말씀하셨으므로 부처님은 먼저 이 광명을 놓아 왕의 신변을 완치시킨 것입니다. 그리고 이제부터 왕의 신병 치료에 손을 대실 것이라고 생각합니다."

"기바야, 부처님께서는 내 몸을 근심하여 주시는 것인가?"

"대왕님, 그것은 말씀할 것도 없습니다. 비유하건대, 여기 일곱 아들을 가진 사람이 있다 하고, 그 일곱 아들 중의 한 사람이 병에 걸렸을 때는 부모의 아들에 대한 사랑이 평등한 것은 말할 것도 없는 것인 데다가 더구나 병든 아이에 대해서는 한결같이 마음을 쓰는 것입니다. 대왕님, 부처님께서도 역시 같은 마음이셔서 일체 중생에 대하여서는 똑같이 괘념하시는 것입니다. 대왕님, 부처님의 이와 같은 광명은 월애삼매(月愛三昧)에 들어 놓으신 것입니다.

　대왕님, 청량(淸凉)한 월광(月光)은 일체의 우바라화를 피게 하는 것과 같이 또 월광은 소요하는 사람을 기쁘게 하는 것과 같이, 이 삼매는 열반의 길을 닦는 이에게 기쁨을 일으키게 하는 것입니다. 그러므로 월애삼매라고 하는 것입니다. 또 월광은 1일부터 15일에 이르러서는 그 형상도 색도 광명도 차차 더하는 것입니다. 이 삼매도 역시 초심자의 선근을 차차 성육시켜 대열반에 이르게 하는 것입니다. 그러므로 월애삼매라 하는 것입니다. 또 달빛은 16일부터 30일에 이르러서는 그 형상도 광명도 차차 줄어드는 것입니다. 이 삼매도 또한 광명이 미치는 곳의 모든 번뇌를 차차 소멸시키는 것입니다. 그러므로 월애삼매라 하는 것입니다. 그래서 일광욕을 하면 삼복의 고뇌에서 구해지는 것처럼 이 삼매도 역시 사람의 고뇌를 제거함으로 월애삼매라 하는 것입니다."

"기비야, 듣는 바에 의하면 부처님은 악인과는 말도 나누지 않는다고 한다. 영락없이 큰 바다가 죽은 시체를 재우치 않는 것과 같아 원앙새가 변소에서 살지 않는 것과 같이, 제석천왕이 아귀와 한곳에 처하지 않는 것과 같이, 구시라조가 마른 나무에 깃들이지 않는 것과 같이, 부처님도 또한 착한 사람만 상대하신다는 것이 아니냐? 그리고 보면 내게는 부처님을 심방할 자격이 없는 것이다. 내가 만약 부처님의 자세를 볼 수 있게 된다고 하여도 그 순간에 내 전신은 대지 속에 파묻혀 버리지나 않을까? 내 생각에는 부처님은 술취한 코끼리와 사자, 호랑이, 맹렬히 타오르는 불같은 것은 가깝게 대해도 악인에게는 접근하지 않으실 것이다. 이렇게 생각하고 있으니까 무어라 해도 부처님을 찾아뵐 마음이 나지 않는다."

"대왕님, 목마른 사람은 맑은 샘물로 달래고 주린 이는 밥을 구하고 병든 이는 의사를 구하는 것과 같이, 대왕님이 부처님을 구하시는 태도로 또한 그러리라고 믿습니다. 대왕님, 부처님은 일천제를 위하여서까지 설법하여 주시는 것입니다. 하물며 일천제가 아닌 대왕님이 자비스런 혜택을 입지 못할 이유는 없습니다."

"기바야, 일찍이 들은 일이지만 일천제라고 하는 것은 법을 믿지 않고 듣지 않는 자라고 하는 것이다. 그 자에게 부처님이 설법하신다고 하는 것은 어떠한 이치인가?"

"대왕님, 여기 한 사람의 중병환자가 있다고 가정합시다. 이 사람이 꿈을 꾸었다고 합시다. 그가 어느 때 잿 속에 누워 재를 먹고 마른 나무에 올라가서 원숭이와 기거를 같이 하고 물속에 가라 앉아 있고, 진흙 속에 빠져 있고, 혹은 청·황·적·흑색의 옷을 입고 노래를 불렀다가 춤을 추었다가 하는가 하면, 치아도 머리털도 다 빠져 벌거숭이가 되어 개를 베개로 베고 똥과 오줌 가운데 눕기도 했습니다. 또는 죽은 사람들과 공동생활을 하여 손을 서로 잡고 놀며, 혹은 독사떼 가운데를 지나가고 혹은 괴상한 부인과 포옹도 하였습니다. 이런 꿈에서 깨어나 심뇌는 한층 더 심하여 중병에 걸리고 말았습니다. 그런데 그 심부름꾼이 또한 가관이었습니다. 익살꾸러기인 데다 머리는 진흙 범벅이고 헤어진 누더기를 입고 오래 된 마차를 끌고 의사의 처소에 갔습니다.

"나는 선생님을 모시러 왔습니다. 밖에 차가 있으니 타 주시기 바랍니다."

하고 의사에게 청하였습니다. 그러나 의사는 생각하기를 '이런 불길한 자를 심부름꾼으로 보낸 병자라면 도저히 낫기는 바라지 못할 것이다'고. 그러나 그는 '심부름꾼은 어디 갔던지 날짜의 길흉을 점쳐 보아야겠다. 만약 4일, 6일, 8일, 12일, 14일에 해당되면 병은 중하다. 그러나 날이 불길하여도 즉성(卽星)을 점쳐 보자'고. 이리하여 즉성에서 시절로, 시절에서 시간으로 각 방면의 일을 점쳐 보았습니다만 모두가 불길하였습니다. '그렇지만 심부름꾼이 왔으니 어쨌든지 병인을 보자. 복덕이 있는 자라면 치료를 하고 그렇지 않으면 사절하고 돌아오자'고 결심하고 심부름꾼을 따라 병가(病家)로 빨리 왔습니다. 도중에 두 아이가 싸우고 있는 것을 보았습니다. 또 불을 손에 들고 자살하고 있는 사람을 보았습니다. 또 나무를 베어 넘어뜨리는 사람을 보았습니다. 또 길에 유실물이 떨어진 것을 보았습니다. 또 하늘색 항아리를 가지고 있는 사람을 보았습니다. 또 혼자서 길을 걸어가는 사문을 보았습니다. 그 외에 호랑이와 말, 승냥이, 들여우들을 보았습니다. 이와 같은 것들을 보고 의사는 생각하였습니다. '심부름꾼도 그렇고 도중에서 본 것들이 하나같이 불길하지 않은 것이 없다. 혼자는 좋지 않겠지. 그러나 또 생각하건대, 가지 않으면 의사로서 책임을 다하지 못한다. 불길한 일을 보고 들었지만 어떻든지 병가(病家)까지 왔습니다. 와서 본즉, 가는 쪽에서 망실・사망・물과・파절・박탈·타추 등이어서 능히 구제하지 못한다' 하고 불길한 것만이 전부였습니다.

그리고 이번에는 남방에서 까마귀와 수리와 사리조·개·쥐·족재비·토끼들의 우는 소리가 들려 왔습니다. 병인을 진찰해 본 결과 벌써 죽음이 있을 뿐이라고 생각하였으나 아무한테도 그렇게 말할 수 없어서, '나는 오늘 매우 바쁘니까 언제 다시 와서 보기로 하지요. 그러나 병인의 말을 순종하고 결코 거슬려서는 안됩니다'고 말해 두고 돌아왔습니다. 그 다음 날 병가에서 온 심부름꾼에게 일이 너무 바빠서 약도 못 지었다고 말하였습니다. 이런 병인은 반드시 죽음이 있을 뿐이라고 하겠습니다.

대왕님, 세존께서도 역시 그러하십니다. 일천제에 대해서도 설법하시는 것입니다. 만약 일천제에 한하여 부처님이 설법하지 않으면 범부는, '부처님은 무자비하다'고 말할 것입니다. 대왕님, 부처님은 모든 중생의 병을 정확하게 진단하고 어떤 사람에게는 법약을 베풀어 주십니다. 그러나 어느 환자가 그 주신 법약을 먹지 않는다 하여도 그것은 부처님의 죄는 아닙니다."

"기바야, 부처님이 그러한 자비스러운 분이면 좋은 날을 가려서 찾아뵙기로 하자."

"대왕님, 불법에는 길일(吉日)도 길성(吉星)도 없습니다. 대왕님, 중환자는 날의 선악과 시절의 길흉도 가릴 것이 없고, 단지 일각이라도 빨리 명의를 구하여 보는 것이 좋습니다. 대왕님도 중환자시므로 지금 부처님이라는 의사를 구하는 것입니다. 대왕님, 전단의 불도 이란의 불도 다 타버리면 아무 다를 것이 없는 것과 같이 길일이다, 흉일이다 하고 말하는 것도 그와 같습니다. 만약 부처님의 처소에만 찾아가면 어쨌든 죄악은 소멸되는 것입니다. 내일로 미루지 마시고 즉시 가 주시기 바랍니다."

그래서 아사세왕은 길상이라는 대신을 불렀다.

"길상아, 나는 지금 곧 부처님 처소에 가려고 생각한다. 그러니 빨리 공양물을 준비해다오."

"그런 것이라면 일체 다 갖추어졌습니다."

왕과 부인은 장엄한 수레를 탔다. 따르는 차는 1만 2천이나 되며, 큰 코끼리 5만 필이 그 차를 끌었다. 코끼리 위에는 각각 세 사람의 연중이 번기와 일산(日傘)을 들고 있었다. 그 외에 향화·기악 등 갖가지의 공양할 물품이 무엇하나 부족한 것이 없었다. 기마(騎馬) 종자는 18만이 넘었다.

이때 구시라성의 대중은 멀리서 아사세왕의 당당한 일행을 보고 눈이 동그래서 놀라지 않는 사람이 없었다. 이때 부처님은 구시라성의 대중에게 고했다.

"일체 중생의 보리에 가까운 인연 중에서 착한 벗이 제일이다. 아사세왕만 하더라도 만약 기바의 말을 따르지 않았더라면 다음달 7일에는 반드시 수명이 다해 무간지옥에 떨어졌을 것이었지만, 기바라는 착한 벗이 있었기 때문에 지옥고를 벗어나 보리의 길에 가깝게 닿을 수 있게 되었다.

아사세왕은 도중에서 이러한 말을 들었다.

'사위국의 파사익왕의 아들 비유리왕은 해상에서 불에 타 죽었다. 또 제바의 제자 중 구가리비구는 살아서 지옥에 떨어졌다. 또 수나찰다는 여러 가지 악업을 짓다가 부처님 처소에 나

갔기 때문에 죄업이 소멸되었다.'
　이런 말을 듣고 아사세왕은 기바에게 말했다.
　"기바야, 똑같이 악업을 짓고도 지옥에 떨어지는 자와 이 세상에서 죄업이 소멸되었다는 자가 있다는 것은 무슨 이유인지 나는 알 수 없다. 기바야, 이리 오너라. 그리고 나와 함께 코끼리를 타라. 내가 지옥에 떨어지게 되거든 꼭 잡고 놓쳐서는 안 된다. 나는 일찍이 득도한 사람은 지옥에 떨어지지 않는다는 말을 들었다. 너는 득도한 사람이니까 너에게만 붙어 있으면 지옥에 떨어지지 않고 그냥 지날 수 있을 것이다."
　이때 부처님은 대중에게 말씀하셨다.
　"아사세왕에게는 또 의심하는 마음이 있다. 나는 지금 왕에게 확고한 신념을 가지게 해 주겠다."
　여러 대중 가운데 지일체(持一切)라고 하는 보살이 있었다. 이 보살이 부처님께 질문했다.
　"세존이시여, 지금까지 들은 바로는 모든 것에는 결정적인 상(相)이 없다고 하셨습니다. 색(色)에 정상(定相)이 없고, 열반에도 정상이 없다고 말씀하신 걸로 기억하고 있습니다. 그런데, 아사세왕을 위하여 결정심을 내게 해 주겠다고 하시는 것은 무슨 이유입니까?"
　"지일체야, 참으로 중요한 의심이다. 왕의 의심이 부서져 없어지면 모든 법에 정상이 없다고 말할 수 없다. 이제 아사세왕의 의심을 끊고 결정심을 발하게 한다고 하는 것은 이미 마음에 정상이 없으니까 되는 것이다. 결정심이라고 하여도 그것은 무정(無定)의 정심(定心)인 것이다. 왕의 마음이 결정적인 것이라면 왕의 역죄는 무너뜨릴 수 없다. 정상이 없으니까 그 죄도 소멸되는 것이다. 그러므로 나는 왕을 위하여 결정심을 발하게 하는 것이다."

조금 있다가 대왕은 사라쌍수의 부처님 처소에 도착했다. 부처님을 우러러본즉, 32상 80종호가 다 갖추어져 있고, 그 위풍당당한 모습은 완연히 순금의 산같이 생각되었다. 부처님은 소리를 높여, '대왕!' 하고 불렀다. 거기서 아사세왕은 좌우를 돌아보았지만 대중 가운데 대왕같은 자는 보이지 않았다. 혹 자기인가 하고 생각하였으나 다음 순간에 '자기는 죄가 깊어 복덕이 없는 자이다. 그러고 보면 부처님이 '대왕!'하고 부르실 리가 없다.'

이렇게 생각할 때 부처님은 또 '아사세 대왕! 하고 불렀다. 분명히 자기를 불렀다 생각하니 왕의 심중에는 기쁨이 충만했다. "세존이시여, 사랑하시는 말씀으로 중생을 접하시고 대자비를 발현하심에 차별이 없으신 것을 잘 알았습니다. 세존이시여, 내가 품고 있는 의심은 자취도 없이 사라져 버렸으니 세존님은 참으로 무상(無上)의 대사라는 것을 오늘 비로소 알 수 있게 되어, 이렇게 기쁠 수가 없습니다."

부처님의 비할 수 없는 교묘한 방편으로 왕의 마음에 의심덩이가 안개처럼 사라졌다. 왕은 다시 말을 계속했다.

"세존이시여, 나는 지금 대범천왕과 제석천왕과 함께 기거하게 되었다 하여도 이렇게 기쁠 수가 없습니다. 방금 부처님의 하신 말씀이 폐부에 새겨져 이루 말할 수 없이 기쁩니다."

왕은 기와 일산과 향과 기악을 공양하여 부처님 발에 예배하고 우측으로 세 번 돌고서 귀인의 정성을 표했다.

"대왕이여, 지금부터 당신을 위하여 정법을 설명하여 들려주겠소. 범부가 평소에 주의할 사항이 20개 정도 있소."

1. 우리들의 몸은 공(空)인 것이다.
2. 우리들에게는 모든 선근(善根)이라는 것이 결하여 있다.
3. 우리들의 생사(生死)는 진짜 생사가 아니다.
4. 우리들은 희미한 구덩이에 떨어져 있는 것이다.
5. 어떠한 방법에 의해서 불성(佛性)을 볼 수 있을까?
6. 선정에 의하여 불성을 볼 수 있을까?
7. 생사는 고(苦)이고 낙(樂)이 아니다.
8. 여러 가지의 고난은 끊을 수가 없다.
9. 항상 원수에 쫓겨 달리고 있다.
10. 하나같이 생사계에서 벗어날 방법을 가지지 않았다.
11. 지옥·아귀·축생계를 영원히 멀리할 수가 없다.
12. 가지가지의 악사상(惡思想)과 사견(邪見)을 가지고 있다.
13. 아직 악업의 거친 물결을 끊어 넘을 수 없다.
14. 생사의 한계를 알지 못한다.
15. 어떻게 하든지 하지 않으면 과보를 얻을 수 없다.
16. 자기가 지어서 타인이 그 보과(報果)를 받을 수 없다.
17. 악인(惡人)을 짓지 않으면 악과(惡果)를 받을 수 없다.
18. 업(業)이 있으면 과(果)도 반드시 있다.
19. 우리들의 생인(生因)은 번뇌하고 또 번뇌에 의하여 죽음을 부른다.
20. 과거·현재·미래를 통하여 항상 방일(放逸)을 행하고 있다.

대왕이여, 이상의 20개 항은 범부가 항상 생각하고 있지 않으면 안되며, 이 20가지의 일을 알면 생사를 떠날 수 있고, 그렇지 않으면 악업을 짓게 되는 것이오."

"세존이시여, 나는 아직 일찍이 그런 일이 일어나지 않고 있습니다. 그러므로 악업을 거듭하고 있습니다. 악업을 지었으니까 죽음을 두려워하고 또 사후 지옥생활을 무서워하고 있는 것입니다. 세존이시여, 그 악업의 제일은 아무 결점도 없는 아버지 빔비사라왕에게 위해를 가한 일입니다. 그러므로 이제 다시 20의 사항을 들을 것까지도 없고, 반드시 지옥에 떨어져 말할 수 없는 책고를 받을 각오를 하고 있습니다."

"대왕이여, 세상의 모든 물건은 상주한다는 법은 없습니다. 따라서 또 영구히 변하지 않는 것이 없습니다. 그런데 대왕은 지옥에 떨어지는 것은 결정적인 필연의 일이라고 정하고 있습니다. 그러나 그렇게 속단하는 것은 잘못된 일입니다."

"세존이시여, 만약 일체의 법에 결정된 일이 없다고 하신 말씀에 의하면, 내 아버지를 죽인 죄도 부정(不定)이겠습니까? 만약에 아버지를 죽인 죄가 결정적인 것이라면 일체 제법은 부정이라고 말할 수 없습니다."

"대왕이여, 그와 같이 모든 부처님이 일체 제법이 일일이 정상이 없다고 말씀하고 있으니까 대왕의 살인죄도 부정인 것입니다. 대왕은 먼저 부왕이 죄가 없는데 죽였다고 말하였지만 대체 부왕이라는 것은 무엇입니까? 아버지라고 하는 것은 어느 물질과 정신이 화합해서 된 것입니다. 그래서 범부는 주로 육체만을 보고 그것이 아비의 전부라고 생각하고 있습니다. 눈에 보이는 부분에 위해를 가해서 그것을 죽였다고 생각하고 있지만 그것은 잘못된 생각입니다. 실은 육체도 요소를 분해해 보면 다 일정한 상이 없습니다. 따라서 부정상(不定相)인 육체를 죽였다고 하는 것도 역시 부정인 것입니다. 죽인다고 하는 것이 부정이면 지옥에 가는 것도 결정적일 리가 없지 않겠습니까? 대왕이 부왕을 죽였기 때문에 죄보를 받는다고 하는 것이라면 모든 부처님도 역시 죄보를 받을 것입니다. 왜냐하면 대왕의 부친 빔비사바라왕은 일찌기 부처님에게 선근을 심은 일이 있습니다. 그러므로 과거의 선인의 과보를 받아서 왕위에 오를 수 있었던 것입니다. 만약 과거세에서 대왕의 부친이 바친 공양을 제불 세존이 받지 않았다면 대왕의 부친은 이 세상에서 왕위에 오르지 못하였을 것입니다. 만약 국왕이 아니었다면 대왕도 부왕을 죽이려고 하지 않았을 것입니다. 이렇게 생각하면 부왕을 죽인 것은 대왕에게도 죄가 있고, 동시에 모든 부처님에게도 죄가 있을 것입니다. 만약 모든 부처님에게는 죄가 없다 한다면 대왕에게만 죄가 있을 이치가 없습니다."

부처님은 다시 아사세왕을 위하여 설법을 계속하셨다.

"과거세에 빔비사라왕은 큰 악심을 품고 비부라산에 사냥갔던 일이 있소. 아무리 다녀 보아도 잡을 것이 없었소. 여기저기 다니고 있던 중에 한 사람의 선인을 만났소. 그 선인을 보고 그의 악심은 분노로 변하였소. 그래서 오늘 내가 사냥을 못하는 것은 이 선인(仙人)이 새와 짐승을 퉁겨서 달아나게 한 까닭이로구나, 이렇게 망단(妄斷)함과 동시에 좌우에 명하여 그 자리에서 그 선인을 죽여버리고 말았소. 그런데 그 선인은 임종때 마음이 원한에 불타 있었기 때문에 오랫동안 수행한 결과로 얻어진 신통력을 잃어버리고, '나는 진실로 죄가 없다. 너의 하고 싶은대로 살생을 하였으니 내세에 반드시 너의 명을 해치리라' 하고 성내어 부르짖었소. 그러나 하등의 죄도 없는 선인을 죽인 선왕은 지옥에 떨어지지 않았소. 그렇다면 대왕만 지옥에 떨어질 리가 있을 수 없지 않겠소."

아사세왕은 생각하기를, '부왕이 죄가 없다고 할 수가 없다. 죄 있는 자는 죄보가 있고, 악업이 없는 자에게는 죄보(罪報)가 없다. 그러니까 선왕이 죄가 없으면 죄보를 받을 리가 없는 것이다. 선왕은 이 현세에서도 선과와 악과를 얻고 있다. 왕이 된 것은 선과이고 비상의 최후를 마친 것은 악과인 것이다. 선왕의 과보가 선악부정(善惡不定)인 것과 같이, 살해의 과보도 또한 부정이 아니면 안된다. 그러므로 살인죄는 반드시 지옥에 가는 것은 아니다.'고 했다.

설법은 계속되었다.

"대왕이여, 사람이 미친 결과 어떠한 악업을 지어도 그것은 죄라고 말할 수 없소. 대왕은 국왕이 되고 싶은 탐욕심에서 선왕에게 해를 가한 것이니 죄가 되지는 않는 것이오. 대왕이여, 술에 취한 사람이 어미를 죽였다 해도 만약 그 사람이 술에 깨어 크게 후회를 한다면 술에 취한 행동은 본심에서 한 일이 아닌 것이므로 죄가 되지 않는 것이요. 따라서 취한 사람이 어미를 죽인 죄보는 없는 것이 되오.

대왕이여, 마술사가 남자와 여자와 코끼리와 말과 영락(瓔珞) 등을 나타내어 보이면 범부는 진실한 것으로 생각하고 지혜 있는 사람은 진실이 아니라 생각하고 있소. 살해 또한 그렇소. 범부는 한 일의 결과만을 보고 진실이라고 생각하여 버리지마는 모든 부처님은 반드시 다 진실이라고 생각하지는 않소. 대왕이여, 다시 비유를 들어 말하자면 산과 골짜기에 메아리치는 아름다운 산울림을 어리석은 사람은 진실한 소리라고 생각하고 있소. 그러나 지혜 있는 사람은 진실이 아니라고 생각할 것이오. 살해에 대해서도 역시 그렇소. 어리석은 사람은 진실이라고 생각하고 지혜 있는 이는 진실이 아니라는 것을 알고 있소. 대왕이여, 살법(殺法)·살업(殺業)·살자(殺者)·살과(殺果) 등 해탈의 일은 내게는 모두 그 진상이 보이오. 대왕의 경우는 죄가 되지 않는 것이오.

 대왕이여, 여기 한 사람의 도둑이 있는데, 아침 해가 떠서부터 도둑질하고 달이 떠서부터 도둑질하여 해와 달이 져서는 결코 도둑질을 안한다고 하면 해와 달이 도둑질을 시켰다고 말하고 해와 달에게 죄가 있다고 말하겠는가? 대왕의 경우 또한 그와 같소. 위해는 대왕에 의해 행하여졌다고 해도 대왕의 죄는 없는 것이오. 대왕이여, 궁중에는 대왕의 명에 의하여 매일같이 수많은 양이 죽는데도 불구하고 별로 마음에 새기지도 않고 있소. 그런데 아버지를 살해한 일만을 두려워하고 있는 것은 어떤 이유인가? 물론 사람과 짐승은 높고 낮음에 차이가 있으나 생명의 안전을 도모하고 죽음을 두려워함에 있어서는 인간과 하등 다를 바가 없는 것이오. 그런데 양을 죽이는 일에 대해서는 두려움이 없고, 선왕에 대해서는 무거운 근심에 잠긴다는 것은 이유가 분명치 않소.

대왕이여, 열반이라는 것은 있다고도 말할 수 없고, 없다고도 말할 수 없소. 그와 같이 살해도 또한 유(有)도 아니고 무(無)도 아니오. 그러나 또 있다고도 말할 수 있는 것과 같이 살해도 또한 있는 것도 아니고 없는 것도 아니오. 살해했음을 참회하는 사람에게는 죄가 없으며 참회 없는 자에게는 죄가 있는 것이오.
　대왕이여, 내 육체는 무상(無常)이오, 무상의 인(因)에서 생겨난 육체이므로 상주할 이치가 없소. 육체가 그런 것과 같이 마음 또한 무상인 것이오. 그러므로 무상을 죽이면 상주(常住)의 열반이 얻어지는 것이요. 고(苦)를 죽이면 낙(樂)이 얻어지고 공(空)을 죽이면 실(實)이 얻어지며, 무아(無我)를 죽이면 진아(眞我)가 얻어지는 것이오.
　대왕이여, 나는 무상(無常)·고(苦)·공(空)·무아(無我)를 죽인 죄인인데, 지옥에 가지 않고 대왕만이 지옥에 갈 이치가 어디 있겠소."
　부처님이 긴 설법을 마쳤을 때, 아사세왕은 비로소 육체와 정신의 진상을 볼 수 있었다.
　"세존이시여, 나는 비로소 육체의 무상인 것과 같이 정신도 무상이라는 것을 알았습니다. 만약 이것을 좀더 일찍 알고 있었으면 죄업을 짓지 않았을 것을 내가 어리석었던 일이 애석합니다. 세존이시여, 나는 일찍이 제불세존은 중생을 위하여 부모가 된다고 듣고 있습니다. 이 일은 오늘까지 그 의미를 알지 못하였던 것인데 지금은 이해하게 되었습니다. 세존이시여, 일찍기 수미산은 금·은·유리·파리 등 4가지 보배로 되어 있다. 무리진 새들이 금 처소에 모이면 금색이 되고, 파리 처소에 모이면 파리색이 된다고 듣고 있었습니다마는 오늘까지 그 의미를 알지 못했습니다. 그런데 방금 부처님이 말씀하신 수미산에 와서 무상(無常)·고(苦)·공(空)·무아(無我)의 도리를 안 것은 그 빛을 같이한 것이라고 생각합니다. 세존이시여, 이란에서는 이란나무는 나지만 전단은 나지 않습니다. 부처님의 공경할 만한 것은 알지도 못하고 법(法)과 승(僧)의 존귀한 것도 알지 못하고 있었습니다. 오늘 내 마음속에는 삼보(三寶)에 대한 깊은 신앙을 가지게 되었습니다. 이것은 이란에서 전단이 생긴 것과 같다고 하겠습니다.

세존이시여, 만날 기회를 얻지 못했더라면 나는 대지옥고를 받았을 것입니다. 다행히 세존님을 만나 뵈옵게 되어 내 몸에 얻어진 무량의 공덕으로 중생의 번뇌와 악한 마음을 제도해야 되겠다고 생각합니다."

"대왕이여, 대왕이라면 반드시 중생들의 악심을 깨뜨릴 수 있을 것이오."

"세존이시여, 만약 내 힘으로 중생들의 악심을 깨뜨릴 수가 있다면 무량의 중생을 대신하여 길게 지옥고를 받을지라도 아무 한이 없겠습니다."

이때에 마갈타국 국민은 모두 보리심을 내었기 때문에 대왕의 모든 중죄는 차차 적고 엷게 되고, 그 다음엔 왕의 부인과 시녀들도 다 함께 보리심을 내게 되었다. 아사세왕은 기쁜 나머지 이 모든 것이 기바의 인도하여 준 덕택이라 진심으로 감사의 말을 했다.

"기바여, 나는 죽기 전에 천신을 얻었다. 단명을 버리고 장명을 얻었다. 무상신(無常身)을 버리고 상신을 얻었다. 그리고 부처님의 제자들 가운데 낄 수 있을 뿐만 아니라 또한 백성과 궁중에 있는 모든 사람들이 보리심을 내게 했다. 이것이 모두 너의 덕택인 것이다."

이리하여 아사세왕은 다시 게송으로 부처님을 찬미했다.

진실한 말씀, 묘하고 공교하다
권하시는 재주도 말하시는 재주도
깊고 깊은 비밀이 감춰진 그 속이
저는 알았습니다. 이란이란 것은 나의 신체입니다.
진단은 나의 마음입니다.
지금까지 중생을 위하여 열리시었네.

여러 가지 넓고 넓은 그 말씀은
중생을 위하여 말하옵시고
말씀 속에 가지가지 구족한 것은
중생의 병을 치료하셨네.

이 말을 듣는 사람은
어느 중생 깊이 믿고 어느 중생은
믿지 않고 있으니 그 마음 삼가서
불설(佛說)을 절실하게 알아봅시다.

모든 부처님법을 말할 때

큰 소리도 있고 부드럽고 연한 말도 있지만
귀착하는 곳은 제일의(第一義)라
깨닫는 길은 이밖에 없고
세존에게 귀의하는 마음에서이다.
큰 바다의 많은 물 같이
부처님 말씀은 일미(一味)뿐이라
제일의란 이것을 말함이고
무의(無義)란 말은 끊기 어렵네.

세존께서 앞에서 말씀하신 바
가지가지 묘한 그 법이야
지우(智愚)와 남녀의 다름이 없어
제일의 법을 모두 얻게 해 주시네.

대자대비하신 그 때문에
고행을 쌓아서 길을 닦고
이 세상 중생을 위하기 때문에
세존은 자부모가 되옵시었다.

그러면 세상의 모든 사람은
다 함께 마음 모아 불자(佛子)가 되자
불(佛)과 법(法)과 승(僧)의 모두에게
내가 지금 공양의 정성을 말한다.

내가 지금 얻은바 모든 것에
그 공덕 길이 회향하리라
삼보는 항상 세상에 주하여
우리에게 공양을 원하고 있네.
공양에 의하여 얻어진 바의
가지가지 공덕의 힘을 가져
세상의 여러 사람 번뇌가 되는
모든 악마를 쳐부수자.

우리들이 어리석게 악한 벗에게
끌려서 저지른 무거운 죄
세존 앞에 참회하여서
이 후엔 끊고서 다시는 안 지으리

세상의 모든 사람 다 같이 함께
보리의 길에 부지런히 나아가
마음을 정하게 또한 바르게
모든 부처님을 생각해 보세

세상의 중생과 모두 다같이
번뇌의 어두움을 쳐부수고
불성(佛性)의 그윽한 속속들이를
대지(大智)의 문수처럼 궁구해 보세.

아사세왕의 게송이 끝나자 불세존은 왕을 찬탄하셨다.
"대왕이여, 일체 중생에게 보리심을 일어나게 한 일은 그것 그대로가 모든 부처님을 장엄하는 일이 된다. 대왕이여, 대왕은 먼 과거세를 비바시불 때부터 보리심을 일으켰다. 그 후 아직까지 지옥고를 받아 본 일이 없었소. 대왕이여, 보리심이란 그처럼 중요한 것이오. 대왕이 오늘 이후로 보리심을 증장할 것을 생각한다면 무량의 악업은 반드시 소멸될 것이오."
아사세왕을 비롯하여 마갈타국의 백성들은 부처님을 세 번 돌고 사라쌍수의 부처님 앞에서 물러갔다.

□ 선성(善星) 비구

부처님 제자 가운데서 선성(善星)이라는 비구는 정말로 제도하기 힘든 자였다. 일찍이 부처님이 왕사성에 계실 때 그는 부처님 시중을 들고 있었다.
하루는 부처님이 제석천왕에게 설법하시는 가운데 제자된 자는 반드시 사장(師匠)이 취침하신 후에 자야 된다고 말씀하는 것을 들었다. 그러지 않아도 부처님의 오랜 설법에 염증이 나 있던 선성 비구는 이 말 한 마디에 더욱 속이 상해서 좋지 못한 생각까지 갖게 되었다.
그 당시 왕사성에는 어린 아이들이 울면 박구라(薄拘羅) 귀신에게 주어 버린다고 하여 울음을 그치게 하는 풍습이 있었다. 이 말을 생각해 낸 선성 비구는 부처님이 침실에 빨리 드시게 하려고 제딴에는 신중을 기해 말했다.
"세존이시여, 어서 빨리 선실에 드십시오. 박구라귀가 찾아옵니다."
"뭐라고? 이 어리석은 자야. 부처님에게는 두려울 게 없다는 걸 모르느냐?"
부처님을 놀라게 하려던 선성 비구는 도리어 부처님께 꾸중만 듣고 말았다.
그 곁에서 이 말을 듣고 있던 제석천왕(帝釋天王)은 한심한 생각이 들었다.
"세존이시여, 선성도 불법으로 제도할 수 있겠습니까?"
"제석이여, 모든 사람에게는 불성(佛性)이란 것이 있다. 불성이 있는 자는 제도되는 것이니까 선성과 같은 자도 마침내는 제도할 수 있으리라 믿는다. 그러나 선성은 지금 보다시피 설법을 들으려고 하는 태도가 조금도 보이지 않는구나."
한번은 부처님이 가시국(迦尸國)의 수도 시바부라성에 계실 때, 선성 비구는 전과 같이 부처님의 급사로 시중들고 있었다. 부처님이 성내에 걸식차 나가시면 수많은 사람들이 갈앙심(渴仰心)을 내어 모여 들었다. 아쉬운 대로 부처님의 발자취라도 보고 싶은 염원에서 지나는 길 양편마다 부처님께 절을 하며 발자취를 주시하고 있는 사람들로 인산인해를 이루었다.
그때 선성 비구는 부처님의 뒤를 따라가는데, 일부러 부처님의 발자취를 밟아 지우려고 하는 것이었다. 원래부터 선성 비구와 같은 자에게 지워질 발자취는 아니었지만 길가의 군중들은 결코 좋은 감정을 갖지 않았다.

얼마 안가 성내에 들어가시니 술집 옆에서 외도한 사람이 슬찌꺼기를 맛있게 먹고 있었다. 그것을 본 선성 비구는 매우 감심하여 급히 부처님께 말씀을 드렸다.
 "세존이시여, 세상에 나한이 있다고 한다면, 이 사람은 나한(羅漢) 중의 나한이라고 생각합니다. 이 사람은 무인무과(無因無果)라는 것을 말하고 있습니다."
 "이 어리석은 자야, 너는 항상 뭣을 듣느냐? 나한은 술을 먹지 않는다. 또 사람을 속이려고 하거나 속이는 일도 없다. 물건을 훔치는 일도 없으며, 물론 싸움도 하지 않는다. 그런데 그 사람은 현재 술찌꺼기를 먹고 있지 않느냐? 나한이라니 당치도 않는 말이다. 죽으면 지옥에 떨어질 사람이다. 지옥에 갈 나한이 있을 리가 없지 않느냐?"
 그러나 선성 비구에게는 도무지 납득이 되지 않았다. 또 부처님의 설법을 믿으려고 하지도 않았다. 또 이런 일도 있었다. 왕사성에 고득(苦得)이라는 외도(外道)가 있었는데 항상 다음과 같이 주장하는 것이었다.
 "중생의 번뇌에는 인(因)도 없고 연(緣)도 없다. 그러므로 중생의 해탈에도 인(因)도, 연(緣)도 있을 리가 없는 것이다."
 이 같은 고득 외도의 상투어를 귀담아 들은 선성 비구는 기회를 보아 부처님께 말씀드렸다.
 "세존이시여, 세상에 나한이 있다면, 고득은 나한이 있다면 고득은 나한 중의 나한이라고 생각합니다."
 "이 어리석은 자야. 고득 외도는 나한이 아니다. 그 사람은 나한이 어떤 것인지 모르고 있다."

"세존이시여, 어째서 나한은 나한에 대해 질투심을 일으키는 것입니까?"

"어리석은 자야, 나한이 나한을 질투한다는 게 무슨 말이냐? 그런 사견은 네가 마음대로 생각해 낸 것이다. 먼저 말한 바와 같이 고득은 나한이 아니다. 그는 오늘부터 7일 후면 복병으로 고생하다가 이 세상을 떠날 것이다. 그리고 죽는 즉시 식토귀(食吐鬼)로 태어날 것이다. 사체는 같은 동료들이 상여에 메고 가서 한림(寒林)에 버릴 것이다. 이렇게 된다는 것은 그 자가 나한이 아니라는 증거인 것이다."

평소에 나한이라 생각하고 고득 외도를 존경하고 있던 선성 비구는 부처님의 예언을 듣고 놀랐다. 그러나 그는 반신반의하면서 일부러 고득을 찾아서 부처님의 불길한 예언을 상세히 이야기한 후에 말에 힘을 주어,

"고득 노인이여, 부처님은 지금 말한 것과 같이 불길한 예언을 하고 있소. 당신은 심사숙고하고 있는 힘을 다해 석가의 말이 죄되게 해 주실 수 없을까요?"

고득 외도도 원래 부처님께 호감을 갖고 있지 않던 차에 자기에 대한 극히 굴욕적인 예언을 전해 듣고서는 어떻게 해서라도 부처님의 예언을 망쳐 놓음으로써 부처님이 망언의 죄에 떨어지게 해보려는 생각뿐이었다.

궁리 끝에 자기 병이 복병이라고 한다니까 그것은 단식만 하면 생기지 않을 병이라 생각하고 그 후 6일간 절식을 단행했다. 하지만 6일간의 절식은 생각했던 것보다 쉬운 게 아니었다. 7일째 되던 날 진한 꿀과 냉수를 먹었더니 심한 복병이 일어

나 그대로 절명하고 말았다. 숨을 거두자 동료들이 모여들어 지체를 상여에 메어 한림으로 운반했다. 그 후 얼마 안 있어 한 마리의 식토귀가 나와 시체 옆에 웅크리고 앉아 있는 것이었다. 선성 비구는 고득 외도의 죽음을 전해 듣고 곧 한림으로 달려갔다.

그곳에는 고득의 환생으로 보이는 한 마리의 식토귀가 고득의 시체 옆에 등을 꾸부리고 땅에 앉아 있었다. 선성 비구는 자기도 모르게 비명을 지르고 말았다. 더구나 그것은 뒤로 두세 발 물러서며 움직이는 게 아닌가? 이에는 선성도 입을 크게 벌리고 말았다.

"대덕(大德)이여, 죽었습니까?"

"그래, 죽었다."

"어째서 죽었습니까?"

"혹심한 복통으로 쓰러지고 말았다."

"누가 시체를 운반하였습니까?"

"같이 공부하던 동료들이다."

"그래서 어디로 가져 갔습니까?"

"어디냐고? 여기는 한림이 아니냐?"

"그래서 무엇으로 환생했습니까?"

"식토귀로 태어났다."

고득 외도의 시체는 다시 말을 계속했다.

"선성아, 부처님의 말씀은 선어(善語)·진어(眞語)·의어(義語)·법어(法語)인 것이다. 부처님은 모든 것에 실어(實語)를 하신다. 너는 어째서 그것을 믿을 수가 없는가? 만약 세상에 부처님의 참된 말씀을 믿지 않는 자가 있다면 그 자도 나와 같은 운명을 면할 수가 없을 것이다. 너는 지금 가슴에 손을 대고 반성할 때가 왔다고 생각하지 않느냐?"

 그러나 선성은 부처님의 예언이 적중한 것을 눈앞에 목격하면서도 더욱 부처님을 믿으려고 하지 않았다. 그뿐 아니라 부처님의 예언이 적중한 사실에 가벼운 반감까지 일으키며 부처님의 처소로 돌아왔다.

 "세존이시여, 고득 외도는 말씀하신 바와 같이 죽었습니다. 그러나 식토귀로 태어난 게 아니라 천상계에 태어났습니다."

 "이 어리석은 자야, 나한은 어디에 난다고 정해진 게 아니다. 고득이가 천상계에 날 이유가 없는 것이다."

 부처님은 자신만만한 말씀으로 선성의 흉계를 물리치고 사심을 뒤엎기에 충분했다.

 "세존이시여, 말씀하신 바와 같이 고득 외도는 천상계에 날 리가 없습니다. 현재 식토귀로 환생하여 왔습니다."

 "어리석은 자야, 부처님의 말씀에는 원래 두 말이 없는 것이다."

 "세존이시여, 고득 외도에 대한 불길한 예언을 들었을 때는 전연 믿을 수가 없습니다."

 세존은 말씀은 무엇보다도 사실로 입증되고 있으므로 앞으로는 바른 가르치심에 따르겠습니다."

 말은 그렇게 하지만 선성 비구는 그 사견을 용이하게 버릴 수가 없었다. 부처님이 알알이 진실한 설법을 들려 주셔도 완전히 믿지 않았다. 여러 가지 설법은 듣지만 그 설법의 일게(一偈),

일구(一句), 일자(一字)의 뜻과 이치를 이해할 수가 없었다.

 모처럼 선정을 얻어도 사견이 생기니 도로 퇴전해 버리므로 입버릇처럼 부처님을 비난하고 법을 부정하고 열반의 존재를 배척할 뿐만 아니라, 부처님의 여러 가지 예언과 미묘한 인간의 마음을 알아내는 것은 부처님이 술상을 터득하고 있으니까 이상할 것이 없다고 일소에 붙여버리는 것이었다. 그래서 부처님이,

 "내 설법은 초중후(初中后)를 통하여 선한 것이다. 그 말은 교묘하고 뜻은 정확하며 이야기는 꾸밈이 없는 것이다."

라고 말씀하시면 선성은 반발을 일으키는 것이었다.

 "세존께서 아무리 설법하셔도 나는 인과 같은 것을 입증할 수 없습니다."

 이렇듯 어디까지나 사견만 주장했다.

 선성이 이련선하에 있을 때 부처님이 가섭을 데리고 일부러 선성을 찾아오셨다. 그러나 선성은 부처님의 방문을 기뻐하지 않을 뿐 아니라 나쁜 마음을 가지고 부처님을 대하기 때문에 그대로 지옥에 떨어지고 말았다.

 "가섭아, 선성 비구는 일껏 불법의 무량보취(無量寶聚)에 들어갔으면서도 아무것도 깨닫지 못하고 조금도 얻은 것이 없었다. 그것은 스스로 태만한 탓도 있고, 나쁜 친구들 때문이기도 하다. 예를 들면 어떤 사람이 큰 바다 가운데서 보배를 발견하고도 방자하고 태만하기 때문에 조금도 손에 넣지 못하고 목숨까지 잃어버리는 것과 같은 것이다. 그러니까 그는 더욱 불민하게 생각하고 생각날 때마다 태만함을 경계해 주었는데도 어

떤 말도 들으려고 하지 않았다.

 가섭아, 원래 가난한 사람이 더욱 가난해지면 세상의 주목을 별로 끌지 않지만 큰 부자가 몰락하면 자연히 동정이 모이는 것이다. 선성 비구는 교법에도 통달하고 선정도 얻었지만 도로 퇴전한 것이다. 그러므로 불쌍한 마음이 들어 기회 있을 때마다 그를 위해 상당히 마음을 써 온 것이다.

 가섭아, 나는 옛날부터 선성에게 털끝만한 선근이라도 있는지를 찾아왔다. 그의 어딘가에 털끝만한 선근이 있다면 마침내 구제할 수 있다고 생각했다. 그러나 여태껏 찾아봤으나 종내 발견할 수가 없었던 것이다. 선성이 지옥에 떨어지리라 여기지만 이제 그를 제도할 방법이 없는 것이다."

 "세존이시여, 선성이 지옥에 떨어진다는 말씀이신데, 어째서 그런 예언을 할 수 있습니까?"

 "가섭아, 선성 비구는 많은 권속을 거느리고 있다. 그들은 스승인 선성을 나한이라고 굳게 믿고 있다. 그러므로 선성의 사견을 없애려고 온 힘을 다 기울였지만, 선성 자신이 조금도 협조해 주지 않기 때문에 지옥에 떨어지리라고 예언하는 것이다. 항상 말하지만 부처님의 말씀은 진실이요, 결코 거짓은 없다. 그러므로 지옥에 떨어진다고 하면 반드시 그렇게 되는 것이다.

 성문(聲聞)과 연각(緣覺)의 예언은 맞을 때도 있고, 들을 때도 있으므로 예언이 되지 않는다. 목련(目蓮)이 마가다국에 가뭄이 들었을 때 7일만 있으면 반드시 비가 내린다고 예언한 일이 있었다. 그러나 7일이 지나도 비는 내리지 않았다. 또 어느 마아(摩牙)가 임신했을 때 흰 소를 낳는다고 예언했는데 반대로 검은 소를 낳고 말았다. 그것은 남자라고 예언했는데 여자를 낳은 것과 다를 바 없는 것이다.

　가섭아, 선성 비구는 세상 사람들에게 선악의 행위에 대한 결과는 없는 것이라고 선전해 왔다. 그 때문에 선근이란 선근은 다 없어지고 조금도 남아 있지 않게 되었다. 가섭아, 나는 오래 전부터 선성 비구에게는 선근이 없는 것을 알고 있었지만 함께 생활하면서 그럭저럭 20년이라는 긴 세월을 같이 지내온 것이다. 꽃의 보람이 없는 선성같은 자는 내버려 두었더라면 하고 말할는지 모르나 만약 내가 돌보지 않았으면 그는 그것을 좋아라 하고 많은 중생을 헤매게 하여 모든 죄라는 죄는 다 짓고 말았을 것이다. 그래서 일부러 내 좌우에 가깝게 두고 그의 해독을 끝까지 막아 왔던 것이다."

□ 보은(報恩)의 길

　무이여래(無異如來)가 출세했을 때의 일이다. 지혜가 뛰어나고 5계(五戒)가 견고한 죄 없이 깨끗한 한 바라문이 있었다.
　한번은 볼일 때문에 다른 나라에 여행을 하게 되었다. 그는 동반하게 된 5백 명의 사람들과 어느 곳에서 하룻밤을 묵게 되었다. 그곳에는 5백 명의 도둑이 살고 있었는데, 그들은 이 여행자들에게 눈독을 들이고 있었다.
　도둑의 괴수는 동료 한 사람을 선발하여 행인들의 동태를 살피게 하고, 그 밤에 약탈을 결행하려 했다. 마침 도둑 중에 바라문과 오래 전부터 친분이 있던 자가 몰래 혼자 찾아와서 친절하게 위험을 알려 주었다.

"오늘 밤 초저녁에 당신들을 습격하려 하고 있네. 빨리 달아나게. 이것은 친구의 정으로 알려 주는 것이니까 다른 사람한테는 결코 말해서는 안되네."

바라문자는 친구의 말을 듣고 놀라움과 슬픔에 말도 할 수 없었다. 음식을 먹다 목이 멘 사람이 토할 수도 삼킬 수도 없는 것과 같이 놀란 눈만 껌벅껌벅할 뿐이었다. 하지만 생각은 착잡했다.

이 일을 동행하는 사람들에게 말을 하면 일단 화는 면하겠지만 가르쳐 준 친구는 목숨을 잃을 것이다. 그리고 살인한 사람들은 3악도(三惡道)에 떨어져 벌을 받지 않으면 안 될 것이다.

만약 내가 잠자코 있으면 도둑들은 동행인을 많이 살해할 것이다. 그리고 3악도에 떨어져 많은 고통을 받을 것이다. 이 생각 저 생각에 어떻게 결정을 짓지 못하고 있다가 최후로 결단을 내렸다.

그렇다. 나는 그 일에 방편을 세워야 한다. 나 자신을 버리고 중생을 구하기로 하자. 삼악도의 고생쯤은 아무것도 아니다. 마침내 이렇게 생각한 그는 칼을 휘둘러 도둑을 쳐 버렸다. 그것을 본 사람들은 이구동성으로 말했다.

"바라문자여, 당신은 보통 사람보다 우수한 지혜인이며 깨끗하고 착한 사람이다. 그런데 사람을 죽이다니 어찌된 일인가?"

이 말을 듣고 그는 부끄러움을 참지 못하여 땅에 꿇어앉아 합장하고 여러 사람에게 말했다.

"아, 나는 나쁜 일을 한 것이 아니다. 아는 여러분과 많은 사람들을 구하려고 살인한 것이다."

"살생을 하고 사람을 구한다고? 그것은 우스운 말이 아닙니까?"

"그렇습니다. 실은 이 사람은 도둑입니다. 여러분을 해치려고 해서 죽인 것입니다. 이것은 여러분을 무사히 집에 돌아가게 하고 싶은 마음에서 저지른 죄입니다. 나는 그 죄 값으로 지옥으로 떨어지더라도 달게 받겠습니다."

이 말은 들은 5백 명의 여행자들은 큰 소리를 내어 땅에 엎디어 울면서 희비가 엇갈렸다.

'천하에 생명보다 큰 것은 없다. 하물며 허물없이 죽는 것보다 두려운 게 또 어디 있겠는가? 그러므로 모든 중생들은 금·은·보화도, 나라도, 처자·의복·음식도 다 버리고 목숨을 보전하려 하는 것이다. 그런데 당신은 목숨을 버리고 우리들을 갱생시켰다. 우리는 무엇으로 이 무거운 은혜를 갚아야 할까? 이 은혜를 갚는 길은 오직 보리심을 일으키는 일 외에는 없을 것이다."

이래서 5백 명의 여행자들은 여기서 보리심을 일으켜 불도에 정진하게 되었다. 여행자들은 위험을 벗어나 모두 떠났다. 혼자 남은 바라문자를 에워싼 5백 명의 도둑들은 말했다.

"당신은 착한 사람인데 어찌하여 사람을 죽여 대죄를 지었는가?"

"나는 이 같은 큰 죄를 저질러서는 안되는 것쯤 잘 알고 있다. 그러나 많은 중생을 구제하기 위해서는 부득이한 일이었다. 당신네들의 몸과 목숨을 구하기 위해 이 사람을 죽인 것이다."
"농담은 집어치워라. 우리들의 동료를 죽여 놓고 우리를 위해서 한 일이라고?"
"그렇다. 나는 당신네들이 이곳에 있는 것을 알고 있었으나 아무한테도 말하지 않고 잠자코 있었다. 만약 내가 한 마디만 했더라면 당신네들의 생명은 안전하지 못했을 것이다."
이 말을 들은 도둑들은,
"그렇습니까? 우리들의 생명을 당신 덕택으로 구했습니다." 하고 기뻐하며 합장하고 바라문자에게 예배했다. 그리고 말을 이어,
"우리들은 이 은혜를 갚기 위해 무엇을 하면 좋을까요? 가르쳐 주십시오."
"여러분, 참 착한 마음을 내어 주셨습니다. 악한 마음을 모두 버리고 무상보리를 구하는 마음을 일으켜 주시오. 이것만이 진실한 보은의 길입니다."
그 말은 들은 도둑들은 바라문자의 말에 따라 '아뇩다라삼먁삼보리'의 마음을 갖게 되었다. 부처님은 다시 말을 계속했다.
"착한 남자들이여, 부처님의 은혜를 갚으려고 하는 이는 모든 중생을 한 사람의 아들처럼 생각해야 한다. 이 길만이 부처님에게 보은하는 길인 것이다."
이렇게 이야기하시는 동안 바라문자는 이들과의 전생의 인연이 있음을 깨닫고 그 인연으로 구겁을 건너뛰어 빨리 보리를 성취할 수가 있게 된 것이다.

□ 우바굴다존자(優波崛多尊者)

　마투라국(摩偸羅國)의 나다바다사(那嗲波嗲寺)에서 우바굴다존자의 대설법이 있다는 소문이 전국에 퍼졌다. 그날이 되자, 유명한 존자(尊者)의 일이라고 수십만의 군중이 모여 들었다. 부처님이 설법하실 때에는 청중들은 반월형으로 앉는 법이었다.

　지금도 그 예를 본받아서 앉게 한다. 부처님의 설법은 우선 시론(施論)・계론(戒論)・생천론(生天論)에 제불의 상법(常法)인 4성제(四聖諦)를 말씀하셨는데, 지금도 그 절차를 본받아 4성제를 하게 되는 것이다. 이것을 본 천상계의 마왕이 두려운 마음에 근심이 되어 이렇게 생각했다.

　"우바굴다존자는 곧잘 많은 사람을 모이게 한다. 그래서는 우리 같은 마의 소굴을 벗어나게 그들을 교화해 줄 것이 틀림없다. 그렇다면 큰일이다."

　한참만에 그는 무슨 적당한 생각이 떠올랐는지 손벽을 치며 좋아하는 것이었다. 옳다, 지금 내가 나가서 많은 청중의 마음을 흔들어 놓지 않으면 안된다. 이렇게 생각하고 그는 나다바다사를 향하여 떠났다.

　그는 돌연 우바굴다존자가 설법하는 도중에 금은 보배를 비오듯 뿌려 인심을 혼란케 했다. 한 사람도 4제(四諦)의 법을 들으려는 이가 없었다. 존자는 모든 사람들의 마음이 동요되는 것을 보고 누가 이런 장난을 하여 방해하는지 곧 알 수가 있었다. 2일째가 되어 사람들은 전날보다 배나 더 왔다.

　존자는 또 4제의 진리를 설명했다. 그러자 마왕은 진주와 갖가지 진기한 보물을 뿌리게 하여 인심을 혼란시키니 한 사람도 4제의 법을 듣지 않는 것이었다. 3일째에는 온 나라 사람들이 다 몰려 왔다.

 존자는 여전히 법을 설명했다. 그날은 마왕이 신통력을 발휘하여 선녀와 하늘나라의 춤과 음악으로 인심을 혼란시켰기 때문에 도를 얻지 못한 자들은 온통 여기에 정신을 빼앗기고 단 한 사람도 도를 얻은 자가 없었다. 이렇게 3일간이나 존자가 열심히 법의 맛을 알도록 노력했는데도 불구하고 한 사람도 도를 얻는 자가 없었기 때문에 마왕은 기뻐했다.

 존자는 나무 아래서 고요히 선정에 들어서 사유에 잠겨 그것은 누구의 장난이고 누구의 작희인지를 발견하려 했다. 그런즉 어느 새 존자의 머리 위에는 만다라화의 비가 내려 화만이 되었기 때문에 존자는, '아, 또 마(魔)의 작희로구나' 하고 생각했다.

 '악마는 4제의 설법을 어지럽히고 부처님의 정법을 방해하고 있다. 부처님은 왜 악마를 항복시키지 않을까?'

 그래서 그는 한때 부처님에 대해서 원한의 말씀을 올렸는데 다시 생각했다.

 '아, 이것은 결국 부처님의 도움이다. 이 우바굴다에게 반드시 악마가 항복하게 해 주시는 징조이구나.'

하며 자기의 기분을 돌려, '그렇다, 항복시킬 때는 지금이다' 하고 단단히 결심하여 세 가지의 시체를 모았다. 그것은 죽은 뱀과 죽은 개와 죽은 사람이었다. 이 보기 싫은 세 가지 시체를 신통력으로 곱고 아름다운 화환으로 꾸며 시침을 떼고 마왕의 처소로 갔다.

"먼저 번에는 내게 꽃다발을 주어서 두터운 호의에 깊이 사례하는 바이다. 이제 이것을 가지고 왔으니 받아주기 바란다."
마왕은 크게 기뻐했다.
"아, 우바굴다도 신통력에서는 나를 당치 못하는구나."
"그러면 모처럼 이렇게 가져 왔으니 감사히 받겠습니다."
하고는 목을 길게 늘여서 화환을 받았다. 죽은 뱀을 마왕의 머리에 매고, 죽은 개와 죽은 사람을 목 아래에 걸어 놓았다.
마왕은 기분이 좋아 매어 주는 꽃다발을 받고 있었다. 어쩐지 이상하게 썩은 악취가 났다. 문득 정신을 차려 보니 꽃다발이라고만 생각했던 것이 세 가지 썩은 시체인 데다가 구더기가 우글거려 악취를 참기 어려웠다.
용감한 마왕도 허리를 빼고 놀랐다. 마왕은 몸서리칠 정도로 완전히 질려 이렇게까지 하는 것은 무슨 까닭인가 하고 분해서 말하기를,
"우바굴다, 너는 어찌하여 내 목에 시체를 걸어 놓았는가?"
존자는 침착하게 대답했다.
"비구야, 꽃을 붙인다고 하는 것은 쉬운 일이 아니다. 그대는 잘 붙이고 있게. 그리고 그대 혼자서는 시체를 머리나 이마 위에 맬 수 없을 테니까 내가 매어 준 것이다. 그대의 힘으로 어떻게 해 보게. 그러나 이제 다시 그대는 불자와 싸우지 않는 게 좋으리라. 그렇지 않고 시력이 있으면 내 앞에서 아무렇게나 해 봐. 그러나 마치 큰 바다의 물결이 마라야산에 부딪쳐도 그 산을 조금도 움직일 수 없는 것과 같은 것이다."
말을 듣자 마왕도 자기의 힘으로 이 시체를 묻도록 노력해 볼

밖에 없었다. 그러나 도저히 되지 않았다. 마치 모기가 수미산을 움직이려 하여도 잘 움직여지지 않는 것과 같았다. 마왕은 머리털을 장대같이 일으켜 세우고 크게 성을 내어 춤추며 허공에 올라가,

"나는 내가 풀지 않았어도 제천들이 얼마든지 풀어 줄 것이다."

존자는 웃으면서 말했다.

"너는 범천·체석·비사문 마혜수라 등의 33천과 사천왕의 크고 잘난 제천들에게 부탁할 셈이지만 그들도 그것을 영구히 풀 수 없을 것이다."

마왕은 존자의 말을 듣지 않고 여러 천왕에게 풀어 달라고 부탁했다. 제천은 모두 이렇게 말했다.

"우리들은 안됩니다. 이것은 대성이 할 일이고, 우리들 범천의 손으로는 당치도 않는 일입니다."

어디를 가도 이렇게 말하므로 마왕은 이제 할 수 없이 최후로 범천왕에게 가서 울면서 간절히 애원했다.

"그것은 시방 세존의 제자가 하신 일인데, 우리 같은 약한 자는 도저히 할 수 없습니다. 태풍이라도 풀 수 없을 것입니다. 그 노끈을 구태여 풀려고 하는 것은 가는 연뿌리 실로 수미산을 잡아당기는 것과 같은 것입니다."

"그러면 범천이라는 천계 최상의 당신까지 못한다고 합니까? 그러면 대체 누구에게 부탁하면 좋겠습니까?"

하고 마왕은 울상이었다. 범천왕이 조금 있다가 마왕에게 말했다.

"그것은 우바굴다존자에게 귀의하여 풀어달라고 하는 외에

다른 수가 없습니다."
 이 말에 놀란 얼굴을 하고 있는 마왕을 내려다보고 범천왕은 말을 계속했다.
 "땅에 쓰러진 자는 땅을 의지하여 일어나는 것입니다. 만약 존자에게 귀의하지 않으면 당신의 천상락도 당신의 명예나 지위, 존귀 일체의 즐거움도 전부 파괴되고 말 것입니다."
 범천왕의 지성스러운 이 설유를 따라 그러한 마왕도 이제는 반성할 때가 왔다.
 "부처님의 힘을 어떻게 하면 헤아려 볼 수 있겠습니까? 만약 부처님이 내게 괴로움을 더해 주시려면 나는 어떻게라도 할 수 없을 것입니다. 그러나 대자대비의 가련해 하는 마음이 있으니까 나 같은 자에게도 괴로움을 더해 주지 않으실 것입니다. 오늘에야 비로소 깨달은 것은 부처님은 대비를 구족하고, 대자를 성취하고, 참의 해탈을 얻으신 분이라는 것입니다. 나는 무명 때문에 장님이 되어 처처에서 부처님을 괴롭게 하였습니다. 그렇지만 부처님은 자비가 평등이시고 일찍이 내게 악언을 가하신 일이 없었습니다."
 마왕은 다시 범천왕의 설유에 의하여 완전히 교만한 마음을 버리고 우바굴다존자에게 가서 5체(體)를 땅에 던져 꿇어앉아 합장하고 존자에게 과거의 자기 허물을 참회했다.
 "존자시여, 당신은 부처님이 보리수 아래서 성도하신 때부터 열반에 이르기까지 내가 부처님을 몇 번이나 괴롭게 해드렸는지 아시겠지요?"
 "응, 너는 어떠한 일을 했다고 하는 것이냐?"

"옛날 부처님이 바라문의 마을에서 걸식하고 있었습니다. 그때 나는 마을 사람들의 좋은 마음을 버리게 하고 좋지 않은 마음을 가지게 해서 드디어 부처님은 밥을 얻을 수가 없었습니다. 또 기사굴산에서 신통력으로 만든 큰 소에게 5백 비구들의 철발을 깨뜨리게 한 일이 있었습니다. 그러나 그때 부처님의 철발은 날아서 허송으로 올라갔습니다."

이렇게 말하고 마왕은 다시 감개하여 말을 계속했다.

"그리고 또 어느 때는 용을 만들어 부처님의 몸을 7일 7야를 칭칭 감았습니다. 또 부처님이 열반에 드실 때 5백의 승차를 만들어 하수물을 흐리게 하여 부처님이 물을 마시지 못하게 한 일이 있었습니다."

하고 손가락을 꼽으면서,

"이것은 실로 두세 가지이고 몇 번인지 헤아릴 수 없을 만큼 여러 차례 많은 나쁜 짓을 하였습니다. 그럼에도 불구하고 부처님은 자비로써 대하시어 아직 악인으로 나를 경멸하거나 비방하시거나 한 일이 한 번도 없었습니다."

하면서 부처님을 찬탄하고, 다시 존어를 가만히 쏘아보면서 말했다.

"그런데 당신은 아라한이면서 자비심이 없어 천인 아수라 앞에서 사정없이 나를 욕되게 하였습니다."

하고 존자에게 맞서는 것이었다.

"마왕아, 그것은 네가 크게 어리석고 지혜가 없는 것을 가르쳐 주려는 것이다. 나는 성문이다. 부처님과 비교하는 것은 무슨 일인가? 그것은 격자를 수미산에 비하고 반딧불을 일월(日

月)에 비하며 물 한 방울을 큰 바다에 비교하는 것과 같은 것이다. 부처님의 대자대비는 성문(聲聞)으로 미치지 못하는 것이다. 부처님은 대자대비로써 너와 같은 장난꾼을 퇴치하실 것을 생각도 하시지 않는 것이다. 그러나 성문은 부처님과는 다르니까 너를 퇴치하게 된 것이다."

존자는 마왕에게 부처님과 성문과의 다름을 이렇게 설했다. 마왕은 또한 존자에게 물었다.

"내가 이런 나쁜 일을 했어도 항상 자비의 마음으로 해를 가하지 않으시는 것은 무슨 인연에서 그렇습니까? 무언가 부처님에게는 깊은 사념(思念)이라도 있는 것입니까?"

"그렇다. 실은 부처님께서는 나에게 너를 항복시켜서 부처님께 대해 믿고 공경하는 마음을 일으키게 하라고 하신 까닭이다. 그러므로 너를 지옥·아귀·축생의 3악도에 떨어지지 말고 또 처음부터 탓하지 않았던 것이다. 그래서 부처님은 신교 방편으로써 너에게 신심을 일으키게 하려고 하는 사념이니까 이 인연을 조금이라도 믿어서 부처님께 신심을 일으키며 반드시 열반을 얻을 수 있음은 틀림없는 일인 것이다."

존자는 더욱 그의 신심을 권하기 위해 말을 계속했다.

"이것은 쓸데없는 말인지는 모르나 네가 만일 부처님에게 대해서 조금이라도 신심을 일으킨다면 그 신심의 힘으로 옛날부터 가끔 저지른 나쁜 죄를 다 일일이 없앨 수 있을 것이다."

이 말을 들은 마왕은 신심이 함께 솟아올라,

"대자대비한 부처님은 보리수 아래에서 성도하실 때부터 열반에 이르기까지 그 자비하신 마음은 부모가 적자를 생각하시는 것과 같아서 내 허물을 근본에서부터 제거해 주십니다. 얼마나 고마우십니까?"
라고 말하면서 불법에 대해 기쁜 마음을 내어 합장 예배하고 존자에게,
 "존자님은 내게 환희심을 일으키게 해 주셨습니다. 이것은 존자님의 대은이라고 말하지 않으면 안되겠습니다."
하고 존자에게 감사했다.
 다시 마왕은 조금 기분이 나쁜 것같이 눈으로 쏘아보더니,
 "그만 이야기에 팔려 잊어버리고 있었는데, 아무쪼록 이 목에 달린 괴로운 물건을 풀어 주지 않으시렵니까?"
 "아, 그런가. 그것은 무조건 할 수는 없으니 우선 굳은 약속을 하기로 하자. 첫째 오늘부터 불법이 있는 한 비구를 괴롭게 해서는 안된다."
존자는 엄격한 태도로 말했다.
 "네, 말씀하신 대로 순종하겠습니다."
 존자는 다시 말을 부드럽게 하여,
 "둘째는 나를 위하여 부탁할 일인데 나는 이미 부처님의 법신은 받든 바 있으나 아직 부처님의 색신은 배수하지 못하였으니 나를 위하여 부처님의 색신을 나타내어 내게 애경의 마음을 일으키게 해달라는 말이다. 이것은 아주 좋은 일이다."
하고 존자는 마왕의 마음을 끓게 했다. 마왕도 마음으로 좋아했으나 짐짓,
 "내게도 조건이 있습니다. 그것은 내가 불신을 나타내면 당신이 내게 예배하는 것만은 삼가해 주셔야 하겠습니다. 만약 당신

이 예배하면 나는 자멸해 버릴 것입니다. 그것은 내게 그런 힘이 없는데 성인의 예배를 받으면 견디지 못하는 까닭입니다."

"알았다. 예배하지 않으리라."

이렇게 대답하자, 마왕은 안심하는 것이었다.

"잠깐만 기다려 주십시오. 지금 나는 수풀 속에 들어갈 것입니다. 나는 옛날 부처님의 모양으로 수라장자를 속인 일이 있습니다. 그때의 부처님 모양을 나타내려 합니다."

이에 그들의 약속은 훌륭하게 성립되었다. 존자는 마왕의 목에 걸린 3개의 시체 노끈을 풀어 주었다. 존자는 부처님의 모습을 마음에 새기고 있었다. 그런즉 수풀 속이 환하게 밝아졌다. 그 가운데 금빛 찬란한 광명이 눈부시게 32상 80종호를 갖춘 부처님의 상묘한 색신을 나타냈다.

그 좌편에는 사리불, 우편에는 목건련, 후면에는 아난이 따르고 그 주위에는 마하가섭, 아누누타, 수보리 등 1천 2백 50인의 대아라한이 추종했다. 그리하여 일동은 차츰 숲속에서 나와 우바굴다존자의 처소를 향하여 왔다.

존자는 환희하여 합장하고,

"아, 무상이다. 너에게 어찌 묘한 색신을 무너뜨릴 것이냐?"

하며 노래하고 무상천(無想天) 위의 구름에 파묻혔다. 부처님에게 한없는 추모를 표하고 더욱 부처님을 지극한 마음으로 첨앙하며 조금도 눈을 떼지 않고 마음으로 기뻐하며 또 노래를 계속했다.

안색은 연화와 같고

눈의 맑음은 진주와 같다
단정함은 일월에 지나고
기묘함은 화림(花林)보다 더하다.
담연(湛然)하기는 대해와 같고
동하지 않는 것은 수미산과 같다
천천히 걷는 것은 사자와 같고
돌아보는 것은 우왕(牛王)과 같다.

한량없는 백천만겁 사이에
신구의(身口意)의 업을 깨끗이 닦고
육도(六度)의 행을 두루 갖추어
이 승묘의 몸을 얻는 것이다.

보는 이들 모두 기뻐하고
원수와 적에게도 사랑은 있다
내 이제 여래를 친견하거니
어찌하여 공경하지 아니할소냐?

존자는 이렇게 노래를 마치고 오로지 염불한 나머지 자신도 모르게 오체를 땅에 던져 부처님 발 아래에 예배했다.
 깜짝 놀란 것은 마왕이었다. 먼저의 굳은 약속을 완전히 잊어버리고 말았기 때문이다.
 "존자는 어째서 그렇게 굳은 약속을 어기는 것입니까?"
 이 말을 듣고 비로소 존자는 얼른 일어나 말했다.

"무엇을 어겼단 말이냐?"

"존자는 예배하지 않는다고 하시지 않았습니까? 지금 오체를 땅에 던져 내 발 아래 엎디어 예배하지 않았습니까?"

"아 그랬던가? 무상 세존이 열반하신 후 벌써 세월이 많이 흘렀지만 부처님과 너무나 흡사했으므로 나는 부처님께 예배한 것이다. 내가 어찌 네게 예배할 리가 있겠느냐?"

"그렇지만 존자의 눈은 내게 꽉 붙어 나를 보고 있었습니다. 어찌 내가 예배하지 않았다고 말할 수 있습니까?"

하고 마왕은 지지 않고 대꾸했다. 그래서 존자는 마왕을 위하여 그 예배의 이유를 말했다.

"잘 들어 보아라. 나는 약속을 어긴 것도 아니고 또 너에게 예배를 한 것도 아니다. 비교해 말하자면 진흙과 나무로 만든 천상(天像)과 불상(佛像)과 같은 것이어서 이 우상에 예배한다는 것은 천신과 불존(佛尊)에게 예배하는 것이지 결코 진흙이나 나무에 예배하는 것은 아니다. 나도 또한 그와 같아 부처님에게 예배한 것이고, 너를 생각하고 너에게 예배한 것은 아니다."

이렇게 이치를 분별하여 말했다. 그렇구나 하고 수긍한 마왕은 다시 원형의 모양으로 변하여 존자에게 진심으로 예배하고 천상으로 돌아갔다.

나흘째 마왕은 천상계에서 다시 내려와 큰 소리로 널리 외쳤다.

"여러분, 부(富)와 낙(樂)으로서 인간계와 천상계에 태어났다고 생각하는 이나, 제일의 안온을 얻고자 생각한 이나, 여래의 대비 설법을 만나지 못한 이는 모두 우바굴다존자에게 가시오. 그리고 감사한 묘법을 듣고 일심으로 수행하는 것이 좋을 것이오."
 그리하여 마투라국의 남녀노소는 존자가 악마를 항복시켰다는 말을 듣고 백천만의 사람들이 구름과 같이 모여 들었다.
 그래서 존자는 사자좌에 올라가 모든 사람에게 각자 상응하게 갖가지를 설법하여 백천의 중생을 수다원도를 얻게 하고 1만 8천의 사람은 아라한 과(果)를 이루게 하였으며, 그 후에도 제도한 중생이 수없이 많았다고 한다.

□ 원숭이의 결가부좌(結跏趺坐)

 부처님이 마투라국(摩偸羅國)을 교화하실 때의 일이다.
 "아난아, 저기 보아라. 저기에 창창한 나무 수풀과 잇닿아 있는 산이 보이지 않느냐?"
 "예, 보입니다."
 "보인다……음, 저것이 유명한 우루만다산이다. 내가 열반한 후 1백년이 되면 상나화수라고 하는 비구가 나와 이 산에 국내 제일의 선사(禪寺)인 나다바다사(那嗲婆嗲寺)를 세울 것이다. 이 절에서 비구를 스승으로 추앙하고 출가하는 이가 있을 것이니 그가 바로 우바굴다(優波崛多)인 것이다."
 그때 마투라국의 진다가(眞多柯)는 불교를 대단히 싫어하여 왕왕 불교에 박해를 가했다. 우바굴다는 당시에 나는 새도 떨어뜨리는 아육왕에게 이것을 하소연하여 진다가의 불교 박해를 금지시키도록 했다는 사람이다. 부처님은 우루만다산 쪽을 바라보면서 다시 말을 계속했다.

"그것뿐이 아니다. 우바굴다가 교화하고 인도한 일은 실로 상상하기 어려운 것이다. 제자가 득도하면 네 치 정도의 가지를 만들어 이것을 석실에 던지게 하였는데 그것이 그 석실에 하나 가득 차게 되었다."

아난은 생각하기를, 제 아무리 우바굴다라 할지라도 그렇게 많은 사람들을 교화시킬 수 없을 것이라 하고 놀랐다.

"아니, 아니다. 놀랄 것은 없다. 우바굴다는 현세에서 많은 사람들을 화도할 뿐만 아니라 구원 무량겁의 과거세에 있어서도 또한 많은 사람을 교화시켰던 것이다."

아난은 점점 놀라 큰 눈으로 부처님의 말을 들었다.

"이제부터 너희들에게 그 옛날의 이야기를 들려주리라. 저 우루만다산의 한 쪽에는 5백 명의 연각(緣覺)이 수행하고 있었다. 다른 한 쪽에는 5백 명의 선인이 고행하고 있었다. 또 다른 한 쪽에는 5백 마리 원숭이가 살고 있었다.

어느 날의 일이다. 원숭이 왕이 5백 연각이 수행하고 있는 곳에 와서 무엇인가 모르게 기쁜 마음이 생겨, 아름다운 꽃과 맛난 과일을 그들에게 공양했다. 어느 때 연각들이 단정히 앉아서 사유삼매(思惟三昧)에 들어 있는데, 원숭이는 이것을 보고 첫번째 연각부터 차례로 절을 하여 그 땐 나중 연각의 말좌에 스스로 단정히 앉았다. 그렇게 하고서는 꽃을 따서 과일을 주어 가지고 와서 공양하는 것이 매일의 일과였다.

어느 날 원숭이는 5백 선인의 처소에 갔는데 거기에서는 각각 대고행을 수행하고 있었다. 가시 위에 누워 있는 이도 있고,

혹은 재 위에 누워 있는 이와 혹은 다리 하나를 들고 있는 이, 혹은 스스로 물구나무를 서고 있는 이, 오열(五熱)의 불에 몸을 지지고 있는 이 등이 여러 가지 고행을 하고 있었다. 원숭이는 이 모양을 보고 가시 위에 누워 있는 이에게 가서는 가시를 주섬주섬 주워서 말도 없이 갖다 버리고 갔다. 잿속에 누워 있는 이에게 가서는 재를 모아 멀리 버리고 말았다.

한손을 들고 있는 이에게 가서는 손을 끌어내려 주고 거꾸로 걸려 있는 이에게 가서는 그 줄을 끊어버렸다. 그리고 한 다리를 들고 있는 이에게 가서는 다리를 끌어내려 펴 주고, 오열의 불에 몸을 지지고 있는 이에게 가서는 그 불을 멀리 내어 버리고 말았다. 그리고 그 선인들 앞에서 결가부좌하고 있었다. 그래서 5백 선인들은 의논했다.

"원숭이는 지금 우리들의 하는 짓을 괴이하게 알고 있으니 우리들도 시험삼아 원숭이 흉내를 내어 보지 않겠는가?"

예전부터 원숭이가 사람 흉내를 내는 예가 있었으나 사람이 원숭이 흉내를 내게 된 것이다. 5백 선인은 공론하고 원숭이를 흉내내어 결가부좌하고 앉아, 한 가지로 사유를 깊이 하여 드디어는 선생없이 홀로 깨쳤던 것이다. 이것을 독각(獨覺) 또는 연각(緣覺)이라고 하는 것이다.

"우리들이 저 쓸데없는 고행을 버리고 이 높은 연각을 얻게 된 것은 저 원숭이가 가르친 바에 의한 것이다."

그래서 연각들은 모두 모여 의논하고 원숭이를 위하여 꽃과 음식을 공양하고 원숭이가 운명할 때에는 향목으로 화장하여 공양했다. 그때 원숭이가 바로 우바굴다였던 것이다.

□ 설산동자(雪山童子)

옛날 설산에 어떤 한 사람이 고행하고 있었다. 그는 설산동자라고 불리는 구도자로서 중생의 이익을 위해서는 자신을 희생하여 돌아보지 않고 온갖 고행을 닦고 있었다.

그는 이 세상의 모든 사정에 통하고 인생의 안과 밖을 철저히 보아서 사(死)의 고뇌가 어떤 것인가를 알고 있었으므로 설령 대지에 가득 찰 정도의 보배가 있어도 그런 물건은 거들떠 보지도 않았다.

그는 단지 도를 구하기 위하여 재산도, 처자도, 주택도, 노복도 버릴 뿐 아니라 천상세계도 원하지 않고 다만 도를 구하여 깨우침을 열어서 모든 중생들과 같이 참된 즐거움의 경계에 놀고 싶다는 것이 그의 희망이었다. 그러나 제석천은 이 설산동자의 법을 구하는 태도나 그 결심하는 정도에 의심을 품고 있었다. 제석천의 생각에는,

'세상에 부처가 출현하면 능히 모든 번뇌를 제하고 중생도 또한 이익되는 무량한 행복을 얻을 수 있겠으나 사실에 있어서 도를 구하는 사람은 있어도 부처된 사람은 절대로 없다. 보리심을 일으킨 자는 무수히 많지마는 조그만 장애라도 만나면 곧 주저앉고 마는 것이 보통이다. 영낙없이 물속의 달이 물이 움직이는 대로 흔들리는 것과 같이 보리심 또한 내기는 어렵고 그것을 무너뜨리기는 쉬운 것이다. 여러 사람들은 갑옷이나 투구나 지팡이 같은 무기로 몸을 튼튼하게 하고, 무시무시한 장식으로 적진을 향하여 나아가지마는 결국 적진에 다다라서는

공포에 질려서 퇴각해 버리고 마는 것이다. 세상 사람도 또한 굳은 보리심을 내었다고 생각하고 있으면 생사의 마구니를 만날 것이고, 최후의 운명인 보리심은 슬금슬금 없어져 버리는 것이 보통인 것이다. 그러니까 설산동자의 고행이라 하더라도 당장의 하등 괴로움도 없이 청정하게 정진하고 있지마는 아무리 해도 완전히 믿을 수가 없는 것이다.

 어디 한번 설산동자의 보리심을 시험해서 과연 대오(大悟)의 도(道)에 견딜 수 있는가, 없는가를 알아보자. 차에 두 바퀴가 있으면 운반하는데 쓸 수 있고, 새에 두 날개가 있으면 공중에 자유로이 날 수가 있듯이, 계(戒)를 갖기는 아무리 엄중해도 그 사람에게 정진의 지혜가 없으면 결국 아무것도 되지 않는다. 복혜(福慧)의 이행은 새의 두 날개와 같고 차의 두 바퀴와 같은 것이다. 또 비유하면 큰 물고기는 내장 속에 무수한 알을 가지고 있어도 그것이 모두 똑같은 물고기가 되는 것은 극히 드물다. 그와 같이 보리심을 일으키는 중생은 수없이 많지마는 그의 완성은 극히 소수에 불과하다.

 순금은 3종의 시험을 겪어서 진위를 정한다. 태워 보는 것, 체로 쳐서 보는 것, 갈아보는 것이 그것이다. 설산동자도 이 3가지 방법으로 시험해 보자.'

 제석천은 이렇게 생각했던 것이다. 제석천은 보기에도 무서운 살인귀, 나찰로 몸을 변하고 천궁에서 설산동자에게 내려왔다. 그리고는 설산동자 가까이 다가가 딱 버티고 섰다. 두려운 마음이 없고 용맹하고 건장하여 대적할 이가 없고, 청정한 목소리로 과거세에 부처님이 말씀하신 게송을 소리 높여 외었다.

제행(諸行)은 무상하나니
이것이 생멸(生滅)의 법이니라.

 무서운 형상의 나찰은 이렇게 반게(半偈)를 외고 사방을 돌아보았다. 고행자는 이 반게를 듣고 기쁜 마음을 비할 데 없었다. 마치 여행하는 사람이 깊은 산에서 동반자를 잃고 공포에 떨면서도 동반자를 찾아서 어두운 밤에 헤매다가 다시 동반자를 만난 것과 같이, 또 긴 병으로 신음하고 괴로워하는 병자가 명의(名醫)를 만난 것과 같이, 또 바다에 빠져 허덕이는 사람이 갑자기 거기서 벗어나게 된 것과 같이, 오래오래 감옥에 있던 사람이 갑자기 석방된 것과 같이, 또 나그네가 빨리 집에 돌아온 것과 같이, 고행자에게는 이 모든 예보다 더 큰 기쁨이 온 것이었다.
 고행자는 자리를 차고 일어나서 사방을 돌아보고 외쳤다.
 "반게의 글을 누가 왔는가?"
 고행자는 사방을 보았지만 거기에는 무서운 나찰 외에 아무 그림자도 없었다. 고행자는 생각하기를,
 '대체 누가 이와 같은 해탈의 문을 열어 주는 것일까? 세상을 모르고 생사계에 모두 잠들고 있는데, 홀로 잠이 깬 사람이 있어 이와 같이 게송을 말한 것이겠지. 중생에게 무상의 도를 발한 이는 누구일까? 생사의 바다 가운데 대선사는 누구일까? 중생의 번뇌 병을 치료해 주는 명의는 누구였을까? 누가 반게를 말하여 자기 마음에 깨움의 광명을 던져 마음속에 연꽃 봉오리를 활짝 피게 해 주었을까?'

아무리 봐도 나찰 외에는 아무도 없었다.

'혹 나찰이 말한 것일까? 하지만 이렇게 무서운 자가 이와 같은 게송을 말할 리가 없다. 물 속에서 연꽃은 피지 않는다. 햇빛이 뜨겁게 내리쬐는 곳에 있는 물이 차가울 리가 없다. 그러나 한걸음 물러나서 생각해 보면 자기의 지혜가 없기 때문에 이 나찰이 말하였는지도 모른다. 나찰은 과거에 있어서 모든 부처를 만나 법을 들은 일이 없다고는 말할 수 없으니까.'

그는 이렇게 생각했기 때문에 어쨌든지 나찰에게 물어 보기로 했다.

"대사, 나는 어느 곳에서 과거 부처님이 말하신 그 반게를 얻어 들었는가? 그 반게의 뜻은 과거·현재·미래의 3세(世)를 일관한 제불 세존의 정도인 것이다. 모든 세간의 무량중생은 항상 집견(執見)의 그 물에 덮이어 일생을 외도의 법속에서 지내면서 아직 이와 같은 과거 부처님이 말하신 공의 교훈을 귀로 들은 일이 없었던 것이다. 그런데 대사는 어느 곳에서 그 반게를 들었는가?"

"대바라문아, 그런 소리는 들을 만한 것이 못된다. 나는 벌써 며칠 동안 먹을 것을 얻지 못하여 단식하고 있다. 매일 밤 여기 저기 얻어먹으려고 애써 보았으나 조금도 먹을 것을 얻지 못했다. 지금 기갈이 아주 심하기 때문에 마음이 어지러워 헛소리를 함부로 지껄인 것이다. 내가 알아서 한 소리가 아니다."

"대사여, 만약 나를 위하여 게문(偈文)의 전부를 말하여 준다면 나는 종신토록 너의 제자가 되겠다. 먼저 것만 말해서는 불완전하여 뜻도 다하지 못한 것이다. 게도 중도에서 그치고 그 뒤를 말하지 않는 것은 무슨 까닭인가? 세상에서 재시(財施)의 복덕에는 한도가 있으나 법시(法施)의 복덕은 측량할 수 없는 것인 줄 안다. 나는 겨우 반귀를 들었는데도 감사함을 금치 못하고 있는데, 뒤의 남은 반게를 말해 준다면 종신 제자가 되어 일해 드리겠으니 사양치 말고 말해 주기 바란다."

"대바라문아, 너의 밝은 지혜가 두려웠다. 그러나 자기만 생각해서는 안된다. 나는 먼저도 말했지만 주림에 지쳐서 말할 수 없구나."

"대사여, 무엇을 먹겠는가?"

"내가 말하는 것을 들어 줄 리 없을 것이다. 그런 말을 하면 사람들은 무섭다고 할 뿐이니까."

"사람을 무섭게 한다고 하나 여기는 나 이외에는 아무도 없지 않느냐? 나는 아무 것도 무섭지 않다. 무엇을 먹는가를 말해 봄이 어떠하겠는가?"

"그러면 말하겠는데 실은 내가 먹는 것은 사람의 살코기다. 그리고 마시는 것은 사람의 생혈이다. 나는 참으로 박덕한 자여서 단지 인간의 혈육만 먹고 산다."

그렇게 말하고는 다시 이어,

"그러나 세상 사람들은 복과 덕을 갖추고 있는 외에 제천의 수호도 있어서 내 힘으로는 죽여서 먹을 수가 없구나. 오늘도 역시 종일 먹이를 찾아 헤매고 있지만 아직 내 손에 들어오지 않아 기갈을 못 견디고 있는 중이야."

"대사(大士)여, 이야기는 잘 들었다. 어쨌든 남의 구절을 말해 주면 내 육체를 공양하겠다. 내가 설령 천수를 온전히 했다고 하여도 죽은 뒤의 육체는 호랑이나 이리 등의 밥이 될 것이다. 이제 다행히 깨달음의 도를 구하기 위해 이 견고치 못한 육신을 버리고 견고한 몸을 얻으려고 하는 것이다."
"그러면 겨우 여덟 글자 때문에 육체를 버리려고 하는 것이냐? 말은 그렇게 하지만 아무도 믿을 사람이 없다."
"아, 너는 무지하고나. 기와 한 장을 버리고 칠보를 얻을 수가 있다면 누구든지 기와 한 장을 버릴 것이다. 나는 견고하지 못한 몸을 버리고 금강신을 얻으려고 하는 것이다. 너는 내 말을 믿을 수 없다고 하나 훌륭한 증인을 세워 보아라. 대범천왕 및 사천왕이 잘 증명해 줄 것이다. 또 천안을 갖춘 모든 보살들도 보증해 줄 것이다. 또한 중생을 이롭게 하는 시방의 제물도 증명해 주실 것이다."
"네가 정말 그 몸을 버리려고 한다면 뒤의 남은 구절을 설명해 주리라."
설산동자는 나찰의 말을 듣고 구도의 희망에 불타고 있었다. 그래서 우선 몸에 걸치고 있던 옷을 벗어 나찰을 위하여 법좌를 마련했다.
"아무쪼록 이 자리에 앉으시오."
설산동자는 합장하고 무릎을 꿇고 일심으로 법을 구했다. 그래서 나찰은 엄숙히 남은 구절을 말했다.
"생멸(生滅)이 멸하여 마치면 적멸(寂滅)이 낙이 된다."
이렇게 말하고 나찰은 약속과 같이 설산동자의 육체를 요구했다.
"대바라문이여, 너는 이미 게송을 구족하게 들었으니 약속과 같이 내게 육체공양을 베풀지 않겠느냐?"

설산동자는 이미 각오한 일이라 육체의 공양에 주저할 필요가 없으나 자기가 이대로 죽어버려서는 다른 사람에는 아무 이익도 되지 않는다.

'제행무상(諸行無常) 시생멸법(是生滅法) 생멸멸기(生滅滅己) 적멸위락(寂滅爲樂)'의 이 일게(一偈)를 세상에 길이 전하고 싶다고 생각하고, 그 근처의 암벽이나 나무 등 손길이 닿는 대로 이 게송을 써 놓고는 다시 죽은 후 몸이 드러남을 두려워하여 옷을 입고 높은 나무에 올라갔다. 수신(樹神)은 무엇때문에 설산동자가 나무에 올라왔는가를 알지 못했다.

"그대는 어쩌려고 이러는가?"

"나는 이 육체를 버려 게송에 보답하려 한다."

"단지 1계 16자에 그만한 가치가 있는가?"

"그렇고말고. 이 1게는 단지 16자뿐이지마는 과거·현재·미래의 3세를 통한 모든 부처님의 교설이다. 나는 이 법을 위하여서는 죽어도 좋다. 전륜성왕이나 제석천이나 대범천왕이 되고 싶은 것이 아니다. 다만 원하는 것은 일체 중생을 이익되게 하려는 일념으로 여기서 몸을 버리는 것이다."

설산동자는 나찰과의 약속을 이행하려고 땅으로 몸을 던졌다. 그런데 설산동자의 몸이 아직 땅에 떨어지기 전에 나찰(제석천)은 공중에서 동자의 육체를 손으로 받아 평지에 사뿐히 내려 놓았다.

"아, 참으로 보살이다. 무량한 중생을 이롭게 하고, 무명의 어둠 속에 대법의 횃불을 태우려고 하는 외에 아무것도 구하는 바 없는 보살을 내가 괴롭게 한 것도 필경에는 부처님의 대법을 사랑하는 까닭이었습니다. 아무쪼록 내 참회를 들어 주시고 미래의 깨침을 얻을 때에는 구제해 주시기 바랍니다."

반게를 위하여 몸을 버린 설산동자는 지금의 석존이시다.

□ 왕도(王道)

어느 때 우진대왕이 부처님을 방문했다.
"세존이시여, 요사이 어느 사문과 바라문이 내게 와서 내 허물을 면전에서 책하였습니다. 그러나 나는 내 과실이 아니라고 생각하였기 때문에 아무리 욕하여도 폐부를 울리지 아니하였습니다. 또, 요사이는 어느 사문과 바라문에게서 비상한 칭찬을 들은 일이 있습니다. 그러나 조금도 기쁘게 생각지 않았습니다. 그것은 과히 칭찬할 가치가 없는 것이라고 나는 생각하고 있었기 때문입니다. 그래서 나는 어느 날, 사람을 멀리 피해 가서 고요히 생각하여 보았습니다. 그것은 진실한 공덕과 진실한 과실은 어떻게 하면 알 수 있는가?

만약 그 일만 알면 사람은 기뻐하면서 과실을 버리고 공덕을 닦을 것이다. 그렇다 하여도 사문이나 바라문으로서 진실한 과실과 공덕을 잘 알고 나를 위하여 법을 설명해 줄 사람이 있겠는가? 세존께서는 일체 지자이시고 일체 견자이시니 진실한 과실과 공덕에 대해 잘 알고 계심에 틀림이 없을 것이다. 세존을 찾아가서 이 일을 여쭈어 보자고 생각하고 오늘 찾아온 것입니다. 세존이시여, 앞에서 말씀올린 바와 같이 왕의 진실한 과실과 왕의 진실한 공덕은 무엇이겠습니까? 아무쪼록 이것을 말씀해 주십시오."

"대왕이여, 잘 알았습니다. 그러면 이제부터 왕의 과실과 왕의 공덕, 또 왕의 쇠손문(衰損門)과 왕의 방편문(方便門), 왕의 가애하는 법의 5가지에 대해서 이야기 하겠습니다."

"먼저 왕의 과실은 거의 10가지로 나누게 되오. 이 10가지 과실이 있으면 아무리 국고가 가득 차 있고 보좌하는 어진 신하가 있고, 또한 대군이 있을지라도 왕은 결코 왕으로서 직분을 다할 수 없다고 생각하오. 그 10가지는 다음과 같소.

1. 품성이 높지 않음
2. 자재(自在)를 얻지 못함
3. 성품이 포악함
4. 사나운 분발
5. 은혜가 박약함
6. 간사하고 아첨하는 말을 들음
7. 소작(所作)의 은혜를 잊어버림
8. 선법을 돌아보지 않음
9. 차별을 알지 못함
10. 방종함

좀더 구체적으로 말하면,
1. 왕의 품성이 높지 않다는 것은, 국왕의 혈통이 천하고 존귀한 종족이 아님을 말한 것이 아니라, 타고난 성품이 고결하지

못하다는 것임을 말한다.

2. 왕이 자재(自在)를 얻지 못한다고 하는 것은, 왕위를 차지하고 있으나 매사에 대신이나 국사·군관들 때문에 국왕으로서의 행동을 자유로이 하지 못하는 경우이다.

3. 왕의 성품이 포악하다고 하는 것은, 신하들에게 조그만 잘못이 있을 경우에도 면책하거나, 혹은 난폭한 말을 하거나, 혹은 고함을 지르고 분격해서 대면을 거절하고 다른 사람들이 있는데도 그를 꾸짖어 내쫓거나 또는 정도를 넘어 내심에 분노를 감추고 원한을 오래 품는 것 등이다. 즉 대면(對面)의 포악, 배면(背面)의 포악, 분노의 포악, 장구(長久)의 포악 등 모두 다 왕의 포악에 속한다.

4. 왕의 사나운 분발이라는 것은, 신하에게 작은 과실이나 혹은 무엇인가가 잘못된 것이 있을 경우, 그 녹봉을 깎거나 처첩을 빼앗거나 중벌을 과하는 것 등 왕의 사나운 분발이라고 한다.

5. 왕의 은혜가 박약하다고 하는 것은, 군신의 공봉(供奉)이나 경위, 기타의 점에 대해서 상당한 가치가 있을 경우에도 체면치레로 조금 위로하고 많은 상금을 베풀지 않는 것을 은혜가 박약하다고 하는 것이다.

6. 왕이 간사하고 아첨하는 말을 듣는다고 하는 것은, 신하들 중에도 탐욕이 많은 자나 붕당(朋黨)에 치우치는 자, 모반을 품은 자, 선정을 행하지 않는 자, 이러한 무리들의 말을 신용하는 것은 나라 일을 자못 그르칠 우려가 있다. 이런 신하의 말을 잘못 들으면 왕이 간사하고 아첨하는 말을 듣는다고 하는 것이다.

7. 왕이 소작(所作)의 은혜를 잊어버리고 의례 규칙에 순응하

지 않는다는 것은 잘 고찰할 만한 일을 고찰하지 않고 신하들을 부리는 경우에 있어, 일을 감당하지 못하는 자에게 위임하고, 위임할 자에게는 위임하지 않으며, 상줄 만한 자에는 벌하고, 벌할만한 자를 상을 준다. 회의를 열어도 신하들의 의견을 막으며, 언의(言意)를 차단하는 것은 신하들이 군왕을 공경하지 않게 되기 쉽다. 이것을 소작함을 생각지 않고 의칙(儀則)에 순하지 않는 것이라 한다.

 8. 왕이 선법을 돌아보지 않는다고 하는 것은, 이 세상만 있는 것을 알고 저 세상이 있음을 믿지 않으며, 미래의 과보를 믿지 않으므로 치욕을 알지 못하고, 심정이 움직이는 대로 악행을 짓는다고 하는 것이다. 이것이 왕이 선법을 돌아보지 않는 것이다.

 9. 왕이 차별을 알지 못한다는 것은, 충신이 아닌 것을 충신이라 생각하고, 충신을 충신으로 생각하지 않으며, 악한 지혜를 착한 지혜라고 믿는 결과 상벌을 마땅하게 행하지 않고, 군신 사이에는 투쟁이 일어난다. 그렇기 때문에 국왕의 위엄도 아주 없어지는 것이다. 이것이 차별을 알지 못한다는 것이다.

 10. 왕이 전혀 임무를 소홀히 하고 오로지 방일하면 오욕(五慾)의 환락에 탐닉하여 정말 할 일을 하지 않는다. 이것을 방종한 행동이라고 한다.

다음은 왕의 10가지 공덕에 대한 것이다.
 1. 품성이 고상함
 2. 매우 자재(自在)로움

3. 성질이 포악하지 않음
4. 분발이 경미함
5. 은혜가 풍부함
6. 정직한 말을 잘 들음
7. 소작(所作)을 마땅하게 잘 생각하고 의칙을 잘 지킴
8. 선법(善法)을 잘 돌아봄
9. 차별을 잘 알아서 함
10. 임무를 소홀히 하지 않고 방일을 행하지 않음

앞에서 말한 왕의 10가지 허물에 비교해서 알면 될 것이다. 그리고 국왕이 이 공덕을 체득하게 되면 국고가 비었어도, 보좌하는 현명한 신하가 없어도, 군비가 없어도, 훌륭하게 국왕으로서의 위엄을 갖게 되는 것이다.

다음은 왕의 쇠손문(衰損門)이 있는데 여기에는 5가지가 있다.
 1. 국왕이 여러 신하를 쓸 경우에 그 특색과 결점을 조사하거나 또한 깊이 생각지도 않고 총애하지 못할 자를 총애하고 감당하지 못할 작록(爵祿 : 벼슬과 포상)을 주는 경우.
 2. 은상(恩賞)의 부당과 행위의 부실은 비유하건데, 국왕이 여러 신하의 장단점을 관찰하여 등용했다 해도 충신과 지혜 있는 자를 총애하거나 작록도 주지 않고 기밀에도 참여시키지 않다가 일단 적국의 공격을 받았을 때 국가가 위급한 때를 당하여 부르면 그것은 아무 공과도 없을 뿐 아니라 도리어 여러 신하는 왕이 위급할 때만 부른다는 것은 아무래도 길게 못간다 생각하고 충성도 은혜도 나타내지 않는 수가 있다.

3. 방일해서 임무를 생각하지 않는다는 것은, 왕이 자기 마음대로 다른 일에 탐닉한다든가 혹은 지혜 있는 신하와 의논해야 할 일을 왕의 마음대로 적당히 처리하는 것이니 이것이 왕의 방일이라는 것이다.

4. 부고(府庫)를 지키지 않는다고 하는 것은 국왕이 국가적 사업을 성실히 하지 않거나 혹은 사업의 경영을 그릇치거나 혹은 상업을 돌보지 않고, 오락에 빠지거나 혹은 장기와 바둑 등 잡기에 빠져 국고를 무리하게 탕진하는 것을 말한다.

5. 범행을 닦지 않는다는 것은 국왕은 유화(柔和)·순질(淳質)·청혜(聽慧)·변재(辨才)·해탈(解脫)·무해(無害)의 낙에 정통한 사문이나 바라문의 처소에 가끔 출입하여 무엇이 선이며, 무엇이 불선이며, 무엇이 죄이며, 무엇이 무죄인가를 끊임없이 물어야함에도 불구하고 이런 일을 게을리 하며 방종한 생활에 빠져 있는 것이니, 이것이 왕이 범행을 닦지 않는다는 것이다.

만약 국왕이 이상 5가지 쇠소문을 범하면 그 왕은 현세와 미래에 걸쳐 비상한 궁지에 빠질 것이다. 즉, 앞의 4개조는 현재의 복리를 물리치고 최후의 6개조는 후세의 복리를 물리치는 일이 되는 것이다.

또 왕의 방편문(方便門)에도 5가지가 있다.
 1. 잘 관찰하여 군신(君臣)을 섭수(攝受)함
 2. 능히 때를 맞춰서 은혜와 묘행(妙行)을 함
 3. 방일함이 없이 오로지 일을 생각함

4. 방일함이 없이 국고를 잘 지킴
  5. 방일함이 없이 오로지 법행(法行)을 닦음
 이 5가지는 앞의 쇠손문의 반대이니 비교해서 알 것이다. 그리고 이 방편문에 통달하면 현세와 미래에 걸쳐 왕의 복리는 증진한다.

 다음은 왕의 가애(可愛)의 법인데 여기에도 5가지가 있다.
 1. 세상의 경애
 2. 자재(自在)의 증상(增上)
 3. 원적의 굴복
 4. 몸의 섭양
 5. 악을 피하고 선을 행함

 왕이 사랑하게 하는 것에도 5가지가 있다.
 1. 세상을 은혜로 기름
 2. 용기가 구족(具足)함
 3. 방편을 잘 사용함
 4. 바르게 경계를 받음
 5. 힘써 법행(法行)을 닦음

 좀 더 구체적으로 말하면,
 1. 세상을 은혜로 기른다는 것은, 왕의 사람됨은 먼저 만족함을 아는 것이 제일이다. 재정상의 일에 대해서도 외람되게 탐착하는 일이 없이 아무쪼록 재산의 축적에 힘쓰고, 또 다른 한

편으로는 국고를 열어 빈궁한 자에게 베풀어 주고 불우한 자에게 베풀어 주기를 잊지 않으며, 또 때를 맞추어 작록을 주고 또 감당하지 못할 만한 중책을 신하에게 지우지 않으며, 위법을 행한 자도 용서할 만한 것은 용서하고 용서하지 못할 것은 죄를 주어 하등의 정실을 두지 않는 것이다.

 상벌을 마땅하게 행하는 것이 세상을 은혜로 기른다는 것이다.

 2. 왕의 용기가 구족하다고 하는 것은, 국왕은 국책 수행상 게으름이 없고 무략(武略)이 풍부하여 항복하지 않는 적은 처벌하고 항복하는 적은 이것을 보호하며, 상을 줄만한 것은 상을 주고, 처벌할 것을 처벌하여 그 처지를 잘 요리하는 것을 영웅이 구족하다고 한다.

 3. 왕이 방편을 잘 사용한다고 하는 것은, 국왕은 국무 처리상 강력한 붕당을 길들이는 방편 수단을 밝게 알아서 능히 원수와 적을 굴복시켜야 될 것이다.

 4. 왕이 바르게 경계를 받는다고 하는 것은 국왕은 항상 국고의 증감을 헤아려 사치하지 않고 인색하지 말며, 모두 다 평등으로 처리하고, 재물을 정당하게 받고 정당하게 쓰기를 잊지 말며, 또 음식도 항시 절제하고 주의해서 적당한 분량을 잊지 말며, 또 흥분할 일이 있어도 힘써 이것을 피하고 좋은 것만 자기가 먹고 좋지 않은 것을 남에게 준다고 하는 것은 있을 수 없는 일이다. 이것이 바른 경계를 받는다고 하는 것이다.

 5. 왕이 힘써서 법행(法行)을 닦는다고 하는 것은 정신(淨信)·정계(淨戒)·정문(淨聞)·정사(淨捨)·정혜(淨慧)를 구족

하는 것을 의미한다. 정신을 구족한다는 것은 내세를 믿고 정업과 부정업의 결과를 믿는다. 즉 인과율을 믿고 깊이 불법을 믿는 일을 말한다. 믿음에 정계(淨戒)를 구족한다는 것은 살생과 음욕·사행·망어·음주와 같은 행위를 멀리하는 것을 의미한다.

다음에 정문(淨聞)을 구족한다는 것은 현세와 미래의 일을 밝게 알고 스승의 말을 잘 들어 통찰하는 것을 의미한다. 또한 정사(淨捨)를 구족한다는 것은 대중 가운데 있어도 마음을 청정하게 가져, 간사함을 피하고 기쁜 마음으로 베풀어 주고 즐겨 주며, 보시는 평등하게 할 것을 말하는 것이다.

다음에 정혜(淨慧)를 구족한다는 것은, 사실과 같이 그 진상을 잘 파악하고 선과 불선·유죄 또 흑백을 잘 가리어 일시는 실념(失念)하고 악견(惡見)에 떨어지는 일이 있어도 곧바로 깨닫고 국왕으로서의 행동에 모자람이 없도록 하는 것이니 이것이 정혜를 구족하는 것이다.

이상 5가지는 사랑할 만한 법을 끌어냄과 동시에 왕의 현세, 미래를 이롭게 하는 것이다.

대왕이여, 나는 이상에서 왕의 허물, 왕의 공덕, 왕의 쇠손문, 왕의 방편문, 왕의 사랑하는 법을 설명하였소. 대왕이여, 불법에 마음을 써서 쇠손문을 여의고 방편문을 배워 가애하는 법을 많이 실천해야 될 것이오. 대왕이여, 진실한 마음으로 불법을 많이 실천해야 될 것이오. 대왕이여, 진실한 마음으로 불법을 배운다면 모든 이익을 얻고 안락함을 얻을 것이오."

□ **육방예배(六方禮拜)**

부처님이 왕사성 계족산에 계실 때의 일이다.

장자의 아들 시가라월은 아침 일찍 일어나서 머리를 빗고 목욕하여 몸을 정하게 하고 깨끗한 옷을 입고는 동방을 향해 4배하고 북방을 향해 4배, 땅을 향하여 4배를 했다.

부처님은 평상시와 같이 이른 아침에 가사를 입고 바리때를 들고 걸식하기 위해 왕사성으로 향했다. 도중에 장자의 아들 시가라월이 동서남북 상하의 6방을 향하여 4번씩 예배하고 있는 것을 보시고,

"장자의 아들이여, 지금 6방을 향해 예배한 것은 무슨 이유에서인지 내게 말해 주지 않겠는가?"

"세존님, 저의 아버지가 생존시에 저에게 가르쳐 준 일입니다. 저도 그 이유는 알지 못하고 있습니다."

"장자의 아들이여, 아버지의 6방 예배는 몸으로 예배하라고 시킨 것은 아닐 것이다."

"세존이시여, 아무쪼록 6방 예배의 의미를 설명하여 주십시오."

"장자의 아들이여, 6방 예배에 깊은 의미가 있다. 잘 들어 보아라. 그리고 잘 생각해 보아라. 그러나 먼저 4의(意)를 억제하고 4악행(惡行)을 여의고, 소재(消財)의 6환(患)을 제거하고 선우악우에 각각 4가지 무리가 있음을 알아 둘 필요가 있다. 장자의 아들이여, 억제해야 할 4의란 탐욕·분노·우치·두려움의 이 4가지이다. 이 4가지는 사람을 악도로 인도하여 악업을

짓게 한다. 또 4의(意)를 억제하면 복덕을 얻게 될 것이다."
이리하여 부처님은 다음과 같이 게송을 지으셨다.

탐욕·분노·두려움·우치
네 가지 길에 빠지게 되면
그 명예는 날로 사라져 가는
마치 그믐밤의 달과 같으리
탐욕·분노·두려움·우치
이 네 가지 없이 도를 향하면
그 명예는 나날이 높아져
달이 밤마다 커지는 것 같으리.

"장자의 아들이여, 여의어야 할 4악행이란 살생·도둑질·사유·거짓말이다. 이 4가지를 범하지 않는 이는 현세에서는 사람들에게 공경을 받고 후세에는 천상계에 날 것이다. 이 4가지 악한 행위를 억제하지 못하는 이는 나쁜 평판이 나돌아 마치 초승달과 같이 그의 전도는 어두워질 뿐이다. 그러나 이 4가지 나쁜 행위를 억제할 수 있는 사람은 상공의 달이 차츰 만월이 되는 것과 같이 그의 전도는 광명으로 빛날 것이다. 장자 아들이여, 소재의 6환(患)이란 재산을 탕진하는 6가지 유혹이다. 첫째는 술을 즐기는 것, 둘째는 바둑이나 장기 등에 몰두하는 것, 셋째는 방탕, 넷째는 기악에 빠져 헤매는 것, 다섯째는 악우(惡友)와 사귀는 것, 여섯째는 나태한 것이다.
이 6가지 일은 결국 재산을 탕진하는 악행인 것이다.

장자의 아들이여, 첫째의 음주에는 6가지 허물이 있다.
1. 재물의 소비
2. 질병
3. 싸움
4. 세간의 나쁜 평판
5. 성을 잘 내는 것
6. 지혜가 감퇴되는 것

둘째의 바둑이나 장기 두기에도 6가지 허물이 있다.
1. 이기면 원망을 받음
2. 지면 열중함
3. 선우에게 책망을 들음
4. 신용을 잃음
5. 감옥에 들어가기 쉬움
6. 도둑질하고 싶은 마음을 내기 쉬움

셋째의 방탕에도 6가지 허물이 있다.
1. 자신의 불안
2. 재산의 불안
3. 처자의 불안
4. 세간의 비판
5. 고통의 모임
6. 허망한 말로 희롱함

장자의 아들이여, 방탕한 자는 사업의 경영이 되지 않는다. 따라서 성공은 생각조차 못한다. 그 결과 당연히 얻어질 부도 손에 들어오지 않는다. 원래부터 가지고 있는 재산을 나날이 소모하는 것 외에 아무것도 못한다.

　넷째의 기악에 빠져 헤매는 것은 화류의 구덩이에 출입하는 것이니, 6가지 허물이 있다.

1. 춤은 —
2. 노래는 —
3. 3행선(行線)은 —
4. 기담(技談)은 —
5. 북은 —
6. 대고(大鼓)는 항상 미움을 지녀서 가업은 손에 붙지 않고 재산은 줄어들 뿐이다.

다섯째의 악우와 친하는 일에도 6가지 허물이 있다.

1. 술꾼이 된다.
2. 난폭하게 된다.
3. 거짓말쟁이가 된다.
4. 남의 물건을 속여 가진다.
5. 하품(下品)이 된다.
6. 남의 허물을 드러내려고 한다. 이리하여 드디어는 가산이 기울어 버린다.

여섯째 게으름에도 6가지 허물이 있다.

1. 아직 이르다고 일하지 않는다.
2. 늦었다고 일하지 않는다.
3. 춥다고 일하지 않는다.
4. 덥다고 일하지 않는다.
5. 배가 부르다고 일하지 않는다.

6. 배가 고프다고 일하지 않는다.

이와 같이 많은 이유를 붙여 타락하거나 또는 재산을 옳게 갖지 못한다.

장자의 아들이여, 한 말로 악우(惡友)라 해도 거기에는 4가지가 있다.

1. 마음에 원한을 품고 있으면서 외면만을 억지로 꾸미어 사귀는 자.
2. 그 사람 앞에서는 칭찬하다가 보이지 않는 곳에서는 결점을 말하는 자.
3. 어떤 사건이 일어났을 경우에 면전에서 근심스런 모양을 짓다가 보이지 않는 곳에서는 기뻐하는 자.
4. 외면만은 친한 체하고 내심으로는 음모를 품고 있는 자가 그것이다.

또 착한 벗에도 4가지가 있다.

1. 외면은 원망하는 것같이 보이나 내심으로는 후의를 가지는 자.
2. 면전에서는 충고하고 보이지 않는 곳에서는 칭찬하는 자.
3. 병환 기타 어려운 일을 당할 경우 근심을 같이 하는 자.
4. 가난해서 물질적인 원조를 해 주지 않아도 부자될 방법을 생각하여 주는 자가 그것이다.

또, 아무래도 손을 댈 수 없는 악우(惡友)에도 4가지가 있다.

1. 충고할 수 없는 자.
2. 술을 마시면 안된다 해도 점점 술고래가 되어 다니는 자.
3. 나쁜 행위를 삼가라고 하면 할수록 그 반대로 나가는 자.

4. 착한 친구를 소개하면 반대로 좋지 않은 무리들과 친하려고 하는 자.

또 착한 친구에는 다음과 같은 4가지가 있다.

1. 친구가 관리에게 체포되면 문제를 해결해 주는 자.
2. 친구의 병을 간호해 주는 자.
3. 친구가 사망하면 장례를 돌보아 주는 자.
4. 친구가 죽은 후엔 그 가족을 돌봐 주는 자.

또 착한 친구의 4가지를 더 들어 본다.

1. 친구가 싸우면 이것을 말려 주고,
2. 나쁜 친구의 꾐을 받을 때에는 이것을 충고하여 말리고,
3. 생업을 게을리 하면 부지런하도록 권하고
4. 도(道)를 돌아보지 않으면 이것을 깊이 믿도록 하는 자가 그것이다.

장자의 아들이여, 착한 벗은 가깝게 하고, 악한 벗은 멀리하도록 힘써야 할 것이다. 6방을 예배하는 데는 6방의 의의를 알지 않으면 안된다.

동방은 부모요, 남방은 스승이며

서방은 처자요, 북방은 친우며

하방은 비복(婢僕)이요, 상방은 사문(沙門)과 바라문이다.

동방을 향하여 예배하는 것은 사람의 아들 된 자는 5가지 일로 부모를 섬기라는 것이다.

1. 생업을 생각하고
2. 일찍 일어나 비복에게 아침 식사를 준비시키며
3. 부모의 근심을 덜어 드리고

4. 부모의 은혜를 생각하며
5. 부모가 병환이 있을 때 빨리 좋은 약을 드려 치료한다.
이것이 아들 된 사람이 부모를 섬기는 5가지 길이다.
또 부모는 다음의 5가지 일로써 아들을 사랑해야 한다.
1. 악을 버리고 선으로 나가게 하고
2. 학문을 시키며
3. 도덕적으로 훈계하고
4. 적당한 곳에 결혼시키며
5. 적당한 시기에 재산을 상속시킨다.
이리하여 동방을 호위하면 한 집안이 편하고 번영하는 것이다.
장자의 아들이여, 서방을 향하여 예배하는 것은 남편이 처에 대하여 5가지로 서로 사랑하고 가르치는 것이다.
1. 처에 대한 경애
2. 의식의 급여
3. 금은옥의주 급여
4. 가정에서의 권위의 부여
5. 가정 밖에 첩을 두지 않는 일
이것이 남편의 처에 대한 태도인 것이다. 또한 아내는 다음의 5가지로써 남편을 섬기지 않으면 안된다.
1. 남편이 밖에서 돌아오면 일어나서 문간에서 맞이해야 한다.
2. 남편이 출근하면 부엌일, 소제 등 만단을 주의하여 남편이 돌아옴을 기다린다.
3. 남편 외의 남자를 생각하지 않고 정조가 견고해야 한다. 또 남편이 욕해도 남편을 욕하지 않고 성을 내지 않아야 한다.

4. 남편의 가르침을 충실히 지켜서 제반 경제를 처리한다.

5. 아침엔 남편보다 일찍 일어나고 밤에는 남편보다 늦게 누워 정숙하게 남편을 섬긴다.

이렇게 하여 서방을 호위하면 가정이 편안하고 번영하여 간다.

부처님은 다시 설하시되,

1. 간탐(慳貪)을 여의고 보시를 시키고
2. 계(戒)를 가지게 하고
3. 인욕(忍辱)을 가르쳐 성내지 말게 하고
4. 게으르지 않고 부지런히 일하게 하며
5. 산만하지 않고 일심(一心)이 되게 하며
6. 총명으로 인도해 준다.

사문과 바라문은 사람을 가르쳐 세상을 인도하되, 악을 버리고 선으로 나가게 하며, 정도를 열어 보이는 자이므로 그 은혜는 부모의 은혜보다 더한 것이다. 이리하여 상방을 호위하면 편안하고 평화스럽게 인생의 광명은 빛나는 것이다.

장자의 아들이여, 너의 아버지가 재세 때에 6방을 예배하라고 가르친 것은 이러한 깊은 의미가 있는 것이다."

이렇게 말씀하시고 부처님은 다시 게송으로 말씀하셨다.

부모는 동방, 스승은 남방
처자는 서방, 붕우는 북방
비복은 하방의 땅이요
승(僧)과 도사(道士)는 상방의 하늘이다.
장자의 아들이여, 이렇게 육방(六方)을

예배하고 공경하는 정성스런 그 마음
잊지 말고 계속하여 정진하면
죽어 간 그 뒤에는 천상계에 난다.

세상에 있을 때 명예가 높고
이름이 사방에 퍼져
단꿀을 모으는 벌과 같이
부귀와 재보를 몰아들인다
이것을 사용하는 데 마음을 써서
4푼의 부자로써 착한 벗과
깊게 사귐을 맺어야 한다.

1푼의 부는 가계이며
가업의 자본은 2푼의 부요
3푼의 부는 저축함으로써
염려 없이 살도록 갖춰야 한다.

장자의 아들 시가라월은 부처님의 설법에 의하여 비로소 6방 예배의 참뜻을 알았음으로 진심으로 부처님께 감사했다.
 "세존이시여, 세존님의 가르침이 몸에 너무나 과분합니다. 비유하면 넘어진 사람을 일으키고 닫은 것을 여는 것과 같이 우매하고 망령됨을 열어 주기 위하여 갖가지로 설법하여 주시었습니다. 세존이시여, 나는 세존과 법과 승을 진심으로 믿고 귀의하고 싶습니다. 아무쪼록 나의 원을 들어 주시어 삼보에 귀의한 재가의 신자로 허락하여 주시기 바랍니다."

장자의 아들 시가라월에 대한 교화를 마치시고 부처님은 다음과 같은 게송을 읊으셨다.

새벽 닭이 울 때 일찍 일어나서
침상을 정돈하고 의복을 입고
몸과 마음을 정하게 하고
꽃과 향을 받들어 축복하리라.

부처님의 존귀함은 하늘에도 지나고
귀신도 물건도 수수가 없이
탑사를 돌면서 머리를 숙이고
지심으로 예배하리 시방세계를

착하고 어진 자도 정진 않으면
그는 마치 뿌리 없는 저 나무의
가지가 떨어져 아무 데에도
번성할 길이 없는 그것과 같다.

공든 꽃을 꺾어 한낮에 두면
그것이 언제까지 고울 것인가
마음의 망아지를 놓아 두다가
목숨이 끊어지면 그대 어쩌리

이 세계는 무상한 줄을 알라

무상이 오는 것은 정시(定時)가 없다
허물이 있음을 알지 못하다가
목숨이 다하면 어찌하려나.

죽어서 지옥에 떨어진다면
언제 다시 세상에 나올 기회가 있을까
총명하고 어진 이는
부처님의 가르침을 듣고 의심하지 않는다.

부처님을 비유하면 저 꽃과 같아
애경하지 않는 자 세상에 없다.
부처님을 따르는 사람 사람은
늙으나 젊으나 가림이 없이
환희의 마음 용솟음친다.

나의 발원은 중생을 다 가르쳐 생사 바다 저 언덕에 보내어
준다.
 계에 의한 덕은 믿음이 있어
 복의 과보는 그치지 않나니
 현세에서는 사람 중에 으뜸이요
 미래의 생은 정토이니라.

계가 있는 자 공포가 없고
그 복덕은 비할 데 없다.

비유하건대 귀신이 독해도
계 있는 사람은 범하지 못한다.

사람의 목숨은
전광처럼 빠르고
그림자처럼 늙어 죽을 때 오면
도망가는 사람은 세상에 없다.

친한이라고 믿을까보냐
도망가서 숨을 곳 없다.
천복일지라도 제한 있나니
사람 목숨의 매정함이여.
숙명의 수긍이 다하면
또다시 새로운 생에 들어간다.

이 세상에서 지은 모든 업
그것에 응하여 그 생을 받고
되치는 미친 물결 반복하나니
수레의 바퀴와도 흡사하구나.

고행과 난행의 공을 쌓아서
모든 사람을 제도하면서
육도의 행을 정진하여
신심이 함께 이루어진다.

지혜 있고 어진 사람 귀의하리라.

하늘 가운데의 하늘 부처님에게
사람 몸 받아나기 어렵도다.
어려운 사람 몸 받았으면서
탐욕을 내어 배 불리고서
어리석게 빠지는 것 무슨 일인고.

부처님이 될 몸을 가졌으면서
지옥으로 가는 것 애처롭구나.
신심이 함께 갖추어 있어
좋고 나쁜 것 제가 짓는다.

어질고 착한 이 마음을 써서
세상의 팔난에 막히지 않고
바른 마음으로 꾸준히 나아가
모든 부처님의 국토에 나리라.

대도(大道)의 긴 다리를 모두 다 건너
모든 부처 자취를 배워 갈 때는
널리 이 세상 사람을 위해
자비의 광명이 거기 비치리.

□ 범천(梵天)에의 길

 부처님은 어느 때 1천 2백 58명의 제자들을 데리고 구살라국의 회포순교를 마시치고 바라문촌의 이차림 속에 계셨다.
 당시에 이 마을에는 두 사람의 바라문이 있었다. 한 사람은 불가라사라라 하고 또 한 사람은 다리차라고 불렀다. 두 사람은 우연한 인연으로 이차림을 방문했다.
 원래 불가라사라 바라문은 7대 이래 부모의 혈통이 바르고 다른 사람들에게 업신여김을 받는 일이 없었다. 그래서 그는 삼폐타(三吠陀)의 경전에 정통하고 또 다른 갖가지 경전도 두루 통하고 있었다. 뿐만 아니라 인상(人相)을 잘 보고 길흉・제사・의례 등도 잘 관찰했다.
 또 5백인이 넘는 제자가 있어서 항상 가르치기에 게을리 하지 않았다. 그 제자 중에 바실타라는 이가 있었다. 그도 또한 7대 이래 부모의 혈통이 바르기 때문에 남으로부터 업신여김을 받지 않았다.
 또 그는 삼폐타의 경전에 정통하고 다른 경전도 두루 통하고 있었다. 뿐만 아니라 인상을 잘 보고 길흉・제사・의래를 관찰기도 했다. 그도 5백인이 넘는 제자를 데리고 있어서 항상 가르치기를 게을리 하지 않았다.
 또 다리차 바라문도 7대 이래 부모의 혈통이 바르고 학자로서 상술도 매우 능하여 5백인이 넘는 제자를 두고 있었다. 제자의 한 사람에 바라타라는 이가 있었는데, 그도 또한 7대 이래 부모의 혈통이 바르고 학문과 상술이 능하여 5백인이 넘는 제자를 두고 있었다. 어느 때 바실타와 바라타 두 사람은 아침 일찍부터 정원에서 의논하기 시작했다. 바실타는,
 "내가 받드는 도(道)는 진정하여 범천(梵天)에 날 수 있는 것이다. 이것은 불가라사다 바라문의 학설이니 틀림없는 것이다."
하고 말하자, 바라타도 그에게 지지 않았다.
 "내가 받드는 도는 진정하여 범천에 날 수 있는 것이다. 이것은 다리차 바라문의 학설이니 틀림없다."
 그들은 재삼 각각 자기 스승의 말이 옳다고 하고 상대방의 말이 틀린다고 하여 논란이 많아 마침내는 쌍방이 다 같이 상대자를 설득시킬 수가 없었다. 그래서 바실타는 다음과 같이 제의했다.
 "내가 들은 바에 의하면 사문 중에 구담은 석가족에서 출가하여 드디어 도를 성취했다. 그리하여 지금은 구살라국을 순교하시고 현재 이차림 속에 머물러 있다는 것이다. 그의 명성은 천하에 우뢰같이 울리고, 스스로 깨달음을 열어 남을 위하여 설법하는데 의미가 깊고, 뜻이 바르기로 유명하며, 행위 또한 청정 그대로라 한다. 이와 같은 진인이 머물러 계시니까 거기 가서 뵙기를 원하는 이가 많다고 한다. 나는 또 그에 대하여 다음과 같은 말을 듣고 있다. 구담은 범천의 도에 통달하여 항상 사람을 위하여 이것을 말할 뿐 아니라 범천과 친한 사이라는 것이다. 우리들은 친히 가서 뵙고 이제 논의된 시비를 결정하여 달라고 청하지 않겠는가? 그리고 사문 구담의 결정에 따라 한가지로 수행하지 않겠는가?"
 그래서 바라타도 이 의견에 찬동했다. 그들은 함께 이차림에

가서 먼저 공손하게 인사를 드리고 옆자리에 앉았다. 부처님은 그들 두 사람이 마음속에 무엇을 생각하는지 이미 알고 계시므로 바실타을 향하여 말씀하셨다.

"바실타여, 너희 두 사람은 아침 일찍부터 정원에서 각자 자기 선생 말이 옳다고 주장하고 다투었었지, 그렇지 아니하냐?"

그들은 부처님께서 이렇게 말씀하시므로 놀란 나머지 모골이 송연하여 몸둘바를 몰랐다. 그래서 마음속으로 생각하기를 사문 구담은 큰 신덕이 있어서 사람의 마음속까지 아시는구나. 사문 구담이 선수를 칠 줄은 몰라 어리둥절했다.

바실타는 조금 있다가 부처님께 여쭈어 보았다.

"이 도가 진실하다. 아니, 저 도가 진실하다. 이렇게 각각 범천에 가게 된다고 다투고 있는 중입니다. 부처님 생각에는 불가라사라 바라문의 말이 정당합니까? 그렇지 않으면 다리차 바라문의 말이 정당합니까?"

"바실타여, 이 도도 저 도도 다 같이 진정하여 다 같이 범천에 나게 된다면 너희들은 무엇 때문에 아침 일찍부터 시비를 하였느냐?"

"세존이시여, 삼폐타를 통하는 모든 바라문은 갖가지 도를 말하는 것입니다. 자재욕도(自在欲道)·자재도(自在道)·범천도(梵天道)의 3도는 다 같이 범천에 간다고 말하고 있습니다. 세존이시여, 마을의 모든 길은 다 상하로 통하는 것과 같이 바라문들의 주장도 결국 모두 범천에 통하는 것입니다."

"바실타여, 바라문들의 말하는 바 가지각색의 도는 다 범천에 통한다고 말하는 것이냐?"

"그렇습니다."

부처님은 재삼 동일한 질문을 반복하시고 바실타의 말을 다 그치셨다. 이에 바실타는,

"다 범천에 갑니다."

하고 확답했다.

"바실타여, 그렇다면 삼페타에 통하는 바라문 중에서 한 사람이라도 범천을 볼 수 있는 자가 있느냐?"

"그것은 없습니다."

"바실타여, 바라문 경전인 삼페타에 통한 선인은 찬가와 시서들을 궁구한 바라문인즉, 아타마 바라문, 바마제 바라문, 비바심 바라문 내지 바라다 바라문 등이니 그 옛날 사람들은 범천을 본 일이 있었느냐?"

"말씀하신 바라문들도 역시 범천을 본 사람은 없었습니다."

"바실타여, 그러면 아무도 범천을 본 자는 없지 않느냐? 사실이 그렇다면 바라문의 말은 진실이 아니고 모두 거짓이다. 바실타여, 여기 한 사람의 음란한 사람이 있어, '나는 저 미인과 관계가 있다'고 말을 퍼뜨릴 때 그것을 들은 사람이 '그대는 저 여자를 안다고 말하나 대체 저 여자는 어느 곳에 사는가? 동쪽인가, 서쪽인가, 남쪽인가, 그렇지 않으면 북쪽인가? 하고 다그쳤더니 그는, '알지 못한다'고 대답했다. 바실타여, 무엇을 물어도 그는 모른다. 그래도 듣는 사람은 그 음란한 관계를 믿겠는가, 안믿겠는가?"

"세존이시여, 그것은 진실이 아닙니다."

"바실타여, 바라문의 말은 모두 진실이 아니다. 또 바라문들

은 일월(日月)이 회전하고 출몰하는 곳을 보고는 손을 모아 예배하고 그 예배 공양이 일월에까지 가는 진실한 도라고 말하고 있지 않느냐?"

"그렇게 말하고 있습니다."

"바실타여, 아무리 해와 달에 대하여 예배 공양을 해도 그곳에 가지 못한다면 그들이 진실한 도라고 말해도 그것은 허위라고 말하지 않겠느냐?"

"그렇습니다. 그것은 허위입니다."

"바실타여, 어느 사람이 빈터에 사다리를 가지고 나와서 세웠다. 곁에 있는 사람이, '무엇하러 거기 사다리를 세우는가' 하고 묻자, 그는 '나는 지붕에 올라가려고 한다'고 대답했다. '대체 그 집은 어느 곳에 있는가?' 하고 묻자, '모른다'고 대답했다 하자, 바실타여, 사다리를 세워 지붕에 올라가려고 한다는 것은 허위가 아닌가?"

"말씀한 바와 같이 허위입니다."

"바실타여, 바라문이 범천에 태어난다고 하는 것도 그와 같이 허위이며 진실이 아니다. 바실타여, 5욕이란 누구든지 끌어붙이는 것이다. 5가지 욕심이란, 눈으로 대상이 색을 보아 애착하고 귀로는 소리를 들으며, 코로는 향기, 혀로는 맛, 몸으로는 접촉, 이리하여 사랑을 구하는 것이다. 그런데 내가 말하는 성현의 도는 이 5욕은 두려워해야 할 것이라고 가르치는 것이다. 보아라, 저 바라문은 이 5욕에 빠져서 애착하고 있으므로 자기 허물도 모르는 것이다. 또 이 세상의 고통에서 빠져나갈 방법도 알지 못하고 단지 5욕 때문에 얽매어 있는 것이 아닌가? 그러므로 그들은 달과 해를 섬기고 불과 물을 섬기고는 나를 범천에 나게 해주소서 하고 빌고 있지만 그런 일은 있을 리가 없다. 아이라하의 물은 언덕에서 그대로 물을 먹을 수가 있는 것이다. 거기에 물이 엄중히 얽매인 어떤 남자가 따라와서 저편 언덕을 향해 크게 불러 이르되, 여기 와서 나를 저 언덕에 건네다오 하고 말했다면 저편 언덕에서 다시 와 이 남자를 건네줄 줄로 생각하느냐?"

"세존이시여, 그런 일은 있을 수 없습니다."

"바실타여, 5욕에 애착하는 것을 성현들은 쇠갈구리나 쇠슬과 같이 생각하고 있는 것이다. 저 5욕에 집착한 바라문들이 자기의 허물은 알지 못하고 5욕에 얽매어 있으면서 거기다가 더구나 일월수화를 섬기어 나를 붙잡아 도와서 범천에 나게 해달라고 말하고 있다. 그러나 그것은 마치 강 언덕에 서서 떠들고 있는 사나이와 같은 것이어서 범천에 가게 될 이치가 없는 것이다. 바실타여, 앞에서 말한 바와 같이 아이라하의 물은 언덕과 인접해 있으므로 새와 까마귀는 언덕에서 물을 마실 수 있는 것이다. 그렇지만 사람이 손발을 쓰지 않고 체력도 쓰지 않고 배와 뗏목에도 의하지 않고 그 하수를 건느려 한다면 건널 수 있겠느냐?"

"그것은 말할 것도 없이 건널 수 없습니다."

"바실타여, 바라문도 역시 그와 같은 것이다. 그들은 행자가 할 만한 성스러운 행동도 하지 않고 도리어 깨끗하지 못한 행동만 하고 있으면서 범천에 나려고 희망하고 있다. 그렇지만 그것은 불가능한 일이니 말할 필요도 없다. 지금 큰 홍수가 나서 많은 사람들이 그 때문에 표류한다고 하자. 그때 배도 없고, 뗏목도 없으며 다리도 없는데, 어떤 나그네가 달려와 저편 언덕에 건너려고 했지만 이 모양을 보고 그는 생각하기를, 풀과 나무를 많이 모아 뗏목을 만들어 내 힘으로 저편 언덕에 건너가는 방법이 있을 뿐이다고. 그래서 그는 빨리 뗏목을 만들어 자기 힘으로 안전하게 저편 언덕에 건너가게 되었다.

바실타야, 우리 사문의 수도자도 수도자에 적합하지 않은 깨끗지 못한 행동을 버리고, 수도자에 적합한 청정한 행을 닦아 범천에 나려 한다면 그것은 가능하다. 바실타야, 범천에는 성을 내는 마음이 있는가, 없는가?"

"물론 분한 마음을 내거나 성낸다고 하는 마음이 없습니다."

"바실타여, 범천에는 원한다는 마음이 있느냐?"

"없습니다."

"바라문에는?"

"있습니다."

"범천에는 가족과 산업이 있느냐?"

"없습니다."

"바실타야 범천은 전능한가, 아니면 그렇지 않은가?"

"전능합니다."

"바라문은 전능한가, 어떤가?"

"전능하지 못합니다."

"바실타야, 범천과 바라문과는 어떤 점으로 보아도 이와 같이 다른 것이다. 이와 같이 성질이 다르고 행동이 다른 바라문이 범천에 나게 될 도리는 없는 것이 아닌가? 바실타야, 만약 어떤 사람이 바라문에게 깊은 뜻을 묻는다면 그 문제에 대해서 그들은 자세히 대답할 수 있다고 생각하느냐, 어떠냐?"
"아닙니다."
 바실타와 바라타 두 사람은 이때에 입을 모아 부처님께 사뢰었다.
"세존이시여, 다른 얘기는 그만두시고 우리들은 부처님이 범천의 도에 밝고 능히 사람을 위하여 설명하시며, 또 범천과 왕래하면서 서로 대화를 나누고 있다고 듣고 있습니다. 세존이시여, 아무쪼록 우리들에게 범천의 도를 설명하여 주시기 바랍니다."
"그렇다면 물어 보고 싶은 일이 있다. 생각대로 대답해 보아라. 바실타야, 심념국(心念國)은 여기서 먼가, 그렇지 않으면 가까운가?"
"가깝습니다."
"만약 그 나라에 생장한 사람이 있어서 그 사람에게 그 나라의 노정을 묻는 사람이 있다고 하자. 원래 그 나라에서 생장한 무릎 묶인 사람은 그 나라에서 생장하여 그 길을 잘 안다고 한다. 그 사람이 대답한 길에 의심이 있겠느냐, 없겠느냐?"
"그 나라에 생장한 사람이 그 나라의 길에 대하여 말한 것이니까 아무런 의심이 없습니다."
"그 사람이 그 나라에 태어났다고 하여도 그 대답에 의심의 여지가 없을는지 모른다. 그러나 어느 사람이 나에게 범천의 길을 묻는다면 그 대답에는 조금도 의심의 여지는 없는 것이다. 그 이유는 나는 가끔 범천의 길을 설명하고 있으니까 말이다."

그때 바실타와 바리타는 또, 이구동성으로 부처님께 사뢰었다.
"세존이시여, 자비를 드리워 범천의 길을 가르쳐 주시기 바랍니다."
"그러면 이야기하여 주겠으니 잘 들어라."
"잘 알겠습니다."
"정당한 의미로서의 자각자가 나온다면 현실 가운데서 스스로 즐거워하는 것이다. 이러한 자각자는 한적한 곳을 좋아하며 자비심으로서 모든 인류에게 접하고, 사람의 불행을 슬퍼하며 행복을 기뻐하여 무슨 일이든지 평등한 마음으로 대하는 것이다. 이 슬픔과 기쁨과 평등의 세 가지 마음은 제한도 없고 한량도 없다. 또 이 3가지의 마음은 별로 목적이 있어서 일어난 것이 아니고 극히 자연스러운 발로인 것이다. 그래서 그는 스스로 즐기는 것이다. 바실타여, 범천에는 성내는 마음이 있느냐? 아니면 없느냐?"
"먼저도 말씀 올린 바와 같이 성내는 마음이 없습니다."
"그러면 자비의 행을 하고 있는 비구에게는 성내는 마음이 있는가, 없는가?"
"없습니다."
"범천에는 원한의 마음이 있는가, 없는가?"
"없습니다."
"그러면 자비의 행을 하고 있는 비구에게는?"
"없습니다."
"범천은 전능을 다하고 있는가, 어떤가?"
"물론 전능을 다하고 있습니다."

"그러면 자비의 행을 하고 있는 비구와는 모든 점에 있어서 일치하고 있다. 그러니까 결국 범천과 자비의 비구는 동일한 것이다. 바실타야, 이러한 비구는 생명이 끝남과 동시에 화살과 같이 빨리 달려 범천에 가는 것이다."

 부처님이 긴 설법을 마치시니 바실타와 바리타 두 사람은 그 자리에서 더러운 마음을 여월 수가 있었다.

제3부
불멸의 진리

□ 도(道)라는 것은 무엇인가?

백주간(白晝間)에는 여러 가지 일에 휘몰려서 골몰하다가 밤에 선창(禪窓)을 향하고 고요히 앉아서 좌선을 하는 것이 나의 일과이다. 그러나 어떤 때에는 잡상(雜想)이 일어나서 구미 각국으로 돌아다니던 환상(幻想)이 영사막같이 회전하고 잠이 오지 않을 때가 있다.

사람이란 것은 정(靜)과 동(動)의 관계를 여월 수가 없는 것이 본연의 발로인 것 같다. 그러므로 고인(古人)도 시를 지어 읊으되,

山堂靜夜坐無言
寂靜寥寥本自然
何事西風動林野
一聲寒鴈唳長天……

고요한 밤 산당에 앉아 말 없으니
적정 요요한 것이 본디 자연일진대
무슨 일로 서풍이 일어나 들판을 뒤집으며
찬 기러기 한 소리가 먼 하늘을 울고 가는가

이러한 시를 남겨 놓은 것도 같다.
　옛날 성인의 말씀에 의하면, '도(道)는 반드시 사람에 의하여 홍포(弘布)되고 사람은 반드시 도에 의하여 본성을 발휘하느니라'고 했다. 그러므로 도에 뜻을 두는 자의 말을 들을 것 같으면, '고기는 물을 여의고 살 수가 없는 거와 같이 사람도 학문과 도를 여의고 살 수가 없느니라(學不可須臾怠 道不可須臾離)'했다. 이것을 보면 학문과 도가 얼마나 중한 것임을 알 수가 있는 것이다.
　그러면 도(道)라고 이르는 말은 무엇을 가리킨 것이며, 또 어떤 것을 의미한 것인가? 한번 생각해 볼 필요가 있다고 생각한다. 문헌에 의하면 우리가 의미 깊게 숭상하는 도(道)는 본래 통로의 의미를 가진 것이니 설문에 의하면 '도는 사람이 통행하는 길이니라'고 했다.
　'도(道)라는 한 자만 보더라도 진리가 포함한 인간당행(人間當行)의 당위(當爲)로 보게 된 듯하다. 이것은 원시민족의 심리 상태를 추찰해서 넉넉히 알 수가 있는 것이니, 상고(上古)에 있어서 가장 사람의 주의를 끌게 된 것은 무엇보다 자연계의 현상이다. 산은 높고 들은 낮고, 새는 울고 물은 흘러가는 것들을 지금 사람들은 무관심하게 보지만 고대 사람들은 이런 것을 낱낱이 주의하고 음미하여 그 가운데 무슨 이치가 있으리라고 믿었다.
　그 중에서도 이지(理智)를 갖춘 성자(聖者)・철인(哲人)들이 더욱 그렇게 믿었기 때문에 일월(日月)의 운행과 시의 순환같은 현상을 관찰할 때 모두 일정한 궤도법칙에 의하여 틀리지 않음을 경험하고 이러한 천리(天理)를 인류 왕래의 도로에 가탁(假託)하여 표상한 것이라고 하겠다.

 그러므로 천도(天道)라고 함은 적어도 이 자연계의 법칙을 가리킨 것도 있다. 그러나 서양의 희랍철학이 자연철학의 영역을 넘어서 소크라테스나 플라톤에 의하여 계몽시대 즉 인생철학의 영역으로 옮겨 오듯이 동양에 있어서도 요(堯)·순(舜)·우(禹)·탕(湯)·문무(文武)·주공(周公)과 같은 성자(聖者)와 노자(老子)·공자(孔子)와 같은 성철에 의하여 천리(天理) 즉 천도(天道)의 법칙은 인생 당행의 인도법칙으로 옮기게 되어 군신의 도, 부자의 도, 부부의 도, 형제의 도, 붕우(朋友)의 도를 세워서 지키고 닦게 했다.

 동양윤리 철학에서는 이것을 가리켜서 천하의 오달도(五達道)라고 했다.

□ 서양의 도(道)와 동양의 도(道)

 그렇지만 서양의 도(道)와 동양의 도는 그 명칭에 있어서는 같지만 그 내용에 있어서는 표현 형식이 근본적으로 다른 점이 있으니 쉽게 말하면 동양에서 이르는 '도(道)'는 무언(無言)으로부터 시작하여 무언에서 해결하고 무언 속에서 종막을 마치는 것이요, 서양에서 이르는 '도'는 논리로부터 시작하여 논리로써 해결하고 논리 속에서 종막을 마치는 것이다. 그러므로 서양의 도는 논리 발전의 도요, 동양의 도는 무언 실행의 도라고 하겠다.

예를 들면 기독교의 성경인 요한복음에 의하면, '태초의 말인 도(道)는 말이다가 있으니 신(神)과 동재(同在)하며, 도(道)는 즉 신이니라' 하였으니 이것은 어디로 보든지 말의 당체(當體)를 가리켜서 도라고 한 것 같으며, 서양철학의 조류를 보더라도 윤리의 형식을 떠나서는 설명할 수도 없으며 학(學)을 세울 수도 없다.

그렇기에 철학자들의 견해가 각각 달라서 전개되는 것은 오직 논리 형식의 선부(善否)에 인하여 가치 고하가 붙게 된다. 그러므로 철학상 아무리 훌륭한 진리를 발견했더라도 논리로써 표현하지 못하면 그것은 죽은 철학이요, 생명이 없는 학문이 된다고 할 수 있겠다.

그러나 동양에서는 아무리 천언만어(千言萬語)의 문장을 펼치더라도 결국은 무언으로 돌아가고 마는 것이니 노자의 '도를 가히 도라고 하면 떳떳한 도가 아니요, 이름을 가히 이름이라고 하면 떳떳한 이름이 아니라(道可道非常道 名可名非常名)'든지, 유교의 소위 '날이 마치도록 어리석되 어리석지 아니함이니라(終日如愚不愚)'하는 것이든지 불교의 소위 '문자를 세우지 않고 인심(人心)을 가리켜서 성품을 보고 부처를 이루게 하느니라(不立文字 直指人心 見性成佛)한 것은 다 무언의 도를 의미한 것이다. 그러므로 나는 무언의 도에 대하여 만담적인 도화(道話)를 써 보고자 한다.

'양마(良馬)는 채찍의 그림자만 보아도 달려 간다(良馬見鞭影而去).'

 석가여래 부처님 당시에 인도에서는 6파철학(六派哲學)이 전성하여 그 사색의 심각함이라든지 그 논리의 날카로움은 자타가 공인하는 바이지만 금일까지 남아있는 우파니샤드(奧義書)라든지 인명학(因明學)같은 것은 결코 희랍 철학자인 소크라테스 이하 플라톤의 전집이라든지 아리스토텔레스의 전집 혹은 헤겔과 칸트의 인식론이나 논리학의 유(類)가 아니었다.

 명상이 풍부하고 사상이 심오한 아리안 민족의 뇌 속에서 나온 철학이라 서양철학의 태조인 희랍 철학자보다 그 이상의 것이었던 것이 사실이다. 그러므로 금일에 있어서도 인도철학은 서양철학자의 개척지가 되어 있다.

 그런데 그와 같이 6파의 철학이 전성하여 혹은 오륜(五輪)으로 혹은 궤변으로 갑론을박의 격이 되어 이론으로 싸우던 그 때에도 석가여래께서는 무언(無言)으로써 대치하고 무언으로써 항복을 받으셨다.

 예를 들면, 어느 날 노바라문학자(老婆羅文學者 : 6파철학의 1파, 인도교의 교도)가 생각하되, '대체 우리들의 사색이 그처럼 깊고 우리들의 논리가 그렇게 날카로운 데도 석가여래에게 가서는 한 사람도 말을 붙이지 못하고 돌아오니 이것은 우리 바라문의 치욕이 아닌가. 내가 가서 기어이 설분(雪憤)을 하고 오리라' 하고 여러 번 궁리를 한 끝에, '이 문제만은 석가여래가 아무리 성인이라도 대답을 하지 못할 것이다'라고 여기고 석가여래께서 계시는 기원정사로 찾아갔으나 도중에서 생각하니 모두가 시원치 않았다. 그래서 기지(機智)를 짜내어 한 가지 문제를 발견했다. 그 문제란 것은, '있다는 말도 묻지 않고, 없다는 말도 묻지 않은 때가 어떠합니까?(不問有言 不問 無言時 如何)'하는 것이었다.

이것은 부처님의 입을 봉하려는 수단이었다. 왜냐하면 부처님께서 말씀을 하면 유언(有言)에 걸리고, 말씀을 아니 하면 무언(無言)에 걸리는 것이라 꼼짝도 못하게 하려는 수단이었다. 노바라문은 무릎을 치고 쾌재를 부르며 가가대소(呵呵大笑)를 하며, '옳다, 이렇게 물으면 아무리 지혜가 높은 구담석가라도 말문이 막히리라' 하며 의기양양하게 부처님 계신 곳으로 가서 아난존자에게 부처님을 뵙게 해달라고 청하여 안내를 받아 선실에 들어가자마자 인사말도 없이,

"세존이시여! 세존께서는 자칭하되 각자(覺者)라 하고 일체지자(一切智者)라고 하시니 내가 한 마디 묻겠습니다. 유언(有言)도 묻지 않고 무언(無言)도 묻지 아니한 때가 어떠합니까?" 하고 물었다.

세존께서는 타심통(他心通)을 하신 분이라 그 노바라문의 간계에 넘어가실 분이 아니었다. 그러므로 그에게 언설로써 대답하지 않으시고 다만 앉은 자세만 고쳐 거좌하시고 유언무언을 초월한 자세로 묵묵히 앉아서 초연한 동작으로써 물외(物外)의 진리와 격외의 선도리(禪道理)를 보여 주었다. 이것을 본 영리한 노바라문은 부처님의 뜻을 깨닫고 일어나서 지성으로 절을 하고 물러갔다.

이때 부처님의 제자로서 다문박식(多聞博識)의 아난은 이 광

경을 보고도 이해가 되지 않았다. 그야말로 전격적인 장공(長空)의 극적 정면이었다. 그래서 바라문이 돌아간 뒤에 다시 부처님께 묻되,

"세존이시여! 지금 왔던 외도 이단자인 노바라문이 와서 세존께 불문곡직하고 묻되, 불문유언(不問有言)하고 불문무언시(不問無言時) 여하입니까? 하니 세존께서는 언설로 대답하지 않으시고 다만 몸을 고쳐 앉으시고 입정양구(入定良久 : 良久는 잠간 무언무답의 상태임)하셨는데 외도 바라문이 두 말도 않고 절만 하고 물러갔으니 무슨 뜻입니까?"
하니 세존께서 대답하시되,

"아난아, 네가 나의 상수 제자로되, 나의 도에 대하여 진수를 얻지 못하였구나. 세상에는 네 가지의 말이 있으니 첫째의 양마(良馬)는 어자(御者 : 마부)가 들고 있는 채찍의 그림자만 보아도 달려가고, 둘째의 현마(賢馬)는 어자의 채찍을 보아야 달려가고, 셋째의 둔마(鈍馬)는 어자의 채찍이 가죽에 닿아야 달려가고, 넷째의 노둔한 가마(駕馬)는 어자의 채찍이 털을 지나고 가죽을 지나서 복에 부딪쳐야 달려가느니라. 그런데 지금 노바라문은 첫째의 양마와 같아서 나의 채찍 그림자만 보고도 나의 법의 진수를 깨닫고 정례(頂禮)하고 갔느니라."
하셨다. 선문(禪文)에 보면,

良馬已隨鞭影去
阿難依舊也尊前

양마는 이미 채찍의 그림자만 보고도 달려 갔는데
아난은 멍텅구리같이 옛날이나 지금이나 수도(修道)의
발전이 없이 세존의 얼굴만 쳐다보고 있구나.

이러한 글이 있다. 그래서 아난은 이 말씀을 듣고 깊이 감격하여 여래의 도가 언어 밖에 있음을 깨달았다고 한다. 이것은 무엇보다도 무언의 도에 진리를 말씀한 얘기라고 하겠다.

'군자는 눈만 보더라도 도(道)가 있다(君子目擊而道存).'

 무언(無言)의 도(道)는 불교뿐만 아니라 유교에도 있는 듯하니 공자의 가어(家語)에 보면 이런 얘기가 있다.
 공자 당시에 온백설(溫伯雪)이란 현인이 있었는데 그의 이름이 어찌나 천하에 높았던지 공자도 그를 보고자 하는 갈망이 간절했다. 그래서 공자는 제자들에게 항상 말씀하되,
 "온백설이란 사람이 어떤 사람인지 좀 만나보았으면 좋겠는데 만날 기회가 없구나."
하고 걱정했다. 그러던 차에 어느 날 공자께서 여러 제자들과 같이 어디를 가시는 길에 앞에서 마주 오던 온백설이란 사람의 일행을 만나게 되었다. 제자 가운데 온백설의 얼굴을 이미 아는 자가 있었기 때문에 재빠르게 공자에게 고하되,
 "저기서 걸어오는 사람이 온백설이올시다."
하고 가르쳐 드렸다. 그런데 그렇게 보고 싶어하던 공자께서는 한 번 온백설을 슬쩍 쳐다보더니 일산(日傘)을 기울이고 스쳐

지나갈 뿐이었다. 그러므로 공자의 제자들이 수십 보를 지나가서 성정이 괄괄한 자로(子路)가 괴이하게 생각하고 공자에게 여쭈었다.
"선생님, 온백설을 만나보고도 아무 말씀을 한 번도 하지 않고 일산만 기울이고 스쳐 지나고 마시니 어떤 까닭입니까?"
"군자는 목격만 하여도 그 가운데 도가 있느니라."
하셨다. 이것을 보면 공자님께서도 무언의 진리를 얼마간 체득하시고 계셨던 것 같다.
 우리 불교 선종의 선객(禪客)들은 서로 서로 그가 깨친 도리를 판단하되, 상대방의 눈만 보아도 알고 자세만 보아도 안다고 했다.

 '옛글만 읽는 자는 오직 깻묵과 술찌꺼기만 맛볼 따름이다(讀古書者惟糟粕而己).'

 중국의 제후인 제환공(齊桓公)이 당상(堂上)에서 고서를 읽고 있는 것을 보고 윤편(輪扁)이라는 자가 당하(堂下)에서 수레바퀴를 깎고 파며 일하고 있다가 끌과 칼과 기타 연장을 집어 던지며 당상에 올라가서 환공에게 묻되,
"황송하오나 전하께서 읽으시는 것이 무슨 말씀이오니까?"
"성인의 말씀이니라."
"그러시다면 지금 성인이 살아계시나이까?"
"성인은 이미 다 돌아가셨느니라."
"그러시다면 전하께서 읽으시는 것이 고인(古人)의 술찌꺼기

나 깻묵이 아니겠습니까?"

했다. 환공은 이 말을 듣고 마음에 불쾌하게 여기고 노기를 띠며 윤편을 꾸짖어 말하되,

"과인이 독서함에 대하여 윤인이 건방지게 무슨 그런 말을 하느냐, 이에 대하여 무슨 이유든지 그 이유를 설명하면 모르거니와 그렇지 못하면 죽고 남지 못하리라."

하고 위협했다.

"네, 그렇습니다. 그 이유를 말씀드리겠습니다. 신의 일로 관찰하여 보옵건데 이런 일이 있습니다. 신은 수레바퀴를 깎고 파는 것으로써 생업을 삼아 살아옵니다. 그런데 수레의 중추가 되는 굴대 구멍을 조금 넓게 뚫으면 헐렁거리고 미끄러워서 맞지를 않고 조금 좁게 뚫으면 껄끄러워서 맞지 않아 수레가 구르지 않는데 그 넓지도 않고 좁지도 않게 뚫는 방법은 마음에 통하고 손에 익숙해야 되는 것입니다. 그러므로 그러한 묘리는 입으로써 전할 수도 없고 손으로 가리킬 수도 없어서 스스로 그 묘한 이치를 얻는 자득기묘(自得其妙)가 되어야 명인이 되는 것입니다. 그러므로 신은 이런 조그만 이치를 통해 가지고 수레를 파고 살아오는데 이제는 천한 나이가 70이 넘어서 힘이 듭니다.

 그런데 이 조그만 묘리를 신이 자식에게 전할 수도 없고, 자식이 신에게 배울 수가 없어서 어쩔 수가 없기 때문에 행년(行年)이 70에 이르러서 몸의 굴신을 자유롭게 할 수가 없건마는 구복이 원수가 되어서 늙은 몸이 힘에 겨운 수레구멍 파는 일을 하고 있습니다. 이것으로써 미루어 보면 전하의 독서도 고

인(古人)의 조박만 맛보고 계시는 것이 아닐까 하여 하도 답답하여 제 사정을 사뢰기 위해 불공한 말씀을 올린 것입니다." 했다. 환공은 이 말을 듣고 느낀 바가 있었던지 무연불대(憮然不對)할 뿐만 아니라 수입을 불쌍히 여기고 녹을 후하게 주고, 그 다음부터 글을 읽되 소리만을 내서 읽지 않고 속으로 심독을 하고 학문에 힘써서 당시 천하에 이름 높은 패후(覇覇候)가 되었다고 한다.

이것은 환공의 속전(俗傳)에 불과한 일화에 속한 것이지마는 이곳에서도 무언의 진리를 도파한 것이라고 볼 수가 있는 것이다.

□ 직지인심(直指人心)의 도리

百年鑽紙古何日出頭期
백년을 두고 헌 종이를 뚫어본들 어느 때에 출두할 것이냐.

고인(古人)의 글만 읽는 것이 조박(糟粕)만을 맛볼 따름이라고 한 것은 환공대륜인(桓公對輪人)의 문답에만 그칠 뿐만 아니라 불교 역사상 옛날 선사(禪師)에게는 그 예가 우선 한 두 가지의 예를 든다.

중국 복주(福州)의 고령신찬선사(古靈神贊禪師)를 들 수가 있다. 선사는 복주의 대중사(大中寺)라는 절에서 계현법사(戒賢法師)에 의해 출가 수학하다가 심불반조(心不反照)하면 간경

제3부 불멸의 진리　329

무익(看經無益)이란 말과 천경만론(千經萬論)이 오직 마음을 밝히란 말에 지남이 없다는 말을 듣고 참선공부를 하고자 하여 행각승이 되어서 자기 절을 떠나서 천하의 총림을 찾아다니며 선지식을 역방(歷訪)했다.

이와 같이 운수납자(雲水衲子)가 되어서 산을 넘고 물을 따라서 고승석덕(高僧碩德)을 친견하고 한 마디의 법문을 듣는 것이 강당에서 불자야 보살마하살을 부르고 경학(經學)을 배우는 것보다는 훨씬 그 정도가 높은 것 같고, 승려로서는 자기의 본분을 찾는 것도 같았다.

이렇게 돌아다니던 끝에 백장산의 백장선사(百丈禪師)를 찾아가서 9년 동안을 좌선하여 본래 면목을 찾던 끝에 한 소식을 얻고 보니 천하에 걸림이 없고 출가위승(出家爲僧)한 보람을 찾은 것도 같았다.

백장선사의 인가를 받고 삭발 득도하게 된 계헌강사를 찾아갔더니 화상이 고령신찬(古靈神贊)에게 묻되,

"네가 나를 버리고 행각승이 되어서 수자행세를 하고 돌아다녔다는데 그간에 어떠한 공부를 하고 왔으며, 무슨 도리를 깨달고 왔느냐?"

"저같이 불초한 물건이 무슨 공부를 하고, 무슨 도리(道理)를 깨달았겠습니까? 그저 이 절 저 절로 돌아다니며 밥만 축내고 세월만 보냈습니다. 본래 공부라고 한 것이 없고 선도리(禪道理)라고 따로 밝힐 것이 없어서 낮이 되면 돌아다니고, 밤이 되면 잠이나 자고, 배고프면 밥이나 먹고, 목이 마르면 흘러가는 물이나 마시고, 멋대로 놀고만 다니다가 왔습니다."

"그렇다면 그간에 나한테 있었더라면 경전이라도 여러 질을 마치고 상당한 법사·강사가 되었을 것인데, 공연히 나가서 허송세월만 하고 밥이나 얻어먹는 밥중 노릇만 하고 왔구나."
"아마 그렇게 된 셈입니다. 그리 평범한 범승(梵僧)에 지나지 않고 돌아만 다니다가 왔습니다. 스님을 뵈올 면목이 없습니다."
"그렇다면 너는 나가나마나 한 사람이니 이 절에 있는 동안에는 노역이나 하여라. 이 절에 있는 동안에는 산에 가서 나무도 해 와야 되고, 물도 길어야 되고, 밥도 지어야 되고, 도량 청소도 해야 될 것이니까 할 일이 여간 많은 것이 아니다. 어정어정 돌아다닐 시간이 어디 있으며 밥만 먹으며 잠잘 사간이 어디 있단 말이냐. 너무 편하게 돌아다니다가 왔으니 나에게 고생살이를 좀 해보아라."
"예, 시키시는 대로 다 하겠습니다."
하고 무섭게 시키는 잡역을 시원스럽게 해내고 있었다. 계현화상이 어느 날에는,
"내가 목욕을 하고 싶으니 가마솥에 물을 데워서 목욕탕에 갖다 부어라."
한다. 신찬이 분부대로 하고,
"스님, 목욕하실 준비를 다하여 놓았으니 어서 들어가셔서 옷을 벗으시고 몸을 씻도록 하십시오."
"너도 따라 들어와서 내 등을 문질러라."
한다. 신찬은 대답을 하고 들어가서 계현스님의 등의 때를 문지르다가 스님의 궁둥이를 손바닥으로 보기 좋게 찰싹 때리면서,
"불당은 좋은데 부처가 영험이 없구나."

"이놈이 무슨 말을 버릇없이 하며 스승의 궁둥이를 치느냐?"
하고 획 돌아보았더니,
"부처가 비록 신령하지는 못해도 또한 방광은 할 줄 아는구나."
했다. 계현화상은 하도 어처구니가 없어서,
"선방의 수좌들이라는 것은 이렇게 버르장머리가 없단 말야. 군사부일체(君師父一體)라는 것인데 스승도 몰라보고 함부로 희롱을 걸려고 한단 말야. 사람될 만한 것도 선방만 갔다 오면 우리 신찬이 같이 버려 오거든. 걱정이야, 언제나 불법의 기강이 서려는지."
하며 화상은 혼자서 이렇게 개탄을 하며 대꾸도 하지 않았다. 만일 신찬을 건드리다가는 또 어떤 욕을 먹을지 알 수가 없어서 경이원지(敬而遠之)한 것이다.

그 뒤에 따뜻한 봄을 맞아 계현화상은 서창하(書窓下)에 앉아서 안경을 끼고 책상 위에 놓인 경책을 펴고 얼굴을 찡그리며 들여다보고 있었다.

그런데 때마침 밀봉 한 마리가 날아와서 돌아다니다가 열어 놓은 문으로는 나가지를 아니하고 닫힌 창문으로만 나가려고 탁탁 부딪치고 있었다. 신찬은 '이때야말로 스님을 풍자하여 그 칠통같은 머리를 돌려서 깨치게 할 기회가 돌아왔구나' 싶어서 윗목에 앉았다가 오언시를 읊으니 그 싯구는 이러하다.

空門不背出
投窓也大痴

百年鑽古紙
何日出頭期

빈 문에는 나가지 아니하고
애꿎은 창문에만 부딪치니 참 어리석구나
백년을 두고 옛종이를 뚫어지라 본들
어느 날 깨달아 출두할 날이 있으랴.

하였으니 첫째 구절은 벌을 비유삼아 한 것이요, 뒤의 두 구절은 스승을 대하여 한 말이다.
 '이 어리석은 노장아, 벌처럼 어리석구나. 열어 놓은 문으로는 나갈 줄을 모르고 닫혀 있는 창으로만 나가려는 벌과 같은 노장아 백년을 두고 다 해진 경책을 뚫어져라 하고 들여다보고 앉아 있으니 그 속에서 무엇이 나오겠기에 어찌 경전만 보고 오도성불(悟道成佛)의 때를 구하고자 하느냐?'
하고 희롱한 것이다. 경책만 들여다보고 있던 계현화상은 신찬의 풍자 영시(詠詩)를 듣고 정신이 번쩍 난듯 경책을 덮어놓고,
"신찬아, 네가 지금 무엇을 읊었느냐. 또 한번 읊어 보아라."
"스님이 사심반성의 마음공부를 등지고 애꿎은 고경만 들여다보고 계신 것이 꿀벌이 열어 놓은 문으로는 나가지 않고 닫힌 문으로만 나가려고 미련을 피우는 것 같아서 죄송하나마 스님을 깨우쳐 드릴까 하여 글 한 수를 지어서 읊어본 것입니다."
"나도 너의 행동을 보고 짐작은 했다. 진정으로 묻는 것이니 네가 행각승이 되어서 3년간이나 천하의 산천을 주류편답할

적에 어떤 스님을 만나서 어떤 법문을 듣고 깨달은 바가 있느냐? 네가 여기 온 뒤로 전후에 네가 행동과 발언이 이상하여서 이렇게 묻는 것이니 감추지 말고 솔직하게 말을 해 보아라."

"네, 그렇게 아시고 물으시는 데야 어찌 감출 것이 있겠습니까? 저는 그간에 여러 총림을 행각하다가 백장산에 계신 백장선사를 찾아가서 몇 해 지도를 받고 참선공부를 하던 끝에 마음 쉴 곳을 얻고 깨달은 바가 있사옵기로 지금 스님의 은덕을 갚으려고 보은차(報恩次)로 왔나이다."

"그렇다면 네가 백장스님에게 무슨 법문을 들었는지 옮겨 보아라."

"네, 말씀드리겠습니다. 그 스님께서는 상당법문을 하실 때마다."

靈光獨耀　迥脫根塵
體露眞常　不拘文字
心性無染　本自圓成
但離妄緣　卽如如佛

영광이 홀로 밝아서 멀리 근과 진을 버리나니
진상한 본체가 드러나서 문자에 걸리지 않도다
심성이 더럽힘이 없어 본디 스스로 뚜렷이 이룬지라
다만 망연만 여의면 곧 같은 부처니라.

이러한 말씀을 하셨으므로 저도 이러한 법문의 진리를 깨달고 돌아왔습니다."

 제현화상도 이 법문을 듣고 심기일전하여 감오한 바가 있어서 경전을 버리고 불립문자(不立文字)하고 직지인심(直指人心)하여 견성성불(見成成佛)하는 무언의 도리를 깨닫고 일생을 물외초연(物外超然)한 무언의 선정생활 속에서 지내다가 입적하고 말았다.

 신찬선사는 대중사에서 눌러 주석(住錫)하며 선리(禪理)를 거양하다가 임종하게 된 바, 어느 날 머리를 깎고 경의(更衣)한 뒤에 종을 치고 대중을 모이게 하고 일러 말하되,

 "너희들이 무성삼매(無聲三昧)를 알겠느냐?"

하니 대중들은 한결같이,

 "모르겠나이다."

 "그러면 너희들이 고요히 앉아서 무성삼매(無聲三昧)를 들어 보아라."

 "무성삼매가 어떠한 것입니까?"

 "자, 내가 지금 무성삼매에 들고자 하니 아무 생각도 하지 말고 무성삼매를 똑똑하게 지켜보고 들어 보아라."

고 한다. 그래서 대중과 여러 제자들이 이젠가 저젠가 하며 귀를 기울이고 무성삼매를 듣고자 하여 신찬화상의 얼굴을 쳐다보고만 앉아 있자니까 화상은 엄연히 똑바로 앉아서 선정에 드신 뒤에 아무 말씀도 없었다. 그래서 제자들이 기다리다 못해서,

 "스님, 스님, 무성삼매 소리는 어찌 하시고 앉아 계시기만 합니까? 네, 스님, 무성삼매의 소리를 들려주십시오."

하고 보챘다. 그러나 화상은 몇 시간이 지나도록 아무 말씀이

없었다. 그래서 제자들이 스님을 흔들면서 무성삼매의 소리를 들려 달라고 하였더니 화상은 이미 입적왕생(入寂往生)하여 이 나라의 스님이 아니었다.

영광독요의 진불(眞佛)이 이미 빠져 나가고 껍데기만 남아있는 등신우상(等身偶像)의 스님 모습일 뿐이었다. 그래서 여러 제자들은 새삼스럽게 놀라는 동시에 진짜 무성삼매를 깨닫고 화상을 추억하며 말하되,

"스님께서 평생에 그렇게도 우리들을 가르치시되, 우리가 둔하여 깨치는 것이 없음을 보시고 돌아가시는 최후까지 우리들을 위하여 무성삼매(無聲三昧)의 법문으로써 우리들의 심신(心神)을 열어주게 하시었구나."

하고 감탄했다고 한다. 이것을 보면 종초지말토록 무언의 진리를 보여 주신 것이라고 하겠다.

□ 탈(脫)의 도(道)

무언(無言)의 도를 이행하여 전심(傳心)의 도를 실현하는 고사(高士)와 석덕(碩德)은 그 몸에 나타나는 행동도 극히 탈속하고 초연하여 어디로 보든지 도인의 풍격이 보이느니 이것을 일러서 쇄탈(灑脫)의 도(道)라고 한다.

쇄탈의 정신을 갖는 자는 이 세상에 대하여 무슨 일을 하든지 간에 집념이 적으며 애착이 없는 것이다. 그래서 가고 옴에 자

재(自在)하며 생사(生死)에 자재하다. 그렇기 때문에 억만의 거재(巨財)를 가진 자를 보더라도 그 앞에 아첨을 하지 아니하며 무일푼의 걸인을 보더라도 천하게 여기지 아니한다.

 객관적으로 다른 사람에 대해서만 그런 것이 아니라 자신의 생활에 있어서도 또한 그러하다. 그러므로 만승(萬乘)의 천자가 된다 하더라도 기뻐하지 않고 백인(白刃)이 번쩍거리는 참수의화를 당하더라도 무서워하지 않고 천노예속(賤奴隷屬)에 처하더라도 원망하지 아니한다.

 '영천수의 귀 씻은 물을 소에게도 먹이지 아니함(潁川의 洗耳水에 牛飮을 禁斷).'

 불교의 철리(哲理)는 무소착(無所着) · 무소구(無所求) · 무소득(無所得)의 공리(空理)에서 출발하여 온 세상을 부정하는 동시에 유소재(有所在)의 가유(假有)에 서서 모든 사람을 구제하는 데도 인색하지 않느니, 그러므로 불교의 고승들은 생사에 자재하며 유무에 자유하여 가장 쇄락한 생활을 지은 자가 많다. 그러나 불교의 철리를 체험하지 못한 자라도 상당히 쇄탈의 행을 지은 자가 있으니 중국 고대의 소보(巢父)와 허유(許由)를 들어 보고자 한다.

 〈남화경(南華經)〉의 양왕편에 보면 요제(堯帝)가 나이가 들어 천자(天子)의 위를 양퇴하고 한일월(閑日月)의 생활을 지어보고자 하여 천자될 사람을 구하러 다닌 일이 있다.

어느 때 무광(務光)이란 사람을 만났는데 그 시대의 사람들이 무광을 가리켜 성인(聖人)이라고 했다. 그래서 요제는 무광을 찾아보고 천자의 지위를 맡으라고 권하였더니 무광은 성미가 급한 성인이었던지, '나 같은 사람에게 천자 같은 것을 하라고 하니 그런 무례가 어디 있느냐'고 통분을 이기지 못하여 강으로 가서 익사하고 말았다.

요제는 하도 기가 막혀서 실망하고 천자될 사람을 다시 찾으러 다니다가 청백하기로 소문난 소보(巢父)를 만나게 되었다. 그래서 소보에게,

"천자가 되면 어떠하겠느냐?"

고 하였더니 소보는 돌아보지도 않고 달아나버리고 만다.

요제는 세상에 이상한 사람도 많다고 생각하고 돌아서서 다시 주유천하를 하다가 역산(歷山)에서 밭을 갈고 있는 순(舜)을 만나서 순을 데려다가 딸을 주어 사위를 삼고 제위를 퇴양하고 말았다고 한다.

그런데 소보는 요제에게 천자가 되라는 그 말을 듣고 달아난 것은 다름이 아니라 더러운 말을 들었다고 해서 귀를 물에 씻기 위하여 영천수(穎川水)를 찾아간 것이다. 그래서 손으로 물을 움켜 떠서 귀를 씻고 앉아 있자니까 허유가 소를 끌고 와서 소보가 앉은 하류에서 소에게 물을 먹이게 되었다.

허유가 소에게 물을 먹이려고 하며 상류를 쳐다보니 어떤 사람이 귀를 씻고 앉아 있었다. 허유는 의심하되, '얼굴을 씻으려면 두 손으로 얼굴 전체를 씻을 텐데 하필 귀만 씻는가?' 하고 의아하여 소보를 쳐다보면서 말을 건넸다.

"여보, 당신은 어떤 사람이기에 귀만 씻고 앉았으니 무슨 까닭이요. 귓병이 났소? 귓병에는 물이 나쁜데……"

"아따 그 양반 별 간섭을 다하는구려. 남이야 귀를 씻던 말든 무슨 걱정이오."

"하기야 무슨 걱정이 있겠소마는 하도 이상하여 하는 말이니 그 귀 씻는 이유나 알려 주구려."

"다른 일이 아니고 요가 나를 찾아와서 천자가 되라고 하기에 그 더러운 말을 듣고 그냥 있을 수가 없으므로 지금 귀를 씻는 것이오."

한다. 하유(許由)는 이 말을 듣고 깜짝 놀라며,

"공연히 왔다가 나까지 더러운 말을 들었구려. 그 더러운 말을 듣고 씻은 물을 소에게 먹일 수가 있나."

하고 소 콧등을 번쩍 들고 소리를 지르며 소를 끌고 갔다고 한다.

요와 순은 지금에 있어서는 실재적 인물이 아니라고 말하는 사학자들도 있으니까 소보(巢父)와 허유가 있었는지 없었는지 이것을 캘 필요는 없으나 이와 같은 일화를 주출(做出)한 자의 사상을 보면 얼마나 쇄탈한 사람이었던가를 짐작할 수가 있는 것이다.

□ 광선(光線)을 막지 마시오

이러한 실화는 동양뿐만 아니라 서양에도 유례가 있으니 희랍의 철학자인 디오게네스는 극히 세상에서 초연한 사람이었다. 그러므로 집이 없이 큰 통 하나를 집으로 삼고 달팽이처럼 이 빈통을 굴리고 다니면서 그 안에서 자고 먹고 하는 철인(哲人)이었다.

그의 머리는 더벅머리요, 그의 몸은 국부만 가린 나체였다. 그래서 그는 보기만 해도 흉측한 걸인이었지만 그의 정신만은 제왕보다도 고결했다.

그는 학문이 풍부하여 고금동서의 학문을 모르는 것이 없는 대학자(大學者)요, 대철인(大哲人)이었다. 그의 별명은 공송 철학자로 세상을 놀라게 한 지자(智者)였으므로 그의 성예(聲譽)는 알렉산더 대왕에게까지도 들리게 되었다.

알렉산더 대왕은 어느 추운 날에 디오게네스를 방문했다. 그리고 그의 앞을 막아서서 말하되,

"그대의 소원과 소망이 무엇인지를 말해 보시오. 만약 무슨 소원이든지 있다고 할 것 같으면 들어주겠소."

하였더니 그는 대왕을 물끄러미 쳐다보며,

"황송하오나 나는 소망이란 것이 없습니다. 소망이란 것은 세상 사람이 바라는 것이거니와 나에게 무슨 소망이 있겠습니까. 만약 저에게 소망이랄 것이 있다면 대왕께서 나의 통 앞에서 물러가 주시는 것이 소망이올시다. 왜냐하면 대왕이 통 앞에서 계시니 태양의 광선을 가리기 때문에 내 몸이 추워서 견딜 수가 없습니다. 대왕이시여, 어서 바삐 물러나 주셔서 태양의 광선이 바로 비추게 하소서."

했다고 한다. 이것은 다 쇄탈(灑脫)의 도를 여실하게 지킨 사람

이라고 하겠다.

□ 살신성인(殺身成仁)의 가르침

　옛날 중국 수나라에 일개 미물인 꿩 한 마리를 살리려고 두 귀를 베어 준 스님이 있었으니 그가 바로 지순대사(智舜大師)였다.
　대사가 어느 때 깊은 산 암자에 기거하며 배불송경(拜佛誦經)과 좌선구심(坐禪究心)으로 공부만 하고 있는데 난데없이 꿩 한 마리가 날라서 선방 안으로 들어 왔다. 그런데 그 꿩의 행동을 보니 반드시 무슨 새나 사냥꾼에게 쫓겨들어 오는 것이 분명했다. 그래서 꿩을 잡아 다락 속에 감춰 놓고 앉아 있으려니까 아니나 다를까 한 사냥꾼이 헐레벌떡하며 문을 열고 들어오더니 인사말도 없이 말을 건네되,
　"여보 대사님, 여기 지금 꿩 한 마리가 들어오지 않았습니까?"
하고 묻는다. 그래서 대사는,
　"네, 지금 날라 들어왔소."
　"그렇다면 어디다 두었소."
　"네, 다락 속에 넣어 두었소."
　"그렇게 잡아주시니 고맙소. 이리 주십시오."
　"그렇지만 내어 드릴 수가 없소이다."

"이 대사 보아라. 남이 잡으려는 것을 백주에 다락 속에 감춰 놓고 아니 준단 말이오."

"그렇게 말할 것이 아닙니다. 우리 불교에서는 애생존생주의(愛生尊生主義)로서 부지생계(不智生戒)가 있고, 또는 어떤 미물이든지 급난 절박한 가운데 있으면 구제하여 주는 자비사상이 있기 때문에 그런 것입니다. 이 꿩은 내가 잡아먹으려는 것이 아니라 당신이 돌아간 뒤에 반드시 산에 놓아 주고자 하니 악심(惡心)을 거두시고 어서 돌아가시기 바랍니다. 그것도 생명을 가지고 살겠다고 하는 걸 죽여서야 되겠소."

"음흉한 대사 같으니라고. 그따위 수작 말고 당장 내놓으시오. 내가 간 뒤에 대사가 삶아먹을지 구워먹을지 누가 보증한단 말이요. 어서 꿩을 내놓으시오."

하며 화를 냈다. 그래서 대사는 여러 가지로 말을 하여 알아듣도록 타이르고 달래 보았으나 사냥꾼은 끝내 말을 듣지 아니했다. 그러므로 대사는 결심한 듯 칼을 꺼내서 자기의 두 귀를 모두 베어서 사냥꾼에게 주면서,

"여보시오 이것을 가지고 가시오. 꿩고기나 사람 고기나 고기는 마찬가지가 아니겠소. 자, 어서 가지고 가시오."

했다. 두 귀에서는 붉은 피가 철철 흘러 내렸다. 이렇게 귀를 베 주는 대사의 얼굴을 쳐다본 사냥꾼은 눈망울이 둥그레지며 감격한 듯,

"대사님, 죄송합니다. 대사님의 자비가 이렇게 장하신 줄은 몰랐습니다. 참으로 거룩하십니다. 살신성인(殺身成仁)이란 말을 옛말로 들었더니 스님이 솔선수범을 하시는구려. 내 잘못으

로 스님의 귀만 베게 하였습니다. 칼로 베어 준 두 귀를 가지고 간들 무엇에 쓰겠소. 내 어찌 사람의 살을 먹을 수가 있으며, 그것을 먹은들 그 분량이 꿩고기를 당하겠소."
하고 수없이 절을 하고 그 자리에서 사냥 도구를 꺾어 버리고 머리를 깎고 중이 되어 그 스승님의 제자가 되었다고 한다.

□ 쇄탈(灑脫)의 도(道)

불교의 고승석덕으로는 소보 허유나 디오게네스 이상으로 초탈한 자가 많으니 인도의 고승이나 중국 고승의 예는 그만두고 우리나라 불교 역사상에 나타나는 인물을 살펴보더라도 그 수효를 알 수가 있다. 그리고 또 한 가지 부언코자 하는 것은 불교 고승의 쇄탈은 일향(一向)히 염세절세(厭世絶世)의 고비적(高飛的) 해탈이 아니라 출세입야(出世入也)에 무애자재한 쇄탈이다.

신라시대의 고승인 원효대사(元曉大師)는 누구나 다 아는 바이지만 대사는 무위진인(無位眞人)으로써 무언의 도를 체탈하여 일생을 통해서 쇄탈의 행을 지었다.

예를 들것 같으면 대사는 극단의 금욕생활을 하던 비구승이셨지만 수류화신(隨類化身)을 나타내서 요석공주를 아내로 맞아서 설총(薛聰)과 같은 신라 10대 위인 중의 하나인 현인(賢人)을 낳으셨고 제왕의 조칙을 받아서 경전의 주석을 짓고 강

설을 하였지만 유시(有時)는 여염집 향리에 걸인형(乞人形)을 나타내서 무애무(無碍舞)라는 춤을 추시며 6자(字) 염불을 하시고 불교 선포를 하셨다.

대사는 그야말로 진(眞)과 속(俗)에 걸리지 않고 인습과 도덕에 구애됨이 없이 자유자재한 경지에 이르시어서 해탈 도인이 되신 것이다.

그런데 원효대사 같은 쇄탈의 도를 실현한 도승은 신라시대나 고려시대뿐만 아니라 조선시대에도 유명한 고승이 있었으니 원심대사(遠心大師)가 바로 그런 분이다.

〈용제총화(慵齊叢和)〉에 의하면 원심대사는 국초(國初)의 고승인데 키가 어찌나 크던지 시가에 나가면 머리가 군중의 머리 위에 솟아오르며 아무리 높은 집이라도 원심대사가 그 밑에 서면 손으로 처마 끝과 서까래 끝을 만지게 되었다. 그래서 키가 큰 까닭으로 성은 전하지 않고 다만 장원심(長遠心)이라고 정했다.

대사의 성품이 무사무욕(無私無欲)하여 거(居)하되 정처가 없는지라, 밤이 되면 혹 남의 집 담 밑에서 누워 자기도 하고 병이 들면 시중에 누워버리고 만다. 그리하면 시인(市人)이 다투어 가며 내집(來集)하여 공양을 올렸고, 걸인의 행을 지어도 보통 걸인이 아니고 고승(高僧)의 기행인 까닭으로 공후재상(公侯宰相)도 심방하여 공양하는 자가 부지기수였다고 한다.

그런데 대사는 국내에 수재나 한해(旱害)가 있으면 제자들을 모아서 기도와 정진으로써 일을 삼았는데 기적이 나타나서 심한 장마가 올 때에는 비도 그치게 하고, 심한 가뭄에는 비가 오게도 했다. 혹은 개인의 원에 따라서 기도를 해주면 덕을 보는 사람이 많았다고 한다.

 그리고 대사는 천금을 받더라도 기뻐하지 않고 백물(百物)을 도난당해도 성내지 않았으며, 누가 남녀의 의복을 분간하지 못하고 내어주면 대사는 남녀의 의복을 가리지 않고 입었으며, 누가 대사에게 의복 구걸을 하는 사람이 있으면 다 벗어주기도 했다. 그래서 의복이 있으면 입고 없으면 나체가 되어 마른 풀을 엮어서 입기도 했다. 그러나 풀옷을 입되 수치스럽게 여기지 않고 비단옷을 입되 호강으로 알지 않았다. 그러므로 남에게 선물을 받는 것도 무한정이었지만 남에게 주는 것도 무한정이었다.

 또 대사는 이와 같이 무사무욕(無私無欲)한지라 공경의 대신을 보더라도 공경하지 않으며, 우부우부(愚夫愚婦)를 보더라도 천하게 여기지 않고 곧 더불어 대화했다. 또 어디를 가든지 죽은 시체가 길가에 놓여 있으면 겁내지 않고 걸머지고 가서 묻어주기를 잘 했다.

 그러던 어느 때는 전염병이 유행하여 죽은 시체가 시내에 여기저기 놓여 있었다. 대사는 힘 좋게 둘씩 셋씩 포개서 걸머져다가 묻어주기를 마지않았다.

 그러던 어느 날 대사가 어디를 가다 보니 시체 한 구가 구덩이에 떨어져 걸려 있었다. 그래서 대사는 이것을 보고 불쌍히 여기고 종일 통곡을 하고 이것을 들어다가 묻어 주려고 걸머지고 나섰는데 시체가 하룻동안이나 등에 붙어서 떨어지지를 않았다. 이를 본 문도들이 모여서,

"스님이 그렇게 기행(奇行)을 좋아하시다가 필경에 저와 같은 변을 보신다."

하고 불전에 기도하여 화를 면하게 하였더니 대사는 그 뒤부터는 다시 시체를 걸머지지 않았다고 한다. 어느 때에는 대사가 문도들에게 말하되,

"내가 도력을 시험하기 위하여 생화장을 하고 싶으니 너희들이 마당에 장작개비를 쌓아 놓아라. 그리하면 내가 그 위에 올라앉을 터이니 밑에서 불을 질러라."

고 했다. 그래서 제자들이 그와 같이 장작개비를 마당에 짚더미 같이 쌓아 놓고 대사를 올려 앉힌 뒤에 불을 질렀다. 그러나 제자들은,

"아무리 도력(道力)이 있는 스님일지라도 만일 잘못해서 돌아가시게 되면 스님의 얼굴도 마지막이구나."

하고 통곡을 하다가 대사의 방으로 돌아와 보니 대사는 어느 틈에 연기에 쌓여 살짝 내려왔는지 자기의 방에 들어가서 시침을 떼고 앉아 있었다. 이를 본 제자들은 너무나 신기하여,

"스님 이것이 어찌 된 일입니까?"

"나는 지금 서천 남역(西天南域)으로부터 이곳에 와서 앉아 있는 것이다. 색신(色身)은 비록 입멸했으나 법신(法身)의 상주 불멸이 이와 같이 신기하니 너희들이 보아라. 나의 도력이 어떠하냐?"

한다. 제자들은 눈을 둥그렇게 뜨고 놀라면서,

"스님의 신통이 이와 같이 장하신 줄 몰랐습니다."

하고 평소에 작죄(作罪)한 것을 참회하고 감읍하고 사죄를 하

였더니,

"허허허, 내가 무슨 신통이 있어서 그리하였겠느냐. 너희들이 불을 지르니 밑에서 뜨겁게 타오르는데 어찌 견딜 수가 있더냐? 그래서 연기를 쫓아서 피신하여 와서 앉아 있을 뿐이다." 하며 손뼉을 치고 웃기를 마지 아니했다. 그래서 제자들도 따라서 웃으니 대사는 엄연히 정색하여 꾸짖어 이르되,

"내가 너희들을 속인 게 아니라, 너희들이 나에게 당한 것이다. 너희들이 내가 신통변화를 가졌으리라 믿은 때도 장원심(長遠心)이요, 신통이 없다고 인정하는 때도 장원심이니 장원심은 미(迷)하나 깨치나 동일한 사람인데 세상 사람들이 부질없이 다르게 볼 뿐이니라.

그러한 것이니 너희들도 내가 지금 이렇게 하는 것을 보고 신통이 없다고도 말하지 말아라. 신통이 별것 아니라 나무를 운반하고 물을 길어 오는 일용작용(日用作用)이 모두 신통 묘용이니라."

했다고 한다. 이것을 보면 대사가 얼마나 해학적이고 쇄탈한 고승인 것을 알 수 있는 것이다. 그러나 대사가 일심으로 기도를 해서 비가 많이 오는 때는 비를 그치게 하고 가뭄이 심할 때는 비가 오게 한 것은 거짓이 아니었으니 마음의 조화가 만물의 조화를 좌우한다는 것이 사실인 까닭이다.

하여간 원심대사는 한국의 기승(奇僧)이요, 신승(神僧)이요, 도승(道僧)이요, 고승(高僧)이었던 것은 엄연한 사실이라고 하겠다.

□ 과욕의 도(道)

 쇄탈의 도를 얻으려면 과욕의 도를 닦지 않으면 아니 되는 것이니 모든 사람이 쇄탈의 인(人)이 되지 못하고 군자나 성현이 되지 못하는 것은 애정을 끊지 못하며, 욕심을 버리지 못한 까닭이니, 편협한 애정에 끌리기 때문에 대자대비(大慈大悲)한 인류애를 망각하고 어떤 사람의 사랑만을 위하여 애욕의 노예가 되고 말며, 컴컴한 욕심을 저버리지 못하기 때문에 우주 전체가 내 것임을 모르고 몇십 간의 집이나 몇 백만, 몇 천만의 금전에 구속이 되어서 사람다운 노릇을 하지 못하는 일이 많은 것이다. 그러므로 무서운 것이 애욕(愛慾)이요, 두려운 것이 아집(我執)인 것이다.

 연일 보도되는 신문 사회면에 방화·절도·살인·강도·사기·탈세·밀수 등등의 범죄의 소사(所使)아닌 것이 없다. 이 애욕만 떼어버리면, 이 집착만 떼어버린다면 성인군자 아닌 사람이 없을 것이다.

 그렇기에 〈유교경〉에 보면, '욕심이 많은 사람은 이익을 구하는 마음이 많은 까닭으로 고통도 따라서 또한 많은 것이며, 욕심이 적은 사람은 구함도 없고 하고자 함도 없는 까닭으로 이러한 고통이 없으니 욕심이 적은 사람은 첨곡 아부로써 사람에게 구하는 것이 없느니라. 그래서 마음이 항상 고요하고 편안하며 매사가 유여하여 항상 불안한 마음이 없느니라. 그러므로 족함을 아는 자는 지상에 드러누워 있더라도 극락에 가서 누운 것과 같고, 족함을 알지 못하는 자는 비록 극락에 가서 누워 있더라도 또한 만족함을 알지 못하나니라' 했다.

□ 애욕은 악도(惡道)의 근본

 부처님께서 '재물과 여색이 독사보다도 심하니라'하신 말씀과 '애욕이 악도의 근본이 되느니라'하신 말씀이 경전에 허다하다.
 또한 보살이나 조사께서 이것을 제하기 위하여 여러 가지로 고행하신 일이 많지마는 신라 원성왕 시대에 가승(歌僧)으로 유명한 국선(國仙)인 영재대사(永才大師)도 그 과욕·단욕을 실행코자 하는 한 사람이었다. 그래서 대사는 말년에 이르러서 헛된 시가(詩歌)의 노래로써 일생을 헛되게 보낸 것을 탄식하고 참으로 단욕·수도를 실현코자 하여 90고령의 늙은 몸을 이끌고 지리산을 들어가던 참에 대현령이라는 고개 마루턱에 당도했다.
 그런데 영상(嶺上)으로부터 60명의 도둑떼가 내려와 습격하며 피해를 입히려고 했다. 그러나 대사는 본디부터 물욕에 냉담한 스님이신지라 번쩍거리는 칼 밑에도 태연자약하여 공포를 느끼는 일이 없을 뿐더러 오히려 도둑떼를 자식과 같이 측은하게 대했다.
 "나는 이미 90이 넘은 노승이다. 이 늙은이가 무엇을 지고 가겠느냐. 내 바랑을 조사해 보아라. 장삼과 가사와 누더기 옷과 일용도구인 식기 발우와 수저밖에 없다. 이것이라도 필요하거든 가지고 가거라. 그리고 너희들은 젊으나 젊은 사람이 무슨 노릇을 못하여 이런 짓을 하느냐? 나라의 백성이면 선량한 백성이 되어야 하고, 부모가 있으면 부모에게 효도하고, 아내와 자식이 있으면 충실한 가장이 되어서 장사를 하든지 농사를 짓든지 직업에 따라서 분대로 살아갈 것이지 이게 무슨 못난 짓이냐?"
하고 달랬더니 그들도 감회가 있었던지 머리를 수그리면서,
"스님의 이름은 무엇입니까?"
하고 묻는다.
"노래 잘 부르는 영재란 노승인데 내가 내 목소리에 속고 내 노래에 팔려서 일생을 호화롭게 잘 놀고, 풍류승(風流僧)으로 지내오다가 이제는 나이도 많고 근력도 없어 죽을 날이 멀지 않으므로 깊은 산에 들어가서 풀뿌리나 캐어 먹고 염불공부나 지극히 하다가 죽어서 극락세계나 가볼까 하고 지라산을 찾아서 들어가는 참이다."
"아, 그렇습니까. 노스님의 얼굴은 처음 뵈어도 성화는 많이 들었습니다."
라고 도둑떼가 머리를 조아리고 절을 한다. 그리고 이어 말하되,
"증조부나 고조부 같은 할아버지께 노래를 청하기는 죄송합니다마는 한 곡을 불러 주실 수 없겠습니까?"
"평생을 노래로 살아온 늙은이인데 늙었다고 한 가락이야 부

르지 못하겠느냐, 잘 들어 보아라."
하고 노래를 부르니 가사는 아래와 같다.

　내 마음 꼬라지가 어떤 줄을 몰랐기로
　늘그막에 산속에 들어가 도나 닦고 살잤더니
　여기 와서 이 산을 지나기도
　말썽이 많고 순탄하지 않단 말인가
　여보소 나쁜 일은 좋은 일만 못하리니
　좋은 길로 돌이켜서 잘 살아보소
　이 병기 좋다한들 무엇에 쓰려는가
　본심 찾아 살아보고 양심대로 살아보세.

　도둑떼는 대사가 이와 같은 가사로 낭랑한 음성으로 노래하는 것을 듣고 감격하여 회심이 되어서 비단 두 필을 꺼내들고,
"참으로 감사합니다. 스님의 노래를 들으니 컴컴한 마음이 밝아진 것 같습니다. 과연 노스님의 노래는 국수(國手)라고 하겠습니다. 변변치 못한 예물이오나 이 비단 두 필을 올리오니 노자에 보태 쓰시기 바라옵니다."
한다. 이때 스님은 웃으면서 대답하여 말하되,
"그대들의 뜻은 대단히 감사하나 나는 재물이 지옥의 근본임을 깨닫고 깊은 산에 들어가서 일생을 보내고자 하오. 모든 재물을 다 버리고 산으로 가는 나인데 무슨 소용이 있겠소. 당신네들이나 가지고 가시오."
하고 비단을 땅에 던졌다. 그랬더니 이것을 본 도둑떼들은 모

두 감복하여 지금까지 잘못 살아온 것을 뉘우치고 반성했다. 그래서 창검을 버리고 영재화상을 따라서 모두 지리산으로 들어갔다. 그리하여 삭발위승으로 영재스님을 모시고 일생을 수도에 전력했다.

 노스님은 한꺼번에 60명의 제자를 얻어 가지고 지리산에 들어가서 땅을 파고 터를 닦고 나무를 베어 절을 짓고, 산을 파서 화전을 일구고 오곡 잡곡의 종자를 탁발하여 얻어다 심고 농사를 지으니 오붓하게 걱정없이 지낼 수가 있는 절이 되었다.

 화상이 그들에게 경전을 가르치고 목탁을 만들어 염불을 가르쳐 한 집안 식구로서 오순도순하게 지내게 되니 이렇게 행복한 세계가 다시 없었다.

 모두가 욕심이 떨어지고 보니 서로 위하는 것뿐이요, 미워하는 마음이 없으니 서로가 화목하기만 할 뿐이었다. 영재스님의 성덕을 거듭 칭송하며 부모 이상으로 시봉하고 모시고 있었다.

 그런데 어느 날에는 화상이 권속을 모두 모아놓고 설법하되, "너희들이 나의 최후 설법을 들어 보아라. 부처님께서 말씀하시되, 나는 자는 반드시 죽는 법이요, 만나는 자는 반드시 이별하게 되는 법이요, 높은 자는 반드시 떨어지고 말 것이요, 항상 차 있는 것도 반드시 다하여 없어지는 것이다. 태산도 바다가 될 때가 있고, 바다도 육지가 될 때가 있는 것이니 그러므로 고인들도 이르기를 푸른 바다도 뽕나무밭으로 변하고, 뽕나무밭도 바다로 변한다고 하였구나. 그리고 보니 이 세상에 무엇이 견고하겠느냐. 그러므로 경전에서도 이르시기를 제행(諸行)이 무상하여 시생멸법(是生滅法)이니라 하시었고, 범소유상(凡所

有相)이 개시허망(皆是虛妄)이라고 하지 않았느냐? 내가 매우 건강한 몸이었지만 90이 지나고 이 산에 들어온 지가 벌써 10년이 지나서 백세가 다 되었으니 돌아갈 때가 되었는가 한다. 그러니 너희들은 내가 입적한 뒤라도 슬퍼하거나 통곡하지 말아다오. 그리고 방일하지 말고 머리에 불타는 것을 끄듯이 공부를 잘하여 출가한 본의를 달성하기 바라노라."

하고 마지막 유언을 했다. 그리하여 앓지도 않고 평상과 같이 정좌한 자세로 운명을 하고 말았다. 그야말로 좌탈입망을 자유자재하게 한 셈이다.

그래서 60명의 제자들은 슬픈 애도 속에 독경을 하며 최후 운명을 지켜보고 다비화장하여 마치었다. 그러므로 이 사실을 기록한 삼국유사(三國遺事) 저자 일연대사(一然大師)는 영재화상을 위하여 찬시(讚詩)를 기록하였으니,

策杖歸山意轉深
綺紈珠玉豈治心
綠林君子體相贈
地獄無根只寸金

막대기를 들고 산을 찾아가매
뜻이 더욱 깊으니
비단이나 금과 옥에
어찌 마음이 끌릴소냐
녹림속의 군자들아

화상에게 뇌물을 바치지 말라
지옥의 근본이 무엇인가
다만 금전 애착이 뿌리라네.

이러한 것이었다. 이것은 다 재물과 여색의 재앙이 모사(母蛇)보다 심하다는 부처님의 말씀을 신봉하고 발심하여 영재화상도 늙은 몸을 헤아리지 않고 입산수도의 길을 취하였고, 60여명의 도둑들도 화상의 무욕 담박한 태도에 감심하여 종전의 악행을 참회하고 개과천선하여 화상에게 귀의하고 삭발위승하여 10년간을 수도 시봉하다가 화상의 최후 운명까지 지켜보게 된 것이라고 하겠다.

이상에 적어 온 것이 별것은 아니로되 초심 입도자(入道者)에게는 발심 자료가 될까 한다.

□ 일체유심조(一切唯心造)의 가르침

불교의 경전인 〈팔만대장경(八萬大藏經)〉을 구분하면 교리(敎理) 부문인 불타의 설법을 결집한 경장(經藏)과, 교단이 지켜야 할 계율을 결집한 율장(律藏), 교리의 연구논석을 모은 논장(論藏) 등 3장(藏)으로 나뉜다.

경장(經藏)은 석가여래가 설교한 것을 편집한 것이고, 율장(律藏)은 문자 그대로 계명이며, 논장(論藏)은 석가여래가 설교한 바이블을 중심으로 해서 그 후에 제자들 성자 학자들이 논문식으로 설교 편집한 것을 말한다. 이 3가지가 팔만대장경이다. 대장경을 세 가지로 분류한 것이 곧 삼장이며, 삼장법사(三藏法師)라는 것은 〈팔만대장경〉을 읽을 수 있고 번역하고 가르칠 수 있어야 삼장법사이다.

이 삼장 경장이나 율장·논장이 무엇을 이야기하는 것인가 하면, 글자 하나로 설명하자면 마음 심(心)자를 설명한 것으로, 말보다는 마음 하나를 다방면으로 설명한 것에 불과하다.

오늘날 불교는 한마디로 얘기하면 일체유심조라고 할 수 있다. 일체(一切)가 유심(唯心)으로 창조되었다! 그것이고, 또 팔만대장경의 경장·율장·논장도 이것 하나를 강조하는 것이다. 그래서 불교를 심본주의(心本主義) 즉, 마음을 근본으로 한 종교라고 한다.

내용은 마음 심(心)자 하나를 푼 것이고, 구체적으로 학설적인 면을 들어서 설명한다면, 학설적인 면과 실질적인 면을 통칭 3학(三學)이라고 해서 계학(戒學)·정학(定學)·혜학(慧學)으로 나눈다. 3학(三學)이란 불교인이 일생을 통해서 하는 일, 학문적으로 실천적으로나 3가지로 구분한다.

그러면 계(戒)란 무엇이냐? 삼장(三藏) 가운데 율장이 곧 계명이다. 계명은 여러 가지가 많이 있다. 불교에 첫째 5계가 있는데 이것은 일반 신자들이 받는 계이다. 10계는 출가한 승려가 받는 것이며, 그리고 여승은 8계, 출가한 후에 학문과 도덕을 통해서 능히 스승이 된 자격을 갖춘 사람은 비구계를 받는다. 비구계는 얼마나 받느냐? 2백 50계명이다. 또 비구니라면 출가한 여성, 즉 여승인데 4백계를 받는다. 여하간 거기에 가장 중요한 것이 무엇이냐? 살생·자살·타살·과음·과식 등이 그 중심이다. 그 밖에도 여러 가지가 많기 때문에 계기(戒器)라는 말을 쓴다. 그릇, 즉 컵이나 사발동이와 같은 계기는 우리의 육체이다. 인간의 신체도 역시 그릇과 같은 것이다.

그릇이 불결해도 안되고, 찌그러져도 안되고, 아주 파괴되어도 안된다. 계기가 완전해야 한다. 쉽게 말하면 신체적으로 건강이 확보되어야 한다. 수도(修道)를 하고 모든 것을 이루려면 건강에 결함이 없어야 한다. 그럴려면 계(戒)가 필요하다. 싸워서 다른 사람을 죽이면 자기가 죽게 되니까, 또 과음을 하면 신체적으로 나쁜 영향을 받게 되니까 이런 면을 들어 계명을 지켜야만 종교인으로서 어느 정도 의무를 한다는 것이다.

다음으로 정학(定學)이란 무엇인가? 정학이란 심신이 안정되어야 한다. 그것을 선정(禪定)이라고 한다. 선(禪)을 하면 정신이 안정되고 통일이 된다. 심신 불안증이라든지 잡념이 생겨 모든 일에 장애가 온다든지 그런 것이 없고, 자기 정신을 완전히 자기가 지키고 있는 것이 선정(禪定)이다.

선정이란 곧 정수(定水)다. 즉 물과 같다는 말이다. 육체가 그릇같은 것이라면 정신은 물과 같은 것이다. 그릇 속에 물이 있는데 그릇이 쪼개지면 물이 새어나가고 없듯이 또 그릇이 너무 동요되어도 물이 흘러 넘는다. 그릇이 불결하면 그 안에 있는 물이 더러워지듯이 마찬가지로 우리의 정신 상태인 우리의 심신은 그릇 속에 들어 있는 물과 같다. 그래서 참선(參禪)이라는 것은 정신을 통일시키고 안정시키는 그러한 공부이다.

그릇 속에 있는 물이 흔들리면 비치는 그림자가 분명하지 않고, 하늘에 달이 걸려 있는데 물이 흔들리면 비치는 달이 자꾸만 동요되어 보인다. 물이 불결하면 달이 보이지 않는다. 우리가 선을 하면 그 물이 안정된다. 동요가 아닌 안정이 되면 더러운 물이라도 찌꺼기가 밑으로 가라앉는다. 우리의 신체도 이와 마찬가지이다.

우리가 정신을 통일하고 안정시키면 정신적인 티끌이 저절로 가라앉아 정화된다. 마음에서 정신적인 광명! 즉 혜월(慧月)을 받아들일 수가 있다. 달은 탁한 물에는 나타날 수가 없다. 동요된 물에도 나타나긴 하나 산만하다. 그러므로 진리를 탐색하려면 고요한 가운데서 느낄 수 있다는 것이 틀린 말이 아니다.

보통 우리가 학교에서 글을 읽을 때 마음이 불안정하고 복잡하면 강의가 귀속에 잘 안 들어 온다. 가라앉은 마음으로 새벽에 독서를 하면 잘 들어온다. 새벽에는 마음이 안정되는 순간이기 때문이다. 우리의 심신은 물과 같다.

그러므로 비구이건 신자이건 간에 계를 먼저 지키지 않으면 안되는 것이다. 계는 그릇과 같은 것이니까 그릇이 완전해야 되고, 다음엔 심신이 안정되고 건강해야만 된다. 심신 건강의 방법이 참선이다.

그 다음, 혜(慧)라고 하는 것은 우리가 희구하고 있는 모든 목적, 성불(成佛)이라든가 그 외의 여러 가지가 얻어질 수 있다고 불교는 말한다. 그러니까 계기(戒器)가 완전해야 정수가 새지 않고 정수가 맑아야 혜월(慧月), 즉 지혜의 달이 나타날 수 있다는 말이다.

예를 들면, 물의 비유만이 아니라 거울도 많이 비유한다. 우리의 심신은 거울과 같다는 것이다. 거울이 원래는 투명한 것인데 손을 안보고 걸어두면 날마다 먼지가 끼어 어두워진다. 선천적으로 우리의 심신은 깨끗한 것이지만 마음을 수양하지 않고 그대로 방임해 두었기 때문에 티끌이 낀 것이다. 그런 거울에는 아무것도 비칠 수가 없다. 산도 물도 비칠 수가 없다. 어두운 거울을 닦아내야 한다.

닦으면 다시 밝아져서 비친다. 비치는 방향에 따라서 멀리 있는 호수도 산도.... 그러므로 수도를 해야 한다. 수심(修心)을 해야 한다. 그러면 다시 밝아진다. 밝아지면 검은 것을 보면 검게 비치고 붉은 것을 보면 붉은 대로 나타난다. 그러니 거울만 봐도 다 알 수가 있다.

우리의 심신(心身)·본심(本心)이 내향적으로 회광반조(回光反照), 자기의 정신적인 광명을 안으로 돌려서 반조하라, 자기의 정신을 안으로 돌려서 자성(自性)을 진리로 비춰 보자는 것이다.

우리의 자성이 밝아지면 밝아진 자성을 어느 분야로 향해도 철학·과학이나 고유의 예술 등 무엇을 연구해도 쉽게 이해가 된다. 마음이 맑아지면 무엇을 해도 잘된다.

선정(禪定)은 그것을 목적으로 하는 것이다. 선정을 한 뒤에야 비로소 그런 지혜를 얻을 수 있다. 불교는 삼장(三藏) 또는 삼학 일심(三學一心)을 본의(本義)로 한 심본주의(心本主義)인데 삼장이 있다는 것을 일러두고자 한다.

□ 선(禪)과 교(敎)의 두 길

　불교의 진수라고 하면 선(禪)인데, 불교에서는 선(禪)과 교(敎)로 나눈다. 교는 일체의 논리적 부분, 팔만대장경이 모두 그 예이다. 선이란 것은 그와는 정반대되는 것, 일체 의식이라든지 어떤 경전 문구라든지 예배·신앙 그런 것이 아닌 오직 마음이다.
　선(禪)에서는 부처님이 누구냐? 곧 마음이 부처이다. 그렇게 보고 있다. 그것을 거꾸로 하면 불시심(佛是心)이라, 부처님이 가지시는 마음이라는 것이다. 마음은 무엇이냐? 마음은 개인 개인이 다 가지고 있다. 그러니 이 마음을 밝히는 데는 교에 해당되는 것은 필요없다.
　언어와 문자 일체, 그래서 불립문자(不立文字)라고 한다. 문자가 필요없다. 오직 자기가 실천 수행하여 자기 마음을 회광반조하는 그런 마음, 우리 인간의 마음이 정화가 되면 각(覺)이라! 깨쳐지면 부처가 되는 것이요, 못 깨치면 미(迷)라 한다.
　마음은 같은 방향인데 각(覺)이냐? 또는 미(迷)냐? 미일 때는 범부인생(凡夫人生)이다. 만약 각(覺)을 할 경우 그 순간부터 불(佛)이다.
　불(佛)이라고 하는 것은 부처, 즉 붓다라는 범어를 우리 말로 번역될 때 부처라는 말이 되었다. 붓다란 말은 무슨 말인가? 각자(覺者)란 말이다. 깨친 분이다. 무엇을 깨쳤느냐? 마음을 깨쳤느냐, 마음을 깨친 분이 부처다. 이렇게 마음을 깨치는 데는 문자로는 안된다. 문자는 이론적이고 학설적이고 학문적이지, 아무리 문자를 환히 머리 속에 가지고 있고 청산유수로 토해 낼 수는 있지만 그것으로는 안된다. 문자의 노예밖에는 안된다.

　문자 속에 속해 있는 진리를 그대로 즉각적으로 깨치는 데는 바로 마음을 깨쳐야 한다. 그래서 석가여래가 왜 붓다가 되었느냐 하면 본래는 붓다가 아니었다. 그런데 6년 동안 선을 해서 붓다가 됐다. 그러므로 부처가 무엇이냐 하면 곧 마음이다. 마음이 깨치면 부처니까, 마음하고 부처하고 다르지 않다는 것이다.

　그러면 불교의 경은 어디서 생겼느냐? 불교의 팔만대장경은 석가여래가 6년 동안 선(禪)을 해서 각자(覺者) 즉, 불타가 되어 49년 동안을 통해서 설법해 놓은 것을 제자들이 편집한 것이 팔만대장경이다.

　그러면 그러한 불교, 그런 심오한 진리를 49년 동안 무진장으로 설교해 내신 이 교는 어디서 나왔으며 석가여래는 어떻게 해서 그런 교를 설할 수 있었을까? 각자가 되었기 때문이다. 각(覺)은 어떻게 했느냐? 선(禪)을 통해서 했다. 따라서 선을 하지 않았으면 각을 할 수가 없으므로 불타가 될 수 없다.

　불타가 됐으니까 그런 교리가 생겼다. 그러니까 선이 중심이 된다는 것은 그것 때문이다. 이 선이란 것은 종교적인 일면에 치우치지 않는다. 종교라고 하는 것은 반드시 성경을 존중하고 예배와 기도를 해야 한다. 그러나 선은 그것과는 달리 교외별전(敎外別傳)이라 한다. 교리와 예식, 예식 외에 별전하는 것이다.

교외별전이란 것은 선에 대한 정의이다. 마음을 깨치는 것은 교리를 가지고 되는 것이 아니다. 필자가 늘 말하지만 뉴턴이란 학자가 지구의 인력을 연구할 때, 그때는 인력에 대한 선생이 있는 것이 아니다. 교과서도 없었고 연구할 자료도 없었다. 혼자 연구하는 것이었다.

 하루는 자기의 정원 나무 밑에 앉았다가 사과가 툭 떨어지자 깜짝 놀랐다. 무의식중에 열중하고 있는데 무엇이 탁! 치니까 그 다음 그는 아! 이것은 인력이다. 지구의 인력을 그때 깨달았던 것과 마찬가지로 선을 하면 어떠한 문제를 하나 가지고 있는 이것은 뭘까! 무엇인가? 하는 것을 실존적으로 체험하는 정신. 죽고 사는 것, 먹고 입는 것, 오고 가는 것, 죽으면 어디로 갈까? 천당엘 가려면 어떻게 해야 할까? 하는 문제를 자문하는 것이다.

 종교를 믿으려면 자기가 직접 알아야 한다. 그러한 방법으로 선을 한다. 그래서 선을 하는 방법에는 교리일체 언어와 문자를 망각해서 필요없다고 하기 때문에 그대로 앉아서 연구 일면으로 정진한다. 그런데 이 연구를 많이 하면 보통 사람은 무엇을 깊이 연구하다가 미치기도 하고 정신이상이 되기도 한다. 불교는 선을 할 때 잘 배우면 괜찮지만 혹자는 산중에 가서 무슨 도통공부나 술법(術法)을 하다가 그만 정신이상자가 되는 수가 많이 있다. 그건 왜 그러느냐? 뭐가 될듯 될듯하면서 자꾸 연구하다가 밥도 제대로 먹지 않고 잠도 제대로 자지 못하다보니 정신에 이상이 확 뒤집어지는 것이다. 그렇게 되면 큰 일이다. 그러나 선은 정신에 이상이 절대 오지 않는다. 또 육체적으로 아무리 연구를 해도 건강에 영향이 미치지 않는다.

요즘 소위 정신과학으로서 이러한 것을 들 수가 있다. 단전호흡이라는 것인데 선을 하기 전 호흡부터 한다. 호흡은 인간의 생명이다. 호흡은 그대로 우주공간에 있는 공기이다. 이 호흡이 한 번 나가서 안 들어오면 죽는다.

단전은 상단전·중단전·하단전이 있는데 이것을 일종의 태식(胎息)이라고 한다. 태로 숨을 쉰다. 보통 우리는 호흡을 할 때 어디서 하든지 무관심하고 있다. 보통 폐의 중간에서 입식·추식이 되는데 이러한 작용에 의해서 364혈(穴) 그 경(經)과 락(絡)이 연관되어 있기 때문에 뒤 척추를 통해 사지에 혈액순환이 되며 경락순환이 조화가 되는 것이다.

흔히들 소순환·대순환이라고 하는데, 그렇게 하면 혈액순환이 잘되고 경락이 조정되어 병이 없고 건강해진다. 정신적으로 맑아지기 때문이다. 그렇지 않고 그대로 연구만 하면 머리가 아프다. 극도로 아프면 상기라고 하는데 그것이 심해지면 병이 되어 아무리 고치려 해도 쉽게 고칠 수 없다.

단전을 통해 심호흡을 하면 또 더 깊이 들어가 종식이라고 발등 밑까지 기운을 보낸다. 일어서서도 하고 앉아서도, 누워서도 한다. 머리가 아플 때나 소화가 안되거나 할 때 단전호흡을 하면 바로 회복된다.

이 기운을 정·기·신이라고 하는데 신령 혹은 정력 에너지, 기능호흡 이 3가지가 일치가 되어 단전호흡을 하고 발등 밑까지 갈 때에는 일체 모든 병이 일어나지 않게 할 수 있고, 병이 나도 치료할 수가 있다.

이것은 정신요법에 가장 중요한 것이다. 요즘 필자가 서구에 가서 선을 가르칠 때 그 방법을 먼저 가르친다. 머리가 낫고 소화가 안 된 사람이 소화가 잘 되니까 자꾸 하려고 한다. 앉아서 도통해라! 그건 안될 말이다. 물론 도를 통해 우주 진리를 달관하려는 것이 우리의 구경(究竟)목적이지만 우선 우리의 일상생활에, 그리고 신체와 정신면에 이익되는 점이 있고 그러한 수확이 있음으로 되는 것이다.

 선(禪)을 교수하는 방법에는 여러 가지가 있다. 말이 필요없고 글이 필요없다. 말도 글도 아닌 제스추어와 마찬가지이다. 어떤 때는 손을 올리고 만다. 그때는 보라는 것이다. 저 높은 하늘을 쳐다보라! 저기 보면 달이 걸려 있다. 휘엉청하게 밝은 한 바구니의 달이 걸려 있어! 그것이 우주의 진리다. 달을 보면 그뿐이야! 그것이 우주의 진리이다.

 달을 안 보고 장님이 아무리 달에 대한 설명을 들은댓자 모른다. 그러니까 달만 보면 달이 어떤 것인지 알며, 진리도 마찬가지이다. 진리를 달관하지 못한 사람은 아무리 설명을 들어도 근사하게 어느 정도까지는 이해가 될지 모르지만 달관은 못한다. 선은 입을 통해서 설하면 선이 아니다. 필자가 선을 설하는 것은 미숙한 범부(凡夫)로서 설명하는 것이다.

 진리라고 하는 것, 어느 것이 진리 아닌 것이 없고, 어느 것이 진리를 설하지 않는 것이 없다. 이래서 소동파(蘇東坡)는 '시퍼런 산색이 어찌 부처님의 몸이 아니며, 초랑초랑 시냇물 흘러가는 소리가 부처님의 설교하는 소리다. 이것을 못 듣는가?'라고 했다.

손바닥도 설교해! 우주 인력을 설교하는 것이고, 소리나는 인연설법이 합장되어 가지고…. 인과법칙과 우주인력, 다 설교하는 것이다. 우주의 진리가 모두가 진리이니까 왼손바닥이 설교하는 소리를 들으라. 이것이 어떤 때는 각(覺)을 하는데, 불타가 6년 동안 선을 해서 6년 뒤에 동천(東天)에서 올라오는 계명성이란 별을 섣달 초여드렛날 새벽 1시에 보고 깜짝 놀랐다.
뉴턴이 조용히 연구하다 깜짝 깬 것과 마찬가지로 깊이 연구하면 깨쳐질 때가 있다. 부처님이나 뉴턴은 별을 보고 사과때문에 깨쳤지만 우리도 무슨 숙제나 연구하다가 '아! 그거였구나' 하는 경우와 같다.
그런 것이 없이 정신을 수련할 때 봉(棒)이라는 것이 쓰이는데 불교에서는 방(棒)이라고 한다. 방이란 나라마다 좀 다르지만 한쪽이 팽팽하고 꼭 칼날같이 생겼으며 눈을 감고 앉아 참선하고 있을 때 어떤 사람은 그만 잠이 와서 머리를 끄덕이는 사람, 자세가 바르지 못한 사람들을 때리면 깜짝 놀라서 백이면 백이 모두 정신을 바짝 차리게 된다.
또 할(喝)이라고 있는데, 원래의 발음은 '갈'이다. 불교에서는 '할'이라고 한다. 누가 와서 선(禪)에 대한 질문을 한다거나 하면 소리를 지르는 것이다. 단전호흡을 많이 하면 얼마든지 자유자재로 사용할 수가 있다. 웅변가나 이름 있는 가수가 되려면 이것을 해야 한다. 폭포수 밑에 가서 고함을 치면 목에서 피가 터져 나오는데 그렇게 하지 않아도 수시로 자유자재로 쓸 때만 소리를 크게 지르면 굉장한 소리가 나는데, 그런 것이 '할'이다.

이런 것 모두가 각(覺)을 위한 것이다. 각을 하려면 꿈속에 잠을 자고 있는 것과 마찬가지로 자꾸 무엇을 깨쳐야 하는데 깨칠 때 자고 있는 거와 마찬가지로 자극을 받아야 한다. 이러한 도를 먼저 깨친 스승이 이런 방법을 쓰는데 스승이 없을 때는 자기 스스로 해야 한다. 자기 스스로 고함을 치며 깨치는 한 방법이다.

  선암선사라는 분은 고요히 앉아서 진리를 탐구하기 시작할 때 자기 이름을 자기가 불렀다. 정신차려 잠자지 말고! 때려주거나 고함치는 선생이 없기 때문이다. 우리가 공부를 하는 것도 깨치기 위한 것이다. 하여튼 각(覺)해야 하니까 정신을 깨치는 것이 가장 근본적인 것인데 정신을 각하면 모든 것에 그대로 따라간다. 정신이 흐리면 모든 일에 진보가 없다.

  예를 들자면 타우즉시(打牛卽是)냐? 타거즉시(打車卽是)냐? 이 말은 소를 때려야 옳으냐, 수레를 쳐야 옳으냐는 뜻이다. 농부가 소달구지를 끌고 농장엘 가는데 우차가 가질 않을 때 두둘겨 패다가 소를 딱! 한 대 치면 깜짝 놀라서 가버린다. 소는 무엇이냐? 정신이다. 우차는 생명이 없는 것이며 감각 또한 없다.

  우차가 가듯 우리가 행위를 촉진시키려면 정신을 먼저 촉진시켜야 한다. 이것이 유명한 마두선사의 타우즉시냐, 타거즉시냐이다.

  선(禪)은 정신을 각성시키는 것이 근본이다. 그렇기 때문에 선은 불교의 진수인 것이다. 정신을 각성시키는 근본이니까 그렇다. 물론 연구하는 방법이 많지만 그런 방법으로는 오래 가질 못한다. 머리가 아프고 정신 손상이 오히려 많다. 너무 연구를 하면 할수록 머리가 왜 아픈가?

　오장육부에는 신장과 심장이 가장 중요하다. 우리의 육체 구조는 항상 심장이 위에 있고 신장은 밑에 있다. 심장은 곧 불이다. 불은 언제나 건드리면 불꽃이 위로 올라간다. 물은 언제나 활용하면 아래로 빠진다. 그러니까 우리가 무엇을 연구하면 심장에 열이 오르고 화가 오른다. 그렇게 되면 머리가 아프게 된다. 그러므로 단전호흡을 하게 되면 수화(水火)교류가 되어 심장의 화류(火類)와 신장의 수류(水類)가 조화가 되어 하강이 된다.

　물이 위로 올라가고 불기운이 밑으로 내려가는 것이다. 그 바람에 심장과 신장에 혈액이 연관되어 있으므로 육체의 전면을 통해 조정이 잘된다.

　혈액순환이 잘되고 경락이 막히지 않으면 병이 생기지 않는다. 밖에서 오는 병은 이 힘이 강력했을 때는 침범을 못한다. 그러므로 선을 하는 방법은 이 두 가지를 활용해야만 여러 가지 면에서 좋다. 한 가지 연구만 하는 방법도 있지만 이것은 일반 대중에겐 흥미가 없고 또 오래 지속을 못한다. 하다가 도를 통해야 되는데 안되니까 에이 그만 두어야 되겠다는 생각에 지배되고 만다.

　현대의 선(禪)을 조성하는 방법은 이러한 것을 택하기 때문에 아주 많은 사람들이 흥미를 가진다. 선리는 종교이면서 종교를 초월하고 불교 안에서 발달된 것이지만 일체의 모든 종교가 할 수 있는 것이기 때문에 살활자재(殺活自在)라고도 한다. 죽이고 살리는 것을 자기의 자유로이 한다는 뜻이다.

　종교에서는 죽인다는 것은 살인을 의미한다. 그러나 선에서는 그것을 초월해서 살해할 때는 활한다 해서 선검일치(禪劍一致)라 한다. 서산대사와 사명대사는 의승(義僧)대장이 되어 7천이나 되는 승려를 이끌었다. 승려들은 싸움을 할 줄 몰라도 총칼을 들고 싸웠다. 그것이 무엇이냐? 선도하고 검도하고 일치가 된다는 것을 말한다. 그러므로 이 선을 활용할 것 같으면 모든 것이 화(話)가 된다. 종교는 소극적으로 보면 아주 약화된 점이 있다.

 모든 것을 기피하고 계명을 지키려고 한다. 그러나 선은 그것을 초월하니까 당장 때린다. 종교는 때리는 법이 없다. 고함을 치면 아마 정신이상이라 할 것이다.

 선검일치면 아주 비상한 선리가 전개된다. 선은 불교의 진수임과 동시에 모든 종교와 인간생활에 가장 중요한 요소, 혹은 우리의 철학·문학·예술 혹은 시를 써도 선적으로 쓰면 아주 특수하다. 중국에서는 선과 도(道)가 교류된 도교(道敎)가 있어 자연발달 사상이 많이 됐지만 선은 더 자연스럽다.

 선이 정·기·신 3가지를 통일시켜 그 힘으로 예술을 하므로 문학을 할 때도 그림을 그릴 때도 에너지 기능 호흡을 하면 아주 무서운 힘이 생겨난다. 그래서 요즘 미국에서는 가톨릭 신부가 일본에 와서 선을 오래 한 뒤 책을 펴내기도 했다.

 그 외에 다른 종교를 가진 분들도 이 선이라는 것이 불교에 국한된 게 아니고 정신을 정화하고 통일시키는 방법에 쓰이고 있다.

 물론 다른 방법도 많이 있다. 그러나 실패할 확률이 높다. 선을 하는 것, 선을 해야 할 필요 등을 열거했다. 불교의 진수에 대해서는 다른 방법도 많이 있겠지만 물론 학자에 따라 달라질 수도 있다.

□ 희랍의 철학자 소크라테스

권위 있는 철학자의 말에 의하면, 세계적인 대성(大聖)은 동서고금을 통하여 4성(聖) 외에 또 없다고 한다. 그러면 그 4성은 누구를 가리키는 것일까? 첫째는 불교의 개조이신 석가세존이시고, 둘째는 희랍 철학의 비조(鼻祖) 소크라테스요, 셋째는 기독교의 개조(開祖)이신 예수 그리스도요, 넷째는 유교의 개조인 공자(孔子)를 말한다.

나는 이 4성 가운데 석존을 가장 높은 어른으로 믿고 숭봉하는 불교도이기 때문에 석존의 전기라든지, 교리라든지 교단 조직에 대해서는 말도 하고 쓰기도 할 기회가 많았지만, 이외의 3성(聖)에 대해서는 잘 알지도 못할 뿐만 아니라 소개한 일도 없다. 그러나 소크라테스에 대해서만은 호기심을 가지고 연구한 바 있다.

소크라테스는 기원전 469년으로부터 399년까지에 나타난 고대 희랍의 대철학자이다. 그는 당시 희랍 철학의 계몽시대에 있어서 지행합일(知行合一) 지덕일치설(知德一致說)을 창도하여 윤리학의 기초를 세워 세계철학사상에 신기원을 이룩함으로써 희랍 철학의 비조라는 칭호를 듣게 되었다.

그의 아버지는 소후로니크스라 하는 조각사(彫刻師)이며, 어머니는 후아이나레데라는 산파(産婆)였다. 그는 이렇게 조각사와 산파를 부모로 해서 아테네에서 태어났다. 소크라테스의 유년시절의 교육에 대해서는 확실한 자료가 없으므로 알 수 없지만, 당시 아테네 중류 시민들의 자제가 받는 보통 일반 교육은 받았으리라고 생각되며, 또한 소년시절에 있어서는 부업인 조각에 종사한 듯하다.

성장함에 따라 청년시대에 이르러서는 자연철학자 아낙사고라스의 제자 알케라오스에게서 배운 듯하나 확실치 않으며 소피스트들과 사귀면서 그의 지식을 계발했음은 사실이다. 그런데 소크라테스가 당시의 세상을 관찰할 때 당시의 학풍과 사회의 추세는 부질없이 궤변만 일삼고 파괴만을 존중하게 여기는 상태에 있었다.

이에 소크라테스는 크게 느낀바 있어 홀연히 집을 나와 아테네 시민의 자제 교육에 헌신할 것을 결심했다. 그리하여 20년의 긴 세월을 하루같이 아테네의 시가를 배회하며 스스로 일세의 사표(師表)가 되었다.

그는 실로 주야를 불문하고 시정(市井)을 방황했다. 그리하여 그는 길거리나 시장에서 혹은 연회석에 참석하여서까지 사람만 모이는 곳이면 누구를 막론하고 붙들고 이야기를 시작했다. 그리하여 그의 말에 귀를 기울이는 사람만 있으면 그는 독특한 변론법으로써 그들이 무지를 깨치고 진지(眞知)를 얻고자 하는 열망을 일으키게 했다.

소크라테스는 본래 타고난 두뇌가 냉정하고 명석하여 어떤 격론에도 논리를 정연히 하여 어지러움이 없이 쉽게 상대자의 약점을 간파하여 예민하게 전개하였으므로 아무도 그를 굴복시킬 수가 없었다. 누구든지 그와 대론(對論)하는 자는 그의 논법이 너무도 예리함에 놀라고 그의 말이 너무도 정연함에 망연하여 대론할 바를 알지 못했다고 한다.

그는 또한 진리로서 생명을 삼고 사람의 미망(迷妄)을 깨뜨림을 천직으로 삼았는지라 소피스트와 같이 보수를 구하지 아니했다. 그러므로 그는 물에 씻긴 것 같은 적빈(赤貧)함을 마땅한 일로 여기고 스스로 몸을 누항(陋巷)에 던졌다. 그리하여 그는 악의악식(惡衣惡食)으로 보통 사람으로서는 참지 못할 모든 것을 참았다.

그는 빵 한 조각과 물 한 컵으로 배고픔을 견디었고, 그의 의복은 헌 누더기로써 사시사철을 구별없이 입었으며, 그의 발은 더운 여름이건 추운 겨울이건 간에 한결같이 맨발이었다. 그의 외모는 실로 광자(狂者)의 행색과 같았다. 그러나 그것이 그가 좋은 음식이나 맛좋은 음식을 몰라서 그런 것도 아니며, 그것을 얻기 위한 수단이 없어서 그런 것도 아니었다. 그는 오직 진리를 위하여 사회 교화에 힘쓰기 위하여 다른 마음에는 여념이 없었던 까닭이다.

그에게는 다음과 같은 일화가 있다. 어느 날 그가 거지 행색으로 온종일 돌아다니며 사람들을 붙들고 대론하다가 피곤하여 다 쓰러져 가는 가기 집으로 돌아오니 그의 처 잔다페가 그를 보고는 '가사는 돌보지 않고 그 꼴을 하고 어딜 그렇게 돌아다니다가 요 모양을 해가지고 돌아오느냐?'고 바가지를 긁었다. 그러나 그는 한 마디 대꾸도 없이 자기 방으로 들어가려 했다.

이때 그의 부인은 화가 머리끝까지 치밀어 올라 구정물통을 소크라테스의 머리 위로 끼얹었다. 그러나 물벼락을 맞은 그는 조금도 노하지 않고 오히려 빙그레 웃으면서, '우뢰가 그친 뒤엔 소나기가 오는 법이로군!'라고 했다.

궤변학자인 소피스트는 처음에는 소크라테스의 초라함을 보고 업신여겨 토론을 걸었으나 결국에는 모두의 놀림감이 되고 말았다. 그는 그들보다도 논리가 밝고 식견이 철저하되, 소피스트처럼 성벽을 쌓지 아니하였으며, 박학을 자랑치 아니하고 그 대론하는 바가 지극히 친절하고 심각할 뿐만 아니라 예(例)를 일상생활의 비근한 사실에서 취했으므로 사람을 계발함에 그 묘리를 더했다. 또 그는 소박하고 쾌활하며 기지(奇智)가 풍부하고 해학에 교묘하여 사람을 보고 도(道)를 이야기함에 있어서 급소를 찔러 이야기하였으므로 듣는 사람은 누구나 악감을 가지지 않았다.

아테네의 청년들은 그를 무척 사랑하고 따르며 그의 설교를 즐겨 들었으며, 그도 또한 청년들을 사랑하고 가르칠 때에는 자기 집도 잊어버릴 뿐만 아니라 자기 자신마저 잊어버리고 오직 법열(法悅)을 받을 뿐이었다. 그러므로 그에게는 마치 어떤 신이 그의 흉중에 들어와서 속삭이고 있는 것 같았으므로 자기는 그 신의 소리에 의하여 청년을 지도하는 것이라고 확신했다.

그의 사상은 소피스트로부터 나와서 소피스트의 파괴적 사상을 구출하려 하였으므로 그의 사상에는 소피스트와 공통된 점도 있으나 반면에 정반대의 태도를 가지고 있었다. 그리하여 그는 자연현상의 물리적 사색을 떠나서 인사 관계의 새 연구에 몰두했다. 인사 연구가 그에 의해 다시 일단의 진보를 나타나게 되었고, 그의 연구의 대부분이 윤리도덕에 관한 문제였었다고 고찰되기 때문에 소크라테스의 도덕철학의 개조라고 일컫게 된 것이다.

그러나 그의 논법이 너무도 신기하고 그의 변론은 너무나 오묘하여 상대자를 꼼짝 못하게 굴복시켰으므로 세상 사람들은 이를 시기하고 혹은 오해하기도 했다. 이것이 쌓이고 쌓여 만년에 기화(奇禍)를 당한 소이가 되기도 했다. 그래서 그를 미워하고 시기하던 멜페토스·아니토스·리코트라는 세 사람이 3항목의 구실을 붙여 그를 법원에 고소했다. 그 3항목이라 함은,

첫째, 궤변으로써 아테네시의 청년을 부패케 했다.

둘째, 국교를 준봉(遵奉)치 않고 사교(邪敎)의 신을 믿었다.

셋째, 귀족 정치를 참여했다.

라는 것이었다. 소크라테스는 이와 같은 혐의를 받고 무지한 재판관의 한 마디로 유죄판결을 받게 되었다. 그는 당시에 전행하던 헌금(獻金)독죄의 법을 이용하였으면 무난히 석방될 수 있었으며, 그의 제자들 가운데는 부유한 자들이 있어서 금전을 판출(辦出)하고자 하는 자도 있었으나 그는 이를 완강히 거절하고 자기의 설을 굳게 지켜서 움직이지 아니하고 법관에게 저항하며, 자기의 소신을 주장하고 법관의 비리를 설파했으므로 마침내 사형선고를 받게 되었다. 그는 옥중에서 30일간의 유예를 얻게 된지라 제자들은 초조하게 여기고 도주하기를 권

했다. 그러나 그는, '국법은 불가범(不可犯)이라 오직 신의 명하는 바에 좇을 따름이다' 하고 응하지 않았을 뿐 아니라 하늘을 원망하지도 않고, 사람을 원망하지도 않는 자약한 상태에 처하여 죽음을 보되 마치 고향의 옛집으로 돌아감과 같았다.

그리하여 그는 처형의 시간이 닥아오자 조용히 독배를 마시고 자는 듯이 죽음에 임하니 70년간의 수난자 철인의 면영(面影)은 사라지고 말았다. 이 중에 특기할 것은 그가 30일 동안 옥중에 있으면서 태연자약할 뿐만 아니라 오히려 제자들의 훈도를 잊지 않고 평시와 같이 교훈한 일이다.

소크라테스는 평소에 학교를 세운 일도 없으며, 특히 강의할 곳을 만들어 강의한 적도 없으며, 또한 계통적으로 자기의 학설을 저술한 일도 없다. 그러나 그의 제자 크세노폰의 기념록(記念錄)과 플라톤의 대화편(對話篇)에 의하여 그의 사적(事蹟)과 평소의 담화를 알 수 있다.

제자들의 기록에 의하면 소크라테스는 두 번이나 아테네시를 위하여 출전한 일이 있었다. 그런데 그는 군역(軍役)에 종사하여 전투에 참가할 때는 그 전쟁 중에 발분망식(發奮忘食)하고 충용을 다하였으니 엄동설한 눈이 내리는 밤길을 맨발로 걸었으며, 외투도 입지 아니하고 초병의 역을 다하였으며, 어떤 여름날 아침에는 천막 앞에 서서 명상에 잠겨 이튿날 아침까지 서 있는 적도 있었다고 한다.

또 어느 때는 제자 크세노폰이 부상을 입자 몸소 안전지대까지 업어 옮겼다고 한다. 그는 이와 같이 철두철미한 의용병이었으며 철학자였다. 그리고 그는 또 혁명가였으며 종교가·정치가였다.

  그는 한결같이 거지의 행색으로만 있는 것은 아니었다. 그는 한때는 아테네시의 원로원 의장이 되어 당시 사후 풍속의 관습의 어지러움을 개탄하고 이를 바로잡으려고 정치사상을 발표한 일도 있었다. 그러나 무지한 민중 앞에 철인의 정치가 신뢰될 리 만무했고, 끝내 그는 무지한 법관의 사형언도에 속절없이 이슬로 사라졌으니 기원전 399년의 늦은 봄의 일이었다.

  계몽시대의 효성(曉星)과 같은 희랍의 대철인 소크라테스는 70의 노구로 전 아테네 시민의 죄악을 씻어주기 위하여 희생의 제단에 오르고 말았다.

그의 철학과 도덕관

  소크라테스의 철학은 일반 철학과는 다른 일종의 윤리철학이다. 그의 철학을 생각하면,

  우리가 만일 세상에 있어서 정의와 덕행으로써 자신을 처함에도 그 행위의 목적을 알지 않으면 안된다. 그 목적을 알지 못한다면 부질없는 습속(習俗)이며, 전설에 맹종하여 조금도 본래의 면목이 나타나지를 아니한다. 가령 그 행위가 아무리 바르더라도 그것을 곧 참된 덕행이라고는 일컬을 수가 없다. 먼저 우리의 안식(眼識)에 의하여 인식한 바와 판단력으로써 시인한 바를 행하여야 비로소 참된 덕행이라 하겠다. 그러므로 지(知)는 덕(德)의 근본이며 선(善)의 근원이라고도 했다. 우리

의 지식은 심히 모호하여 알지 못하면서 안다고 하는 자가 왕왕 있다. 실패의 원인은 여기에 있다. 그러므로 그는 '너 자신을 알라'고 했다. 이것이 그의 철학의 최초의 목적인 동시에 또한 최후의 목적이다. 그의 철학은 본래 자신의 판단력에 의하여 선행미사(善行美事)를 행함으로써 제일의 목적을 삼았다. 그러므로 그는 항상 무지하다고 자처하고 자기를 겸하(謙下)하고 앎을 스스로 자랑하는 소피스트파의 청년에게 천근한 사례로서 반힐하여 그들로 하여금 투철하게 알게 했다.

대화편에 보면 제자 크세노폰이 아직 소크라테스를 알기 전에 어느 날 시장에서 풍체가 극히 허술하고 보기에도 흉한 걸인을 만났다. 그런데 그가 코세노폰에게 묻기를,

"군은 식물이 필요할 때 그것을 어디서 얻는가?"

라고 했다. 이에 크세노폰은,

"시장에서 구합니다."

하고 대답했다. 그런즉 소크라테스는 다시,

"사람이 만일 선인이 되려거든 어디에서 구하는가?"

이에 크세노폰은 대답할 바를 몰라 묵묵히 서 있으려니까 소크라테스는 다시 입을 열어,

"군이여, 만일 선인이 되려거든 나를 따라오라."

했다. 이것이 '소크라테스의 반힐법(反詰法) 아이러니'로 유명한 것이다.

소크라테스의 대화법에는 2종이 있으니 1은 상대자의 설을 승인하고 그것을 문답에 의하여 추궁하여 자기당착에 빠지게 하여 마침내 상대자가 자기의 설을 부정하고 자기의 무지를 자

각케 하는 것이니 이것이 소위 반힐법이요, 2는 반힐법 아이러니에 의하여 무지를 자각케 한 후 한 가지 지식계발에 힘쓰게 하여 자신이 가지고 있는 참된 앎을 깨닫게 하는데 보조하는 방법이다.

그는 이 대화법을 산파술에 비유했으니 이는 그의 어머니가 산파업을 한 까닭이다. 그는 이 대화법에 의해서 크세노폰을 제자가 되게 했고, 희랍철학에 유명한 플라톤이며, 메가라학파의 유클라테스며, 키레네학파의 라이스팁푸스들로 하여금 제자가 되게 했다.

소크라테스 철학이 주요한 동기는 소피스트에 의하여 대표한 바 당시의 파괴적 풍조를 구하려 함에 있었으므로 그의 철학의 실제적이요, 비우주론적인 점은 소피스트와 흡사하나 유지(有知)를 자처하지 아니하고 무지(無知)를 자임하여 유지로 하여금 무지를 자각케 하여 비로소 진리를 탐구케 함이 소피스트와 정반대이며, 학문을 가르치되 보수를 받지 아니하고 헌신적으로 노력함이 특색이었다.

위에서 말한 바와 같이 소크라테스 철학의 중심 문제는 본래부터 윤리도덕에 있다고 하였거니와 그의 도덕관을 볼 것 같으면 어디까지나 실천주의요, 지행합일주의이다. 그는 희랍 재래의 상식적 윤리설을 비판하여 학문의 형식을 부여하고 이성의 요구에 합치할 만한 참된 도덕률을 실현하여 불완전한 전습적(傳習的)인 구도덕에 반항하였으며, 또 소피스트에 의해 파괴된 도덕률의 권위를 복구하게 하려고 힘썼다. 이리하여 그는 서양윤리학 사상에 위대한 공적을 남겼다.

그의 변증법 같은 것도 결국은 도덕적 가치의 개념, 즉 인간의 의무 문제에 따라서 지식을 얻기 위하여 힘쓰게 되었다. 그는 인간으로서 올바른 행위를 하는 것은 참다운 지식에 있으며, 참된 지식이 있는 자에게는 반드시 행이 있다 하여 지행합일(知行合一)을 주장했다. 그리하여 그는 일반적으로 행하는 도덕적 개념, 즉 식견·세심·절제·용기·공정을 하나의 지(知)로 돌아가게 하고 이 지가 곧 선도되며 덕복이 된다고 했다. 그러나 '그 지(知)의 가장 중요한 요소는 자기에 대한 지라, 자기에 대한 지(知)가 없으면 다른 데서부터 식견을 얻을 수가 없다. 세심은 자기 의지로부터 생하면 절제는 선에 관한 지식으로부터 생긴다'고 했다.

  그는 지덕상관설(知德相關說)을 서술함에 있어서 '덕은 곧 아레데(技能)라고 했다. 그러므로 덕을 닦으려는 자는 그 덕이 무엇인지를 알지 못하면 안된다. 진지(眞智)가 있는 이상에는 덕이 없을 수 없다. 부덕(不德)은 인간의 무지로부터 온 것이다. 인간은 본래 선한 일을 하고자 한다. 그런데 부덕을 저지르는 것은 불선(不善)의 일을 알지 못하고 이를 하고자 함에서 기인하는 것이다.'

하고 덕(德)이 곧 지(知)라고 했다. 그러므로 그는 극기제욕(克己制慾) 정신으로써 지행합일의 도덕을 실천했다. 그가 사형을 당하던 날 면회하러 온 처자를 돌려보내고 복면을 하고 독배를 마시고 상 위에 누워서 제자들과 이야기하다가 점점 신체가 냉각하여 옴을 깨닫고 복면을 벗으니 제자들은 그 자리에 엎드려서 울기를 마지 아니했다. 이때 그는 말하되,

"아까 처자를 집으로 돌려보낸 것은 이렇게 너희들과 같이 울어 나의 마음을 어지럽게 할까 싶어서였다. 너희들은 울기를 그쳐라. 생명이 나에게 무슨 상관이 있단 말인가. 나는 나서 아직까지 나쁜 일을 한 적이 없다. 종생 사는 것이 오직 사람을 위해 선을 행할 따름이다. 이생에든지 저생에든지 선인에게 악보(惡報)가 돌아올 리 만무하니 너희들은 기성(氣性)을 보여 지행(知行)한 일을 실현하라."
고 죽는 순간에도 제자들에게 도덕적 교훈을 주고 갔다고 한다.

자력(自力) 신앙의 종교관

소크라테스의 종교관은 자못 온건했다. 그는 재래의 신의 존재를 인정하고 사회의 관습을 좇아서 예(禮)함은 인간의 정당한 의무라고 설파할 뿐만 아니라, 신은 인간의 세계를 조람(照覽)하고 선악의 상벌을 행하는 자라고 말했다. 그러나 그는 외물에 대하여 구하는 바 없음을 실제적으로든지 또는 이론적으로 대단히 중요하게 보았다. 그래서 그는 될 수 있는대로 구하는 바를 적게 함은 신과 같은 소이라고 했다. 그러나 그는 항상 자기 심리에 일종의 특별한 신의 소리를 듣는다고 말했다. 이를 그는 '다이모니온'이라고 일컬었다. 그러나 이 다이모니온이 무엇인가 하는 것은 명료하게 알 수 없다.
어떤 학자는 이를 일종의 환각(幻覺)이라고도 하고, 또 어떤 학자는 실행의 길을 인도하는 일종의 감정이 나타나는 것이라고 했다. 그러나 나는 이렇게 생각한다. 그의 다이모니온은 환각도 감정도 아니며, 그것은 다른 내재신(內在神) 영지(靈知)를 가리키는 것이다. 그러므로 그가 '지(智)는 덕(德)의 근본이다'라고 한 지(知)는 지식의 지자(知字)만이 아니라 선(善)·덕(德)·이(利)·복(福)을 합한 영지(靈知)의 지자라고 생각한다.

그는 영지 즉 내재신에게 귀의하여 자력적인 신앙을 갖게 된 것이다. 그러므로 그는 국교의 신을 준봉하지 아니하고 사교의 신을 신봉한다는 죄목으로 인하여 화를 입게 된 것이다. 그가 국가의 신을 부정했다고 한 구실은 즉 다이모니온 내재신을 주장한 까닭이다.

당시 희랍 민족이 숭배하는 신은 제우스라는 신이었다. 헬렌 계통의 제신 사이에 가장 높은 신은 제우스였다. 이 제우스신은 희랍 일반의 신일뿐만 아니라 사회·정치에도 관련됨이 많았다.

이 신의 옛이름은 헬케이오스로서 부락의 성새를 지키는 수호신인데 나중에는 이 신에 대한 계단을 아테네의 아크로폴리스며 촌락 기타의 알반 가정에서까지도 모시게 되었다.

어느 때는 제우스를 지목하여 선조라고 본 부락이나 정치 결사도 있었다. 그런데 아테네 신에서는 이 제우스신이 아폴로신으로 대신하여 숭배케 되었으며, 아테네 시민의 신으로서 숭앙케 되어 아비가 자손을 시민 영부에 등기할 때에는 시민의 대표가 투표하여 가부를 판단하는 법이 있었는데, 그 투표는 제우스신의 제단으로부터 획득하는 풍습이 있었다.

그런데 소크라테스는 이러한 국신(國神)을 부정하고 내재신

영지의 절대 명령을 받을 뿐이었다. 말하자면, 심즉신(心卽神)이요, 신즉심(神卽心)의 사상이다. 이것을 보면 소크라테스는 희랍 철인 가운데도 독특한 종교관을 가진 절대의 성철(聖哲)이라고 하겠다. 오직 그의 사상 가운데서 불교사상의 심즉불(心卽佛)의 정신을 볼 수 있다고 생각한다.

해행일치(解行一致)의 사상

소크라테스의 생애라든지 도덕관과 종교관은 이상에서 말한 바와 같지만 내가 소크라테스에게 마음이 더욱 끌리게 되는 것은 그의 사상이 불교와 같은 점이 많기 때문이다. 그의 지행합일의 사상은 불교의 해행일치의 사상과 같다.

불교에서는 신(信)·해(解)·행(行)·증(證) 4법을 실천 도덕의 제일 목적으로 삼는 바 이는 어디까지나 일치를 요구한다.

신(神)만 있어도 안되고 해(解)만 있어도 안된다. 신해(信解)와 행증(行證)이 일치해야 한다. 그러므로 〈화엄경〉에는, '불법은 행(行)을 귀히 여기고 불행을 귀히 여기지 아니하니 다만 근행(勤行)하면 설사 과문이라도 또한 먼저 도(道)에 들어가느니라' 했다.

이렇게 보면 불교는 어디까지나 해행일치를 주장한 것이다. 그런데 소크라테스가 지행합일을 주장한 것은 불교의 해행일치와 같다.

또한 소크라테스의 반힐법이 불타의 교훈과 같은 점이 많다.

반힐법의 예는 위에서도 열거하였거니와 다시 예를 들자면 소크라테스가 크세노폰에게 묻기를,

"식물을 구하려면 어디서 구하는가?"

이 말에 크세노폰이 대답을 못하고 묵묵히 있자,

"군이여, 만일 선인이 되려거든 나에게로 오라."

하고 순순히 가르쳤다고 한 점이다. 이런 예는 불타의 교훈 가운데서도 종종 볼 수 있으니 불타께서 어느 날 제자들을 데리고 가시다가 노상에 떨어져 있는 종이 조각을 보시고 제자를 시켜 주워오라 하시더니,

"이 종이 조각은 무엇을 하였던 것이냐?"

하고 물으셨다. 제자들이 대답하되,

"향을 쌌던 종이 조각입니다."

"어째서 그러하냐?"

"향내가 나는 까닭입니다."

했다. 또 얼마를 가시다가 노상에 떨어져 있는 썩은 새끼줄을 보시고 제자를 시켜 주워 오라 했다.

"이 새끼는 무엇을 하였던 새끼줄이냐?"

"썩은 고기를 동여맸던 새끼줄입니다."

"어째서 그런 줄을 아느냐?"

"썩은 고기 냄새가 나는 까닭입니다."

라고 했다. 그런즉 불타께서 말씀하시기를,

"선악을 가까이 하는 것도 이와 같은지라 사람이 악을 가까이 하면 악해지고, 선을 가까이 하면 선해지느니라."

하고 교훈하셨다. 이것은 확실히 알아서 행하라는 해행일치(解

行一致)의 교훈으로 소크라테스도 이러한 불타의 교훈과 같은 공통점이 많다.

□ 혁명(革命)의 소용돌이 쇼펜하우어

쇼펜하우어는 1782년 2월 22일 독일에서 태어난 대철학자이다. 그의 부친은 은행가였으며, 모친은 대문호였다고 한다. 그런데 쇼펜하우어는 그 모친의 문학적 소질을 선천적으로 이어 받았다. 그러나 그는 성격이 우울했으며, 또한 주위 환경이 염세 기분을 일으키게 하는지라 염세철학가로 유명하게 되었다. 그러나 그는 불교에 많이 공명했고, 많은 이해를 가진 철학자였다. 필자가 그를 소개하려는 소이도 여기에 있다.

쇼펜하우어의 염세 비판의 철학을 말하기 전에 그가 어찌해서 염세관을 갖게 되었는가 하는 근본적 원인을 고찰하고자 한다.

옛부터 구라파 전역을 지배하던 사회제도와 국가 조직을 근본적으로 뒤엎어 놓은 불란서혁명은 일면 루소·칸트 등에 의해 뿌려진 이상주의의 철학 문예와 일치하여 옛날의 유전을 일체 파괴하고 말았다.

종교와 도덕과 일체의 권리를 타파하고 궁핍, 비굴한 케케묵은 껍질을 깨뜨리고 전 구라파를 자유스런 분위기 속에 휘몰아 넣었다. 그러나 낡은 집과 헌 집은 헐어버렸으나 새로운 생활을 하고 집이 아직 세워지지 않았고, 뿐만 아니라 혁명 이후 피비린내 나는 전란과 참극이 연달아 일어나 사람들의 피로와 괴로움은 극에 이르렀다.

창검을 잡고 광분하던 행동을 멈추고 자유냐, 혁명이냐 하고 날뛰던 과거 30년 간을 회고하고, 소득이 무엇이었던가를 돌이킬 때 거기에는 피비린내 속에서 인종을 줄인 외에는 아무런 소득도 없었다.

정치는 형식만 변했을 뿐 여전히 큰 차이가 없었으며, 귀족과 승려의 권력을 빼앗은 대신에 자본가 계급이 대두하였으며, 따라서 사회운동이 도처에서 일어나게 되었고, 자유와 혁명의 사상은 공상의 영역을 벗어나지 못했다. 그래서 다시 인심이 우울하게 되고 절망에 빠지게 되어 회의(懷疑)와 염세의 경향이 나타나게 되었다.

이와 같은 염세주의의 경향은 19세기 초엽의 염세문학(厭世文學)을 발생케 하였으니 영국에는 바이론, 프랑스에는 라마르데스, 독일에는 하이네 등이 염세문학을 고취시켰다. 그러므로 쇼펜하우어도 이러한 시대적인 배경을 지니고 난지라 염세철학을 주장했음은 결코 이상할 것이 없다고 하겠다.

그가 염세철학으로서 얼마나 후세의 사람들을 매혹시키고 뇌쇄(惱殺)시켰는가에 대하여는 니체의 일화가 있다.

니체가 아직 학생시절, 당시에 어느 서점에 들려 책 한 권을 골라 펴보니 쇼펜하우어의 〈의지와 표상으로서의 세계〉라는 책이었다.

쇼펜하우어는 이 책을 알 수 없는 어떤 영혼이 속삭이는 듯하여 급히 집으로 돌아와 그 책을 단숨에 읽었다. 그리하여 그는 쇼펜하우어의 숭고한 천재적인 마력에 탄복했다. 이때가 바로 쇼펜하우어가 세상을 떠난 지 6년 후인 1856년의 일이다. 이와 같이 쇼펜하우어의 철학사상은 니체뿐만 아니라 근대의 여러 사람들에게 깊은 영향을 주었다.

그의 철학이 칸트의 영향을 받은 것은 사실이나 그 결과는 이와 반대로 인간 세상을 부정하고 석가여래가 이루신 고요하고 맑음이 낙이 된다는 적멸위락(寂滅爲樂)인 열반을 찬미했다.

쇼펜하우어의 철학의 출발점을 볼 것 같으면, 칸트와 같이 세계를 현상(現象)과 본체(本體)의 두 종류로 나누어 관찰했다. 그러나 이 세상은 가상의 세계뿐이요, 본체는 감추어져 있다고 단정했다. 그리하여 이 감추어진 것은 의지(意志)라고 했다.

우리들의 눈에 보이고 귀에 들리는 세계는 자기 마음에 비치는 그림자요, 세계의 본체는 있는지 없는지 알 수가 없다고 했다. 칸트는 물(物)의 본체는 알 수 없어도 청황적백(靑黃赤白)의 현상은 안다고 하였지만, 쇼펜하우어는 그것까지 부정하고 현상은 환영에 불과한 것이며, 있는 것은 오직 의지가 있을 뿐이라고 했다.

괴롭기만 한 세계

그러면 의지(意志)란 무엇이냐? 맹목적으로 살려고 하는 것이 의지다. 하늘에는 별들이 반짝이고 땅에는 냇물이 흐르니 이와 같은 무생물을 비롯하여 일체의 생물이 커지고 번식함은 이 세상에 보이지 않는 의지발현(意志發現)에 불과한 것이다.

특히 생물은 살려고 하는 힘이 매우 강한데 그 목숨을 유지하기 위해서는 어떤 고통이라도 참는다. 단두대에 오른 사람이나 문둥병 환자나 모두 죽음으로부터 도피하려고 애쓴다.

생식을 위해서는 어떤 희생이라도 하며, 방해를 당함에는 전력을 다해 저항한다. 이것은 필경 생활의 의지가 그곳에 움직이고 있기 때문이다. 그러나 이 의지는 맹목적이고 야수적이어서 어떤 세력의 지배도 받지 아니 한다. 다만 어디까지든지 구할 줄만 알고 쉴 줄을 모른다.

아무런 목적도 없이 다만 존재하려고만 한다. 그리하여 그 결과는 돌덩이와 물방울 같은 무기물로부터 벌레나 고기와 같은 유기물을 낳고, 유기물계에서는 인간에까지 발달하게 되었다. 이 세상에 있는 모든 물체는 이 생활 의지의 발휘뿐이라서 그 앞에는 이성도 없고, 희망도 없고 아무런 힘도 없다. 생식을 위하여 목숨을 버리는 벌레도, 사랑을 위하여 생명을 버리는 남녀도 모두 생명유지의 본능이며, 종족 번식을 위하여 자기를 희생할 뿐인 것이다. 그러나 이 의지를 지나치게 발휘하면 불만이 온다. 그 불만이 더할수록 비례적으로 구하는 마음이 더하여 승리에 승리를 바라고 성공에 다시 성공을 요구한다.

이러한 의지는 끊임없이 계속된다. 아무런 목적이 없이 맹목적이기 때문에 만족에도 끝이 없는 것이다. 그렇기 때문에 불만이 온다. 그래서 불만을 느끼고 부족을 근심하게 되면 고통이 온다. 조금도 쉴 수 없는 고통이다.

불만은 불만을 낳고 고뇌는 고뇌를 더하여 구하면 구할수록 불만이 커가기 때문에 평화는 영구히 오지 않는다. 결국 이 세계는 괴롭기만 한 세계이다.

이 세상엔 고통 이외엔 아무것도 없다. 이 맹목적 생활 의지에서 인생은 지혜라는 것이 있다. 그러나 이것이 있기 때문에 불만을 한층 더 느끼게 된다. 그리고 고통도 더 심하게 된다. 만족한다 함은 과거의 일이다. 설사 쾌락과 행복과 관념이 있다 하더라도 그것은 과거를 추억함이거나 미래를 상상하는 환영에 불과하다. 그리고 과거이건 미래이건 아무런 의미가 없다. 오직 현재가 제일이다. 그러나 현재는 끊임없는 불만과 고통과 노력이 있을 뿐이다.

세상에서 행복을 추구한다는 것은 환영(幻影)을 추구하는 것에 지나지 않는다. 다만 동정이라는 덕이 있어 서로 고통과 근심을 나누어 다소나마 생의 괴로움을 떠나 그 괴로움이라는 것도 일시적으로 더는 데 지나지 않는다. 도저히 현재의 고뇌를 전부 제거할 수는 없는 것이다.

살려고 하는 의지가 있는 곳에는 고통은 영원히 인생을 떠나지 않는다. 은혜와 사랑과 정의로는 부모와 형제 외에 더함이 없건만 그 사이에도 맹수와 같이 충돌이 있고 면모와 동정은 처자에게는 아낄 수 없건만 그 지아비가 그 아내의 요사를 바라고, 그 아내는 그 지아비의 횡사를 바라는 자 있으며 또한 투쟁이 있다. 실로 쾌락은 순간적이요, 고통은 영구적인 것이다.

쇼펜하우어는 이와 같은 인생관과 세계관을 가졌었다. 그리하여 모든 것을 부정하고 인생의 괴로움으로부터 도피하려는 염세관을 갖게 되었다. 그리하여 인생고(苦)로부터 해탈하는 방법을 말하였으니 그 방법은 의지를 죽이고 가지고 있는 일체의 요구를 끊어버리고 무위경(無爲境)에 돌아감을 말하는 것이었다.

예컨대 음악·미술·문예·경치 같은 데에 황홀하여 자아를 망각하는 것도 일종의 해탈(解脫)이다. 그러나 그것은 일시적인 것이지 영구적인 것은 되지 못한다.

영원한 해탈경에 들어가려면 아주 자신을 버리고 이기심에서 벗어나 남의 근심 걱정을 같이 하는 안목으로서 일체의 중생을 관찰하게 되어야 한다.

더 나아가서는 엄격한 금욕주의를 실행하여 생활의 의지를 혼동치 아니하고 몸과 마음이 고목한암(枯木寒岩)의 상태에 이르게 해야 한다. 결국은 자아를 부정하고 완전히 물(物)의 상태에 들어감을 말함이니, 이는 곧 불교에서의 열반을 가리키는 것이다. 그러므로 쇼펜하우어의 철학사상은 절대적인 이데아의 세계에 들어감을 동경했다.

쇼펜하우어의 염세철학은 사상은 서술한 바와 같이 독특한 사상이라고 하겠지만 대체로 불교사상의 영향을 받은 것이 적지 않았다.

인도의 불교사상이 구라파로 전파될 때 제일 먼저 전파된 곳이 독일이었는데 그곳에 들어간 불교사상은 북방에 전달된 대승불교사상이 아니라, 남방불교 즉 원시불교·근본불교·소승불교의 사상이 전파되었다. 그런 관계로 쇼펜하우어도 소승불교를 보게 된지라 소승불교에 공명하고 소승불교를 자기 철학의 골자로 삼았다.

쇼펜하우어가 다소라도 불교사상을 가졌다고 한다면 그의 사상은 소승불교의 금욕적 둔세적(遁世的)인 사상이다. 그가 맹목적 의지라고 주장하는 것은 불교의 무명대업(無明大業)을 말하는 것이다.

소승불교(小乘佛敎)란 무엇인가? 소승불교는 20여개의 부파로 갈라졌으니 한 자리에서 말하기는 어렵지만 대체로 고(苦)·공(空)·무상(無常)·무아관(無我觀)으로서 현세를 부인하고 은거 둔피하여 금욕적 절제의 고행을 닦아 독선기신(獨善其身)으로써 해탈을 구하되 회신멸지(灰身滅智)의 절대경에 들어감을 말하는 것이다.

쇼펜하우어가 몸과 마음이 고목한암(枯木寒岩)의 상태에 이르게 됨을 현실고(現實苦)로부터 해탈하는 방법으로 삼은 것은 전부 소승불교의 사상이라고 했다.

모든 사람이 그를 가리켜 말하되, 가장 동양적 사상의 색체를 가진 철학자라고 했는데 불행하게도 그는 소승불교만 보고 대승불교를 보지 못했기 때문에 그의 철학사상이 염세에 그치고 구세(救世)로 전환하지 못했음은 실로 큰 유감이라 아니할 수 없다.

오늘날 서양인이 불교를 대할 때에는 반드시 염세교(厭世敎)라고 생각하고, 동양사상을 가리켜서 소극적이라고 하게 됨은 쇼펜하우어의 영향이 많다고 생각하기 때문에 불방불교를 가진 우리의 사명은 이러한 오해를 풀어주도록 노력하지 않으면 안된다.

□ 물아상호(物我相互)의 관계

 고요한 밤, 창가에 조용히 앉아서 사색을 하면 우주의 생명은 영원무궁하게 약동하는 것 같다. 싱싱하게 피어서 흔들리는 나뭇잎이라든지, 처마 끝에서 짹짹거리며 우는 새라든지, 그 밖에 풀잎과 벌레에 이르기까지 모두 우주생명의 나타남이라고 볼 수밖에 없다.
 불교에서는 우주만유(宇宙萬有)를 가리켜 무상(無常)이라 하니, 무상이란 말은 변화무궁(變化無窮)이라는 뜻이다. 그러면 변화무궁이란 무엇인가? 해는 떴다 졌다 하고, 달은 이즈러졌다 둥글해졌다 하며, 바람은 불었다 그쳤다 하며, 꽃은 피었다 지기를 수없이 되풀이 하니 영휴(盈虧)가 무한하며, 개락(開落)이 무궁하니 이것을 보면 차고 이지러지고 피고 짐이 연속적으로 무한히 전개될 뿐이요, 아주 피어 있거나 떨어져버리고 마는 고정적인 것이 아님을 알 것이다. 그런즉 이것이 모두 불교에서 이르는 무궁변화의 소현(所現)이니 철학자들은 이것을 가리켜서 곧 우주부단(宇宙不斷)의 생명이라고 한다.
 그러면 사람은 어떠한가? 사람도 우주 안에서 생(生)을 얻어 살다가 죽음으로써 생을 마치고 만다. 그러나 생(生) 이전에도 생이 있고, 죽음 뒤에도 죽음이 있는지라 생사(生死)는 꽃이 피고 지는 것과 달의 차고 기우는 것과 같아서 사람도 낳았다가는 죽고, 죽었다 다시 태어나기 때문에 나고 죽음이 영겁(永劫)에 이르러 영휴변역(盈虧變易)이 만고에 통한다. 그러나 이 가운데 일도(一道)의 생명이 엄연하게 있으니 출몰의 상(相)을 나타내면서 불역(不易)의 체(體)를 잃지 아니하며 불역의 체를 잃지 않으면서 변역(變易)의 상(狀)을 나타내는 것이다.

 이것이 곧 불교에서 이르는 바 불생불멸(不生不滅)의 진여본심(眞如本心)이요, 철학에서 이르는 바는 우주본체의 생명이라는 것이다.

 현대인으로 아무리 고상한 인생관을 갖고 심원(深遠)한 우주관을 가졌다 하더라도 이 불생불멸의 점에 착안하지 않으면 인생은 한갓 일장춘몽(一場春夢)에 지나지 않는다. 오히려 일장춘몽은 깨어날 때가 있겠지만 불생불멸의 진리를 알지 못하면 취사몽사(醉生蒙死)의 인생관은 영원히 깨뜨릴 수 없는 미망(迷妄)에 빠지고 마는 영겁(永劫)의 꿈이 되고 말 것이다.

 이와 같은 진리를 직관(直觀)하면 우리는 현재로 물아(物我)가 상관하며 자타가 호상(互相)할 뿐 아니라 무시겁래(無始劫來)로 상관하며 상호하여 왔다.

 우리들의 생명은 누구를 빌어서 내려왔을까? 물론 그것은 부모다. 그러나 부모에게는 또 부모가 있고, 조부모가 있고 증조부가 있다.

 이렇게 거들러 올라가서 종극(終極)을 찾으면 인류의 조상에 이르며, 그 인류의 조상이라는 동물로부터 진화하여 온 이취(理趣)를 증명하려는 동물의 조상인 생물의 시원(始源)까지도 추궁하지 않으면 안될 것이다. 그러나 그 생물의 시원까지 거슬러 올라간다 하더라도 결국은 우주 전체인 생명에 불과할 것이니 이것은 불교에서 이르는 진여(眞如)라든지 원각(圓覺)에 불과할 것이다.

 그렇다면 그 우주생명의 약동이 나에게까지 무시겁래(無時劫來)로 부단히 상속하여 무수한 선조를 거쳐서 나에게까지 이르렀으며 나의 생명은 또 다시 자자손손으로부터 증손현손(曾孫玄孫)으로 무한하게 전할 것이다.

 이것을 보면 생전에 생(生)이 있고, 사후에 사(死)가 있으니 현재의 생사는 찰라의 생멸일 뿐이요, 우주의 부단한 생명은 천만고(千萬古)에 뻗쳐서 멸(滅)할 때가 없을 것이다. 따라서 부자의 관계, 조손(祖孫)의 관계, 즉 물아상호의 관계는 끝없이 나아갈 것이다. 이는 사람뿐만 아니라 일반 동물도 그러하고 생물도 그러하다.

 지금까지는 종(縱)으로 관찰했지만 다시 횡(橫)으로 관찰하여 보면, 그러면 도대체 나를 부양하는 자는 누구일까? 한 생명은 먹음으로서 이어가니 이 먹이는 곧 다른 동식물이다. 그러나 동식물은 또 다시 다른 동식물로부터 나왔으며, 그 다른 동식물은 또 다시 다른 우로토양(雨露土壤)의 무기로부터 나왔으니 허다한 생명과 허다한 물질이 상관적으로 희생하여 나의 생명을 이어준다.

 그런즉 '나'라는 존재는 도저히 혼자서 존재하는 것이 아니라 우주만물과 같이 존재하는 것이다. 우주만물 때문에 내가 살아 나간다.

 예를 들면 우리 일상생활의 도구인 가옥이라든지 기구라든지 또는 미곡포백(米穀布帛)같은 것을 나 한 사람이 모두 만들어서 사용하는 것은 없다.

또는 우리 생활에 대하여 말한다면 우리는 공기가 없어도 살지 못하고, 태양이 없어도 살지 못하고, 물과 불이 없어도 살지 못한다. 이것을 보면 우리는 천지만물과 같이 사는 동시에 천지만물이 있기 때문에 산다고도 볼 수 있다.

지은보은(智恩報恩)의 생활

그러면 우리에게 무슨 권능(權能)이 있기에 천지가 나로 하여금 이처럼 화육(化育)하게 해 주며 만물 하나로 하여금 이처럼 부양하게 해 주는 것일까? 이에 대하여 우리는 그 의의를 천명하며 그 존재의 가치를 밝히지 않으면 안되라라고 생각한다.

우리는 이에 대하여 물아상호의 관계를 깨치지 않으면 안된다. '나'라는 나는 주관적으로 고찰하든지 객관적으로 고찰하든지 어느 편으로 관찰하든지 간에 우주만물로부터 상호의 관계를 여월 수가 없다.

나를 세워 놓고 주관적으로 천지를 관찰할 것 같으면 고인이 말한 '만물이 나에게 갖추어 있다'함과 같이 일월(日月)도 나를 위해 비추는 것 같고, 장류수(長流水)도 나를 위해 흐르는 것 같고, 앵무새·공작새도 나를 위해 울어 주는 것 같다. 그리하여 우주만물은 나를 위해 존재하는 것 같다.

왜냐하면 내가 없으면 부모도 없고, 천지도 없고, 일월도 없고, 만물도 없는 까닭이다. 그런즉 '나'라는 존재는 천지간에 가장 높은 건곤의 유일인(唯一人)이라 하겠다. 몇 만년의 과거

역사도 나를 위한 과거의 역사요, 그 역사가 창조하여 온 문화도 역시 나를 위한 문화이다. 그러고 보면 나는 우주만유의 주인공이요, 천지만물은 나를 위하여 존재할 뿐이다.

불교의 '천상천하유아독존(天上天下唯我獨尊)'이라는 사상은 이곳에서 배태된 것이다. 그러나 다시 바꾸어서 나를 객관적으로 생각하여 보면 부조(父祖)가 있기에 나라는 존재가 있고, 만유가 있기에 나라는 가치가 있는 것이다.

나에게 본래 갖추어진 성능은 멀리 진여(眞如)에게 빌어 온 것이요, 나의 육체는 멀리 생물의 시원(始源)으로부터 계승되어 온 것이요, 나의 견문지각(見聞知覺)은 모두 외물로부터 인연하여 온 것이니 이를 제하면 무엇으로써 '나'라 하겠는가? 그러므로 만물을 귀납하면 만물이 나에게 비존(備存)케 되고, 나를 연역(演繹)하면 내가 만물로 돌아가게 된다. 그렇기 때문에 주관적으로 나를 기초로 하여 만물을 볼 때에는 내가 만유의 주인공이 되고, 나에게 무한한 책임이 있지만 객관적으로 만물이 있기 때문에 나라는 것이 존재한다고 볼 것 같으면 이에 무한한 감사의 생각이 일어나게 된다.

이 두 가지는 둘이로되 하나요, 하나로되 두 가지로 보게 되는 관찰인 바 하여간 어떻게 보든지간에 나와 만물과는 밀접한 관계를 가지고 있다. 그러면 우리 불교의 주의는 어떠한 것일까?

그것은 이와 같은 물아상호의 관계를 철저히 깨쳐서 책임관념으로든지 감사의 관념으로든지 발분망식하고 거리에 나서서 일체중생으로 하여금 전미개오시키는 데 있다고 생각한다. 그렇기 때문에 석존의 생애를 통하여 볼 것 같으면 종초지말(縱

初至末)이 책임관념 혹은 감사의 관념으로서 분투하시고 노력하셨다.

　생각컨대 석존을 보고 성도하여 달라거나 중생을 교화하여 달라고 부탁한 자는 없을 것이다. 따라서 석존께서 모든 중생을 제도하지 않으면 안될 위임장을 맡으신 일도 없으실 것이다. 석존께서 부와 귀를 버리고 산에 들어가서 고생하여 대도(大道)를 철오(徹悟)하시고 49년간을 설법도중생(說法度衆生)하심은 순전히 자각하심에 인한 것이다.

　그러면 그 자각하신 내용이 무엇이겠는가? 그것은 우주법계의 진상과 인생 실제의 현실을 여실히 깨달으시어 책임 관념과 감사의 관념으로서 미계(迷界)에 있는 중생을 지도하시겠다는 비심(悲心)과 지심(智心)과 원심(願心)의 비·지·원 3심을 말하시어 실천궁행(實踐躬行)하신 것에 불과하다.

　그런 까닭으로 석존께서 설교하신 교리를 볼 것 같으면 모든 중생에게 자기와 같이 책임 관념을 일으키고 감사의 관념을 일으키도록 하셨다. 책임 관념을 일으키도록 말씀하신 것을 보면 '불(佛)의 출흥(出興)이 다만 중생을 제도코자 하는 본원(本願)과 각자(覺者)된 책임으로써 함'이라고 여러 경에 설하였으니 〈무량수경〉에 의하면, '여래(如來)는 무양(無恙)의 대비(大悲)로써 삼계(三界)를 긍애하심이라, 세상을 출흥하신 소이는 도교(道敎)를 광천(光闡)하시어 군맹(群萌)을 극하여 진실의 이(利)로써 혜(惠)코자 하심이니라' 하였으며, 〈화엄경〉을 볼 것 같으면, '원념중생으로 늘 안락을 얻어 모든 병고가 없으며, 악법을 함부로 행하면 아무것도 이루지 못하고, 선업을 닦아 행하면 모두 속히 성취하며, 일체의 악취문(惡趣門)을 닫고 인천(人天)의 열반정로를 열어 보이며, 만일 모든 중생이 악업을 쌓으면 일체의 심한 중고(重苦)를 당하거늘 내가 모두 대신 그것을 받아 영피중생(令彼衆生)으로 해탈을 얻어 무생보리를 마침내 이루리라'하였으며, 〈열반경〉에 의하면 '중생을 가련히 여기되 어린 아이와 같이 할지니라' 하였으며 〈불설무량수경〉에 의하면 '부처님이 말씀하시기를, 나는 너희 모든 인민들을 불쌍히 여기기를 부모가 자식을 생각함보다 더 심한지라, 이제 내가 이 세상에서 부처를 이루고 5악(五惡)을 다스리고 5통(五痛)을 없애고 5소(五燒)를 벌하며, 선으로서 악을 물리치고 생사의 괴로움을 없애 버리고 5덕(五德)을 얻어 편한히 쉬게 하리라'했다.

 이상의 경문(經文)에 의하여 볼 것 같으면 석존께서는 일체 중생을 어린아이와 같이 생각하시고 아비된 책임으로써 건져 주시기를 힘썼으며, 따라서 제자에게도 그와 같이 교도하셨다. 그리고 또 감사의 관념을 일으키도록 말씀하신 것으로 보더라도 부처의 출흥이 오직 아비가 자녀를 건져 주고자 하는 마음을 갖는 동시에 모든 중생에 대하여 부모나 스승이나 친구를 대하는 것처럼 그 은덕과 후의를 감사하게 여기는 생각을 가지시고 그와 같이 실천궁행하시며 제자들에게 말씀하셨으니 〈심지관경(心地觀經)〉에 의하면, '부처가 5백 장자에게 가라사되, 내가 너희를 위하여 세상에 4가지 은혜가 있는 것을 분별하여 가르쳐 주리라. 세상에는 4가지 은혜가 있나니 그 첫째는 부모의 은혜요, 둘째는 중생의 은혜요, 셋째는 임금의 은혜요, 넷째는 삼보은(三寶恩 : 佛恩・法恩・僧恩)이니 이 4가지 은혜는 모든 중생이 한결같이 지고 있느니라' 하였으며, 〈화엄경〉에는, '보살은 은혜를 갚을 줄 아느니라' 하였으며, 〈대방편 불보은경(大方便佛寶恩經)〉에는, '부처님이 아난에게 말씀하시기를, 부모의 선지식의 은혜를 항상 생각할지니 이것이 곧 은혜를 알고 은혜를 갚는 것이니라' 하였으며, 〈반주삼매경(般舟三昧經)〉에는, '사람께서는 만일 베품을 얻으면 마땅히 은혜갚을 것을 생각할지니라' 했다.

이것을 보면 석존 혜은을 알고 은혜를 갚는 지은보은(知恩報恩) 생활로써 일생을 보내시고 제자에게도 그와 같이 가르치신 것을 알 수 있다.

〈율장(律藏)〉을 볼 것 같으면 석존께서 한 방울의 물과 한 톨의 쌀이라도 소중히 알고 아껴서 먹고 감사히 쓰라고 하셨으며, 꿇어앉는 반석이나 뜨거운 볕을 가리워 주는 나무 그늘, 그리고 갈증을 가셔 주는 샘, 하늘로 머리를 두고 땅에 서 있는 천지간의 모든 만물이 모두 부처의 화현(化現)이며, 보살의 권능을 보임으로 알고 있는 곳마다 움직이는 곳마다 모두 감사한 생각으로 절하고 받아쓰라 하셨다.

그러고 보면 이상에서 논술한 바와 같이 불교의 이상이라든지 불교의 목적은 물아상호(物我相互)의 관계를 깨치고 원만하게 활용함에 있다고 말하지 않을 수 없다.

현대의 사회과학자들은 말하되, 사회는 유기체이므로 어디로 보든지 상관적 관계를 가지고 있으니까 연대책임으로서 사회의 은혜에 대한 감사한 생각을 가지고 서로가 사회구제의 책임을 지고 나가지 않으면 안된다고 떠들지만, 석존께서는 3천 년 전에 이미 물아상관적인 사회 유기체를 발견하시고 책임 관념으로는 사회 각성을 부르짖으셨고 지도하시기를 선언하셨다.
 또 감사의 관념으로는 사회의 은혜, 중생의 은혜를 부르짖으시고 상호부조(相互扶助)를 실행케 하셨다. 그러므로 필자는 생각하되, 물아의 상호관계를 잘 밝혀서 책임 관념으로나 감사의 관념으로나 설법도중생(說法度衆生)하여 사회를 정화함이 불교 최고의 이상이라고 단언한다.

□ 종교와 과학은 어떤 관계인가?

 종교의 전성시대, 즉 중세 교부시대(敎父時代)에 있어서는 철학이나 과학이 종교의 노예가 되어 있었다. 그런 것이 문예부흥의 학술적 혁명이 일어난 후부터는 철학과 과학이 종교의 분야에서 이연(離緣)할 뿐만 아니라 빙탄불상용(氷炭不相容)같이 상호간에 적대시하게 되었다. 그러므로 과학사상이 발달되면서부터 종교는 미신의 별명(別名)이라고 혹은 도덕의 마취제라고 하는 사람이 있었다. 그러나 이것을 사회학적인 견지에서 본다면 종교도 사회의 부산물이요, 과학도 사회의 부산물인즉 이 양자(兩者)는 어느 것이나 하나도 사회에서 없어서는 안 될 것이다. 서로 배척하거나 병합할 것이 아니요, 어디까지나

서로 협조하고 합보(合步)해 나아가지 않으면 안된다. 그러므로 종교와 과학의 사회적 관계를 말해 보고자 한다.
   그러면 종교란 무엇인가? 이것을 간단하게 분석해서 설명하고 다시 종합적으로 논술하여 결론을 짓도록 하겠다.

종교(宗敎)란 무엇인가?

   종교의 정의는 종래 여러 학자의 견해에 따라서 일정하지 않으며, 대체로 인간과 초인간적 존재와의 결합자(結合者)라 하며, 혹은 그 상대를 초월한 절대성이라고 하겠다.
   종교의 부문 속에는 유신론도 있고, 무신론도 있는 까닭에 기독교와 같은 유신교에서는 종교의 정의를 '인간과 신과의 결합'이라 하고, 불교와 같은 무신교에서는 '인간의 지(智)와 우주의 이(理)가 부즉불리(不卽不離)하며 비일비이(非一非異)한 관계'라고 한다.
   그러면 종교는 인간사회와 어떤 관계를 가지고 있을까? 유신교에서는 신을 우주의 창조자로 숭앙하고 객관적으로 신의 섭리 가운데서 구제를 받는 신앙을 사람으로 하여금 일으키게 하여 안심입명(安心立命)을 얻게 하고, 무신교에서는 인간의 심력(心力)을 우주의 창조자로 인식하고 주관적 지(智)로서 우주의 이법을 관찰하여 이지불이(理智不二)의 경(境)을 체달하여서 안심입명의 신앙을 얻게 한다.
   세존께서 생자필멸(生者必滅)·회자정리(會者定離)·성자필망(盛者必亡)을 가르치심은 실로 정지(正智)로서 필연의 법칙인 정리(正理)를 관찰하신 말씀이니 인간이 깨쳤다 함은 이 이체(理體)를 바로 보았다는 말이요, 인간이 미(迷)했다 함은 이 법을 무시한다든지 혹은 전도시한다는 말이다.

그러므로 불교는 이러한 정신(正信)으로써 안심입명을 얻으라고 가르쳤다.

그런데 유신교와 무신교가 어째서 양립하였느냐 하는 문제는 비교 종교학이나 종교 발달사상으로 보아서 인지발달에 의하여 다신교(多神敎)가 일신교(一神敎)로, 일신교가 범신교(凡神敎)로, 범신교가 무신교(無神敎)로 경로를 밟아온 것이니, 말하자면 신본주의(神本主義)로 또는 심본주의(心本主義)나 지본주의(智本主義)로 넘어온 것이다.

그러므로 그에 대하여 구구한 설명을 않거니와 석가세존께서는 2천 5백 2년 전에 이미 이와 같이 진보된 무신론에 입각하여 이상을 펴셨는지라 그의 식견이 그만큼 조숙하고 탁월하심에 경복할 뿐이다.

종교의 정의에 대하여 이상과 같이 말한다는 것은 퍽 조잡한 느낌이 드는 바이나 동서를 대표한 2대 종교를 얼른 알아보게 함에는 참고가 되리라고 믿는다.

두 종교에 대하여 어느 것이 낫고 못하며, 깊고 얕으냐 함은 문제의 범위 밖이므로 보는 자의 판단에 맡기기로 하고, 여하간 두 종교가 세계 인류의 6할 내지 7할을 지배하는 현상을 본다면 종교의 힘이 위대하다고 보지 않을 수 없다. 이것을 본다면 인간의 안식처가 종교라고 말할 수 밖에 없다.

과학(科學)이란 무엇인가?

둘째로는 과학의 정의를 들지 않을 수 없다. 그러면 과학이란 무엇인가? 이것도 여러 학자들의 식견에 따라 일정하지가 않다. 그러나 얼른 알기 쉽게 과학의 정의를 내린다면 이러하다.
 어떠한 가정의 원리 위에서 일정한 인식의 목적하에 사물의 경험적, 체험적, 선험적 방법에 의하여 합리적으로 연구하는 체계적 지식을 말하는 것이라 하겠다. 그러나 어떠한 표준에 의하여 어떤 방법으로서 과학을 분류할까 함은 철학의 임무요, 철학의 근본적 입장이 다름에 따라서 과학의 분류도 달라져 왔다.
 희랍시대에 있어서는 철학과 과학의 구별이 없었으나 근세에 이르러서는 여러 가지의 분류법을 보게 되었다.
 과학은 인생에게 사물의 진위를 분석하고 비판하는 지식을 주는 것이라 하겠다. 종래 인지(人智) 발달의 경로를 보면 과학사상이 발달하기 전에는 사람의 지식이 정확하지 못하고 분명하지 못했다.
 말하자면 미신적이요, 맹종적이요, 복종적이었다. 그러나 과학사상이 발달됨에 따라서 인류는 암흑 속에서 등불을 얻은 셈이다. 그러므로 인간은 과학적 지식의 힘이 아니고서는 하루도 살아갈 수가 없게 되었으니 과학의 힘은 실로 크다 하겠다.
 그러면 종교와 과학의 사회적 관계는 어떠한가? 불교의 경전에 의하면, '믿음만 있고 앎이 없으면 무명 즉 미신만 더하는 것이요(有信無解 增長無明), 아는 것만 있고 믿음이 없으면, 사기사와 같이 못된 소견만 더하니라(有解無言 增長邪見)'하는 말이 있으니 이것이 무엇보다도 간단한 설명이라 하겠다.

　종교는 인생에게 신앙을 주고, 과학은 인간에게 지식을 주는 것이다. 종교만 있고 과학이 없어도 안되며, 과학만 있고 종교가 없어도 안된다. 종교만 있고 과학이 없으면 미신만을 조장하는 것이니 미신은 곧 인생을 무명암폐(無明暗弊)케 할 뿐이다.

　또, 과학만 있고 종교가 없으면 사견과 사지만 늘어갈 것이니 지식에만 편중하면 사람과 사람 사이에 신의와 도덕과 존엄이 없어지게 되고 그 지식은 곧 사견과 사지가 되고 마는 것이다.

　우리가 과학을 신뢰함도 어느 정도까지요, 절대적은 아니다. 왜냐하면 과학이라는 것도 어떤 가정의 원리에서 있는 까닭이다. 그러므로 우리 인간 사회는 그 목적하는 이상에 대하여 종교적 신념을 굳게 세우고 그 위에 과학적 지식을 가미해 나가야 사회적으로 향상과 발전을 보게 될 것이다.

　위에서 말한 것이 불충분하나마 종교와 사회적 관계, 그리고 과학적, 사회적 관계를 밝히고 다시 종교와 과학의 사회적 관계를 말한 것이다. 그러므로 이와 같은 관계를 음미하면 종교와 과학은 서로 적대시 할 것이 아니라 악수하여 사회의 향상 증진을 위하여 번영과 행복을 도모해야 할 것이다.

□ 오뇌(懊惱)와 종교(宗敎)

이 지구상에 존재한 사람으로서 현실생활에 직면하여 고뇌를 맛보지 않은 사람은 없다. 인생은 역려(逆旅)와 같아서 그 가는 길이 평탄하지가 않다. 빈부와 귀천을 막론하고 모두 오뇌(懊惱) 가운데 있으니 빈자는 의뢰할 것이 없어서 고통이요, 부자는 미더운 사람이 없어서 고통이다.

평소에는 비할 데 없이 친하게 하며 살을 베어 먹일 것 같이 인정스러운 친척과 벗이라도 내가 한번 역경에 빠지면 다시 돌아보지도 않는 경우가 많다. 따라서 생명과 같이 사랑하던 애인도 변심하여 헤어지는 날이 있고, 항우(項羽)와도 겨룰 만큼 건강한 사람도 병들고 죽는 때가 있다. 이것이 인간생활의 오뇌 그것이다.

이탈리아에서 건강을 자랑하고 부귀를 누리며 번화한 환락장에 금채찍을 들고 백마를 타고 무상출입하며 청춘을 즐기던 후란시스코도 한때 열병에 걸려서 생사기로에서 헤매던 때에는 오뇌와 우수와 번민과 고통에 쌓여서 인생 최후에 종극(終極)이 되는 비참을 체험했다. 그래서 그는 병이 난 뒤에는 모든 명예와 부귀를 헌신짝같이 버리고 종교의 문을 두드렸다. 그리하여 그는 천하무일물(天下無一物)의 생애를 빈궁과 결혼하여 성자의 길을 밟았다.

오뇌, 이것은 인간으로서 아무도 면할 수 없는 것인 바, 이것을 극복하자면 종교적 신앙의 생활이 아니고는 될 수 없으리라고 믿는다. 그러므로 나는 생각하되, 인간생활의 오뇌는 수도생활의 전조라고 믿는다.

인간으로서 누구든지 당하고 있는 고민과 오뇌는 그 욕심에 대하여 고통이 비례하지만 대체로 나눠 보면 두 가지라 하겠다. 그 첫째는 물질적 생활고요, 둘째는 정신적 향상고이다. 그러나 물질적 고통은 다소라도 제어할 수 있지만 정신적 고통은 극복하기가 어려운 것이다. 왜냐하면 물질생활은 욕심을 최소한도라도 줄여서 살아갈 수가 있으나 정신의 향상욕은 그칠 길이 없는 까닭이다. 그러므로 우리는 물질적 생활고가 있는 이외에 정신적으로 향상하려는 3가지의 오뇌가 있다.

첫째는 윤리학적 오뇌이니 선악의 상쟁적(相爭的) 고통이요, 둘째는 철학적 오뇌이니 진리에 대한 사색적 고통이요, 셋째는 종교적 오뇌이니 생사에 대한 인생관의 응시이다.

첫째의 윤리적 오뇌라 함은 도덕적 양심을 가진 사람은 누구든지 모두 느끼는 것이니, 예를 들면 괴테의 〈파우스트〉에 '아! 나의 가슴에는 두 개의 영(靈)이 있다. 하나는 황황한 애욕의 정을 가지고 하계(下界)에 떨어져서 붙으려 하고, 또 하나는 세진(世塵)을 여의고 고령(高靈)의 세계로 올라가려 한다'하는 귀절이 있으며, 플라톤같은 이는 이중아(二重我)의 투쟁을 느꼈으니 대화편을 보면 이마어자(二馬御者)의 비유가 있으니, '말 두 필이 있되, 한 필은 귀하고 한 필은 천하며, 한 필은 하늘로 날아오르려 하고, 한 필은 땅으로 내려가려 한다. 이와 같이 상관하는 두 필의 말을 조어하기 위하여 마부는 심히 오뇌했다'는 대목이 있으며, 파울은 '나의 하고자 하는 선은 오지 않고, 하고저 하지 않는 악이 온다'고 비탄했다.

위에서 열거한 예는 모두 원리적으로 오뇌를 겪는데 대한 이야기들이다. 우리 인생은 한 가지 선의와 악의가 상투하는 오뇌 속에 있는 것이니, 이에 대하여 승리를 얻자면 거악취선(去

惡就善)하여 이른바 불교의 '모든 악은 짓지 말고 많은 선을 받들어 행하라'의 교훈을 체달하지 않으면 안되리라고 믿는다.

둘째는 철학적 오뇌이니 이것은 이성이 발달된 사람이면 누구든지 느끼는 문제이다. 사색(思索) 목적의 고민이 곧 이것이니 예를 들면, '밀'이 20세에 쓴 고백에 '인생에 대한 목적은 무엇이냐? 제도상에 있어서 지위와 영예를, 그리고 하고 싶은 욕망을 마음대로 펼쳐보자. 그리고 마음껏 높은 지위에 올라서 영화와 부귀를 누렸다고 하자. 그러면 너는 그것을 희열이라 하며 행복이라 할 수 있을 것이냐. 그렇지만 자기 의식은 명백히 아니라고 대답할 것이다. 이곳에서 나의 마음은 잠잠히 가라앉고 만다. 그리하여 내 생활에 목적은 모두 무너지고 만다. 소위 말하는 나의 행복은 이 목적을 추급(追及)하는 속에서만 발견될 뿐이다. 목적은 언제든지 나의 마음을 만족하게 하지 못한다. 그러면 어째서 그 수단에 두 번이나 흥미를 일으키겠느냐, 살아가는 목적은 아무것도 없으리라고 생각한다. 생각이 이에 미치면 밤이 깊도록 잠을 못 이룬다. 여기서 나는 다른 사실을 의식한다. 그것이 인생에 대하여 마지막 가는 진리겠지'라고 했다.

또한 톨스토이는 '행복의 절정에 섰으나 인생문제에 다다르고 따라서 죽음에 직면하면 무미건조하기 짝이 없다. 그러므로 행복은 유일한 진리를 포착함에 있을 뿐이다. 말이 3백 두, 양이 몇백 두, 재산과 자식과 저술과 명예가 있으나 이것이 필경엔 무엇을 할 것이냐? 그저 허위가 있을 뿐이다. 필경은 공무(空無)하고 말 것이다'라고 말했다.

위에 든 예로 볼 것 같으면 우리 인생이 진리에 대한 동경이 어떠하며 그 사색적 고민이 어떠한 것인가를 넉넉히 알 수가 있다. 그러므로 우리는 불경에 있는 이러한 진리와 교훈을 음미할 필요가 있다고 생각한다.

若人壽百歲
不知大道義
不如生一日一心學正智

사람이 백살을 산다 하더라도
도의(道義)를 알지 못한다면
하루를 살더라도 바른 지혜를 배우는 것만 못하리라.

셋째는 종교적 오뇌이니 이것은 누구나 미래생(未來生)을 바라고 그 진로의 결과가 어찌 될 것인가 하는 인생관의 응시로부터 나오는 오뇌라고 하겠다. 우리는 모두 이러한 오뇌 속에 잠겨 있다.
'새가 죽음에 이를 때는 그 소리가 슬프고, 사람이 죽을 때에는 그 말이 선하다'는 옛말이 있다. 참으로 죽음은 암흑이다. 인생으로서는 죽음보다 더 무서운 문제는 없을 것이다. 이에 대한 예를 들면 어떤 사형수의 고백에,
'어느 날 밤의 일이다. 아무도 없는 적막한 깊은 밤에 눈을 뜨고 생각하니 나는 19세부터 오늘까지 20년 동안 많은 극악(極惡)과 중죄(重罪)를 지어 왔다. 그러므로 그 죄악의 과보를 받

기 위하여 이 몸이 사형을 받게 된 것은 이미 각오한 일이다. 아니 사형을 받아야 마땅한 일이다. 그러나 내가 죄보(罪報)로 죽는다면 어느 곳으로 갈 것인가? 영혼의 유무를 믿기는 어려우나 만일 영혼이 있다면 나의 영혼은 지옥 외에는 갈 곳이 없지 않은가. 이렇게 생각하니 앞길이 캄캄하다. 나의 몸이 건강하고 욕심이 많을 때에는 이러한 생각이 없었건만 지금과 같은 환경에 처해서 최후를 생각하니 근심이 되어서 견딜 수가 없다. 아! 어찌하면 좋을까. 절망과 비탄 밖에 없구나.'
하는 대목이다. 이것과 마찬가지로 사람은 누구나 죽음에 대하여 만사휴의(萬事休矣)의 탄식을 발하지 않을 수 없을 것이다. 죽음은 우리에게 막연한 불안과 공포를 줄 뿐이다. 그러므로 이런 것을 생각하는 사람이면 은연히 종교를 찾게 되는 것이다.
 이로써 보면 오뇌란 반드시 나쁜 것이 아니라 인생의 짧은 생명으로 하여금 우주같이 영원하게 흐르고 약동하는 사다리를 만들어 주는 것이라 하겠다. 따라서 그 영원한 안위와 생명은 윤리에서도 철학에서도 아니고 종교에서만 구할 수 있는 것이다.
 왜냐하면 다른 오뇌와 고민도 크지만 죽음에 직면한 내세(來世)에 대한 고민이 더 큰 것이나 종교는 이 고민에 대한 영원한 안위를 주는 까닭이다. 그러므로 모든 선지자(先知者)들은 모두 종교생활로써 최후를 마쳤으니 마르틴 루터 같은 위인도 어느 날 친구와 같이 교외를 산책하는데 별안간 비바람이 크게 불더니 벼락이 떨어져 친구가 감전되어 즉사함을 목격하고, '아 신이여! 루터는 승려가 되오리다'하고 곧 종교를 믿었다고 한다.

□ 열반(涅槃)의 길

불교의 윤회전생의 학설은 3계(三界)에 표박하는 영혼이 마치 나그네와 같이 천도(天道)·인도(人道)·지옥·아귀·축생·수라(修羅), 이러한 6도(六道)라는 여막(旅幕)으로 윤회전생하여 왕복이 부절(不絕)하고 승침(昇沈)이 빈번하다고 했다.

마치 여행을 떠나는 사람이 활동과 노력과 금전 유무에 따라서 돈푼이나 있을 때에는 특급 호텔에 숙박을 하지만 돈이 떨어지면 그 다음 등급 호텔에 들게 되고, 또 돈이 떨어지면 여관으로 전락하며 그러다가 여관에도 들어가지 못하고 헛간이나 나무 밑 또는 추녀 밑에서 밤을 지새우며 또한 굶주림에 시달려서 범죄라도 저지르면 주먹과 발길에 채여서 죽도록 두들겨 맞고 유치장이나 감옥으로 가는 선악업행(善惡業行)의 인과응보에 의하여 육도에 전생하는 윤회설이 있게 된 것이다.

그러나 나는 윤회사상을 이와 같이 어려운 삼세인과(三世因果)의 이론으로서 보려고 하지 않고 현세에 즉응하려 보려고 한다.

현재 우리가 처해 있는 이 세상을 관찰하고 우리 생활에 즉응한 인생을 관찰해 보면 유위변천(有爲變遷)의 윤회상(輪廻相)임을 부인할 수가 없는 일이다. 무상변천(無常變遷)이 만물의 상도이거늘 어떤 것이 혼자서 무궁할 수 있으랴? 생자필멸(生者必滅)·회자정리(會者定離)·고자필추(高者必墜)·상자필진(常者必盡)은 석존께서 이미 내리신 정의지만 이 세상의 빈

부귀천은 기륜(機輪)의 전환과 같다. 그러므로 인생의 영귀(榮貴)는 마치 나팔꽃과 같아서 아침에는 향기를 내다가 대낮에는 시들며 해가 지면 오무라들어 말라버리고 만다.

 그러나 이와 같은 영귀, 이것을 얻지 못하여 아침부터 저녁까지 광분하고 칠전팔도(七顚八倒)하면서 증애취사(憎愛取捨)와 시비선악(是非善惡)의 구렁에 빠져 허덕이는 것을 보면 현세에서는 만사전변(萬事轉變)의 유전무궁(流轉無窮)한 윤회의 입이 아닌 것이 없다고 하겠다. 그러면 우주에는 영구불변한 자가 없을 것인가? 거세(擧世)가 분운(紛紜)하여 시끄러운 것뿐이니 우울과 세고(世苦)의 애수를 어디다 풀어버리고 상처받은 마음을 누구에게서 안위를 받을 것인가?

 불꽃같이 타는 듯한 이 욕심은 과연 멸할 날이 없을 것이며, 톱날을 밟는 듯한 이 쓰라린 괴로움과 애수는 없어질 날이 없을 것인가? 언제 이 마음을 편케 하며 이 정신을 쉬게 할 것인가? 이 문제는 마땅히 사람이면 누구나 한번 생각해 볼 문제이다. 석존께서는 누구보다도 이 문제를 먼저 생각하셨고, 인생이 무상함을 깨달으시고 인생의 죄악을 통탄하시며 고심참담 진리를 탐구하시다가 상주불멸(常住不滅)의 진리가 있음을 발견하시고는 이러한 진리로써 구제의 도를 보이셨으니 영생을 원하는 자여, 이 불멸의 진리를 찾으라. 이 불멸의 진리를 열반이라고 하느니 이 영항불후(永恒不朽)한 열반의 진리는 윤회전변(輪廻轉變) 생멸상(生滅相)에 비하여 천양무궁(天壤無窮)의 보고가 될 것이다.

불타(佛陀)에의 귀의

 진리는 영구불변하여 생사를 알지 못하며, 종시(終始)를 알지 못하는 자이니 유한계(有限界)에 표박하는 인생이여, 이 무한자(無限者)의 진리되기를 원하라. 진리는 불멸의 마음이 될지니 진리를 파착(把捉)한 자가 되기를 원하라.
 진리를 잡은 자는 부(富)한 자가 될 것이며, 진리에 깃들인 자는 복받는 자가 될 것이다. 그러므로 우리는 마음 가운데 진리의 가람(伽藍)을 세워서 영구불변하는 진리의 초상을 모셔야 할 것이다.
 분한(分限)이 있는 이 몸에 무한한 생명을 누릴 자, 진리를 저버리고서야 어디서 생(生)을 누리랴. 부처는 곧 진리이니 우리 마음 한 가운데 부처님을 모시도록 하자. 그리하여 심불(心佛)과 맞지 않는 번뇌가 있거든 모조리 단멸시켜서 자취도 남기지 못하게 하고 오직 부처만이 있게 하자.
 만일 한 점이라도 진리 아닌 것이 우리 마음 가운데 침범하면 이것은 무명(無明)의 기원이 되며, 불행의 근본이 되며, 윤회표박유전(輪廻漂泊流轉)의 근본이 될 것이다. 그러므로 우리는 항상 허심탄회하여 감로와 같은 부처님의 말씀을 품고 배우고 들어서 죄업의 예악(穢惡)을 씻어버리지 않으면 안될 것이다. 이것만이 오직 진리에 도달하는 첩경이 될 것이다.
 우리는 진리를 알기 위하여 위아(僞我)와 진아(眞我)를 구별할 필요가 있다. 아집(我執)과 아애(我愛)와 같은 것은 위아에 불과하거늘 인생은 이것으로써 진아를 삼기 때문에 진리가 바로 옆에 있건만 이것을 발견하기가 어려운 것이다. 그러므로 우리는 위아를 부셔 버리는 찰나에 진리와 일체가 되어서 열반에 이르게 될 것이다. 그리하여 불과(佛果)를 얻고 최승의 행복을 얻어서 영원불멸의 일물(一物)이 될 것이다.

만유가 괴멸(壞滅)하고 우주가 파열할지라도 부처님의 금언만은 영구히 멸하지 않는 진리가 될 것이니 괴로워하는 자여, 편안치 못한 자여, 불설(佛說)을 믿으라. 그리하여 아집(我執)과 아애(我愛)를 멸하자.

'나'라고 하는 위아(爲我)와 위아로써 나를 삼는 아(我)를 멸진함을 가리켜서 구제라 하고, 아(我)를 단절함을 가리켜서 각오라 하고, 이를 이탈함을 열반이라 하느니 위아가 좋아하는 세락(世樂)에 탐착하지 않고 진아가 좋아하는 진리전당에 안와(安臥)하는 자는 행복할 것이다. 실로 허심평기(虛心平氣)하여 심중(心中)에 한 점의 동요도 없는 적멸의 낙을 맛보는 이가 있다면 이를 어찌 괴로움이 있는 세락에 비할 것이냐. 이것이야말로 천복(天福)이라 한 것이요, 무상락(無常樂)이라고 할 것이다.

석존께서는 유위전변의 윤회유전 가운데 상주불멸(常住不滅)의 일물(一物)이 있음을 발견하시고 이것을 우리에게 가르쳐 주셨는지라 우리는 이 까닭으로 불설을 믿고 불타에 귀의하는 것이다. 그리하여 육신화신(肉身化身)의 불을 믿는 동시에 만유천류(萬有遷流)간에 있으면서 영항불변(永恒不變)하는 불의 정신적 법신, 일물진리(一物眞理)에 귀의하는 것이다.

윤회전생하는 가운데 있는 인생이여, 이러한 환영(幻影)같은 고락 가운데도 상주불변의 진리인 열반의 진락(眞樂)이 있음을 믿어 보자.

□ 성자(聖者)의 면목

불교가 석존 당시에는 물론이요, 후세 수천 년을 내려오도록 천하 민중에게 위대한 감화를 준 것은 그 교리보다도 그 인격에 말미암음이라고 한 것은 서양인 중에 동양학의 태두(泰斗)라고 일컫는 막스 뮐러가 석가여래를 찬양한 말이지만, 석존은 참으로 우주의 빛이 될만한 위대한 인격을 소유한 성자(聖者)이시다.

예로부터 지금까지 인도가 낳은 성자(聖者)와 철인(哲人) 가운데 세계를 향하여 자랑할 만한 대표적 인물을 말한다면 세 사람을 들 수가 있으니 대성(大聖)으로서는 불타 석가모니가 될 것이요, 제왕으로는 아수가대왕(阿輸迦大王)이 될 것이요, 시인으로는 가리사다가 될 것이다.

이 3대 성현(聖賢)과 희랍의 소크라테스·플라톤·그리스도·모하멧·노자·공자 같은 이들을 한 자리에 모셔 놓고 우러러 본다면 그 가운데서도 가장 찬란한 빛을 띠고 있는 분은 의심할 여지도 없이 석가여래라고 하겠다. 그렇기 때문에 부처님의 제자들 가운데서 부처님을 칭송하되 '별 가운데는 달이 으뜸이요, 사람 가운데는 부처님이 으뜸이다'라고 했다.

석존은 인생의 오뇌기(懊惱期)라고 할 만한 20세 전후의 청춘기에 드신 싯다르타 태자로서 몸이 굳세되 병이 걸리면 꺾어지고 기운이 강하되 늙음에 이르면 쇠하고 모인 자는 반드시 죽음의 이별을 하거나 살아서 생이별을 하게 되니 무엇으로써 세상을 즐기랴(身强得病催 氣盛老至衰 死之生離別 云何樂世間). 이와 같이 세상을 달관하시고 만승천자(萬乘天子)의 지위와 궁중생활의 모든 환락을 던져버리시고 설산(雪山)에서 혹은 고행림(苦行林)에서 열두 해 동안을 공부하시다가 인생으로서는 절정이라고 할 만한 30세 되시던 해에 불타가야 필발라수하(畢鉢羅樹下)에서 모든 마군을 항복받으시고 우주와 인생의 상주불멸인 제일 원리를 깨치시어 고요한 곳의 즐거움, 진리를 듣는 즐거움, 인간에 시달리지 않는 즐거움, 속세간을 떠난 즐거움, 똑같이 은정과 애정을 초월한 즐거움, 능히 거만을 누르는 자의 가장 즐거움(靜處遠離樂 聞法見法樂 不惱世間樂 能慈衆生樂 世間離欲樂 等度恩愛樂 能伏我慢者 是爲最上樂). (五分律第15)

이와 같은 무상의 쾌락을 받으시고 고(苦)·집(集)·멸(滅)·도(道)·4성제(四聖諦)의 법을 설하신 뒤에 병고가 없는 것이 제일 이롭고 족함을 아는 것이 제일 넉넉하며, 벗에게 착하게 하는 것이 가장 후함이며, 아무것도 않는 것이 가장 안전하다 함을 선시(宣示)하신 석가세존은 황황한 등불이 되시고, 염염히 타오르는 횃불이 되시어 혼돈한 장야(長夜)의 잠 속에 들어 있는 중생의 깊은 꿈을 깨우쳐 주셨다.

그러므로 부처님의 인격은 해발 2만 9천 2백 척이나 솟아올라서 만고불멸(萬古不滅)의 빙설(氷雪)을 이고 엄연히 벽공(碧

空)을 내려다보며 홍로(紅爐)같은 열대의 오인도(五印度)에 군림한 대설산과 같이 위대하며 자엄(慈嚴)하셨다. 그래서 열뇌고해(熱惱苦海)에 빠져 있는 천하 중생에게 청량제가 되셨다.

성인(聖人)들의 가르침

위에서 말한 바와 같이 석존은 과연 하늘 가운데 하늘이요, 성인 가운데 성인이어서 석존의 전기(傳記)는 해가 오래됨에 따라서 신비화 또는 예술화 되어 과장되고 첨가되어 인간의 전당(殿堂)으로부터 천신(天神)의 전당에 모시게 되었다. 그렇기 때문에 불교의 역사를 연구하는 서양학자들로 하여금 전기를 읽게 될 때에는 석존이 진실로 역사적 인물인가 하는 의심을 갖게 된다.

예를 들면 프랑스의 학자 세나르와 폴란드의 학자 케룬은, 티벳트의〈보요경(普曜經)〉과 니바라의〈묘법연화경(妙法蓮華經)〉을 보다가 석존의 전기를 읽고 그 황당한 기사에 놀랐다. 그래서 석존의 존재를 의심하고 불타의 전기는 일종의 태양신화라고 단정하고 정반왕을 아버지로 하고 마야부인을 어머니로 하여 중인도 카필라국의 왕자로 탄생한 석가모니는 역사상 실재 인물이 아니다고 결론을 붙였다. 그러나 독일의 불교학자 올덴벨구히는 원시불교에 관한 불어로 된 경전을 연구한 끝에 불타는 역사상 실제 인물인 것이 분명하다고 증명했다.

그 뒤로부터 석존의 위대한 인격은 구주에 널리 인증되어 석존의 전기는 다시 서양 사람들을 놀라게 했다.

세상 사람들은 모두 석가모니와 공자와 그리스도를 세계 3성(聖)이라고 부르기 시작했다. 이 3성을 제외하고는 종교의 개조로서 파사(波斯)의 조로아스터와 아라비아의 모하멧과 중국의 노자가 있다. 그런데 이 세 사람 가운데 그 영향을 널리 미치게 한 자를 들어본다면, 모하멧이 석가·공자·예수 그리스도에 겨우 따라 올 분이요, 그 나머지는 비교가 안된다. 그러나 이 석가·공자·예수 그리스도 3성 가운데도 불교도는 석존으로써 우주의 제1인자로 삼고, 기독교도는 예수 그리스도로써 유일무이한 성자로 삼고, 유교도는 공자로서 고금독보(古今獨步)의 대성인이라고 하여 그 믿는 바와 그 좋아하는 바에 따라서 다르다. 그러므로 공공연하게 그 귀착점을 정할 수가 없다.

물론 어리석은 자들에게 몰려서 붉은 옷을 입고 가시관을 쓰고 얼굴에 침뱉음을 당하여 십자가에 나아갈 때까지 혹은 요단강변에서 혹은 갈릴리아에서 사랑의 복음을 부르짖고 '천국은 가까이 왔으니 회개하라' 하고 외치던 예수의 인격은 실로 위대하지 않다고는 말할 수 없다. 또 사도 바울같은 사람을 의지하여 로마를 거쳐서 필경에는 구주 문화의 뿌리가 되게 한 기독교의 영향은 실로 크다고 볼 수가 있다.

또한 신하로서 임금을 죽이고 아들로서 아비를 학대하는 춘추의 난세를 당하며 여연대필(女椽大筆)을 휘두르며 대의명분을 부르짖고 진채간(陳蔡間)에 굶어가면서도 현가(絃歌)의 소리를 끊지 않고 인애(仁愛)와 충서(忠恕)를 설하고, '천하에 도가 있으면 예악 정벌이 제후로부터 나오느니라' 하며 동분서주 하면서 가르치신 공자의 교훈은 상하삼천제에 몇십 억의 민심을 지배하여 내려 왔다. 이러한 점으로 보면 공자의 인격도 고상하다고 아니할 수 없다. 생민이래(生民爾來)로부터 부자(夫子)와 같은 성인이 없다고 그 제자들이 칭송함도 여기에 있다.

또한 한 손에는 칼을 들고 다른 한 손에는 코란을 들고 아라비아의 광야를 헤매면서 칼을 받으려느냐, 코란을 받으려느냐 하며 용기 있게 전도한 모하멧의 인격도 실로 위대하다고 아니할 수 없다.

불타(佛陀)의 위대성

그러나 심현(深玄)한 이지(理知)를 골자로 하고 광대한 자비를 살로 하고 견고한 원력을 몸으로 하여 천하 민중을 구제하기로 자임한 불타(佛陀)의 인격은 그네들보다 더 높으며 더욱 크다고 아니할 수 없다. 세계가 넓고 인류가 많다 하나 예로부터 지금까지 석가와 같은 성자가 다시 어디 계실까? 석존은 과연 우주가 생긴 이후로 해와 같고 달과 같고 우주 그것과 같은 대인격자라 하겠다.

그러면 석존은 무슨 까닭으로 이와 같이 위대한 인격의 소유자가 되셨겠는가? 이것은 다름 아닌 납월팔야(臘月八夜)에 명성(明星)을 보시고 깨치신 바가 있는 까닭이다. 그러므로 석존은 철인 가운데 철인이요, 성인 가운데 성인이시다. 예수 그리스도의 전기를 보아도 깨쳤다는 곳은 없다. 그리고 소크라테스나 플라톤이나 노자나 장자 같은 이들의 전기를 보아도 깨쳤다는 곳은 없다.

또한 고래의 왕자 가운데는 현자(賢者)도 많으며 지자(智者)도 많으며, 복을 가진 자도 많으나 석존과 같은 깨친 자는 없다. 그러나 석존은 이 대오(大悟)라는 사실로 인하여 일체의 지자요, 승자라고 외치셨으며 또 깨침으로 인하여 두려움이 없음을 증하시고 만덕을 갖추었으므로 배신자라고 배척하던 교진여 비구도 열복하여 귀화케 하고, 이도자라고 꺼려하여 화룡(火龍)으로써 위협하던 가섭 등도 환희하여 귀복하게 되었다. 그리하여 석존이 이르는 곳마다 만나는 사람마다 그의 덕을 송(頌)하고 그의 교를 받지 아니한 자가 없게 되었다.

이것만 보아도 공자·예수·모하멧 같은 성자는 미숙한 성자요, 오직 석존은 천하를 명관하신 노숙한 성자라 하겠다. 그러므로 석존께서 천상천하(天上天下)에 유아독존(唯我獨尊)이라고 하신 것은 바로 이것을 의미하는 것 같다.

기독교의 신학자로 일찌기 편견을 갖고 불교와 기독교를 비교하면서 고의로 불교 신자의 숫자를 기독교 신자보다 떨어뜨리고 불교가 아무리 철리(哲理)를 가졌다 하더라도 머지않은 장래에는 세계의 표면으로부터 사라지는 경향을 면치 못하리라고 말하던 모니엘·윌리암스도 불타(佛陀)의 위대한 인격을 인정치 않을 수 없었던지 그가 지은 불교 가운데 불전을 얘기함에 이르러, '불타가 중후한 개성과 타는 듯한 열성과 엄숙하고도 소박한 성격과 순미한 용모와 조용하고도 위엄이 있는 풍채와 초인간적인 위력을 소유한 웅변을 가진 것이 사실이며, 이와 같은 성자는 세계의 고금을 통하여 불타(佛陀) 한 사람밖에 없을 것이다 라고 하였습니다.'

또한 불어로 〈본생경(本生經)〉의 본문을 출판하고 그 인생을 불교 연구에 종사하던 프랑스의 석학 후아우스보엘은 불타의 인격에 열복하여, '불타의 위력은 생각할수록 불타를 존경하고 사랑함에 이르노라' 한 고백이 있으며, 또 구미의 학자로 불타를 찬앙한 이는 쇼펜하우어를 비롯하여 많이 있지만 아사리에 도빈, 아놀드 같은 이는 더욱 불덕을 찬미한 자입니다. 그 중에도 특히 아놀드는 불타(佛陀)의 전기를 노래한 장시에 '아세아의 빛'이라고 노래했다. 그리고 이것을 독일 어느 영화사에서 3백만 마르크의 거금을 들여서 영화로 만들었는데, 이것이 유럽에 소개되었으므로 이 영화를 본 사람들은 석가의 전기를 모르는 이가 없다고 한다.

그리하여 불타 구제의 서광은 구미의 천지를 비추게 되어 영국과 서독에는 불교 교회가 흥기(興起)하고 스웨덴의 호반에는 불교의 사원이 건설되어 불타의 인격은 장차 '세계의 빛', 아니 '우주의 빛'이 되려는 과정에 놓여 있다.

새로운 광명(光明)

불교가 3천년이나 혁혁한 역사적 생명을 가지고 남류(南流)하여 실론·미안마·타일랜드에 뿌리박고, 북류(北流)하여 서

역과 서장·중국·만주·한국·일본으로 전파되어 수많은 구도자와 번역자, 전도자의 노력에 의하여 혹은 철학으로, 혹은 문학으로, 미술로써 1백억의 화신(化身)으로 나타나고, 동양문화의 중심이 되며 근저가 되어서 상하 삼천재(三千載)에 동시에 몇 백억의 민중을 구제한 결과로 본다면 불타 한 사람의 영향이 얼마나 숭고하며 광대한가를 알 수가 있습니다. 따라서 불타의 인격을 지어 주고 광명을 발하게 한 납월팔야 오도(悟道)의 사실이 얼마나 숭엄하고 광휘한지를 알 수가 있다.

세상 사람은 모두 불교가 부패하고 쇠퇴했다고 한다. 사실 그렇기도 하다. 불교는 여러 나라의 속된 신앙과 혼합하여 혹은 바라문교와 뒤섞이고, 혹은 도교와 섞이고 혹은 민간신앙과 어울려서 유귀숭배(幽鬼崇拜)의 낮은 종교로 퇴화한 혐의가 없지도 아니하다.

그러나 불타의 정신만은 예나 지금이나 동일하게 발랄한 생명을 가지고 있다. 다만, 이 정신을 발양치 못하기 때문에 나타나지 못할 뿐이다. 그렇지만 오늘의 불타 정신은 다시 서구의 문명, 사조(思潮)의 영향을 받아 새로운 광명의 빛을 비칠 시기가 오게 되었다.

동양사상의 부흥과 불교서점(佛敎西漸)에 대한 불교도의 신사명에 나아가 우리는 다시금 불타의 인격을 사모하는 동시에 회천(晦天)의 명월과 같은 오도(悟道)의 가치가 얼마나 지고(至高)한가를 돌이켜 생각하지 않을 수 없다.

□ 철학의 음미(吟味)

 대저 철학이란 무엇인가? 우리 인간은 누구나 사물에 대해서 의심을 품고 있다. 이 의심을 풀어 주는 열쇠를 일컬어 지식이라고 이르니 이 지식을 그 누가 사랑하지 않을 수 있겠는가?
 지혜를 사랑하는 것이 철학이다. 우리는 처음 보는 사건에 대하여 '그것이 도대체 무엇일까? 세상엔 이상한 일도 다 있지, 원 저런 일도 있을까?' 이렇게 느끼는 호기심과 경이가 있다. 그래서 그 사건을 기어코 알아보려는 즉, '알고자 하는 의욕'이 생긴다. 이 '알고자 하는 의욕'을 철학이라고 한다. 그러나 철학이란 것을 이렇게 알고 나아간다면 그렇게 어려운 것이 아니며, 또 철학을 지식에 대하여 흥미를 가지고 연구하여 나아가는 것이라고 생각하면 세상 학문에 있어서 철학 아닌 것이 없을 것이지만, 소위 '철학' 두 자가 붙은 서적을 사 보거나 철학을 연구하는 선생의 강의를 들어 보면 용어와 논리 형식 전부 유럽에서 들어온 것을 그대로 역술(譯述)하고 응용하기 때문에 서적을 보아도 알 수 없고 말을 들어도 알 수가 없다.
 그리하여 철학을 말하는 사람은 딴 세계의 사람같이 보이고 전문 지식이 없는 사람은 철학과는 아무런 인연이 없는 것 같이 느껴진다. 그러므로 나는 철학자도 아니요, 철학에 대하여 전공한 바도 없지만 이러한 느낌만은 평소에 가져온 지 오래이므로 이에 대한 소회를 이야기해 보려는 것이다.
 미국의 철학자 제임스는 '인생은 나면서부터 철학자이다'라고 했다. 이것은 퍽 재미있는 말이기도 하다. 우리 인생이 누구나 다 철학을 의식하느냐, 못하느냐는 것은 별 문제이지만, 우리는 어떤 주의이든지 주의가 있고, 어떤 지식이든지 지식을 갖고 있다.

낫 놓고 기억자도 모르는 나무꾼이나 목동들도 각기 듣고 경험한 견문을 갖고 있다. 그리고 또한 다른 사람의 선악에 대하여 비평을 하는 지식을 갖고 있으며, 시비곡직을 분별하는 식견을 갖고 있다. 그러면 이것이 모두 철학의 한 부문에 드는 것이니, 철학은 이렇게 누구나 보편타당하게 갖고 있는 지식이라고 하겠다.

그러나 이 철학이 누구에게나 다 보급이 되지 못하고 오로지 전문학자의 서재에서만 묵어 있는 것은 무슨 까닭일까? 이것은 위에서 말한 바와 같이 용어나 숙어가 다르고 논리 표현의 형식이 까다로운 탓이라고 하겠다.

그 본질의 구명(究明)

그러면 철학의 기원은 어디서 어떻게 발생하여 왔으며, 철학(哲學)이란 두 글자의 뜻은 무엇이며, 철학의 정의와 목적은 무엇일까?

철학의 기원은 고대 그리스·이집트·인도·중국의 어디나 있었지만 특히 서양철학, 그리스 철학에 있어서도 소아세아 서남해안 밀레토스시에서 일어난 것이라고 하겠으니 서양철학의 원조인 탈레스가 그곳의 시민이었던 까닭이다.

 우리 인생이 자연계와 인간계의 현상에 대하여 그것이 어떠한 것인가 하는 회의를 품게 됨으로 고대 사람도 이에 착안하여 이것을 사고(思考)하고 깨달으려 하였으므로 철학을 연구·전공하는 단서가 되었던 것이다. 그러므로 우주 만반의 학술과 학에 대하여 순수한 탐구로써 진리를 찾게 된 것은 이 경이심과 회의와 호기심에서 출발했다고 하겠다.

 우리가 진리를 탐구하는 마음으로 천지만물을 대한다면 여러 가지 문제가 머리에 떠오른다. 그러면 이 여러 가지 문제에 대한 답을 어떻게 하면 얻을 수 있을까? 우리는 이 바른 해석을 완전히 하려 함에 있어서 사상(思想)이 막연한 일도 있고, 그 상호의 연락이 결여된 것도 있고, 자가당착되는 점을 발견하는 때도 많다.

 물론 상식적 관념으로서는 생활상의 실용을 그르치지 않겠지만 단지 상식만으로서는 그 진리를 탐구하는 마음의 욕구를 만족시킬 수는 없다. 그리하여 우리의 사고력이 부족함을 느낄 때 자연계와 인간계에 대하여 사상을 통일시켜서 조리 정연한 지식을 얻으려고 애쓰게 되는 것이다. 철학의 연구가 진보하게 된 동기는 여기에 있으리라고 생각한다.

 '철학'이라는 말의 어의는 희랍어의 필로소피라는 말의 역어(譯語)로서 '애(愛)와 지(智)'의 뜻으로 연결된 말이다. 결국 철학이란 '지식의 희구'라는 말도 되고, '지(智)를 사랑한다'는 뜻도 포함된다. 그러므로 철학자를 애지자(愛智者)라고도 한다.

 또한 여러 학자에 따라 철학을 '지식학', '절대의 학', '개념의 개조', '일반개념의 일반체계', '과학적 의식의 총체', 혹은 '보편타당한 가치의 학' 등으로 부르기도 한다.

서양철학의 비조(鼻祖)라고 이르는 소크라테스는 '너 자신을 알라'라고 외쳤다고 하지만 이것을 미루어 보더라도 철학이 지식을 계발하고 이성을 구명(究明)하는 학문임을 알 수 있다.

다음으로 철학의 목적과 정의와 본질을 들어 이야기 한다면, 철학의 목적은 오류가 없는 정당한 지식과 정당한 인식을 얻으려는 데 있는 것이다. 즉, 조직적인 지식을 얻자는 데 있는 것이다. 그 조직적 지식에는 어떤 것이든지 그 통일된 점이 없지 않을 것이다.

개인의 현상을 통괄하는 근본 원리를 구하며, 우리가 얻을 수 있는 경계의 전체를 통합하여 알자는 것이니 요약해서 말하자면 근원을 궁극적으로 연구하고 전국을 통일하자는 것이다. 이것이 철학적 지식의 특색인 동시에 정의라고도 하겠다.〈법구경(法句經)〉에 보면,

若人壽百歲 邪爲無有智
下如生一日 一心學正智

사람이 설사 백세를 산다 할지라도 간사하고 거짓되고 지혜 없이 산다면
하루만 살고 말더라도 한 맘으로 지혜를 구함만 같지 못하도다.

라는 말이 있으니 이것은 무엇보다도 철학의 정의를 설명한 것이라고 하겠다. 그러나 철학은 지(知)의 철학과 행(行)의 철학을 겸하지 않으면 안된다. 왜냐하면 '행'이 수반하지 않는 '지'만의 철학은 공륜(空輪)의 철학이 되고 말기 때문이다.

□ 성탄절과 관등

부처님께서 높으신 덕과 훌륭한 인격과 심오한 지혜를 소유하신 분이기 때문에 불제자들이 청하되,

天上天下無如佛
十方世界亦無比
世間所有我盡見
一切無有如佛者

천상천하에 부처님 같은 분이 없으니
시방세계에 비교할 데가 없네
세상천지를 내가 다 보아도
도무지 부처님 같은 분이 없다.

고 했다. 또는 부처님의 공덕을 찬양하되,

刹塵心念可數知
大海中水可飮盡
虛空可量風可繫
無能盡說佛切德

세계의 티끌을 다 헤아리고
바닷물을 다 마시고
허공을 헤아리고 바람을 붙들어 매는 재간이 있다 해도
부처님의 공덕은 다 말할 수가 없다.

고 한 것이다. 그러므로 고인(古人)들이 말하기를,

佛於無量劫
勤苦爲衆生
云何諸衆生
能報大佛恩

부처님은 과거 무량 억천만년에 괴롭게 수양하신 것이
오직 중생을 위하신 것이니
우리 중생이 어떻게
부처님의 은혜를 갚을 것인가.

우리 부처님께서는 호명보살의 몸으로 천상(天上)에 계시다가 우리 중생을 건지기 위하여 이 세상에 탄생하시었으니 처소는 인도의 바라국이요, 아버지는 정반왕이요, 어머니는 마야부인이었다.

  그런데 부처님께서는 소년시절에 궁중에서 생활을 하시며 많은 복락을 받으셨지만 일찍이 인생무상을 깨달으시고 19세에 애처(愛妻)인 아소다라와 애자(愛子)인 라후라와 은혜가 깊은 정반왕과 호화찬란한 궁성을 헌신짝같이 버리시고 야반에 성을 나와 설산(雪山)으로 들어가 자수삭발을 하시고 중이 되어 공부의 길을 밟게 되었다.

  그래서 첫 번에 발가타 선인을 찾아가서 도를 물었으나 그의 대답이 석연치 못하였습니다. 그래서 다시 유명하다는 아라라가란이란 대학자와 울타가라마자라는 대학자를 찾아가서 도를 물었으나 역시 신통하지를 못해서 혼자 깨닫기로 결심하고 6년 고행을 하셨는데, 그때의 고생이란 무엇으로 비유할 수가 없었다. 마지막에 보리수 밑에 앉아서 공부하실 때에는 이러한 결심을 하셨다.

  虛空刀林雨我身
  寸寸節節割我體
  我若不渡生死海
  此菩提樹終不離

허공에서 칼이며 방망이가 비쏟아지듯 떨어져서
나의 육체를 갈기갈기 찢어 놓더라도
내가 만약 도를 깨치지 못하면

이 나무 밑을 죽어도 떠나지 아니하겠다.

한 것이며, 이러한 결심으로 공부를 계속하셨다. 그러시다가 30세 되시던 해 12월 8일 새벽에 동천에서 솟아오르는 태백성(太白星)을 보시고 대오를 하시어서 도통을 하셨다.
 그리하시고 그 뒤에 녹야원이라는 곳으로 가셔서 교진여 등 다섯 사람에게 설법을 하셔서 제자를 삼으시고 49년 동안을 좌불안석 불피풍우(不避風雨)하시고 천하를 주름잡고 돌아다니면서 설법을 하시어서 우매한 중생을 제도하셨다. 그러시다가 80 고령에 태양이 서산으로 넘어가듯 조용히 열반에 드셨다.

등(燈) 공양의 공덕

 그런데 4월 8일을 당하여 관등(觀燈)공양을 올리는 것은 부처님의 법등(法燈)이 영원히 계속하시기를 축하하는 동시에 자신의 죄멸(罪滅) 복생(福生)의 기원도 하는 것이다. 이에 대하여서는 빈녀일등(貧女一燈)이란 말이 있으니, 이것은 옛날에 가난한 어떤 노파가 부처님께 올린 한 등불이 큰 부자가 올린 만등(萬燈)보다도 더 훌륭한 말에서 나온 것이다.
 이것을 구체적으로 말하면, 옛날에 우리 부처님께서 아사세왕의 공양청장을 받고 왕궁에 가셔서 공양을 받으시고 설법을 하시다 시간이 늦어서 날이 저물게 되었다.

아사세왕은 이것을 보고 부처님이 정사로 돌아가시는데 어둡지 않게 해 드리기 위해 신하에게 명하여 왕성에서 죽림정사에 이르시기까지 수만등의 가로등을 세우게 했다. 그래서 도로에는 등을 다는 일로 야단법석이었다.

이때 한 노파가 왕이 이렇게 등공양을 하는 것을 보고 기뻐하며 거리에서 구걸하여 얻은 돈 2전을 가지고 기름을 사서 등잔에 불을 켜서 그 등을 가지고 정사에 가서 부처님께 올렸다.

그런데 이 한 등은 왕과 대신의 수만 개 등보다도 광명이 유달리 밝았고, 새벽이 되자 수만 개의 등은 꺼졌으나 이 노파의 한 등은 더욱 더 빛났다.

부처님의 제자인 목련존자가 이것을 보고 이상히 여겨 부처님께 그 이유를 물었더니 부처님께서 말씀하시되, 돈이 많은 왕이나 대신이 쉽사리 등공양을 하는 것보다 빈녀의 한 등은 어려운 정성을 모아서 올린 까닭으로 이러한 것이라 하시고 또 이르시되, 이 노파는 이 인연으로 차후로 30억만년을 부자장자로 살다가 부처가 되면 수미등광여래(須彌燈光如來)라는 이름을 가질 것이라고 말씀하셨다.

□ 인생의 의의(意義)

인생의 의의는 인생의 가치를 일컬어 말한 것이니, 인간은 누구를 막론하고 반드시 인생관을 가지고 있으므로 그 인생관에 따라서 인생의 의의와 가치 유무를 말하게 된다.

영국의 아디슨은 '미루사의 환영(幻影)'이라는 글에서 인생 일세는 양단(兩端)에 연무(煙霧)가 가린 장교(長橋)와 같다고 했다.

우리 인간의 생전 사후의 일은 과거의 성현(聖賢)·철인(哲人)·달인(達人)이 제각기 연구 토론하여 답안을 내었으나 아직까지 시원한 답안을 볼 수 없으며 바른 대답을 들을 수 없다.

오늘날은 과학만능의 시대가 되어 나날이 신출귀몰한 기계가 발명되고 학술이 진보되고 있으나 생전의 일과 사후의 일 같은 것은 알아내지 못하는 것 같다.

그러므로 인생 일세는 마치 양쪽 끝이 연기나 안개에 가려서 보이지 않는 긴 다리와 같아서 양단의 전후는 알 수 없으나 가운데 있는 현실의 존재만은 명료하게 나타나 있다.

그리하여 사람이 그 다리를 건너가되 조금 가다가 떨어지는 사람도 있으며, 혹자는 중간쯤 가다가 떨어지는 사람도 있으며, 혹자는 보이지 않는 데까지 가는 사람도 있는 것과 같이 인생의 일세는 전생 후생의 일은 알 수 없으나 현재 우리가 살아 있는 동안의 일생은 부인치 못할 사실인바, 사람이 나서 금방 죽기도 하며 혹은 스무 살, 서른 살, 일흔 살, 이와 같이 살다가 보이지 않는 곳으로 가버리고 마는 것이다.

그러한 가운데 각인의 인생관을 보더라도 각기 직업과 교육 정도와 정신상태에 따라 각인이 각각 다른 인생관을 갖고 있다.

운명을 개척하자

 또는 평화주의의 인생관과 전투주의의 인생관이 있으니 제정 러시아의 톨스토이 같은 이는 극단의 평화주의자라 하겠으며, 독일의 니이체나 칼 막스 같은 이는 극단의 전투주의자라 하겠다. 그러나 향락적, 쾌락적 인생관이라든가 비관적, 염세적 인생관이라든가 극단의 전투적 인생관 같은 것은 각기 주관적 입장에서 보면 주의가 있고, 가치가 있을지 모르나 보편타당한 객관적 비판의 안목으로 볼 때 진정한 인생관이라 할 수 없으며, 의의 있고 가치 있는 인생관이라 할 수가 없다.
 왜냐하면 자유사상으로서 비판적 태도로 인생을 비판하는 것은 노력하는 것이 아니라 환경에 따라서 괴로움이나 즐거움에 지배를 받는 까닭이다. 인생은 고난을 감내하지 못하면 성공하지 못할 뿐 아니라 즐거움의 유혹을 이기지 못하고 결국은 성공하지 못한다.
 학문에 뜻을 둔 사람이나 사업에 뜻을 둔 사람이 흔히 성공하지 못하는 것은 역경에서 고난을 견디지 못하고 순경(順境)의 유혹을 이기지 못하는 까닭이다. 그러므로 불교에서는 고락이변경(苦樂二邊境)을 떠나서 정도를 행하라고 했다.
 극단의 평화주의와 극단의 자유주의도 그러하거니와 차별을 떠난 평등이 될 것 같으면 자유가 되지 못하며, 구속을 떠난 자유가 될 것 같으면 평등이 되지 못한다. 그러므로 불교에서는 차별을 포함한 평등을 취하며 규율을 내포한 자유를 취하는 것이다.

다시 말하면 인격의 고유 성능, 공통선(共通善)으로서 인격을 공평하게 취급하되, 그의 기량에 따라서 차별을 인증(認證)한다. 육상원융(六相圓融)의 도리는 이를 가장 대표한 도리라고 하겠다.

인생일세를 지배하는 데에 운명이라는 것과 같이 큰 것이 없으니, 세상 사람들은 대개 운명의 지배를 받고 모든 것을 운명에 맡겨 버리고 만다. 우선 유전과 운명에 대하여 이야기해 보기로 하자.

어떤 사람을 막론하고 인생은 택친(擇親)의 자유가 없다. 태어나서 보니 불행한 부모를 만나기도 하였고, 가난한 가정에 태어나기도 하고, 못난 형상을 갖게 되기도 한다. 후천적 습관이나 버릇은 차치하더라도 선천적 성품과 신체 구조는 대개 유전에 의한 것이 많다. 사람의 성질을 분석하면 다혈질·신경질·점액질·담즙질의 4종으로 나누는데, 이와 같은 성질을 부모의 유전을 받고 태어난 것이라고 한다. 종가득가(種茄得茄), 종리득리(種梨得梨)는 이를 이르는 말이다. 그러므로 이는 유전성의 운명이니 인력으로는 어쩔 수가 없다. 그러나 사람은 교육으로 운명을 전환하고 노력으로 운명을 개척할 수 있으니, 이곳에 인생의 의의가 있고 가치가 있는 것이다.

고(苦)의 가치

인걸(人傑)은 지령(地靈)이라는 말과 같이 인생은 지리적 영향과 주위 환경의 지배를 많이 받는다. 속담에 선비의 자식은 먹을 가는 소리에 잠을 깨고, 장사치의 자식은 산가지 놓는 소리에 잠을 깨고, 거지의 자식은 바가지 소리에 잠을 깬다는 말이 있다.

맹모삼천(孟母三遷)이라든지 옛사람의 택린택우(擇隣擇友)의 훈계는 이러한 까닭이다.

인생은 모방성이 많으므로 무엇이든지 보기만 하면 흉내를 내려고 한다. 그러나 우리 인생은 환경의 지배를 받고 이를 운명에 미루고만 있을 수 없다. 유전운명의 지배를 받고 환경운명의 지배를 받는 사람은 살았다는 주의(主義)가 없고 가치가 없는 것이요, 이것을 초월하는 사람이라야 생의 의의가 있고 가치가 있는 것이다.

인생이 다른 동물과 다른 것은 유전의 운명, 환경의 운명을 초탈함에 있으니 동물은 유전과 환경의 자연적 지배하에서 한 걸음도 벗어나지 못한다. 그러나 인간은 문화를 가졌으므로 발전이 있다. 개가 무엇을 발명하며 고양이가 무엇을 발명할 수 없다.

고양이는 쥐를 발견하며 제비는 둥우리를 만든다. 그러나 그것은 몇 천년 전이나 지금이나 몇 천년 뒤나 변함이 없으며 발전이 없다. 그러나 인간은 해마다 진보하며 다달이 발전한다.

운명이라 함은 명은 하늘에 있고, 운은 수완에 있는 것이니 확정된 운명을 운전한다는 말이다. 그러므로 인생의 의의와 가치는 운명을 전환하고 개척함에 있다.

불교에서는 인생의 고(苦)를 주장하지만 또한 다른 면으로는 종교적 도덕의 의의를 인정한다. 그러므로 자살같은 것을 금하며 인간을 만나서 태어나는 것이 맹구부목(盲龜浮木)보다 힘들며 사난봉(四難逢)의 무상승연(無上勝緣)을 얻기 힘들다고 말했다.

불교의 세계관을 보면 수미산(須彌山)을 중심으로 하여 주위의 4면 즉 동굴바주·서구다니주·남섬부주·북구로주의 4주(四州)가 있는데, 남섬부주는 박복중생이 사는 고해(苦海)요, 북구로 주는 유복중생(有福衆生)이 사는 복락세계(福樂世界)라 한다. 그러나 불타께서는 남섬부주의 고(苦)의 가치를 인증하고 고맙게 생각했다.

불교의 염세관과 서양 염세관인 페시미즘은 현저히 다르니, 그 차이는 불교는 어디까지든지 고(苦)에 대하여 도덕적, 종교적 가치를 인증하는 것이다. 고의 정복 방법과 용기를 결한 고관(苦觀)은 절망적이 되고 마는 것이니, 고난의 인내에 불철저한 자는 절망적 자살이 되고, 찰나적 쾌락사상과 허무주의의 니힐리스트가 되고 마는 것이다.

영원한 생명의 실현

불교에서는 발고여락(拔苦與樂)을 주장하나니 경제적, 사회적으로는 노동 근면과 도로 개량, 우물 수선을 영위하고 위생적으로는 파사닉왕이 인체의 비대(肥大)로 인하여 보기가 딱할 때 석존께서 절식과 운동을 권한 일이 있다.

인생의 고통은 자연의 압박과 무한 요구로부터 있으므로 이를 조복(調伏)함에 전고위락(轉苦爲樂)이 되는 것이다.

멸고(滅苦) 방법에 대하여는 소극적 일면과 적극적 일면이 있으니 소극적으로는 우파니샤트의 욕망 제한과 불교의 고(苦)·집(集)·멸(滅)·도(道)의 4성제(四聖諦)와 정견(正見)·정어(正語)·정사유(正思惟)·정업(正業)·정명(正命)·정정진(正精進)·정념(正念)·정정(正定)의 8정도(八正道)가 있으며 적극적으로는 백척간두의 진일보로 영원한 생명의 실현에 있다. 이것은 곧 보살행의 정토건설을 베푸는 데 있으니 자리(自利)·이타(利他)·동사(同事)의 3행이 원만하면 지상에서 극락을 세우게 된다.

불교의 정신은 상구불도(上求佛道), 하화중생(下化衆生)의 인간중심주의 실행적 정신에 있다.

고난에 낙망하지 아니하며 쾌락에 유혹되지 않고 불타의 이상을 받들어 종교적, 도덕적 본의로 밝히고 대도(大道)를 깨달은 후 중생을 교화하고 제도함이 불교의 독특한 참정신이라 하겠다.

□ 종교(宗敎)와 인생(人生)

현재 모든 사상 가운데서 종교사상을 보면 다른 사상(思想)보다 퍽 퇴보되는 경향이 있다. '종교는 미신의 별명이다'라고 과학자들이 부르짖은 뒤를 이어 학술적으로 종교가 배격을 받게 되었다.

 게다가 '종교는 도덕적 아편이다'라고 부르짖는 반종교운동이 격렬하므로 종교를 신봉하는 사람으로서는 다소 사상면에서 동요받지 않을 수가 없게 되었다. 그러나 '신은 죽었다'고 니이체가 부르짖은 바와 같이 종교는 아주 멸망의 골로 돌아가고 말 것인가? 그러나 인류의 머리로 정신적인 면을 거세하기 전에는 표면에서 나타나는 반동적 사실만으로 종교의 소장(消長)성쇠를 운운할 수가 없는 일이라고 생각한다.

 그러므로 이번에는 종교와 인생에 관한 문제를 논하고, 둘째는 인간생활의 모순되는 점을 논하고, 셋째는 종교적 해탈의 요구와 안심입명(安心立命)을 논하려 한다.

종교(宗敎)의 정의

 종교의 정의에 대해서는 여러 가지 이설이 있으므로 한마디로 단언하기는 어려우나 대체로 몇 가지 들어보면, '인간과 초인간의 관계' 또는 '신과 사람과의 관계'라고 할 수 있다. 그러나 이것은 일신교(一神敎)라든가 다신교(多神敎) 혹은 범신교(汎神敎)인 유신교(有神敎)에서 하는 말이거니와 만일 불교와 같은 무신교(無神敎)는 어떻게 취급하겠느냐고 물으면 불교는 '법과 사람과의 관계'라고 하리라 믿는다.

 이상에서 말한 것은 대체로 종교학상의 정의를 말한 것이지만, 더 세밀하게 말하자면 심리적 경험으로부터 관찰할 수가 있으니, 지(知)・정(情)・의(意) 세 방면으로 나누어서 종교의 정의를 내릴 수가 있다.

첫째, 지적으로 본 종교의 정의로서, 종교를 고찰하면 종교는 자기 의식과 지력(知力)을 갖춘 보재(寶財)를 자기 사유의 대상으로 간주하며, 또 객관적으로 인증하는 자연계의 무한성과 주관적으로 자기 가운데에 있는 예지의 무한성으로 합치게 하는 지력작용을 이르는 것이다. 그러므로 종교학자로 유명한 막스 밀러는 그 종교학 서론에서 말하기를 '종교라는 것은 무한자를 지각하는 일이니 다시 말하면 사유할 수 없는 것을 사유하는 노력과 말할 수 없는 일을 말하려는 분투와 무한 자에 대한 사모이다'라고 설명했고, 다시 그의 저서 〈종교의 기원〉에는 무한자를 지각하는데 인류가 가진 신앙의 역사적 발달 전체가 있는 것이다'라고 했다. 그리고 헤겔은 말하기를, '종교는 세계의 난문제의 전부가 해결되는 세계요, 심오한 사상이 장막을 걷고 모든 감정의 물결이 가라앉는 세계'라고 했다.

그리고 불교의 경전인 〈법화경〉에는 '여래는 일체 제법(諸法)의 귀추를 관지(觀知)하시며, 또한 모든 중생의 심심소행(深心所行)을 아시고 통달무애(通達無礙)하시며, 또한 제법에 구진 명료(究盡明了)하시어, 모든 중생에게 일체의 지(知)를 보이시나니라' 했다. 이것을 보면 어떤 학자가 분류한 것같이 종교를 지(知)・정(情)・의(意) 세 방면에만 속했다고 볼 수 없다.

둘째, 정적으로 본 종교의 정의로서 종교를 정직 방면으로 본다면 종교는 자기 마음 가운데에 있는 불쾌・번민・공포・찬앙・경건으로 순화하여 감정・정화의 절정에 이르게 하는 것이다. 그러므로 종교적 감정은 외경(畏敬)과 신뢰의 두 가지로 나누어 초인간의 신비적 자연의 위력을 외경하는 동시에 신뢰하여 정적 방면으로 무한히 자기를 확대하여 간다.

유신교(有神敎)에서 이르는 신인의 교환(交歡)이라든지 불교에서 이르는 '생물의 감응'과 같은 것은 감정 방면을 표방하여 이르는 말이라 하겠다.

'나는 저에게 있고, 저는 나에게 있다.'

이와 같은 말은 종교의 신앙적 경험을 가진 교조이며, 신자의 내적 체험으로부터 흔히 발표하는 말이다. 슈라엘맛하는 〈종교론〉에서 '너의 감정이 너와 일체에 공통한 실재와 생명을 표하면 그 정도에 응하여 너의 감정은 경건하니라' 하였고, 디레는 그의 〈종교학원론〉에서 '종교의 현상을 분해하면 종교의 기원을 감격에까지 거슬러 올라갈 수 있나니라'한 것같이 종교는 사람의 감정을 잘 통제하고 정화시키는 자라고 하겠다.

불교의 〈화엄경〉 같은 경전에 보면, '불타께서 말씀하시기를 선남자야, 나는 악혜중생(惡慧衆生)에 대비를 일으키며 불선업중생(不善業衆生)에게 대비를 일으키나니라'하였고, 〈열반경〉에 보면 '불타 가라사되, 나는 중생을 연민하되 갓난아기와 같이 하나니라' 하였으니 이것은 모두 정적 방면으로 볼 수 있는 교라고 하겠다.

셋째, 의적(意的)으로 본 종교의 정의로서 종교는 의식적으로 요구하는 본능을 갖고 있다. 그러므로 사람은 종교적 이상을 의지식적으로 체험하기 위해 요구하며 노력한다. 다시 말하면 종교의식에 목표를 세우고 이에 향하려는 의지와 동작이 나타나는고로 천국을 지상에 건설하려는 숙망과 둔세입산(遁世入山)하여 외딴 곳에서 수양하려는 지원과 성시도회(盛市都會)에서 몰아추인(沒我推人)하여 구제중생하려는 이상이 생기는 것이니, 이것이 모두 종교 신앙본능으로 자기의 의지를 확대하고 발양(發揚)하려는 외적 작용이라고 하겠다. 그러므로 콤트는 그 실증 종교문답에서 '종교는 각인의 개성을 전하려는 곳에 성립하고, 또 종교는 모든 각인에 대하여 집중점을 구성한 것이다'라고 하였으며, 또 어떤 사람은 '종교는 우주에 대한 사람의 구경적(究境的) 태도의 표현이요, 제물(諸物)에 관한 의식 전체를 종합한 의미니라' 했다.

불교에서도 〈경전〉에 말하기를, '일체의 부처와 보살은 모든 중생을 도탈(度脫)하기를 원하니라' 하였으니 이것은 모두 외적 방면으로 보지 않을 수가 없다. 왜냐하면 원한다 함은 의지에서 출발하는 것인 까닭이다.

인간생활의 모순과 구도심

위에서 종교의 정의를 논하였으며, 이제부터는 직접 종교와 인생은 어떠한 관계를 가졌는가, 그리고 인간생활에 있어서 모순되는 점은 무엇인가를 언급코자 한다. 인생은 어느 의미에서 보면 모순 그 자체라 할 수 있다. 우리의 이상은 우주의 신비를 알려고 애쓰나 우주의 신비로운 열쇠는 도저히 우리에게 허락하지 않는다.

예를 들면, 우리 인간은 누구나 선을 사랑하지만 사랑하는 선(善)을 실행할 수가 없으며, 우리는 누구나 이익을 얻으려고 애쓰지만 피해를 겸하지 않는 이익만을 얻을 수는 없다. 이 모든 모순을 의식하면 의식할수록 인간의 번민이 더할 뿐이다.

우리가 만일 신(神)이나 불(佛)이라면 신은 전지전능하고 불은 일체 종지(種智)와 신통력을 갖추신지라 자기가 알고 싶은 것은 모두 잘 알고, 자기가 하고 싶은 것은 모두 할 것이니 일체를 명달(明達)하고 일체를 자재(自在)하므로 고통이 없으며 욕구가 없을 것이다.

또한 만일 우리가 금수(禽獸)라면 금수는 천부의 활동적 충동의 능력 외에 지적 요구의 욕망을 갖지 못하였으므로 오히려 번민이 없을지도 모르겠다. 그러나 행인지, 불행인지, 인간은 유한의 능력을 갖고 무한의 욕망을 추구하므로 번민을 면할 수 없는 모순된 생활을 하고 있다.

하지만, 인간에게는 또한 이 번민과 모순이 있기 때문에 진리를 구하는 마음과 모순을 없애려는 마음이 일어나니 이것이 곧 신에게 귀의하며 부처를 찾는 종교심이라는 것이다. 소크라테스도 일찍이 '나는 아무것도 모른다. 다만 나는 아무것도 모른다는 사실을 잘 알 뿐이다'라고 말했다. 그래서 그는 자신의 무지에 번민하고 진리를 추구하는데 전력을 다했다. 그런 까닭으로 그는 그 노력과 자각에 의하여 결국은 고금에 다시 없는 대철인이 되었다.

또한 파울은 일찍이 '내가 하고자 하는 선은 행치 못하고 하려 하지 않는 악은 도리어 행하게 되니, 아! 괴롭도다'라고 부르짖었다. 그러나 이와 같은 번민이 있었으므로 그는 종교를 구하는 마음이 강렬하였으며 그것을 바탕으로 대종교가가 되었다.

그러므로 무지와 번민은 인간생활에 반드시 있는 본능적 모순이어서 현실과 이상과의 거리가 너무도 현격하다. 현대인은 이 모순의 정체를 깨닫지 못하므로 모순된 사실만에 번민하는 나머지 결국은 이것을 벗어나고자 소극적으로 염세 비관하여 자살까지 하는 비극을 연출하지만, 다른 일면으로 본다면 이 무지와 번민은 각 개인이 '나란 무엇인가?', '인생이란 무엇인가?', '사회란 무엇인가? 하는 문제를 심각하게 생각하는 증거라고 하겠다. 그러므로 이 무지와 번민은 곧 천지를 뒤엎을 만한 대신념을 일으키게 하는 기초가 되는 것이어서 무지를 쫓아버리면 곧 안심입명의 안주(安住)가 되는 것이다. 그러므로 불교에서는 번뇌가 곧 깨달음이요, 범부가 곧 선현이라 했다.

종교적 해탈의 요구와 안심입명

위에서 말한 바와 같이 인간은 현실생활에서 모순을 느끼므로 종교문제가 생기고, 사회문제가 생기게 되는 것이다. 사회문제의 대부분은 생활문제인데 어떻게 하면 먹고 살겠느냐 하는 것이 큰 문제다. 실로 그것은 오늘날 퍽 곤란한 상태에 있다.

그러나 사람은 궁할수록 마음을 편하게 하며 조급할수록 태연할 수 있는 수양과 신념을 가져야 한다. 그렇기 때문에 사람은 빵만을 위하여, 즉 물질적 요구의 만족만을 위하여 사는 것이 아니요, 의식주만이 인간생활 목적의 전대상이 아니다. 인생은 의식주 외에 느끼고 또는 생각하는 일을 필요로 한다. 그리하여 느끼고 생각함을 위하여 의식주도 필요한 것이다. 그러므로 사람은 물질적으로 먹고 사는 요구가 있는 동시에 정신적으로 사색과 자유를 구하는 욕망이 있으니 이 두 가지를 잘 조화시키고 정화시키는 곳에서 인간생활을 개량하려는 노력이 나오며 정신적으로 해탈하려는 요구가 나온다. 이것이 곧 종교의식이며, 또 종교의 신념이라 하겠다.

그런데 종교적 요구와 해탈의 요구는 두 가지로 볼 수 있으니 하나는 자연계에 대한 관찰이요, 또 하나는 정신계에 대한 관찰이다. 첫째 자연계에 대하여 고찰하면 사람은 좋든 싫든 간에 자연의 법칙을 쫓지 않으면 안된다.

봄엔 따뜻하고, 여름엔 더우며, 가을엔 서늘하고, 겨울엔 추운 것이 자연의 법칙이요, 만났던 사람은 반드시 헤어지기 마련이요, 태어난 사람은 반드시 죽기 마련이요, 흥했던 자는 또한 쇠하기 마련이니 이것이 모두 자연의 법칙이다.

이것은 누구도 거역할 수 없는 일이며, 이것을 면하려는 것이 정신의 현상으로 일어나는 자유의 요구인 것인바, 이에 전화위복과 불사장생(不死長生)을 구하기에 이르는 것이다. 그러므로 행복을 얻는다는 것은 모순된 생활에 대하여 자유 요구의 만족을 얻는 순간을 말함이요, 철저하게 이 모순을 화해하기는 어렵다. 그러므로 자유 요구의 정신적 만족은 드디어 절대적 자유에 속한 무한생명에까지 동경하게 되는 동시에, 현실적 생활의 부자유와 속박을 한층 더 느끼고 이를 해탈하려는 요구가 일어난다.

양자가 서로 착종(錯綜)되어서 동경과 고통에 허덕이며 이를 신비적 방법에 의하여 화해하려고 희구하는 것이 곧 종교심이니, 이 의미에서 종교심은 적어도 생명이 있고, 이성이 있는 한도 내에서는 인류에 대하여 선천적인 요구로 되어 있으니 이에 대하여 필연적으로 소극적 방면으로는 해탈의 요구가 일어나고 적극적 방면으로는 무한한 생명을 동경하게 된다. 이것이 곧 종교의 신념을 더욱 왕성하게 만든다.

종교의 대상은 이 모순의 화해자로 또는 이 요구의 만족자로서 인류 이상의 어떤 신이나 어떤 법에 귀의하여 기도·금염(禁厭)·신앙·덕행·명상·주송(呪誦) 등에 의하여 목적을 달성하게 된다. 그러므로 이것이 일신교 같은 데는 객관적으로 신의 섭리에 의하여 요구를 만족코자 하며, 불교와 같은 무신교에서는 자기일심(自己一心)의 반성에 의하여 요구의 만족을 구하려 한다.

더욱이 불교는 심본주의(心本主義)에서 출발하기 때문에 무한한 생명에 대한 동경이라든지, 무지와 모순으로부터 벗어나려는 해탈의 요구라든지, 이 모두가 다 마음에서 구하지 않으면 안된다.

부처님께서 말씀하시기를, '자심(自心)을 증명으로 하고 타(他)에 의하지 말라. 법(法)을 증명으로 하고 타(他)에 의하지 말라'. 이와 같이 교훈하심은 무엇보다도 유심주의(唯心主義)로써 이 사실을 도파(道破)하신 것이라고 하겠다.

불교에서는 무한생명의 체득을 적극적으로 표상하려는 객관에서 구하지 않고, 차라리 제한으로부터 해방하려는 당체(當體)에서 감득하는 것이므로 먼저 우리는 아집아욕(我執我欲)의 개체적 불합리인 주관적 의지로부터 해방되지 않으면 안될 것을 가르쳤다.

다시 말하면 무한생명의 체득을 스스로 경험하는 체험적 내용에 의한 구함이 불교의 종교적 입장이다. 다시 말하면 불교의 입장은 해탈문(解脫門)을 앞에 두고 무한생명을 예상하면서 그 무한의 생명을 내면적 체험에 맡겨서 전개시키고 안심입명(安心立命)을 얻는 곳에 신비적이요, 합리적인 새로운 종교 형식을 이루고 있는 것이다.

신앙은 위대하다

종교의 생명은 오직 하나인 대아진아(大我眞我)로 돌아간다. 그러나 그 대아진아로부터 나온 무수한 개성은 서로 사랑하는 동시에 서로 미워하고 서로 싸우는 심리를 가졌습니다. 그래서 그것이 우리의 지·정·의(知情意)로 나타나기 때문에 감정이 격렬할 때에는 개성과 전체의 사이에 일대 모순을 일으키고 만다. 그리하여 나중에는 개성의 존재 그 자신까지도 위험하게 된다. 그렇기 때문에 우리는 지·정·의를 갖춘 개성을 확대 또는 연장시켜서 대아진아와 모순이 없도록 노력하지 않으면 안된다. 그러자면 먼저 착한 감정부터 일으켜야 한다.

왜냐하면 착한 감정이란 우주의 생명인 본체를 잘 이해하는 지식과 순환되는 감정이니 이것이 곧 해탈의 요구인지라, 이 감정의 발달에 따라서 모든 번민은 정복되고 만다.

문학이며 미술·음악 등의 예술은 인간의 감정을 자극시키는 동시에 정화하기에 힘쓰나 그 힘이 크지 못하며 길지 못하다. 그러므로 예술만으로는 우주적 대생명의 발동을 구할 수 없는 것이며, 이에 반하여 종교적으로 모든 감정을 잘 정화하여 신인일체(神人一切)·생불일여(生佛一如)의 심경에 이른 자의 정신활동은 영겁(永劫)에 긍(亘)하여 가장 진실하며 가장 위대하며 가장 창조적인 것이다.

그러므로 위에서 말한 바와 같이 종교와 인생은 종교의 정의로 보아 지정의 세 방면으로 관찰하든지, 인간생활 모순으로부터 관찰하든지, 또는 이 모든 모순을 벗어나려고 해탈을 요구하며 안심입명을 요구하든지 하는 불가불리의 관계를 가지고 있다. 인생은 종교를 철저하게 인식하며 믿을지언정 부인하고 반항하고 거절하는 것은 불가능한 일이다. 인생으로 종교를 인식하는 힘은 크다. 그러나 종교를 인식하고 다시 신앙하는 힘은 더욱 위대할 뿐이다.

□ **사유(思惟)와 정려(靜慮)**

불교의 선(禪)이라고 하는 것은 자성(自性)을 반조(反照)하는 공부의 하나이며, 본래면목(本來面目)을 철견(徹見)하려는 사유정려(思惟靜慮)의 방편이라고 할 것이니, 불교로써 현대 사람을 지도하려면 선리(禪理)로서 해야 되리라고 믿는다.

왜냐하면 선(禪)은 현대사상을 구출하는 청량제가 되는 까닭이다. 우주가 한마음이라 마음밖에는 별다른 법이 없으니 마음과 부처와 중생의 이 세 가지 차별이 없느니라(三界惟一心 心外無別法 心佛及衆生 是三無差別). 이러한 진리를 꿈에나마 들어 볼 리가 만무하고 그들은 모두 과학만능과 물질문명에 심취되어 눈을 뜨고도 진리를 보지 못하는 마치 소경과 같다.

오늘날 지식계급에 있는 젊은 사람들의 말을 들어 보면, '인간은 물질과 물력과의 상격(上擊)에 의하여 생존한 것이라, 이 승에 생존하는 동안에는 이익과 행복만을 추구하여 안온한 생활을 하다가 마지막엔 죽어서 관 속으로 들어가면 나중에 흙이 되는지, 재가 되는지, 누가 알 것이냐고?' 한다. 그리고 그들은 도덕을 평하되, '위선자의 잠꼬대'라고 하며, 종교를 들어서 말하되, '패잔자(敗殘者)의 애규(哀叫)'라고 한다. 이 어찌 여름 벌레가 겨울 얼음을 무시함이 아니며 하루살이가 모기의 '달빛 이야기'를 부인함이 아니겠는가?

그러므로 현대의 청년은 과학을 초월한 불가해의 진리를 듣게 되든지 물질 이외의 심지 행복을 듣게 되면 회의와 번민을 갖게 되고 사상상(思想上)으로 고민하는 이자 적지 않으니, 마치 옛이야기에 '용을 그리기 좋아하던 사람이 어느 날 밤 참으로 나타난 용을 보고서 기절했다'는 것과 마찬가지라 하겠다.

자성(自性)을 직관하는 길

 과학을 산출함도 심령(心靈)이요, 물질을 좌우함도 심령이니 과학에 심취한 자, 과학의 모체인 심령문제를 들음에 어찌 놀라지 않으리요. 그러므로 이런 자일수록 생명의 본원이며 심령의 본래 면목인 자성을 철견하지 않으면 안될 것이니, 그러자면 선적(禪的) 묘기에 접촉하지 않으면 안될 것이다. 그들에게는 선을 가르칠 필요가 있다.
 선(禪)이라 함은 사유정려로써 자기의 본원을 직관하며 우주의 생명을 제찰(諦察)하여, 인간계와 자연계를 철견철오(徹見徹悟)해서 변하되 변치 않고, 변치 않되 변하는 진여(眞如)와 생명과 체공(體空)과 성사(成事)를 알아내게 되는 것이다. 둥글기가 공과 같고 모자람도 남음도 없어서 만고에 변치 않는 진리만 얻어 놓으면 진리를 무대 삼아서 연극처럼 나타나는 진화퇴화, 흥망성쇠, 비관낙관이 아이들의 장난과 같은 것이다. 일찍이 무문대사(無門大師)는,

春有百花秋有月
憂有凉風冬有雪
若無閑事卦心頭
便是人間好時節

봄에는 꽃이 있고 가을에는 달이 있고
여름엔 바람이 있고 겨울엔 눈이 있으니

만약 쓸데없는 일을 마음에 끼워 두지 않는다면
문득 인간에 이렇게 좋은 때는 없으리.

 이러한 시를 지었거니와 현대 사람으로서 이러한 심경에 이르게 되면 그야말로 안심입명을 얻은 호개(好個0의 장부라고 할 것이다.
 옛날 중국에 승조대사(僧肇大師)와 같은 이는 어떤 횡액(橫厄)으로 말미암아 처형당함에 임하여,

四大元非有
五蘊畢竟空
以頭臨白刀
獻以斬春風

지수화풍의 사대육신이 원래 없고
오온의 색신이 필경엔 공하니
머리를 들어 칼날에 베인대도
봄바람이 부는 것 같아라.

 이러한 사세구(辭世句)를 남기고 간 일도 있지만 이것은 다 선(禪)을 닦은 수련에서 나온 것이라 하겠다.

(end)

저자약력

1914년	제주도 남군 중문면 도순리에서 출생
1932년(19세)	제주도 산방굴사(현 광명사)에서 수계득도
1933년(20세)	지리산 화엄사로 진진응대강백을 찾아 제주를 떠남
1935년(22세)	전북 위봉사에서 유춘담스님으로부터 '일붕'이란 법호를 받음
1936년(39세)	서울 개운사 대원암에서 박한영대강백의 수제자가 되어 사교과와 대교과를 마침
1946~1950년	일본 임제전문대학, 동국대학교 졸업
1953~1963년	동국대, 원광대, 전북대, 해인대, 부산대, 동아대 교수 역임
1960~1966년	독일 함부르크대, 미 콜롬비아대, 워싱턴대, 캘리포니아대, 하와이대, 템플대 교환교수
1969년	미 템플대에서 철학박사 학위 수여
1969년	동국대 불교대학장
1996년	생전에 친필휘호 50만장, 시비 800여개, 책자 1,400종, 박사학위 126개 수여받음
1996년	6월 25일 오전 11시 40분 열반 83세 법랍 64세 사리 83과 남김

2011년 6월 10일 | 개정판 발행
발행처 | 서음미디어(출판)
등 록 | 2009. 3. 15 No 7-0851
서울시 동대문구 신설동 94-60
Tel (02) 2253-5292
Fax (02) 2253-5295

저 자 | 서 경 보
기획 · 편집 | 이 광 희
발 행 | 이 관 희
본문편집 | 은종기획
표지일러스트 | 주야기획
편 집 | 박정수 · 권영대 · 유승재
송 순 · 이다예

ISBN 978-89-91896-79-6

* 이 책은 저작권법에 의해 보호를 받는 저작물이므로 무단전제나 복제를 금합니다.

ⓒ seoeum